SH- VII -30

Kommunale Schriften
für
Schleswig Holstein
6

Herausgegeben
vom
Schleswig-Holsteinischen
Gemeindetag

Wasserrecht
Schleswig-Holstein

Vorschriftensammlung
mit Anmerkungen
und einer
erläuternden Einführung

bearbeitet von
Hans Thiem
Vizepräsident
des Schleswig-Holsteinischen
Oberverwaltungsgerichts

4., völlig neubearbeitete Auflage

Deutscher Gemeindeverlag

Die Deutsche Bibliothek — CIP-Einheitsaufnahme

Wasserrecht Schleswig-Holstein : Vorschriftensammlung
mit Anmerkungen und einer erläuterten Einführung / bearb. von
Hans Thiem. — 4., völlig neubearb. Aufl. — Kiel : Dt.
Gemeindeverl., 1992
(Kommunale Schriften für Schleswig-Holstein ; 6)
ISBN 3-555-10202-8
NE: Thiem, Hans [Bearb.]; GT

1992
4., völlig neubearbeitete Auflage — erstmals 1964
Deutscher Gemeindeverlag GmbH, Berlin, Dresden, Hannover, Kiel, Köln, Magdeburg, Mainz, München, Schwerin, Stuttgart, Erfurt
Verlagsort: 2300 Kiel, Postfach 1865
Gesamtherstellung Deutscher Gemeindeverlag GmbH Kiel
Nachdruck, auch auszugsweise, verboten — Alle Rechte vorbehalten
Recht zur fotomechanischen Wiedergabe nur mit Genehmigung des Verlages
Buch-Nr. KS 01/6

VORWORT

Das Gesetz zur Änderung des Landeswassergesetzes vom 7. Juni 1991 hat wesentliche Neuerungen für das Wasserrecht des Landes Schleswig-Holstein gebracht, die sich auch auf die zu diesem Gesetz ergangenen Landesverordnungen auswirken. Die Bekanntmachung der Neufassung des Landeswassergesetzes vom 7. Februar 1992 hat zudem die Paragraphen- und Abschnittsfolge auch unter dem Gesichtspunkt einer anderen Systematik verändert. Diese Umstände lassen eine Neuausgabe der Vorschriftensammlung wünschenswert und notwendig erscheinen.

Mit Rücksicht darauf, daß im Verwaltungsbereich der Wasserwirtschaft, der Wasserhaushaltssorge und des Küstenschutzes die Rechtsgrundlagen nicht abschließend im Wasserhaushaltsgesetz und im Landeswassergesetz geregelt sind, wurden in die vorliegende Ausgabe auch die Texte des neuen Wasserverbandsgesetzes sowie des Abwasserabgabengesetzes und des schleswig-holsteinischen Ausführungsgesetzes dazu aufgenommen.

Um die praktische Arbeit mit dem neuen Gesetzestext zu erleichtern, sind vergleichende Übersichten der Vorschriften in der neuen und alten Fassung des Landeswassergesetzes dem Abdruck dieses Gesetzes vorangestellt worden. Als Hilfe für die Befassung mit wasserrechtlichen Fragen sind Hinweise auf Vorschriften, Richtlinien und sonstige Regelungen gedacht, die verschiedenen Paragraphen des Wasserhaushaltsgesetzes und des Landeswassergesetzes zugeordnet wurden. Die Zusammenstellung der Gesetzestexte und der Hinweise ist mit Stand von Ende April 1992 abgeschlossen worden.

INHALTSÜBERSICHT

	Seite
Vorwort	V
Abkürzungsverzeichnis	IX

A Einführung

I. Der Aufgabenbereich des Wasserrechts ... 1

II. Das alte Deich- und Wasserrecht in Schleswig-Holstein ... 2

III. Die Entwicklung des Wasserrechts in der Bundesrepublik und im Lande Schleswig-Holstein ... 6

   1. Das Wasserhaushaltsgesetz des Bundes als Rahmengesetz und seine Ausfüllung durch das Landeswassergesetz ... 6

   2. Bestrebungen des Bundes zu einer Ausdehnung der bundesrechtlichen Regelungen ... 8

   3. Änderungen des Wasserhaushaltsgesetzes und des Landeswassergesetzes ... 9

   4. Sonstige Wasserrechtsnormen ... 13

IV. Leitgedanken des Wasserrechts ... 16

   1. Bewirtschaftung des Wassers im Rahmen des Naturhaushalts ... 16

   2. Interessenausgleich ... 17

   3. Sicherung der Wasserversorgung und des Grundwasservorrats ... 19

   4. Reinhaltung und Schutz der Gewässer ... 19

   5. Unterhaltung der Gewässer ... 26

   6. Küstenschutz und Abwehr von Hochwassergefahren ... 26

   7. Wasserwege- und Verkehrsrecht ... 27

V. Finanzierung und Förderung wasserbaulicher und gewässerbezogener Maßnahmen ... 27

B Texte

I. Wassergesetze

   1. Gesetz zur Ordnung des Wasserhaushalts (Wasserhaushaltsgesetz – WHG) ... 29

   2. Wassergesetz des Landes Schleswig-Holstein (Landeswassergesetz – LWG) ... 73

      a) Vergleichende Paragraphenübersichten

         1. der Vorschriften des LWG n. F. in bezug auf das LWG a. F. und die aufgehobenen Ausführungsverordnungen ... 73

Inhaltsübersicht

    2. der Vorschriften des LWG a. F. und der aufgehobenen Ausführungsverordnungen in bezug auf das LWG n. F. . . .   79

    b) Landwassergesetz (Gesetzestext).   85

II. Ausführungsvorschriften

    3. Landesverordnung über Anlagen zum Lagern, Abfüllen und Umschlagen wassergefährdender Stoffe (Anlagenverordnung – VAwS)   171

III. Anhang

    4. Gesetz über Naturschutz und Landschaftspflege (Landschaftspflegegesetz – LPflegG) – Auszug –   181

    5. Gesetz über Abgaben für das Einleiten von Abwasser in Gewässer (Abwasserabgabengesetz – AbwAG).   186

    6. Gesetz zur Ausführung des Abwasserabgabengesetzes (AG-AbwAG)   196

    7. Gesetz über Wasser- und Bodenverbände (Wasserverbandsgesetz – WVG)   202

Stichwortverzeichnis   229

ABKÜRZUNGSVERZEICHNIS

ABl, Amtsbl	Amtsblatt
ABl/AA	Amtlicher Anzeiger, Beilage zum Amtsblatt für Schleswig-Holstein, hrsgg. vom Innenminister des Landes Schleswig-Holstein
a. F.	alte(r) Fassung
ALW	Amt für Land- und Wasserwirtschaft
ÄndG	Änderungsgesetz
ÄndVO	Änderungsverordnung
BAnz	Bundesanzeiger
Bek	Bekanntmachung
BGBl. I bzw. II	Bundesgesetzblatt Teil I bzw. Teil II
BMfV	Bundesminister für Verkehr
BMI	Bundesminister des Innern
BMU	Bundesminister für Umwelt, Naturschutz und Reaktorsicherheit
BT	Bundestag
DKVO	Landesverordnung über den Schutz der Deiche und Küsten vom 19. 12. 1980 (GVOBl. SchlH. 1981 S. 2), i. d. F. der ÄndVO vom 19. 3. 1983 (GVOBl. SchlH. S. 178), zuletzt geändert durch LVO vom 6. 12. 1989 (GVOBl. SchlH. S. 171)
Drucks	Drucksache
EG	Europäische Gemeinschaft
Erl	Erlaß
EuZW	Europäische Zeitschrift für Wirtschaftsrecht
Gem Erl	Gemeinsamer Erlaß
Gl Nr	Gliederungsnummer
GMBl	Gemeinsames Ministerialblatt, hrsgg. vom Bundesminister des Innern
GS SchlH II	Sammlung des schleswig-holsteinischen Landesrechts, Anlage zum Zweiten Gesetz über den Abschluß der Sammlung des schleswig-holsteinischen Landesrechts vom 13. 12. 1973 (GVOBl. S. 440)
GVOBl	Gesetz- und Verordnungsblatt
H	Hinweis
i. d. F.	in der Fassung
IM	Innenminister
LaFG	Gesetz zur Förderung der bäuerlichen Landwirtschaft vom 12. 7. 1989 (BGBl. I S. 1435)
LT	Landtag
LVO	Landesverordnung
MELF	Minister für Ernährung, Landwirtschaft und Forsten des Landes Schleswig-Holstein
MfWuV	Minister für Wirtschaft und Verkehr des Landes Schleswig-Holstein
Mi/HöVO	LVO über Mindest- und Höchstsätze für Beiträge der Wasser- und Bodenverbände (Unterhaltungsverbände) vom 19. 5. 1972 (GVOBl. SchlH. S. 81)

Abkürzungen

n. F.	neue(r) Fassung
n. v.	nicht veröffentlicht
Rd Erl	Runderlaß
Reg Entw	Regierungsentwurf
Sten Ber	Stenographische Berichte
Tz	Textziffer
VkBl	Verkehrsblatt, Amtsblatt des Bundesministers für Verkehr
Zust VO	LVO zur Übertragung von Zuständigkeiten nach dem Landeswassergesetz vom 31. 1. 1980 (GVOBl. SchlH. S. 69), zuletzt geändert durch LVO vom 6. 12. 1989 (GVOBl. SchlH. S. 171)

Einführung

I. Der Aufgabenbereich des Wasserrechts

Das Wasserrecht ist bis in die neueste Zeit vornehmlich als Wasserwirtschaftsrecht verstanden worden[1]), das die verschiedenen Bereiche zu regeln hat, in denen Menschen das Wasser nutzen oder mit seiner Natur in Berührung kommen. Dazu rechnet außerdem die Ableitung überschüssigen Wassers zur Verbesserung der Bodenverhältnisse für eine intensivere landwirtschaftliche Nutzung. Dazu zählt ferner der Schutz der Bevölkerung vor Überschwemmungen im Binnenland und Hochwasser an der Küste. Erst mit zunehmendem Bewußtsein, daß die Bewahrung des Wasserschatzes in einer ökologisch bedenkenfreien Qualität unerläßlich für die Erhaltung einer biologisch intakten Umwelt und damit lebensnotwendig für den Menschen ist, beginnt sich die Erkenntnis durchzusetzen, daß das Wasserrecht darüber hinaus als Wasserhaushaltsrecht auch dem Schutz des Wassers in Quantität und Qualität zu dienen hat[2]).

In allen Teilbereichen des Wasserrechts ist es eine wesentliche Aufgabe der Rechtsordnung, das Gemeinwohl zu sichern sowie einen Ausgleich zu schaffen zwischen den Belangen der Allgemeinheit an einem ökologisch intakten Wasserhaushalt und der ordnungsgemäßen, dem Schutze der Umwelt Rechnung tragenden Bewirtschaftung des Wassers einerseits sowie den unterschiedlichen schutzwürdigen Einzelinteressen an der Nutzung des Wasser andererseits. Das öffentliche Interesse erfordert die Sicherung einer ausgeglichenen quantitativen und qualitativen Wasserschutzbilanz. Deshalb müssen Vorschriften erlassen werden, die einer Verschwendung ökologisch wertvollen Wassers entgegenwirken und die eine Verunreinigung oberirdischer Gewässer und des Grundwassers durch menschliche Einwirkungen verhindern sollen. Weiter liegt es im allgemeinen Interesse, daß das oberirdische Wasser ungehindert abfließen kann und daß die oberirdischen Gewässer unterhalten werden, so daß Bestimmungen etwa über Stauanlagen in fließenden Gewässern und solche hinsichtlich der Unterhaltungslast getroffen werden müssen. Um die Bevölkerung in den Marschen vor Überflutungen zu schützen, müssen Deiche gebaut und unterhalten werden. Damit sind notwendigerweise Regelungen über die Deichlast verbunden.

Was die Nutzung der Gewässer angeht, ist für die Schaffung eines Interessenaus-

---

1) In BVerfGE 15, 1/14f ist ausgeführt, daß „der im Grundgesetz verwendete Begriff Wasserhaushalt dem sonst verwendeten Begriff Wasserwirtschaft entspricht". Vgl. auch Reichsverfassung vom 11. 8. 1919 (RGBl. S. 1383) Art. 97 Nr. 3; ferner Gieseke, Wasserrecht und Wasserwirtschaft, ZfW 1964 1/20; Salzwedel, Wasserrecht, in: Besonderes Verwaltungsrecht (Hrg.: v. Münch), 2. A. Bad Homburg u. a. 1970, S. 493. Im Handbuch der Verfassung und Verwaltung von Graf Hue des Grais, 16. A., Berlin 1904, wird das Wasserrecht (S. 499ff.) im Kapitel „Wirtschaftspflege" (S. 440ff.) behandelt. – Das RG sah 1886 Flüsse als von der Natur dazu bestimmt an, in ihrem Zuflußgebiet auch dasjenige Wasser einschließlich der ihm beigemengten Stoffe aufzunehmen, das aus wirtschaftlichen Gründen künstlich fortgeschafft werden muß (RGZ 16, 178/180).

2) Vgl. Minister Prof. Dr. Heydemann bei der 1. Lesung des Entwurfs eines Gesetzes zur Änderung des Landeswassergesetzes am 14. 11. 1990, LT Pl Prot. 12/65, S. 3828. Auf den ökologischen Gesichtspunkt beim Begriff Wasserhaushalt hat bereits Klinge hingewiesen, wenn er am Beispiel des Ausbaus der Emscher mit Rücksicht auf die von der Natur gesteckten Grenzen ablehnt, „ein wasserbauliches Ergebnis, das den Wasserhaushalt eines bestimmten Gebietes entscheidend negativ verändert, als Wasserwirtschaft zu bezeichnen" (ZfW 1964, 157/158).

Einführung

gleichs die Frage von grundsätzlicher Bedeutung, ob und wieweit ein privates Eigentum an Gewässern zugelassen wird. Daraus ergibt sich die weitere Frage, wie die privaten Eigentumsrechte durch Gemeingebrauch und Sondernutzungsrechte anderer Personen als der Gewässereigentümer zu begrenzen sind. Außerdem müssen die Befugnisse und Rücksichtnahmen der einzelnen Eigentümer und Nutzungsberechtigten an einem Gewässer untereinander geregelt werden. Errichtet ein Anlieger in einem Wasserlauf eine Stauanlage, so werden durch die Stauung nicht nur die Grundstücke der Oberlieger, sondern auch die der Unterlieger betroffen. Regulieren einige Oberlieger, um ihre Grundstücke besser zu entwässern, eine Grabenstrecke, ohne sich mit den Unterliegern zu verständigen, so werden deren anliegende Grundstücke in Mitleidenschaft gezogen, falls der Unterlauf des Grabens das vermehrt zugeleitete Wasser nicht aufnehmen und in gleichem Maße wie bisher ableiten kann.

Viele Maßnahmen des Hochwasserschutzes und der Wasserwirtschaft im Zusammenhang mit Bodenmeliorationen lassen sich nur im Zusammenwirken aller Betroffenen oder Interessenten durchführen. Damit stellt sich für die Rechtsordnung die Aufgabe, die Rechtsformen der Zusammenarbeit der beteiligten Grundeigentümer aufzustellen.

II. Das alte Deich- und Wasserrecht in Schleswig-Holstein

1. Ältere Bestimmungen über Nutzungsrechte

Eine zusammenfassende Regelung der Rechte, Pflichten, Rechtsbeziehungen und sonstigen Fragen hinsichtlich der Nutzung und Benutzung von Wasserläufen, stehenden und künstlichen Gewässern und des unterirdischen Wassers, ferner bezüglich der Verhütung von Hochwassergefahren sowie in bezug auf Wassergenossenschaften und Deichverbände unternahm zuerst das preußische Wassergesetz von 1913. Davor waren in Schleswig-Holstein nur Teilbereiche des Wasser- und Deichrechts durch Gesetze und Verordnungen geregelt, und auch das bisweilen noch unterschiedlich in den einzelnen Landesteilen, je nachdem ob und inwieweit für eine Regelung ein Bedürfnis bestand. Diese Bestimmungen, die teilweise früheres Gewohnheitsrecht aufzeichneten, waren mitunter sehr alt.

Vereinzelte Bestimmungen über die Nutzung fließender Gewässer unter Beachtung der Rechte anderer enthielten der Sachsenspiegel[3]) und das Jütische Low[4]). Aus diesen Vorschriften ist später der Begriff der gemeinschaftlichen Gewässer oder Wasserläufe abgeleitet worden[5]).

2. Deichrecht

Eingehendere Vorschriften und die ersten eigenständigen wasserrechtlichen Gesetze lassen sich zuerst für das Deichwesen zurückverfolgen, weil vom Bestand

---
3) Der Sachsenspiegel, hgg. von Karl August Eckhardt, Hannover 1932 (Fontes iuris germanici antiqui) Buch 2, Art. 28 § 4.
4) Das Jütische Low Buch, nach der Ausg. von Blasio Eichenberger, mit Erklärungen von Blütig, Flensburg 1717, Buch 1, Cap 57 § 2, 58 § 2.
5) Vgl. die Erkenntnisse in SchlH Anz 1844, 240; 1847, 260; ferner Ipsen, Bemerkungen über das Wasserrecht, SchlH Anz 1854, 225/226.

Einführung

der Deiche die Lebensgrundlage der Bewohner in den Marschen abhing. Die notwendigen Deicharbeiten konnte der Einzelne nicht allein erfüllen; auch erforderte die Sicherung der jeweiligen Marsch, daß die gesamten Deiche, die zu ihrem Schutz errichtet waren, gleichermaßen unterhalten wurden. Das konnte nur durch den Einsatz sämtlicher Grundbesitzer in den Marschen erreicht werden. Die den Einzelnen beim Deichbau und der Unterhaltung der Deiche treffenden Pflichten mußten genau festgelegt werden. Das geschah zunächst durch die Deichgemeinheiten[6], wobei die einzelnen Deichgemeinden (Deichcommünen) ursprünglich wohl mit den Dorfschaften, Bauernschaften oder Kirchspielen zusammenfielen[7]; später durch Verordnungen des Landesherrn.

Die älteste landesherrliche Bestimmung zum Deichrecht findet sich in der Siebenhardenbeliebung aus dem Jahre 1426, wo der Deichfriede erwähnt wird[8]. Vereinzelte Vorschriften über den Deichfrieden und die Deichpflicht enthalten das Dithmarscher Landrecht vom 13. 2. 1447[9] und aus dem Jahre 1567[10], das Nordstrander Landrecht von 1572[11] sowie das Eiderstedter Landrecht vom 14. 1. 1591[12] mit der zugehörigen Reformation und Polizey-Ordnung vom gleichen Tage[13].

Die wohl ältesten erhaltenen Vorschriften rein deichrechtlichen Inhalts sind der Spade-Land-Brief, das Teich-Wesen in der Wilster-Marsch betreffend, aus dem Jahre 1438[14]. Eine umfangreiche Sammlung deichrechtlicher Bestimmungen nach alten Gewohnheiten und Beliebungen enthält das sog. Spadelandrecht[15], das in der Landschaft Stapelholm und in den Distrikten des Herzogtums Schleswig galt, in denen das Eiderstedter- oder Nordstrander Landrecht eingeführt worden war[16]. In der Folgezeit wurden im schleswigschen Bereich des alten Spadelandrechts eine Reihe von besonderen Deichordnungen mit ergänzenden Vorschriften für einzelne Köge und Landschaften erlassen[17]. Im Herzogtum Holstein waren umfassende Regelungen des Deichrechts getroffen in der Teich-Ordnung für Süder-Dithmarschen vom 18. 5. 1643[18], der Verordnung zur besseren Conservation der alten und neuen Teiche vom 4. 2. 1723[19] sowie im Reglement in den

---

6) Schrader, C., Systematische Übericht des Deichrechts, Kiel 1805, S. 80 f.
7) Falck, N., Handbuch des Schleswig-Holsteinischen Privatrechts, Bd. 1 (Altona 1825) S. 437; Gierke, Julius v., Die Geschichte des deutschen Deichrechts, Teil 1, Neudr. d. Ausg. Breslau 1901, Aalen 1967, S. 90 ff., 184, 193.
8) Johannes Petreus Schriften über Nordstrand, hgg. von Reimer Hansen, Quellensammlung d. Ges. f. Schl.-Holst. Geschichte, Bd. 5, Kiel 1901, S. 111, 112 (Art. 6); Camerer, Johann Friedrich, Vermischte historisch-politische Nachrichten in Briefen von einigen merkwürdigen Gegenden der Herzogthümer Schleßwig und Hollstein, ihrer natürlichen Geschichte und anderen seltenen Alterthümern, Flensburg und Leipzig (Joh. Christ. Korte) 1758, S. 362/363; Richthofen, Karl Frh. v., Friesische Rechtsquellen, Berlin (Nicolaische Buchhlg.) 1840, S. 578, 579 FN 1 und 3.
9) § 18; abgedr. bei Michelsen, Sammlung altdithmarscher Rechtsquellen, Neudr. d. Ausg. 1842, Aalen 1969.
10) Corpus Statutorum Provincialum Holsatiae (Corp Stat Prov Hol), Altona 1750, Abt. V Art. 86, 106.
11) Landrecht Teil III Art. 19, 21, 26, Corpus Statutorum Slesvicensium (Corp Stat Slesv), Bd. 1, Schleswig 1794, S. 428/510 ff.
12) Teil IV Art. 18, Corp Stat Slesv Bd. 1, S. 1/111.
13) Teil II Art. 17, 18, Corp Stat Slesv Bd. 1, S. 136/176.
14) Corpus Constitutionum Regio-Holsaticarum (Corp Const Reg Hol) Bd. 2 (Altona 1751) S. 269.
15) Corp Stat Slesv Bd. 1, S. 390.
16) Eine Zusammenstellung des Eiderstedter und Nordstrander Landrechts gibt Kähler, Das Schleswig-Holsteinische Landesrecht, 2. A., Glückstadt 1923, S. 25 f.
17) Gierke, FN 7, S. 44 f.; vgl. auch Georg Hanssen in: Neues Staatsbürgerliches Magazin (hgg. von N. Falck) Bd. 3 (1835), S. 439 ff.; Koop, Rudolph, Besiedlung und Bedeichung, in: Eiderstedter Heimatbuch, Teil 1, hgg. vom Kreisausschuß, Garding 1936.
18) Corp Const Reg Hol, Bd. 2, S. 911.
19) Corp Const Reg Hol, Bd. 2, S. 922.

Einführung

Marschdistrikten des Klosters Itzehoe und der adligen Güter Heiligenstedten aus dem Jahre 1781[20])[21]). Im übrigen gab es vereinzelte Anordnungen für einzelne Marschen[22]). Verfahrensvorschriften in Deichsachen enthielt für den königlichen Anteil in den Herzogtümern und den inkorporierten Ländern die Land-Gerichts-Ordnung vom 1. 9. 1663 in Teil 1 Titel 5[23])

Mit Beginn des 19. Jahrhunderts wurde das Deichwesen an der schleswig-holsteinischen Nordseeküste unter staatlicher Verwaltung organisiert. Das Patent, betreffend die einzuführende Aufsicht über die Deiche der sämmtlichen Marschcommünen, adlichen Marschgüter und octroyierten Koege in den Herzogthümern vom 29. 1. 1800[24]) teilte alle Marschen der deutschen Provinzen, einschließlich der adligen Marschgüter und der oktroyierten Köge in drei Distrikte[25]) ein, die jeweils der Aufsicht eines vom Landesherrn ernannten Deichinspektors unterstanden. Das materielle Deichrecht wurde vereinheitlichend geregelt in dem Allgemeinen Deichreglement für die sämtlichen Marschcommünen, adelichen Marschgütern und octroyierten Koege in den Herzogthümern vom 6. 4. 1803[26]). Das Deichrecht wurde in der Folgezeit durch einzelne Reglements, Regulative und Patente fortgebildet[27]). Nach der Eingliederung Schleswig-Holsteins in Preußen wurde durch das Gesetz vom 11. 4. 1872[28]) das preußische Gesetz über das Deichwesen vom 28. 1. 1848[29]) grundsätzlich auch in Schleswig-Holstein eingeführt. Doch fand dieses Gesetz keine Anwendung in denjenigen Marschdistrikten, in denen das Patent vom 29. 1. 1800 und das Allgemeine Deichreglement von 1803 galten. In diesen Gebieten verblieb es bei den bestehenden Vorschriften und Gewohnheiten. Allerdings wurden auf Grund der Ermächtigung in Art. IV.des Gesetzes vom 11. 4. 1872 neue Statuten, und zwar 1878 für den Zweiten Schleswigschen Deichband und 1907 für den Dritten Holsteinischen Deichband erlassen[30]).

---

20) Erwähnt bei Schrader, FN 6, S. 17.
21) Vgl. zum Deichrecht in Dithmarschen und den Elbmarschen: Gierke, FN 7, S. 39 ff.; Grube, Walter, Das Deichrecht Norderdithmarschens, jur Diss Leipzig, Glückstadt, 1917; Constabel, Theodor, Das Deichrecht Süderdithmarschens, jur Diss Kiel, Heide 1928; Trenckner, Johannes, Das Deichrecht der Kremper- und Wilster Marsch, jur Diss Rostock 1907; Detlefsen, D., Geschichte der holsteinischen Elbmarschen, Neudr. Kiel 1976, Bd. 1, S. 328 ff.; Bd. 2, S. 1 ff.
22) Übersichten über die Entwicklung des älteren Deichrechts in Schleswig-Holstein geben: Gierke, FN 7, S. 33 ff.; Kähler, FN 16, S. 308 f.; Thiem, Wasserrecht Schleswig-Holstein, 2. A., Kiel 1972, S. 3 ff.; Pauls, Volquart, Die Entstehung des Deichgrafenamtes in Nordfriesland, Festschr. f. Max Pappenheim, Breslau 1931; Schrader, Deichrecht, FN 6
Eine ausführliche Darstellung des Küstenschutzes, des Deich- und Sielwesens sowie der Landgewinnung geben Müller/Fischer, Das Wasserwesen an der Schleswig-Holsteinischen Nordseeküste, Teil I Die Halligen, 2 Bde; Teil II die Inseln, 7 Bde.; Teil III Das Festland, 7 Bde.; Berlin 1917, 1936, 1955–57.
23) Corp Stat Hol (FN 10) Abt. III, S. 28.
24) Chronologische Sammlung der Verordnungen und Verfügungen für die Herzogthümer Schleswig und Holstein, die Herrschaft Pinneberg, Grafschaft Ranzau und Stadt Altona (Chron S.) S. 4.
25) Die Einteilung wurde geändert durch Königliche Resolution vom 9. 2. 1803 (Chron S. S. 2).
26) Chron S. S. 17.
27) Siehe hierzu Schröder, H. Oberdeichgraf, Das Deichwesen in der Provinz Schleswig-Holstein, Itzehoe 1906; Kähler, FN 16, S. 310 ff.; Thiem, FN 22, S. 10 ff.
28) Pr GS. S. 377.
29) Pr GS. S. 54.
30) Reg Amtsbl Schleswig 1878, S. 97; 1908, S. 1.

Einführung

3. Wasserlösung

Neben dem Deichwesen kam schon frühzeitig der Wasserlösung, d. h. der Schaffung und Sicherung der Vorflut, eine besondere Bedeutung zu. Auf der Geest ging es darum, das Land zu entwässern, um seine landwirtschaftliche Ertragsfähigkeit zu steigern oder seine sonstige Nutzbarkeit, etwa als Bauland, zu heben. In der Marsch handelte es sich darum, das dort anfallende Wasser mit Hilfe von Schleusen durch die Deiche in das Meer abzuleiten und darüber hinaus, das von der Geest zufließende Wasser durch die Marsch hindurch in die See weiterzuleiten.

Die Wasserlösung, einschließlich der Anlegung künstlicher Gräben und ihrer Unterhaltung sowie des Baues von Schleusen, ist in der Marsch nach dem Grundsatz der Einheit von Wasser und Deich häufig von den Deichverbänden mit besorgt worden[31]. Mitunter wurden hierfür auch Sondervorschriften erlassen und besondere Verbände geschaffen[32]. Außerhalb der Marsch gab es, soweit dafür ein dringendes Bedürfnis bestand, ebenfalls Sonderregelungen für die Unterhaltung und Regulierung der natürlichen Gewässer und künstlichen Gräben in einzelnen Gebieten[33]. Nach 1850 wurden für die Geestbezirke allgemeine Vorschriften erlassen, durch die günstigere Vorflutverhältnisse erreicht und die Benutzung der Gewässer durch Einzelne unter Berücksichtigung der Rechte und Interessen anderer geregelt werden sollten. Das geschah in der provisorischen Wasserlösungs-Ordnung für die Geestdistrikte des Herzogtums Holstein vom 5. 6. 1854[34]), die durch Wasserlösungsordnung vom 16. 7. 1857[35]) abgelöst wurde, die Wasserlösungs-Ordnung für das Herzogtum Lauenburg vom 22. 5. 1857[36]) und die provisorische Verfügung für die Geest-Distrikte des Herzogthums Schleswig, betreffend die Ableitung und die Benutzung des Wassers behufs Verbesserung der Ländereien vom 6. 9. 1863[37]).

Die Wasserlösungsordnungen wurden nach der Eingliederung der Herzogtümer in Preußen ergänzt durch die Verordnung, betreffend die Bildung von Genossenschaften zu Entwässerungs- und Bewässerungsanlagen in den neu erworbenen Landesteilen vom 28. 5. 1867[38]), die ersetzt wurde durch das Gesetz, betreffend die Bildung von Wassergenossenschaften, vom 1. 4. 1879[39]).

4. Das preußische Wassergesetz

Die alten schleswig-holsteinischen wasserrechtlichen Vorschriften trafen Regelungen für eine Zeit, in der die Bewirtschaftung der Gewässer hauptsächlich von den Bedürfnissen einer aus heutiger Sicht extensiven Landwirtschaft bestimmt war. Mit der Zunahme der Bevölkerung und der Entwicklung der Industrie in

---

31) Vgl. Schrader, FN 6, S. 1.
32) Vgl. z. B. Reglement für die Schleuseinigungs-Commünen in der Landschaft Süderdithmarschen vom 26. 5. 1804 (Chron S. S. 221); das Regulativ über die Instandsetzung und Unterhaltung des Wilden Wasserganges vom 4. 11. 1822 (Chron S. S. 212); das Regulativ über die Abwässerung des Mieltals in den Landschaften Süder- und Norder-Dithmarschen vom 28. 7. 1823 (Chron S. S. 176) Weitere Nachweise bei Thiem, FN 22, S. 16.
33) Vgl. z. B. das Regulativ wegen der Wasserlösungsanstalt auf Fehmarn vom 4. 9. 1790 (Chron S. S. 54).
34) GMBl S. 311.
35) GMBl S. 208.
36) GMBl S. 135.
37) Chron S. S. 232.
38) Pr GS. S. 769.
39) Pr GS. S. 297.

Einführung

Preußen erwuchsen die Bestrebungen, die wirtschaftliche Nutzung von Wasser und Gewässer für alle Zwecke zu steigern: für eine konzentrierte Trinkwasserversorgung der Städte, für die Industrie als Brauchwasser, zur Energieerzeugung und zur Ableitung der Abwässer aus Städten und Fabriken. Aus diesen wirtschaftlichen und versorgungsorientierten Forderungen und Notwendigkeiten ergab sich für die Rechtsordnung seit den 1870er Jahren der Bedarf nach einer für ganz Preußen umfassenden, einheitlichen Regelung des Wasserrechts[40]). Ergebnis der gesetzgeberischen Arbeiten war das preußische Wassergesetz vom 7. 4. 1913[41]), das am 1. 5. 1914 in Kraft trat. Seine Vorschriften über Deichverbände waren allerdings nicht anzuwenden in den Marschgebieten Schleswig-Holsteins, in denen das Patent von 1800 und das Allgemeine Deichreglement von 1803 galten[42]). Einen weiteren Einschnitt in das herkömmliche schleswig-holsteinische Recht gab es, als die Organisation der alten Wassergenossenschaften und Deichverbände durch das Gesetz über Wasser- und Bodenverbände vom 10. 2. 1937[43]) und die Erste Verordnung über Wasser- und Bodenverbände vom 3. 9. 1937[44]) neu geregelt wurde. Daraufhin wurden die alten Deichbände zu Deich- und Hauptsielverbänden umgewandelt[45]).

III. Die Entwicklung des Wasserrechts in der Bundesrepublik und im Lande Schleswig-Holstein

1. Das Wasserhaushaltsgesetz des Bundes (WHG) als Rahmengesetz und seine Ausfüllung durch das Landeswassergesetz (LWG)

Die wirtschaftlichen Bedürfnisse und die Belange der Allgemeinheit in bezug auf Sicherung der Wasserversorgung und Schutz des Wassers vor Verunreinigungen, insbesondere durch industrielle und kommunale Abwässer, ließen eine Überarbeitung und Vereinheitlichung des Wasserrechts über den preußischen Rechtskreis hinaus notwendig werden. Der Ausschuß für Wasserrecht der Akademie für Deutsches Recht legte im Jahre 1940 den Entwurf eines Reichswassergesetzes vor[1]), der jedoch infolge der Zeitverhältnisse keine Auswirkungen hatte. Erst in der Bundesrepublik wurden die gesetzgeberischen Arbeiten zu einer Vereinheitlichung und Neugestaltung des Wasserrechts erfolgreich aufgenommen. Dabei konnte jedoch wegen der verfassungsrechtlichen Gegebenheiten lediglich der

---

40) Vgl. Holtz/Kreutz/Schlegelberger, Das preußische Wassergesetz, 3. und 4. Aufl. Berlin 1927, Bd. 1, Einl. S. XVIII ff.
41) Pr GS. S. 53.
42) § 323 Abs. 1 Nr. 1 WG.
43) RGBl. I S. 188.
44) RGBl. I S. 933.
45) Das geschah durch folgende Anordnungen für den I. und II. Schleswigschen Deichband vom 16. 11. 1939 (RegAmtsbl Schleswig S. 342) und 17. 4. 1941 (RegAmtsbl Schleswig S. 67); III. Schleswigschen Deichband vom 16. 9. 1941 (RegAmtsbl Schleswig S. 173); I. Holsteinischen Deichband vom 5. 12. 1941 (RegAmtsbl Schleswig S. 230); II. Holsteinischen Deichband vom 11. 2. 1942 (RegAmtsbl Schleswig S. 18); III. Holsteinischen Deichband abschließend vom 18. 3. 1955 (Amtsbl SchlH. S. 115); IV. Holsteinischen Deichband vom 18. 1. 1940 (RegAmtsbl Schleswig S. 23) und 14. 10. 1941 (RegAmtsbl Schleswig S. 195); V. Holsteinischen Deichband vom 16. 9. 1941 (RegAmtsbl Schleswig S. 171); VI. Holsteinischen Deichband vom 16. 11. 1939 (RegAmtsbl Schleswig S. 344).
1) Der Entwurf ist nicht veröffentlicht. Zu seinem Inhalt vgl. Gieseke, Der Entwurf des Reichswassergesetzes, Deutsche Wasserwirtschaft 1941, S. 57–62.

Einführung

Bereich des Wasserrechts, der mit dem neuen Begriff des Wasserhaushalts umschrieben worden ist, vom Bund – und zwar nur im Zusammenwirken mit den Ländern – geregelt werden. Als Ergebnis der verschiedenen Bemühungen, in deren Verlauf sogar erwogen worden war, durch Änderung des Grundgesetzes die konkurrierende Gesetzgebungshoheit des Bundes auf das Wasserrecht einschließlich der Wasserwirtschaft zu erstrecken[2]), erließ der Bund das Wasserhaushaltsgesetz vom 27. 7. 1957[3]).

Die Zuständigkeit des Bundes für das WHG beruht auf Art. 75 Abs. 1 Nr. 4 GG, der ihm das Recht erteilt, Rahmenvorschriften über den Wasserhaushalt[4]) zu erlassen. Als Rahmengesetz darf das WHG das Wasserrecht nicht abschließend regeln, auch nicht Vorschriften setzen, die für sich allein bestehen können, sondern es darf nur einen Rahmen festlegen, der darauf angelegt sein muß, durch Landesgesetze ausgefüllt zu werden[5]). Der grundsätzlichen Zuständigkeit der Länder zur Gesetzgebung in Wassersachen sind vom Bund im Interesse des Gesamtwohls Grenzen gezogen, innerhalb derer jedes Land das Wasserrecht entsprechend seinen besonderen Verhältnissen eigenständig regeln kann und muß. Die Bestimmungen des WHG wenden sich aber nicht nur an die Landesgesetzgeber, sondern enthalten unmittelbar gegenüber jedermann wirkendes Bundesrecht, das der Landesgesetzgeber nicht aufheben, äußern oder verbindlich auslegen darf.

Die notwendige Ausfüllung und Ergänzung des WHG gibt für Schleswig-Holstein das Landeswassergesetz vom 25. 2. 1960[6])[7]). Dabei konnte sich das LWG nicht darauf beschränken, die der Ausfüllung durch die Länder überlassenen Punkte zu regeln, sondern mußte in seine Regelung auch die Teilbereiche des Wasserrechts einbeziehen, die das WHG nicht angesprochen hat, wie die Frage nach einem Eigentum an Gewässern und deren etwaige Unterteilung in verschiedene Rangordnungen, oder die der Bund mangels Kompetenz nicht vorschreiben konnte, wie die Bestimmung der zuständigen Behörden und des Verwaltungsverfahrens in Wassersachen oder die Gefahrenabwehr. Das LWG folgte in seinem Aufbau nicht streng der Gliederung des WHG, sondern lehnte sich eher an die des pr. Wassergesetzes an.

Das WHG und das LWG sind gleichzeitig am 1. 3. 1960 in Kraft getreten. Für das WHG war der ursprünglich vorgesehene frühere Zeitpunkt des Inkrafttretens durch das Änderungsgesetz vom 19. 2. 1959[8]) auf diesen Tag hinausgeschoben worden.

---

2) Antrag aller Fraktionen des Bundestages vom 1. 2. 1957 (BT Drucks. II/3158).
3) BGBl. I S. 1110; III 753-1. Zur Entstehung des Wasserhaushaltsgesetzes vgl. Roth, Recht der Wasserwirtschaft, Einführung, in: Wüsthoff/Kumpf, Hb des deutschen Wasserrechts, C 9, S. 3 ff.
4) Zum Begriff „Wasserhaushalt" I. S. dieser Vorschrift vgl. BVerfGE 15, 1/14 f.
5) BVerfGE 4, 115/129 f.
6) GVOBl S. 39; GS Schl-H. 753, S. 31. Der Regierungsentwurf vom 19. 6. 1959 ist die LT Drucks. IV/118; der Bericht des Ausschusses für Ernährung, Landwirtschaft und Forsten vom 4. 2. 1960 die LT Drucks. IV/229; verschiedene Änderungsanträge der Fraktionen sind enthalten in den LT Drucks. IV/241–243, 245–247. Die erste Lesung fand am 7. 7. 1959 (Sten Ber. S. 631), die 2. Lesung am 22. 2. 1960 (Sten Ber. S. 1138) statt.
7) Vgl. hierzu Böning, Das Wasserrecht in Schleswig-Holstein, SchlH Anz 1960, 301–308; Fleer, Zu den Wassergesetzen von Niedersachsen und Schleswig-Holstein, RdL 1960, 232–235; ferner Behrens, Die Neugestaltung des deutschen Wasserrechts, Die Gemeinde (SchlH) 1954, 145–149.
8) BGBl. I S. 37.

Einführung

2. Bestrebungen des Bundes zu einer Ausdehung der bundesrechtlichen Regelungen

Die Rechtslage, daß der Bund nur Rahmenvorschriften über den Wasserhaushalt erlassen kann, nicht aber das Wasserrecht umfassend in einem einheitlichen Bundeswassergestz kodifizieren darf, ist verschiedentlich als Mangel empfunden worden. Bereits bei den Beratungen des vom Bundestag eingesetzten Sonderausschusses „Wasserhaushaltsgesetz" im Jahre 1957 war das WHG „als eine Zwischenlösung auf dem Wege zu einem einheitlichen Bundeswassergesetz" bezeichnet worden[9]. Der Bund hat seither wiederholt die Initiative ergriffen, um die konkurrierende Gesetzgebungszuständigkeit (an Stelle der bisherigen Rahmenkompetenz) auf dem Gebiete des Wasserhaushalts zu erlangen oder wenigstens weitere Bereiche des Wasserhaushalts eingehend bundesrechtlich zu regeln.

Im März 1965 sah eine interfraktionelle Gesetzesvorlage[10] vor, zur „Wiedergesundung und Gesunderhaltung der Flüsse und Bäche in absehbarer Zeit" zusätzliche Bestimmungen über gewisse Mindestanforderungen für das Einleiten von Stoffen (§ 26 a) und die Sanierung von Gewässern (§ 27 a) in das WHG einzufügen. Der Entwurf scheiterte jedoch an den Einwendungen des Bundesrates[11].

Daraufhin hat der Bund 1968 und 1970 versucht, durch eine Änderung des Art. 74 GG die konkurrierende Gesetzgebungszuständigkeit für den Bereich des Wasserhaushalts zu erhalten. Er begründete diesen Wunsch insbesondere damit[12], daß bundeseinheitliche Vollregelungen notwendig seien über die erforderliche Flächensicherung für wasserwirtschaftliche Vorhaben, das Lagern wassergefährdender Stoffe, die Neugestaltung der Erlaubnis und des Erlaubnisverfahrens sowie über die Anforderungen an die Beschaffenheit des Abwassers beim Einleiten in die Gewässer. Darüber hinaus stützte der Bund die Forderung nach einer Erweiterung seiner Gesetzgebungskompetenz darauf, daß die EWG (unter dem Gesichtspunkt der Wettbewerbsgleichheit) wasserrechtliche Bestimmungen der Mitgliedstaaten harmonisieren will und der Europarat an einem Entwurf für eine Europäische Gewässerschutzkonvention arbeite. Der Bundesrat hat die Forderungen des Bundes im Jahre 1968 abgelehnt[13] und einem neuen Entwurf der Bundesregierung für ein Gesetz zur Änderung des Art. 74 GG − Umweltschutz − vom 20. 10. 1970[14] widersprochen, soweit dadurch die konkurrierende Zuständigkeit des Bundes für

---

9) Vgl. BT Drucks. V/3515, S. 7.
10) BT Drucks. IV/3140.
11) Vgl. hierzu Czychowski in ZfW 1966, 27−42.
12) BT Drucks. V/3515, S. 7; BT Drucks. VI/1298, Anl. 3, S. 9 − Vgl. hierzu Wiedemann, Gutachten für das Bundesministerium für Gesundheitswesen über Erfordernis einheitlicher Regelung bei Vorschriften über die Benutzung der Gewässer sowie über den Schutz gegen Verunreinigungen, vom 10. 9. 1968, auch veröff. als Bd. 12 der Reihe; Wasserrecht und Wasserwirtschaft, Berlin 1971; ders., Notwendigkeit und Möglichkeiten einer gezielten Vereinheitlichung wasserrechtlicher Vorschriften, Wasser und Boden 1969, 331−335.
13) BT Drucks. V/3515.
14) BT Drucks. VI 1298.

Einführung

den Wasserhaushalt begründet werden sollte[15]). Das 30. Gesetz zur Änderung des Grundgesetzes (Art. 74 GG – Umweltschutz) vom 12. 4. 1972[16]) hat demgemäß die konkurrierende Zuständigkeit des Bundes nur für die Abfallbeseitigung[17]), Luftreinhaltung und Lärmbekämpfung, nicht dagegen für den Wasserhaushalt eingeführt.

Die Bundesregierung unternahm nochmals im Jahre 1973 einen Versuch, die konkurrierende Gesetzgebungskompetenz für den Wasserhaushalt auf den Bund zu übertragen. Zur Begründung ihrer Gesetzesvorlage führte sie aus, daß sie diese Gesetzgebungszuständigkeit des Bundes für erforderlich halte, damit eine bundeseinheitliche Vollregelung des Gewässerschutzes sowie die nötigen Regelungen über die Erhaltung oder Verbesserung des Gütezustandes der Gewässer und über die behördlichen Anforderungen an das Einleiten von Abwasser in die Gewässer getroffen werden könnten[18]). Der Bundesrat sprach sich gegen eine derartige Änderung des Grundgesetzes aus. Eine solche ist dann unterblieben.

3. Änderungen des Wasserhaushaltsgesetzes und des Landeswassergesetzes

Das WHG ist verschiedentlich geändert worden. Das 2. Änderungsgesetz vom 6. 8. 1964[19]) fügte Bestimmungen über Rohrleitungsanlagen zum Befördern wassergefährdender Stoffe ein[20]); das 3. Änderungsgesetz vom 15. 8. 1967[21]) bezog die Küstengewässer in den Anwendungsbereich des WHG ein. Erhebliche Änderungen mit dem Ziel, den Schutz der Gewässer vor Verunreinigungen zu stärken, brachte das 4. Änderungsgesetz vom 26. 4. 1976[22]). Danach ist das WHG neubekanntgemacht worden am 16. 10. 1976[23]). Weitere einzelne Änderungen enthielten das Ausführungsgesetz zur Abgabenordnung vom 14. 12. 1976[24]) und das 18. Strafrechtsänderungsgesetz vom 28. 3. 1980[25]).

Eine Verbesserung des Gewässerschutzes ist das Ziel des 5. Gesetzes zur Änderung des Wasserhaushaltsgesetzes vom 25. 7. 1986[26]). Es soll die Rechtsgrundlage

---

15) Nicht widersprochen hat der Bundesrat dagegen der in diesem Zusammenhang außerdem erstrebten Ausdehnung der konkurrierenden Gesetzgebungszuständigkeit des Bundes auf die Rechtsgebiete „Luftreinhaltung und Lärmbekämpfung". Hierzu hat die Bundesregierung im August 1971 den Entwurf eines Gesetzes zum Schutz vor schädlichen Umwelteinwirkungen durch Luftverunreinigungen, Geräusche, Erschütterungen und ähnliche Vorgänge (Bundes-Immissionsschutzgesetz – BImSchG) vorgelegt (BR Drucks. 437/71).
16) BGBl. I S. 593.
17) Daraufhin hat der Bund das Gesetz über die Beseitigung von Abfällen (Abfallbeseitigungsgesetz-AbfG) vom 7. 6. 1972 (BGBl. I S. 873) erlassen, das inzwischen durch das Gesetz über die Vermeidung und Entsorgung von Abfällen – AbfG) vom 27. 8. 1986 (BGBl. I S. 1410, ber. S. 1501) ersetzt ist.
18) BT Drucks. 7/7887, vom 9. 7. 1973, S. 5.
19) BGBl. I 1964, S. 611.
20) Bullinger, Die Mineralölfernleitungen, Gesetzeslage und Gesetzgebungskompetenz, mit einem Gesetzesentwurf, res publica Bd. 8, Stuttgart 1962; Engert, Das Zweite Gesetz zur Änderung des Wasserhaushaltsgesetzes (Pipelinegesetz), DVBl 1965, 6–16; Gnüg, Das Zweite Gesetz zur Änderung des Wasserhaushaltsgesetzes, DVBl 1965, 149 f.; Goßrau, Das neue Pipeline-Gesetz, BB 1964, 947–949; Soell, Ein Mineralölfernleitungs-Gesetz? BB 1962, 605–611.
21) BGBl. I 1967, S. 909.
22) BGBl. I 1976, S. 1109. Zu diesem Änderungsgesetz vgl. Riegel, Die neuen Vorschriften des Wasserhaushaltsgesetzes, NJW 1976, 783; Roth, FN 3, S. 9 f.
23) BGBl. I 1976, S. 3017.
24) BGBl. I 1976, S. 3341; Art. 69.
25) BGBl. I 1980, S. 373.
26) BGBl. I S. 1165.

Einführung

bieten für eine Verringerung gefährlicher Stoffe bei Einleitungen in Gewässer durch Anwendung von Verfahren, die nach dem Stand der Technik die Schadstofffracht des Abwassers so gering wie möglich halten, und durch den Auftrag an die Landesgesetzgeber, diese strengeren Anforderungen auf die Einleitung gefährlicher Stoffe in öffentliche Abwasseranlagen (Indirekteinleitung) zu erstrecken, ferner für eine Verbesserung des Grundwasserschutzes. Außerdem legt das 5. WHG-Änderungsgesetz den Belangen der Gewässerökologie, etwa bei der Gewässerunterhaltung und bei der Aufstellung von Gewässer-Bewirtschaftungsplänen, eine verstärkte Bedeutung bei und stellt erstmals das Gebot zur sparsamen Verwendung des Wassers als Grundsatz der Gewässerbewirtschaftung heraus[27].

Das Wasserhaushaltsgesetz ist in seiner Neufassung vom 23. 9. 1986 bekanntgemacht worden[28]. Durch Art. 5 des Gesetzes vom 12. 2. 1990[29] zur Umsetzung der Richtlinie des Rates vom 27. 6. 1985 über die Umweltverträglichkeitsprüfung bei bestimmten öffentlichen und privaten Projekten (85/337/EWG) sind die Vorschriften über die wasserrechtliche Erlaubnis und Bewilligung sowie die Zulassung von Abwasserbehandlungsanlagen, die Genehmigung von Rohrleitungsanlagen und die Planfeststellung oder Plangenehmigung für einen Gewässerausbau dahingehend ergänzt worden, daß die dazu nötigen Gestattungsverfahren den Anforderungen des Gesetzes über die Umweltverträglichkeitsprüfung[30] entsprechen müssen.

Die Änderungen und Ergänzungen des WHG erforderten wegen seines ausfüllungsbedürftigen Rahmencharakters zwangsläufig auch Ergänzungen des LWG. Darüber hinaus machten verschiedene Änderungen des Landesrechts, wie die Änderung der Landesbauordnung, der Erlaß des Landesverwaltungsgesetzes und des Landschaftspflegegesetzes, ferner verschiedene von der Rechtsprechung aufgestellte Grundsätze sowie gewisse Erfahrungen in der Praxis Anpassungen und Änderungen des LWG notwendig.

Das erste Änderungsgesetz zum LWG vom 23. 7. 1970[31] betraf die Reinhaltung der Gewässer sowie einzelne Zuständigkeitsfragen. Es ergänzte vor allem die durch das 2. ÄndG.-WHG getroffene Regelung über Rohrleitungen zum Befördern wassergefährdender Stoffe und erweiterte die gefahrenabwehrende Überwachung von Anlagen zum Sammeln und Lagern wassergefährdender Stoffe. Außerdem trug es der Rechtsprechung des BVerwG Rechnung, daß die Festsetzung von Wasserschutzgebieten nur durch Rechtsnormen wirksam vorgenommen werden kann[32]. Darüber hinaus nahm es die vom 3. ÄndG-WHG geforderte seewärtige

---

27) Zum 5. WHG-ÄndG vgl. Roth, FN 3, S. 10 f.; Breuer, Natur + Recht 1987, 49–60; Nacke, NVwZ 1987, 185– 189; Praml, Natur + Recht 1986, 66–70; Sander, ZfW 1985, 73–80. Wegen der nicht Gesetz gewordenen Entwürfe vgl. Roth, FN 3, S. 6 ff. und Gieseke/Wiedemann/Czychowski, Wasserhaushaltsgesetz, 5. A., München 1989, S. 39 f. Zur Entwicklung des Wasserrechts, insbesondere durch die Rspr zum WHG, vgl. Salzwedel (teilweise mit wiss. Mitarbeitern), NVwZ 1982, 596–603; 1985, 711–719; 1988, 493–499; 1991, 946–952.
28) BGBl. I S. 1529; Berichtigung vom 8. 10. 1986 (BGBl. I S. 1654).
29) BGBl. I S. 205/212.
30) Art. 1 des Gesetzes vom 12. 2. 1990, geändert durch Art. 4 Gentechnikgesetz vom 20. 6. 1990 (BGBl. I S. 1080/1094).
31) GVOBl S. 173. Der Regierungsentwurf hierzu ist die LT Drucks. VI/1210; der Bericht des Ausschusses für Ernährung, Landwirtschaft und Forsten vom 18. 6. 1970 die LT Drucks. VI/1278. Die erste Lesung des Entwurfs fand am 5. 5. 1970 (Sten Ber., 6. Wahlp. 1967, S. 3017–3021), die 2. Lesung am 7. 7. 1970 (Sten Ber. S. 3159–3162) statt.
32) BVerwGE 18, 1; 29, 207.

Einführung

Abgrenzung der oberirdischen Gewässer vor, die nicht Binnenwasserstraßen des Bundes sind. Das zweite Änderungsgesetz zum LWG vom 23. 4. 1971[33]) brachte die noch fehlenden Ergänzungen des LWG. Es nahm eine Neueinteilung der oberirdischen Gewässer vor und bezog ein die Küstengewässer, die Außentiefs sowie die Binnenwasserstraßen des Bundes, soweit sie nicht dem allgemeinen Verkehr dienen. Die Schwerpunkte des 2. ÄndG-LWG lagen jedoch in der Neuregelung des Gemeingebrauchs an den natürlichen oberirdischen Gewässern einschließlich der Seen und des freien Zugangs zu ihnen sowie der Unterhaltung der Gewässer 2. Ordnung und der Deiche. Die bisher im LWG an verschiedenen Stellen verstreuten verkehrsrechtlichen Bestimmungen und die Vorschriften der nunmehr aufgehobenen Polizeiverordnung zum Schutze der Häfen vom 29. 9. 1944 wurden geschlossen in einem 11. Teil zusammengefaßt. Nach diesen Änderungen wurde das LWG am 7. 6. 1971 neubekanntgemacht[34]).

Das dritte Änderungsgesetz vom 21. 1. 1972[35]) änderte und ergänzte die Bestimmungen über den Gemeingebrauch. Durch Art. 60 Nr. 8 LStrAnpG II vom 9. 12. 1974[36]) wurden die Bußgeldvorschriften, durch Art. 4 des Gesetzes zur Änderung des Landesverwaltungsgesetzes vom 18. 12. 1978[37]) die Bestimmungen über das förmliche Verfahren, die Planfeststellung und die amtliche Bekanntmachung geändert; außerdem einzelne Vorschriften über den Gewässerausbau als gegenstandslos aufgehoben.

Wichtige Änderungen brachte das Zweite Gesetz zur Änderung des Landeswassergesetzes vom 7. 5. 1979[38]). Es nahm die durch das 4. WHG-ÄndG notwendig gewordenen Anpassungen und Ergänzungen vor; außerdem änderte es die Vorschriften über die Unterhaltung von Gewässern, die Gewässeraufsicht, die Zuständigkeit der Behörden, das Planfeststellungsverfahren und die Enteignung sowie über Zwangsrechte, ferner die Ermächtigung zum Erlaß von Verordnungen über Deiche sowie die Bestimmungen zum Wasserwege- und Wasserverkehrsrecht. Weitere Änderungen enthielten Art. 2 des Gesetzes zur Ausführung des Abwasserabgabengesetzes vom 20. 8. 1980[39]) und Art. 6 des Gesetzes zur Anpassung des Landschaftspflegegesetzes vom 19. 11. 1982[40]) hinsichtlich häuslicher Abwasseranlagen, ferner über die Einteilung oberirdischer Gewässer sowie die Klassifizierung der schiffbaren und nicht schiffbaren Gewässer erster Ordnung, weiter über den Gemeingebrauch und die Erholungsschutzstreifen an Gewässern, die Gewässerunterhaltung, die Kosten der Gewässeraufsicht, die Zuständigkeit, das Planfeststellungsverfahren und über amtliche Bekanntmachungen. Diese zahlreichen

---

33) GVOBl S. 189. Der Regierungsentwurf hierzu vom 11. 6. 1970 ist die LT Drucks. VI/1265, der Bericht des Ausschusses für Ernährung, Landwirtschaft und Forsten vom 4. 3. 1971 die LT Drucks. VI/1624. Die erste Lesung des Entwurfs fand am 8. 7. 1970 (Sten Ber. S. 3191–3200), die 2. Lesung am 24. 3. 1971 (Sten Ber. S. 4144–4158) statt.
34) GVOBl 1971, S. 327, berichtigt GVOBl 1972, S. 14.
35) GVOBl 1972, S. 2, berichtigt S. 62. Das 3. ÄndG-LWG beruht auf einem Entwurf der CDU-Fraktion (LT-Drucks. 7/122, vom 1. 11. 1971). Der Bericht des Agrarausschusses hierzu stammt vom 26. 11. 1971 (LT Drucks. 7/141). Die 1. Lesung fand am 2. 11. 1971 (Sten Ber., Plenarprotokoll 7/7, S. 275–280), die 2. Lesung am 7. 12. 1971 (Sten Ber., Plenarprotokoll 7/9, S. 378–387) statt.
36) GVOBl 1974, S. 453/465.
37) GVOBl 1979, S. 2/26.
38) GVOBl 1979, S. 328. Der Reg Entw. hierzu ist die LT Drucks. 8/1584, der Bericht des Agrarausschusses die LT Drucks. 8/1942; die erste Lesung des Entwurfs fand statt am 29. 11. 1978 (Plen Prot. 8/72, S. 4858–4867), die zweite Lesung am 7. 3. 1979 (Plen Prot. 8/81, S. 5524–5533).
39) GVOBl SchlH. 1980, S. 260.
40) GVOBl SchlH. 1982, S. 256.

Einführung

Änderungen hatten das LWG inzwischen derart umgestaltet, daß eine neuerliche Neubekanntmachung erforderlich wurde. Sie ist am 17. 1. 1983 geschehen[41]).
Durch das Haushaltsgesetz 1983[42]) und das Haushaltsbegleitgesetz 1984[43]) wurden die Zuschüsse des Landes zur Unterhaltung von Gewässern 2. Ordnung sowie von Deichen und Dämmen, die nicht Landesschutzdeiche sind, gekürzt und die Vorschriften über die Erfüllung der Gewässerunterhaltungspflicht geändert[44]). Eine Gesetzesinitiative im Jahre 1985 mit dem Ziel, den Küstenschutz als Aufgabe des Landes gesetzlich festzulegen und eine verstärkte finanzielle Beteiligung des Staates in diesem Bereich festzuschreiben[45]), ist erfolglos geblieben[46]). Durch die Landesverordnung vom 6. 12. 1989[47]) ist die Zuständigkeit des Ministers für Natur, Umwelt und Landesentwicklung anstelle des Ministers für Ernährung, Landwirtschaft und Forsten begründet worden. In dieser Zuständigkeitsänderung kommt programmatisch zum Ausdruck, daß der Wiederherstellung und Sicherung eines ökologisch intakten Wasserhaushalts im Gesamtgefüge des Naturhaushalts in der Zukunft eine wesentliche Bedeutung beigemessen werden soll.

In Verfolgung dieser Absicht legte die Landesregierung im November 1990 einen Gesetzesentwurf zur Änderung des Landeswassergesetzes vor[48]). Ziele der Neuregelung waren es, den Wasserschutz in natürlicher Qualität zu sichern, den Schutz der Gewässer als Lebensräume zu stärken und einen Ausgleich zwischen der Nutzung von Gewässern für Sport und Freizeitgestaltung einerseits und dem Umweltschutz andererseits herbeizuführen, ferner die Verbesserung einer umweltgerechteren Abwasserbeseitigung zu bewirken und den Küstenschutz zu stärken. Überdies sollten die wasserrechtlichen Verwaltungsverfahren verbessert werden[49]). Der Gesetzesentwurf wurde am 14. 11. 1990 in erster Lesung beraten[50]) und nach zweiter Lesung am 24. 4. 1991[51]) entsprechend der Empfehlung des Umweltausschusses[52]) und unter Berücksichtigung eines Änderungsantrages[53]) angenommen. Zwei weitere Änderungsanträge[54]) waren abgelehnt worden. Das Gesetz zur Änderung des Landeswassergesetzes vom 7. 6. 1991 ist am 27. 6. 1991 veröffentlicht worden[55]) und am 1. 1. 1992 in Kraft getreten. Die Neuregelung über die auf Grund des Wasserhaushaltsgesetzes und des Landeswassergesetzes zu leistenden Entschädigungen sowie über die für die Entscheidung hierüber zuständigen Behörden sind rückwirkend zum 1. 1. 1987 in Kraft gesetzt worden, die Neuregelung über den Beitragsmaßstab für die Umlage des Unterhaltungsaufwan-

---
41) GVOBl SchlH 1983, S. 24; Berichtigung; GVOBl 1983, S. 133.
42) GVOBl 1983, S. 51; § 22.
43) GVOBl 1983, S. 458; Art. 1.
44) Art. 1 Nr. 1 Haushaltsbegleitgesetz 1984.
45) LT Drucks. 10/955.
46) 1. Lesung: LT Pl Prot 10/51, S. 3093; Ausschußbericht: LT Drucks. 10/2021; 2. Lesung mit Ablehnung: LT Pl Prot 10/106, S. 6525/6534.
47) GVOBl S. 171; Art. 8.
48) LT Drucks. 12/1109.
49) LT Drucks. 12/1109, S. 48 f.; Begründung des Gesetzentwurfes durch den Umweltminister LT Pl Prot 12/65, S. 3828 ff.
50) LT Pl Prot 12/65, S. 3828.
51) LT Pl Prot 12/76, S. 4424.
52) LT Drucks. 12/1409.
53) LT Drucks. 12/1420. Dieser Änderungsantrag betraf die Bemessung der Beiträge für die Gewässerunterhaltung und die Landeszuschüsse zu den Kosten der Gewässerunterhaltung.
54) LT Drucks. 12/1421 und 12/1423
55) GVOBl S. 331.

Einführung

des tritt am 1. 1. 1994 in Kraft[56]) Das Landeswassergesetz ist mit neuer Paragraphen- und Abschnittsfolge, und zwar auch unter dem Gesichtspunkt einer teilweise veränderten Gesetzessystematik, neugefaßt worden. Die Bekanntmachung der Neufassung vom 7. 2. 1992 ist im Gesetz- und Verordnungsblatt vom 27. 2. 1992 veröffentlicht worden[57]).

4. Sonstige Wasserrechtsnormen

Das WHG und das LWG enthalten keine abschließende Regelung des Wasserrechts als der Gesamtheit der Rechtnormen[58]), die sich auf das ober- und unterirdische Wasser beziehen. Einige Komplexe des Wasserhaushalts, der Wasserwirtschaft und des Wasserwegerechts sind in besonderen Gesetzen geregelt.

a) Abwasserabgabenrecht

Mit dem Gesetz über Abgaben für das Einleiten von Abwasser in Gewässer (Abwasserabgabengesetz – AbwAG –) vom 13. 9. 1976[59]) hat der Bund es unternommen, die Reinhaltung der Gewässer – außer durch Maßnahmen der Gewässeraufsicht – zusätzlich durch ein ökonomisch wirkendes Steuerungsmittel zu fördern. Zu diesem Zweck wird das Einleiten von Abwasser in ein Gewässer mit einer Abgabe belegt, deren Höhe sich nach der Schädlichkeit des Abwassers bemißt. Dadurch soll einerseits ein Anreiz geschaffen werden, das Abwasser vor dem Einleiten möglichst weit zu klären; andererseits ist das Aufkommen der Abwasserabgabe zweckgebunden für Maßnahmen zur Erhaltung oder Verbesserung der Gewässergüte zu verwenden. Die zur Ausfüllung des Abwasserabgabengesetzes nötigen landesrechtlichen Regelungen sind für Schleswig-Holstein getroffen worden im Gesetz zur Ausführung des Abwasserabgabengesetzes (AG-AbwAG) vom 20. 8. 1980[60]).

Das Abwasserabgabengesetz ist geändert worden durch Gesetz vom 14. 12. 1984[61]) und Gesetz vom 19. 12. 1986[62]). Das Gesetz ist durch Bekanntmachung vom 5. 3. 1987 in der Neufassung veröffentlicht worden[63]). Das Landesrecht ist an die Weiterentwicklung des Bundesgesetzes angepaßt worden durch das Gesetz vom 7. 11. 1989[64]). Das Gesetz zur Ausführung des Abwasserabgabengesetzes ist in seiner Neufassung durch Bekanntmachung vom 13. 11. 1990 publiziert worden[65]).

---

56) Art. 7; GVOBl 1991, S. 331/351.
57) GVOBl S. 81.
58) Gieseke, Wasserrecht und Wasserwirtschaft, ZfW 1964, 1/2.
59) BGBl. I S. 2721; Berichtigung S. 3007. Zur Entstehungsgeschichte und dem weiteren Gesetzgebungsverfahren vgl. Roth, FN 3, S. 11 ff., zum Gesetzeszweck auch Gieseke/Wiedemann/Czychowski, Wasserhaushaltsgesetz, 5. A. München 1989, Einl. S. 41 f.
60) GVOBl S. 260; Reg Entw. vom 10. 3. 1980, LT Drucks. 9/492; Ausschußbericht vom 18. 6. 1980, LT Drucks. 9/626. Vgl. hierzu Kollmann, Abwasserabgabenrecht Schleswig-Holstein, Kommentar, Kiel 1982.
61) BGBl. I S. 1515.
62) BGBl. I S. 2619.
63) BGBl. I S. 880.
64) GVOBl S. 125.
65) GVOBl S. 545; Berichtigung: GVOBl 1991, S. 257. RegEnt, LT Drucks. 12/389; Ausschußbericht, LT Drucks. 12/513; 1. Lesung am 4. 7. 1989, Pl Prot. 12/29, S. 1607; 2. Lesung am 10. 10. 1989, Pl Prot, 12/34, S. 1926.

Einführung

b) Wasserverbandsrecht

Die Organisation und die Aufgabenstellung öffentlich-rechtlicher Körperschaften auf dem Gebiet der Wasserwirtschaft sind erstmals reichseinheitlich im Gesetz über Wasser- und Bodenverbände (Wasserverbandsgesetz) vom 10. 2. 1937[66]) und in der Ersten Verordnung über Wasser- und Bodenverbände (Wasserverbandsverordnung) vom 3. 9. 1937[67]) geregelt worden.

Eine Reihe von Bestimmungen der Wasserverbandverordnung standen nicht im Einklang mit rechtsstaatlichen Grundsätzen und der durch das Grundgesetz geprägten Auffassung von der Selbstverwaltung öffentlich-rechtlicher Körperschaften. Darüber hinaus entsprach das Wasserverbandsrecht nicht voll den heutigen Aufgaben im ländlichen Raum und den Erfordernissen einer auch ökologisch ausgerichteten Wasserwirtschaft.

Der schleswig-holsteinische Landesgesetzgeber hat im Rahmen seiner gesetzgeberischen Möglichkeiten 1982 im Interesse des Umweltschutzes den Aufgabenkatalog für Wasser- und Bodenverbände dahingehend erweitert, daß sie auch Maßnahmen zum Schutz, zur Pflege und Entwicklung von Grundstücken im Sinne des Naturschutzes und der Landschaftspflege durchführen konnten[68]).

Nach langen Beratungen zwischen Bund und Ländern hat der Bund das Gesetz über Wasser- und Bodenverbände (Wasserverbandsgesetz – WVG) vom 12. 2. 1991[69]) erlassen. Neu in der Aufgabenbestimmung gegenüber der Wasserverbandverordnung aus dem Jahre 1937 ist, daß die Verbände Aufgaben auch im Interesse der Umwelt zum Schutz des Naturhaushalts und der Landschaftspflege erfüllen können – und sollen. Der in § 2 WVG enthaltene Aufgabenkatalog ist nicht abschließend. Die Länder können die Aufgaben abweichend regeln, insbesondere den Wasser- und Bodenverbänden weitere Aufgaben übertragen, ihnen aber auch generell bestimmte Aufgaben entziehen. In diesem Zusammenhang steht es ihnen frei, für einzelne Aufgaben durch Landesgesetz die Gründung besonderer Verbände zu regeln. Soweit für die Wahrnehmung der in § 2 WVG genannten Aufgaben auch die kommunalen Körperschaften zuständig sind, können diese an Stelle von Wasser- und Bodenverbänden kommunale Zweckverbände nach dem Gesetz über kommunale Zusammenarbeit[70]) bilden. Das kommt insbesondere für die Erfüllung der Pflicht zur Abwasserbeseitigung in Betracht[71]), aber auch bei der Herstellung und Unterhaltung ländlicher Wege und Straßen.

c) Sicherung der Wasserversorgung

Das Gesetz über die Sicherstellung von Leistungen auf dem Gebiet der Wasserwirtschaft für Zwecke der Verteidigung (Wassersicherstellungsgesetz) vom 24. 8. 1965[72]) bildet die Rechtsgrundlage für Maßnahmen, die auch schon vorbeugend

---

66) RGBl. I 1937, S. 188.
67) RGBl. I 1937, S. 933.
68) Art. 3 LPfleg AnpG vom 19. 11. 1982 (GVOBl S. 256/281).
69) BGBl. I S. 405; RegEntw., BT Drucks. 11/6764; Ausschuß Bericht und Beschlußempfehlung, BT Drucks. 11/8301.
70) Bekanntmachung der Neufassung vom 2. 4. 1990 (GVOBl SchlH., S. 216; Berichtigung: GVOBl 1991, S. 256).
71) Vgl. § 31 Abs. 6 LWG.
72) BGBl. I S. 1225; Berichtigung S. 1817, zuletzt geändert durch Art. 70 Gesetz vom 14. 12. 1976 (BGBl. I S. 3341/3374).

Einführung

die Wasserversorgung in einem Verteidigungsfalle sichern und auf die besonderen Anforderungen abstellen sollen, die an die Wasserwirtschaft in einer solchen Situation gestellt werden. Ergänzend hierzu sind erlassen worden die Erste Wassersicherstellungsverordnung (1. WasSV) vom 31. 3. 1970[73]), die die Grundsätze für die Bemessung des lebensnotwendigen Bedarfs an Trinkwasser, des unentbehrlichen Umfangs bei der Versorgung mit Betriebswasser und des Bedarfs an Löschwasser aufstellt, sowie die Zweite Wassersicherstellungsverordnung (2. WasSV) vom 11. 9. 1973[74]), die die technischen Anforderungen festlegt, denen Wasserversorgung-, Abwasser- und Entwässerungsanlagen im Verteidigungsfall genügen müssen. Diese Vorschriften dienen jedoch auch in Friedenszeiten der Vorsorge zur Deckung des notwendigen Bedarfs an Trink-, Betriebs- und Löschwasser sowie der Sicherung der Ableitung und Behandlung des Abwassers zur Abwendung gesundheitlicher Gefahren (§ 8 WasSG).

d) Bundeswasserstraßen

Der Bund hatte versucht, das WHG durch das Gesetz zur Reinhaltung der Bundeswasserstraßen vom 17. 8. 1960[75]) zu ergänzen. Zweck dieses Gesetzes sollte es sein, „die Grundlage für Maßnahmen zu schaffen, die die Reinhaltung der wichtigsten Gewässer des Bundesgebietes fördern und sichern" sollten[76]). Es wiederholte teilweise die Regelungen des WHG, füllte sie in bezug auf die Bundeswassserstraßen aus und ergänzte sie durch Verfahrensvorschriften. Das Gesetz wurde vom BVerfG für nichtig erklärt[77]), weil die Gesetzgebungszuständigkeit des Bundes für die „Seewasserstraßen und die dem allgemeinen Verkehr dienenden Binnenwasserstraßen" nach Art. 74 Nr. 21 GG nur Regelungen rechtfertige, die sich auf die Wasserstraßen als Verkehrswege bezögen. Danach unterliegen die Bundeswasserstraßen hinsichtlich der allgemeinen Wasserwirtschaft den Regelungen des WHG und des jeweiligen Landeswassergesetzes. Die nach Art. 74 Nr. 21 GG zulässige bundesrechtliche Regelung der dort genannten Wasserstraßen hat der Bund daraufhin durch das Bundeswasserstraßengesetz (WaStrG) vom 2. 4. 1968[78]) getroffen[79]). Das Gesetz ist wiederholt geändert worden und unter dem 23. 8. 1990 in der seit dem 1. 7. 1990 geltenden Neufassung bekanntgemacht worden[80]).

---

73) BGBl. I S. 357.
74) BGBl. I S. 1313, geändert durch VO vom 25. 4. 1978 (BGBl. I S. 583).
75) BGBl. II 1960, S. 2125.
76) Begr. z. Reg Entw., BT Drucks. III/46, S. 13.
77) U. v. 30. 10. 62 – 2 BvF 2/60 u. a. – BVerfGE 15, 1.
78) BGBl. II 1968, S. 173.
79) Abt, ZfW 1965, 30–39; Czychowski, DVBl. 1968, 573–577; Frieseke, NJW 1968, 1257–1269; Salzwedel, ZfW 1965, 92–97.
80) BGBl. I S. 1818, geändert durch Verordnung vom 13. 11. 1990 (BGBl. I S. 2524).

Einführung

IV. Leitgedanken des Wasserrechts

1. Bewirtschaftung des Wassers im Rahmen des Naturhaushalts

a) Grundsatz

Wasser ist ein allgemeines, lebenserhaltendes Gut, dessen Bedeutung für Natur und Umwelt den Menschen in letzter Zeit immer klarer bewußt wird. Angesichts der Tatsache, daß einerseits alle Menschen und die Wirtschaft in vielfacher Weise auf den Gebrauch und Verbrauch von Wasser sowie die Benutzung von Gewässern angewiesen sind, andererseits der Wasservorrat nicht unbegrenzt zur Verfügung steht, ist eine haushälterische Bewirtschaftung des in der Natur vorkommenden Wassers nach Menge und Güte im Gesamtinteresse der Bevölkerung und der Wirtschaft lebensnotwendig[1]). Die Wasserwirtschaft als die Summe aller den Wasserhaushalt unmittelbar und mittelbar betreffenden Einwirkungen[2]) in diesem Sinne zu ordnen, ist ein Grundprinzip der wasserrechtlichen Gesetzgebung. Ein anderes Grundprinzip muß darin bestehen, den Schutz der Gewässer und des in der Wasserbilanz ausgeglichenen Wasserhaushalts als Bestandteil eines ökologisch funktionsfähigen Naturhaushalts zu gewährleisten. Diese Grundsätze zur Sicherung eines wichtigen Teils der Lebensgrundlagen der Menschen sind in § 1a Abs. 1 und 2 WHG angesprochen und in den §§ 2 und 8 LWG klar herausgestellt.

Das Gebot einer naturgerechten Bewirtschaftung der Gewässer kommt weiter zum Ausdruck in § 2 Abs. 1 Nr. 6 Bundesnaturschutzgesetz[3]), wonach Wasserflächen auch durch Maßnahmen des Naturschutzes und der Landschaftspflege zu erhalten und zu vermehren, Gewässer vor Verunreinigungen zu schützen sind und ihre natürliche Selbstreinigungskraft zu erhalten oder wiederherzustellen ist. Dieser Grundsatz wird in § 11 Landschaftspflegegesetz[4]) verstärkend dahin konkretisiert, daß Gewässer nur so ausgebaut werden dürfen, daß natürliche Lebensgemeinschaften von Pflanzen und Tieren erhalten bleiben oder sich neu entwickeln können, und durch die Gewässerunterhaltung die vorhandenen Pflanzen- und Gehölzbestände an Ufern und Böschungen nicht nachhaltig beeinträchtigt werden. Gemäß § 20c Abs. 1 Nr. 1 BNatSchG sind zudem Maßnahmen unzulässig, die zu einer Zerstörung oder sonstigen erheblichen oder nachhaltigen Beeinträchtigung von Mooren, Sümpfen, Röhrichten, seggen- und binsenreichen Naßwiesen, Quellenbereichen, naturnahen und unverbauten Bach- und Flußabschnitten oder Verlandungsbereichen stehender Gewässer führen können. Weiter geht § 11 Abs. 1 LPflegG, wonach überhaupt Eingriffe in Moore, Sümpfe, Brüche, Dünen untersagt sind.

Im Sinne dieser Neuorientierung des Wasserrechts, Regeln aufzustellen für eine Nutzung der Gewässer im Einklang mit dem Naturhaushalt, liegt es, daß Schleswig-Holstein im Jahre 1982 den Aufgabenbereich von Wasser- und Bodenverbänden um den Schutz, die Pflege und Entwicklung von Grundstücken im Sinne des Naturschutzes und der Landschaftspflege erweitert hat[5]). Das Wasserverbandsge-

---
1) Vgl. BVerfG v. 29. 7. 59 – 1 BvR 394/58 – E 10, 89/113; 30. 10. 62 – 2 BvF 2/60 u. a. – E 15, 1/15.
2) Gieseke, Wasserrecht und Wasserwirtschaft, ZfW 1964, 1/2; BVerfGE 15, 1/15.
3) BNatSchG, Bek. d. Neufassung vom 12. 3. 1987 (BGBl. I S. 889).
4) LPflegG, Bek. d. Neufassung vom 19. 11. 1982 (GVOBl SchlH. S. 256, ber. 1983 S. 9), zuletzt geändert durch Art. 1 LVO vom 6. 12. 1989 (GVOBI S. 171).
5) Art. 3 LPfleg Anp G vom 19. 11. 1982 (GVOBI S. 256/281).

Einführung

setz vom 12. 2. 1991 ermöglicht jetzt allgemein den Einsatz von Wasser- und Bodenverbänden zum Zwecke des Umweltschutzes, indem es als deren zulässige Aufgaben vorsieht die Herrichtung, Erhaltung und Pflege von Flächen, Anlagen und Gewässern zum Schutz des Naturhaushalts, des Bodens und für die Landschaftspflege sowie die Förderung der Zusammenarbeit zwischen Landwirtschaft und Wasserwirtschaft, ferner die Fortentwicklung von Gewässer-, Boden- und Naturschutz[6]).

b) Wasserrechtliche Planung

Eine haushälterische, umweltverträgliche Bewirtschaftung der Gewässer erfordert eine Bestandsaufnahme über den zur Verfügung stehenden Wasserhaushalt sowie den Zustand des Wassers und der Gewässer, ferner eine Zielsetzung für die zu ergreifenden Maßnahmen. Dazu dient die wasserwirtschaftliche Planung in Gestalt von wasserwirtschaftlichen Rahmenplänen (§ 36 WHG, § 131 LWG), und Bewirtschaftungsplänen (§ 36 b WHG, § 132 LWG). In diesem Zusammenhang sind auch die Abwasserbeseitigungspläne (§ 18 a WHG, § 133 LWG) zu nennen.

2. Interessenausgleich

a) Sozialbindung des Gewässereigentums

Die verschiedenen Nutzungsmöglichkeiten eines Gewässers und die unterschiedlichen Interessenlagen dabei erfordern eine Regelung mit dem Ziel eines Interessenausgleichs. Eine solche Regelung hat zu berücksichtigen, daß das Landeswasserrecht – anders als das Wasserrecht im früheren Fürstentum Lübeck, welches ausschließlich öffentlich-rechtliche Befugnisse an den öffentlichen Wasserzügen vorsah[7]) – im Anschluß an das preußische Recht ein privatrechtliches Eigentum an den oberirdischen Gewässern kennt. Hier hat der Gesetzgeber gemäß Art. 14 Abs. 1 GG den Auftrag, die Sozialbindung des Eigentums zu konkretisieren[8]), damit „das Wasser möglichst vielseitig und möglichst zum allgemeinen Vorteil benutzt werden kann"[9]).

Die Sozialbindung des Eigentums am Gewässer zeigt sich besonders daran, daß das Grundeigentum nicht zu einer Gewässerbenutzung berechtigt, die nach dem WHG oder dem LWG einer Gestattung bedarf, und weiter nicht die Befugnis zum Ausbau des im Eigentum stehenden Gewässers einschließt. § 1 a Abs. 3 WHG, der diese Folge jetzt ausdrücklich ausspricht, hat insoweit nur klarstellende Bedeutung[10]).

Bei dieser Rechtslage bedarf einerseits der Gewässereigentümer zu einer gestattungsbedürftigen Benutzung ebenfalls der Erlaubnis oder Bewilligung, während andererseits auch ein Dritter ein Recht zur Benutzung des Gewässers durch Erlaubnis oder Bewilligung erlangen kann und der Gewässereigentümer gemäß § 96 LWG die staatlich zugelassene Benutzung unentgeltlich zu dulden hat.

---

6) BGBl. 1991 I S. 405; § 2 Nrn. 12 und 13; vgl. dazu RegEntw., BT Drucks. 11/6764, S. 24.
7) Vgl. 2. Aufl. Kiel 1972, S. 21, 23, 34.
8) Vgl. BVerfG v. 15. 7. 81 – 1 BvL 77/78 – E 58, 300/335; ferner Külz, Zu Fragen des Eigentums und der Enteignung im neuen Wasserrecht, in: Staatsbürger und Staatsgewalt, Karlsruhe 1963, Bd. 2, S. 293/309.
9) Gieseke, ZfW 1964, 37/40; vgl. auch BVerwG v. 11. 11. 70 – IV C 102.67 – E 36, 248/251.
10) Breuer, Die Verfassungsmäßigkeit der wasserwirtschaftlichen Benutzungsordnung, ZfW 1979, 78/83.

Einführung

Ebenso hat der Gesetzgeber im Einklang mit der Verfassung das unterirdische Wasser einer vom Grundstückseigentum getrennten öffentlich-rechtlichen Bewirtschaftungs- und Nutzungsordnung unterstellt[11]). Hinzu kommt, daß an oberirdischen Gewässern nach Maßgabe des § 23 WHG und der §§ 14 ff. LWG ein Gemeingebrauch besteht, so daß hinsichtlich der oberirdischen Gewässer für den Gewässereigentümer lediglich eine Art „gesteigerter Gemeingebrauch" für den eigenen Bedarf, insbesondere zum Fischen und zur Jagd im Rahmen des § 24 WHG sowie zum Befahren seines Gewässers gemäß § 15 Abs. 1 LWG übrig bleibt.

Neben diesen Einschränkungen der Rechte aus dem Eigentum im Interesse der Allgemeinheit gilt es, die verschiedenartigen Benutzungen und Nutzungen Einzelner an einem Gewässer im Rahmen der öffentlich-rechtlichen Bewirtschaftungs- und Benutzungsordnung, die oft einander entgegenstehen, auszugleichen, damit sie nebeneinander bestehen können. Zu diesem Zweck sind im Wasserrecht die Grundsätze der Gemeinschaftlichkeit und Gemeinverträglichkeit entwickelt worden[12]). Diese allgemeinen Grundsätze sowie die Nachordnung der Einzelinteressen bei der Nutzung und Benutzung von Gewässern gegenüber dem Wohl der Allgemeinheit haben in § 1 a Abs. 1 und 2 WHG und in den §§ 2 und 8 LWG ihre gesetzliche Grundlage und Konkretisierung gefunden.

b) Öffentlich-rechtliche Kontrolle der Einwirkungen auf Gewässer

Im Interesse einer funktionsgerechten Wasserbewirtschaftung bedürfen die Benutzung der Gewässer (§ 3 WHG), ihre Herstellung, Beseitigung oder wesentliche Umgestaltung (§ 31 WHG) und auch sonstige Maßnahmen (wie z. B. die Errichtung oder Veränderung von Anlagen), die Auswirkungen auf die Eigenschaften des Wassers oder den Wasserabfluß haben können (§§ 56, 57 LWG) einer öffentlich-rechtlichen Gestattung, sei es in Gestalt einer Erlaubnis oder Bewilligung (§§ 2 ff. WHG, §§ 9 ff. LWG), einer Genehmigung (§§ 56, 57 LWG) oder einer Planfeststellung (§ 31 WHG, §§ 35, 139 LWG). Damit werden derartige Vorhaben einer öffentlich-rechtlichen Überprüfung im Hinblick auf die zu erwartenden Einwirkungen auf Wasser und Gewässer unterworfen. Dabei hat das Wohl der Allgemeinheit Vorrang vor dem Interesse des Einzelnen. Die öffentlich-rechtlichen Gestattungsverfahren dienen zugleich dem Interessenausgleich zwischen dem Antragsteller und Dritten, die durch die beabsichtigte Benutzung oder das Ausbauvorhaben beeinträchtigt werden können (§§ 8, 9, 10 WHG, §§ 12, 111 ff. LWG). Dabei ist von Bedeutung, ob das zu prüfende Vorhaben gemeinnützig oder privatnützig ist. Dem Interessenausgleich zwischen Betroffenen im Hinblick auf bestimmte wasserrechtliche Befugnisse dienen auch die Zwangsrechte (§§ 97 ff. LWG).

Die veränderte Einstellung zur Bedeutung des Wasserhaushalts im Wirkungsgefüge des Naturhaushalts und zur Rücksichtnahme auf Natur und Landschaft bei der Bewirtschaftung der Gewässer kommt auch darin zum Ausdruck, daß in den Verfahren zur Gestattung der Benutzung von Gewässern (§§ 2, 3 WHG), zur Zulassung größerer Abwasserbehandlungsanlagen (§ 18 c WHG), zur Genehmi-

---

11) BVerfG v. 15. 7. 81 – 1 BvL 77/78 – E 58, 300; vgl. dazu Sendler, Wassernutzung und Eigentum, ZfW 1975, 1 ff.
12) Scheuner, Die Gemeinverträglichkeit im Rahmen des Gemeingebrauchs und der Nutzung öffentlicher Sachen, Festschr f Paul Gieseke, 1958, S. 73.

Einführung

gung von Rohrleitungsanlagen (§ 19b WHG) und zur Genehmigung von Ausbaumaßnahmen (§ 31 WHG) Umweltverträglichkeitsprüfungen nach Maßgabe des Gesetzes über die Umweltverträglichkeitsprüfung vom 12. 2. 1990[13]) durchzuführen sind.

3. Sicherung der Wasserversorgung und des Grundwasservorrats

Im besonderen Interesse der Allgemeinheit liegt die Sicherung der öffentlichen Wasserversorgung (§ 6 WHG). Dem dienen zum einen die Bestimmungen in § 29 LWG über Wasserversorgungsanlagen[14]), zum andern die Regelungen in § 19 WHG und in den §§ 4, 124 LWG über Wasserschutzzonen, des weiteren die Vorschriften des Wassersicherstellungsgesetzes. Die Sicherung des Grundwasservorrats und damit auch der Wasserversorgung bezwecken die Bestimmungen über Erdaufschlüsse (§ 35 WHG, § 7 LWG). Von Bedeutung sind in diesem Zusammenhang die in § 2 Abs. 2 Nrn. 4 und 5 LWG zum Ausdruck gebrachten gesetzlichen Zielbestimmungen zur Erhaltung und Verbesserung der Selbstreinigungskraft der Gewässer sowie der Sparsamkeit bei der Wasserverwendung.

4. Reinhaltung und Schutz der Gewässer

Die fortschreitende Zivilisation und Industrialisierung haben zu einer immer bedrohlicher werdenden Verschmutzung der Umwelt geführt. Ein wichtiger Teilbereich des Umweltschutzes ist die Reinhaltung der Gewässer. Diese Aufgabe ist im Raumordnungsprogramm für Schleswig-Holstein vom 10. 4. 1967 (ABl S. 151) Tz 8.3, in den Raumordnungsplänen vom 16. 5. 1969 (ABl. S. 315) Tz 64 Abs. 4 und vom 11. 7. 1979 (ABl S. 603) Tz 8.7, angesprochen und wird im Umweltprogramm der Bundesregierung von 1971 (BT Drucks. VI/2710) mit Ergänzung vom 14. 7. 1976 sowie im Umweltgutachten 1978 (BT Drucks. 8/1938) S. 80ff., 486 ff. eingehend behandelt. Sie ist im Raumordnungsbericht der Landesregierung 1991[15]) dargestellt und in der Begründung des Entwurfs des LWG-Änderungsgesetzes bei seiner ersten Lesung im Landtag durch den Minister für Natur, Umwelt und Landesentwicklung deutlich herausgestellt worden[16]).

a) Schutzvorschriften in den Wassergesetzen

Das WHG und das LWG enthalten eine Reihe von Bestimmungen, die allgemein gerade der Reinhaltung der Gewässer dienen oder im Einzelfall auch den Schutz der Gewässer vor Verschmutzungen bezwecken.

aa) Vorschriften mit Schutzzweck

Rechtsgrundlage für den Schutz von Gewässern vor Verunreinigungen im jeweiligen Einzelfall einer Gewässerbenutzung oder einer sonstigen Einwirkungsmöglichkeit bilden die Gestattungsvorbehalte. Können von einer beabsichtigten Gewässerbenutzung i. S. des § 3 WHG nachteilige Wirkungen für den Zustand des

---
[13]) BGBl. I S. 205, geändert durch Art. 4 GenTG vom 20. 6. 1990 (BGBl. I S. 1080/1094).
[14]) Vgl. z. B. Schadstoffbericht des Ministers für Ernährung, Landwirtschaft und Forsten 1983, Umweltbericht der Landesregierung 1982–1986.
[15]) LT Drucks. 12/1710, Tz. 2.2.1 – 2.2.3, 2.3.2, 2.3.3.
[16]) Plen Prot 12/65, S. 3828 ff.

Einführung

Gewässers oder hinsichtlich der Güte oder der Menge des Wassers ausgehen, so sehen § 4 WHG und § 9 LWG die Möglichkeit von Auflagen vor für Maßnahmen zur Beobachtung oder Feststellung des Zustandes vor der Benutzung und von Beeinträchtigungen oder nachteiligen Wirkungen nach Beginn der Benutzung, ferner für Maßnahmen zur Verhütung oder zum Ausgleich von Beeinträchtigungen der physikalischen, chemischen oder biologischen Beschaffenheit des Wassers oder aber zur Verhütung oder zum Ausgleich von sonstigen nachteiligen Wirkungen für die Ordnung des Wasserhaushalts, die Gesundheit der Bevölkerung, das Wohnungs- und Siedlungswesen, die Land- und Forstwirtschaft, die Fischerei, die gewerbliche Wirtschaft, den Verkehr sowie den Natur- und Landschaftsschutz. Für das Einleiten oder Einbringen von Stoffen in ein Gewässer ist der Schutz insofern verstärkt, als hier eine Bewilligung nicht zulässig ist (§ 8 Abs. 2 Satz 2 WHG), sondern nur eine Erlaubnis statthaft ist und diese für das Einleiten von Abwasser überhaupt nur erteilt werden darf, wenn Menge und Schädlichkeit des Abwassers nach dem jeweils maßgebenden Stand der Technik, mindestens jedoch nach den allgemein anerkannten Regeln der Technik so gering wie möglich gehalten werden (§ 7 a WHG). Ist eine Verhütung oder ein Ausgleich von Nachteilen oder Beeinträchtigungen nicht durchführbar, dann muß die Erlaubnis oder Bewilligung gemäß § 6 WHG versagt werden. Ebenso dürfen Anlagen in und an Gewässern gemäß § 56 LWG nur genehmigt werden, wenn durch sie u. a. nicht eine Verunreinigung des Wassers oder eine nachteilige Veränderung seiner Eigenschaften zu besorgen ist.

bb) Allgemeine Schutzvorschriften

Allgemein der Reinhaltung von Gewässern dienen die Regelungen in § 26 WHG für oberirdische Gewässer, § 34 WHG für das Grundwasser und § 32 b WHG für die Küstengewässer. Danach dürfen in oberirdische Gewässer feste Stoffe nicht mit dem Zweck eingebracht werden, sich ihrer zu entledigen; in das Grundwasser ist darüber hinaus ein Einleiten von Stoffen überhaupt, also auch von schlammigen Stoffen und von Flüssigkeiten, unzulässig, wenn davon eine schädliche Verunreinigung des Grundwassers oder eine nachteilige Veränderung seiner Eigenschaften auch nur zu besorgen ist. Außerdem dürfen Stoffe nur so gelagert oder abgelagert werden, daß eine schädliche Verunreinigung des Wassers bzw. des Grundwassers oder eine sonstige nachteilige Veränderung seiner Eigenschaften nicht zu besorgen ist. Das gleiche gilt für die Beförderung von Flüssigkeiten und Gasen durch Rohrleitungen sowie gemäß § 19 g WHG für Beschaffenheit, Einbau, Aufstellung, Unterhaltung und Betrieb von Anlagen zum Lagern und Abfüllen wassergefährdender Stoffe. Hinsichtlich der Lagerbehälter enthält das Landesrecht weitere Schutzvorschriften in § 5 LWG und in der Anlagenverordnung vom 24. 6. 1986 (GVOBl S. 153). Besondere Vorsorgemaßnahmen ordnen die §§ 18 b und 18 c WHG sowie die §§ 30 ff. LWG für die Beseitigung von Abwasser sowie den Bau und Betrieb von Abwasseranlagen an. Die Reinhaltung der Gewässer bezwecken ferner die Bestimmungen in den §§ 19 a WHG über die Errichtung und den Betrieb von Rohrleitungen.

Einführung

b) Sonstige Vorschriften und Regelungen mit Schutzzweck für Gewässer

Dem Gewässerschutz dienen außer den speziellen wasserrechtlichen Bestimmungen noch eine Reihe anderer Vorschriften, Richtlinien und Erlasse des Bundes und der Länder.

Das Gesetz über die Umweltverträglichkeit von Wasch- und Reinigungsmitteln (Wasch- und Reinigungsmittelgesetz – WRMG) in der Neufassung der Bekanntmachung vom 5. 3. 1987 (BGBl. I S. 875/876) setzt diesen Schutz gewissermaßen im Vorfeld an bei der Herstellung und Zusammensetzung von Wasch- und Reinigungsmitteln, indem es vorschreibt, daß diese nur so in den Verkehr gebracht werden dürfen, daß nach ihrem Gebrauch jede vermeidbare Beeinträchtigung der Beschaffenheit der Gewässer, insbesondere im Hinblick auf die Trinkwasserversorgung, und eine Beeinträchtigung des Betriebs von Abwasseranlagen unterbleibt. Zu diesem Gesetz sind als Bundesrecht erlassen die

Verordnung über die Abbaubarkeit anionischer und nichtionischer grenzflächenaktiver Stoffe in Wasch- und Reinigungsmitteln (Tensidverordnung – TensV) vom 30. 1. 1977 (BGBl. I S. 244), zuletzt geändert durch Verordnung vom 4. 6. 1986 (BGBl. I S. 851);

Verordnung über Höchstmengen für Phosphate in Wasch- und Reinigungsmitteln (Phosphathöchstmengenverordnung – PHöchstMengV) vom 4. 6. 1980 (BGBl. I S. 664).

Hierzu ist ferner ergangen die

Verfahrensbeschreibung zur Bestimmung des Phosphatgehalts in Wasch- und Reinigungsmitteln, Bek. d. BMI. v. 1. 2. 1981 (GMBl S. 107).

Die landesrechtliche Ergänzung hinsichtlich der Zuständigkeiten ist getroffen in der Landes-VO zur Ausführung des Waschmittelgesetzes vom 16. 5. 1978 (GVOBl SchlH. S. 172).

Das Abfallgesetz (AbfG) vom 27. 8. 1986 (BGBl. I S. 1410, ber. S. 1501), zuletzt geändert durch Einigungsvertragsgesetz vom 23. 9. 1990, Anl. I Kap. XII D (BGBl. 1990 II S. 885/1117) bestimmt, daß Abfälle so zu entsorgen sind, daß insbesondere u. a. nicht Gewässer schädlich beeinflußt werden (§ 2 Abs. 1 Nr. 3). Diese Bestimmung geht als die speziellere den Regelungen der §§ 26 Abs. 2, 34 Abs. 2, 32 b WHG vor[17]).

Für den Wasser- und Gewässerschutz sind insbesondere folgende auf Grund und in Ausführung des Abfallgesetzes erlassene bundes- und landesrechtliche Rechtsnormen, Verwaltungsvorschriften und Richtlinien von Bedeutung

Abfallwirtschaftsgesetz für das Land Schleswig-Holstein (Landesabfallwirtschaftsgesetz – LAbfWG) vom 6. 12. 1991[18]);

LVO über den Abfallentsorgungsplan für Abfälle aus Haushaltungen vom 11. 1. 1988 (GVOBl SchlH. S. 16), geändert durch Art. 19 LVO vom 6. 12. 1989 (GVOBl S. 171/174);

LVO über den Abfallbeseitigungsplan für Abfälle, die besonders zu beseitigen sind (Sonderabfallbeseitigungsverordnung – SAbfVO) vom 11. 8. 1981 (GVOBl SchlH. S. 143);

LVO über die Entsorgung von pflanzlichen Abfällen außerhalb von Abfallentsorgungsanlagen vom 1. 6. 1990 (GVOBl SchlH. S. 412);

Allgemeine Abfallverwaltungsvorschrift über Anforderungen zum Schutz des Grundwassers bei der Lagerung und Ablagerung von Abfällen vom 31. 1. 1990 (GMBl S. 74);

---

[17]) Vgl. Gieseke/Wiedemann/Czychowski, Wasserhaushaltsgesetz, 5. A. München 1989, § 26 Rn. 15 m. N., § 32 b Rn. 1.
[18]) GVOBl S. 640; Gesetzentwurf LT Drucks. 12/1432; Ausschußbericht und Beschlußempfehlung LT Drucks. 12/1693; 1. Lesung am 23. 5. 1991 Plen Prot. 12/78 S. 4546; 2. Lesung am 13. 11. 1991 Plen Prot. 12/89 S. 5253/5275.

Einführung

Gesamtfassung der 2. allgemeinen Verwaltungsvorschrift zum Abfallgesetz (TA Abfall), Teil 1: Technische Anleitung zur Lagerung, chemisch/physikalischen, biologischen Behandlung, Verbrennung und Ablagerung von besonders überwachungsbedürftigen Abfällen vom 12. 3. 1991 (GMBl S. 139, ber. S. 469);

Generalplan Abfallentsorgung des Landes Schleswig-Holstein, Bek. vom 29. 9. 1987 (ABl S. 409) und vom 27. 5. 1988 (ABl S. 313);

Abfallwirtschaftsprogramm des Landes Schleswig-Holstein, hgg. vom Minister für Natur, Umwelt und Landesentwicklung, April 1991;

Richtlinien zur Abfallentsorgung in Schleswig-Holstein

Nr. 3: Die geordnete Ablagerung von Abfällen (Deponie-Richtlinie) vom 13. 5. 1980 (ABl S. 478), ergänzt durch Bek. vom 30. 9. 1980 (ABl S. 667),

Nr. 8: Die Beseitigung von Abfällen aus Krankenhäusern, Arztpraxen und sonstigen Einrichtungen des medizinischen Bereichs vom 24. 9. 1975 (ABl S. 1092),

Nr. 9: Die Errichtung und der Betrieb von Anlagen zur Lagerung oder Behandlung von Autowracks vom 9. 8. 1976 (ABl S. 502), dazu Bek. vom 29. 9. 1978 (ABl S. 597),

Nr. 10: Qualitätskriterien und Anwendungsempfehlungen für Kompost aus Müll und Müllklärschlamm vom 6. 3. 1978 (ABl S. 126),

Nr. 12: Beseitigung von Pflanzenbehandlungsmittelresten vom 21. 7. 1981 (ABl S. 421);

Altölverordnung (AltölV) vom 27. 10. 1987 (BGBl. I S. 2335);

Verwaltungsvorschriften zum Vollzug der §§ 5a, 5b und 30 des Abfallgesetzes und der Altölverordnung (Altölentsorgung) vom 10. 10. 1989 (ABl SchlH. S. 428),

Klärschlammverordnung – AbfKlärV – vom 15. 4. 1992 (BGBl. I. S. 912),

Durchführungsbestimmungen zur Klärschlammverordnung (AbfKlärV) über die Verwertung von Klärschlamm in der Land- und Forstwirtschaft vom 11. 4. 1988 (ABl SchlH. S. 193);

Generalplan Klärschlammverwertung/Klärschlammbeseitigung 1984, hgg. vom Minister für Ernährung, Landwirtschaft und Forsten des Landes Schleswig-Holstein;

Richtlinie Nr. 7 zur Abfallentsorgung in Schleswig-Holstein: Die Behandlung und Beseitigung von Klärschlämmen unter Berücksichtigung ihrer seuchenhygienisch unbedenklichen Verwertung im Landbau vom 24. 9. 1975 (ABl S. 1087)

Landesverordnung über das Aufbringen von Gülle (Gülleverordnung) vom 27. 6. 1989 (GVOBl SchlH. S. 73);

Ordnungswidrigkeiten-Zuständigkeitsverordnung i. d. F. d. Art. 1 Nr. 1 LVO vom 28. 10. 1989 (GVOBl SchlH. S. 158);

Verwaltungsvorschriften zur Gülleverordnung vom 10. 10. 1989 (ABl SchlH. S. 434, ber. 1990 S. 138);

Richtwerte für die Düngung, Bek. vom 29. 1. 1990 (ABl SchlH. S. 138)

Nach § 6 Abs. 2 des Pflanzenschutzgesetzes vom 15. 9. 1986 (BGBl. I S. 1505) dürfen Pflanzenschutzmittel nicht in oder unmittelbar an oberirdischen Gewässern und Küstengewässern angewendet werden. Dazu ist landesrechtlich die Verwaltungsvorschrift zur Anwendung von Pflanzenschutzmitteln auf nicht landwirtschaftlich, forstwirtschaftlich oder gärtnerisch genutzten Freilandflächen vom 19. 1. 1990 (ABl SchlH. S. 110) ergangen. Zu beachten ist ferner, daß gemäß § 1a des Düngemittelgesetzes i. d. F. d. § 11 LaFG vom 12. 7. 1989 (BGBl. I S. 1435/1437) Düngemittel nur nach guter fachlicher Praxis, d. h. so angewandt werden dürfen, daß die Düngung nach Art, Menge und Zeit auf den Bedarf der Pflanzen und des Bodens unter Berücksichtigung der im Boden verfügbaren Nährstoffe und organi-

Einführung

schen Substanz sowie der Standort- und Anbaubedingungen ausgerichtet wird. Das bedeutet, daß eine das Grundwasser und benachbarte Oberflächengewässer beeinträchtigende Überdüngung unzulässig ist.

Nach § 3 Abs. 1 Nr. 2 des Gesetzes über die Beseitigung von Tierkörpern, Tierkörperteilen und tierischen Erzeugnissen (Tierkörperbeseitigungsgesetz – TierKBG) vom 2. 9. 1975 (BGBl. I S. 2313, ber. S. 2610) sind Tierkörper, Tierkörperteile und tierische Erzeugnisse so zu beseitigen, daß Gewässer durch Erreger übertragbarer Krankheiten oder toxische Stoffe nicht verunreinigt werden. Hierzu sind folgende bundes- und landesrechtliche Vorschriften erlassen:

Ausführungsgesetz zum Tierkörperbeseitigungsgesetz (AG Tier KBG) vom 6. 1. 1978 (GVOBl SchlH. S. 8), geändert durch Gesetz vom 28. 2. 1992 (GVOBl SchlH. S. 184);

LVO über die zuständigen Behörden nach dem Tierkörperbeseitigungsgesetz vom 26. 8. 1977 (GVOBl SchlH. S. 307);

VO über Tierkörperbeseitigungsanstalten und Sammelstellen (Tierkörperbeseitigungsanstalten-VO) vom 1. 9. 1976 (BGBl. I S. 2587), geändert durch VO vom 6. 6. 1980 (BGBl. I S. 667);

LVO über Einzugsbereiche und Sammelstellen nach dem Tierkörperbeseitigungsgesetz vom 15. 12. 1981 (GVOBl SchlH. S. 347), zuletzt geändert durch LVO vom 15. 4. 1992 (GVOBl S. 232);

LVO über die zuständigen Behörden nach der Tierkörperbeseitigungsanstalten-Verordnung vom 14. 2. 1978 (GVOBl SchlH. S. 53).

Das Gesetz über die friedliche Verwendung der Kernenergie und den Schutz gegen ihre Gefahren (Atomgesetz) i. d. F. d. Bek. vom 15. 7. 1989 (BGBl. I. S. 1565), zuletzt geändert durch Gesetz vom 5. 11. 1990 (BGBl. I S. 2428) schreibt in § 7 Abs. 2 Nr. 6 vor, daß die erforderliche atomrechtliche Genehmigung nur erteilt werden darf, wenn u. a. der Wahl des Standorts der Anlage keine überwiegenden öffentlichen Interessen, insbesondere im Hinblick auf die Umweltauswirkungen entgegenstehen. Hierunter fallen auch die Belange des Wasserhaushalts und des Gewässerschutzes.

Dem Gewässerschutz dienen auch Vorschriften über die Beförderung gefährlicher Güter

Gesetz über die Beförderung gefährlicher Güter vom 6. 8. 1975 (BGBl. I. S. 2121), zuletzt geändert durch Art. 3 Nr. 2 Gesetz vom 9. 10. 1989 (I S. 1830), Art. 36 Gesetz vom 28. 6. 1990 (BGBl. I S. 1221/1243);

Verordnung über die innerstaatliche und grenzüberschreitende Beförderung gefährlicher Güter auf Straßen (Gefahrgutverordnung Straße – GGVS) i. d. F. d. Bek. vom 13. 11. 1990 (BGBl. I S. 2453/2454), zuletzt geändert durch § 22 GGVSee vom 24. 7. 1991 (BGBl. I S. 1714);

Richtlinien zur Durchführung der Gefahrgutverordnung Straße (GGVS-Durchführungsrichtlinien) – RS 002 – vom 8. 6. 1990 (VkBl. S. 389). Die GGVS-Durchführungsrichtlinien vom 29. 6. 1988 (VkBl. S. 558) sind für Schleswig-Holstein durch Bek. d. Ministers für Wirtschaft, Technik und Verkehr vom 10. 1. 1989 (ABl S. 20) verbindlich eingeführt worden.

Straßen-Gefahrgutausnahmeverordnung vom 25. 9. 1985 (BGBl. I S. 1925), zuletzt geändert durch Art. 2 VO vom 9. 3. 1992 (BGBl. I S. 391/398);

Landesverordnung zur Ausführung von Rechtsvorschriften über die Beförderung gefährlicher Güter auf der Straße vom 24. 7. 1980 (GVOBl SchlH. S. 276), geändert durch LVO vom 17. 12. 1982 (GVOBl S. 322) und Art. 27 LVO vom 6. 12. 1989 (GVOBl S. 171/175);

Gesetz zu dem Europäischen Übereinkommen vom 30. September 1957 über die internationale Beförderung gefährlicher Güter auf der Straße (ADR) vom 18. 8. 1969 (BGBl. II S. 1489);

Einführung

Verordnung über die Inkraftsetzung der Neufassung 1977 der Anlagen A und B zu diesem Übereinkommen (ADR – NeufassungsV) vom 4. 11. 1977 (BGBl. II S. 1190), zuletzt geändert durch 9. ADR – Änderungs-VO vom 9. 8. 1990 (BGBl. II S. 838);
1. ADR – Ausnahme-VO vom 15. 11. 1971 (BGBl. II S. 1273);
20. ADR – Ausnahme-VO vom 20. 3. 1991 (BGBl. II S. 590).

Verordnung über die innerstaatliche und grenzüberschreitende Beförderung gefährlicher Güter mit Eisenbahnen (Gefahrgutverordnung Eisenbahn – GGVE) i. d. F. d. Bek. vom 10. 6. 1991 BGBl. I S. 1224/1225), geändert durch GGV See vom 24. 7. 1991 (BGBl. I S. 1714);

Richtlinien zur Durchführung der Gefahrgutverordnung Eisenbahn (GGVE – Durchführungsrichtlinien) – RE 001 – vom 23. 10. 1990 (VkBl. S. 670);

Eisenbahn-Gefahrgutausnahmeverordnung vom 16. 8. 1985 (BGBl. I S. 1651), zuletzt geändert durch 6. Änderungs-VO vom 16. 4. 1991 (BGBl. I S. 905) sowie Art. 1 und 4 VO vom 9. 3. 1992 (BGBl. I S. 391);

Gefahrgutverordnung – Binnenschiffahrt – GGV Bin Sch – vom 30. 6. 1977 (BGBl. I S. 1119), zuletzt geändert durch 8. Änderungs-VO vom 7. 4. 1992 (BGBl. I S. 860);

Binnenschiffahrts- und Gefahrgutausnahmeverordnung vom 29. 6. 1989 (BGBl. I S. 1387), geändert durch VO vom 25. 9. 1991 (BGBl. I S. 1919);

Verordnung über die Beförderung gefährlicher Güter mit Seeschiffen (Gefahrgutverordnung See - GGV See) vom 24. 7. 1991 (BGBl. I S. 1714);

Verordnung über Sofortmaßnahmen bei der Beförderung gefährlicher Abfälle mit Seeschiffen im Verkehr zwischen Drittstaaten vom 17. 1. 1991 (BGBl. I S. 166).

c) EG-Richtlinien

Über den Rahmen des innerstaatlichen deutschen Rechts hinaus befassen sich die Europäischen Gemeinschaften verstärkt mit dem Umweltschutz und in diesem Zusammenhang auch mit dem Gewässerschutz. Mit der Erklärung des Rates der Europäischen Gemeinschaften und der im Rat vereinigten Vertreter der Regierungen der Mitgliedstaaten vom 22. 11. 1973 über ein Aktionsprogramm der Europäischen Gemeinschaften für den Umweltschutz (ABl EG C 112/1) wurden „die Verbesserung der Lebensqualität und der Schutz der natürlichen Umwelt" als wesentliche Aufgaben der Gemeinschaft bezeichnet und „eine Umweltpolitik der Gemeinschaft" für angebracht erklärt. Das Aktionsprogramm wurde durch Entschließungen des Rates vom 17. 5. 1977 (ABl EG C 139/1), 7. 2. 1983 (ABl C 46/1) und vom 9. 10. 1987 (ABl C 328/1) als 4. Aktionsprogramm für die Zeit bis 1992 fortgeschrieben. Mit der Einheitlichen Europäischen Akte (EEA) vom 17./28. 2. 1986 (Abl. EG 1987 L 169/1; BGBl. 1986 II S. 1102) wurde ein besonderer Titel „Umwelt" in den Vertrag zur Gründung der Europäischen Wirtschaftsgemeinschaft – EWG – vom 25. 3. 1957 (BGBl. 1957 II S. 753/766) eingefügt. Die Art. 130 r bis 130 t geben nunmehr der EG eine ausdrückliche Zuständigkeit im Bereich Umweltpolitik und der Kompetenz zur Schaffung von sekundärem Gemeinschaftsrecht. Für den Gewässerschutz sind insbesondere die nachstehenden Richtlinien zu beachten, die allerdings grundsätzlich nicht unmittelbar geltendes Recht gegenüber dem Einzelnen setzen, sondern sich an die Mitgliedstaaten wenden (Art. 189 Abs. 3 EWGV), die Mitgliedstaaten sind jedoch verpflichtet, die Zielsetzungen der Richtlinien in innerstaatliches Recht so umzusetzen, daß die innerstaatlichen Rechtsnormen die ordnungsgemäße Durchführung der jeweiligen Richtlinie gewährleisten[19]).

---
[19]) EuGH U. v. 28. 2. 91 – Rs C 131/88 – ZfW 1991, 211; 30. 5. 91 – Rs C 361/88 – EuZW 1991, 440.

Einführung

Richtlinie des Rates 80/778/EWG vom 15. 7. 1980 über die Qualität von Wasser für den menschlichen Gebrauch (ABl L 229 vom 30. 8. 1980 S. 11), geändert durch Richtlinie des Rates 81/858/EWG vom 19. 10. 1981 (ABl L 319 vom 7. 11. 1981 S. 19) und Art. 26 Anh. I Abschn. X Nr. 1 j des Beitrittsvertrages mit Spanien und Portugal vom 12. 6. 1985 (ABl L 302 vom 15. 11. 1985 S. 9/219);

Richtlinie des Rates 75/440/EWG vom 16. 6. 1975 über die Qualitätsanforderungen an Oberflächengewässer für die Trinkwassergewinnung in den Mitgliedstaaten (ABl L 194 vom 25. 7. 1975 S. 34), geändert durch Art. 12 der Richtlinie des Rates 79/869/EWG vom 9. 10. 1979 (ABl L 271 vom 29. 10. 1979 S. 44);

Richtlinie des Rates 79/869/EWG vom 9. 10. 1979 über die Meßmethoden sowie über die Häufigkeit der Probenahmen und der Analysen des Oberflächenwassers für die Trinkwassergewinnung in den Mitgliedstaaten (ABl L 271 vom 29. 10. 1979 S. 44), geändert durch Richtlinie des Rates 81/855/EWG vom 19. 10. 1981 (ABl L 319 vom 7. 11. 1981 S. 16) und Art. 26 Anh. I Abschn. X Nr. 1 i des Beitrittsvertrages mit Spanien und Portugal vom 12. 6. 1985 (ABl L 302 vom 15. 11. 1985 S. 9/219);

Richtlinie des Rates 80/777/EWG vom 15. 7. 1980 zur Angleichung der Rechtsvorschriften der Mitgliedstaaten über die Gewinnung von und den Handel mit natürlichen Mineralwässern (ABl L 229 vom 30. 8. 1980 S. 1);

Richtlinie des Rates 85/337/EWG vom 27. 6. 1985 über die Umweltverträglichkeitsprüfung bei bestimmten öffentlichen und privaten Projekten (ABl L 175 vom 5. 7. 1985 S. 40);

Entscheidung des Rates 77/795/EWG vom 12. 12. 1977 zur Einführung eines gemeinsamen Verfahrens zum Informationsaustausch über die Qualität des Oberflächensüßwassers in der Gemeinschaft (ABl L 334 vom 24. 12. 1977 S. 29), geändert durch die Entscheidungen des Rates 81/856/EWG vom 19. 10. 1981 (ABl L 319 vom 7. 11. 1981 S. 17), 84/422/EWG vom 24. 7. 1984 (ABl L 237 vom 5. 9. 1984 S. 15), 86/574/EWG vom 24. 11. 1986 (ABl L 335 vom 28. 11. 1986 S. 44), 90/2/EWG vom 14. 12. 1989 (ABl L 1 vom 4. 1. 1990 S. 20);

Richtlinie des Rates 76/160/EWG vom 8. 12. 1975 über die Qualität der Badegewässer (ABl L 31 vom 5. 2. 1976 S. 1);

Richtlinie des Rates 78/659/EWG vom 18. 7. 1978 über die Qualität von Süßwasser, das schutz- oder verbesserungsbedürftig ist, um das Leben von Fischen zu erhalten (ABl L 222 vom 14. 8. 1978 S. 1);

Richtlinie des Rates 79/923/EWG vom 30. 10. 1979 über die Qualitätsanforderungen an Muschelgewässer (ABl L 281 vom 10. 11. 1979 S. 47);

Richtlinie des Rates 76/464/EWG vom 4. 5. 1976 betreffend die Verschmutzung infolge der Ableitung bestimmter gefährlicher Stoffe in die Gewässer der Gemeinschaft (ABl L 129 vom 18. 5. 1976 S. 23) – vgl. hierzu Entschließung des Rates vom 7. 2. 1983 zur Fortschreibung und Durchführung einer Umweltpolitik und eines Aktionsprogramms der Europäischen Gemeinschaften für den Umweltschutz 1982–1986 (ABl C 46 vom 17. 2. 1983 S. 1);

Richtlinie des Rates 80/68/EWG vom 17. 12. 1979 über den Schutz des Grundwassers gegen Verschmutzung durch bestimmte gefährliche Stoffe (ABl L 20 vom 26. 1. 1980 S. 43) – vgl. hierzu die Allgemeine Verwaltungsvorschrift zum Vollzug der Richtlinie des Rates der Europäischen Gemeinschaften über den Schutz des Grundwassers gegen Verschmutzungen durch bestimmte gefährliche Stoffe vom 17. 3. 1989 (ABl SchlH. S. 120);

Richtlinie des Rates 82/176/EWG vom 22. 3. 1982 betreffend Grenzwerte und Qualitätsziele für Quecksilberableitungen aus dem Industriezweig Alkalichloridelektrolyse (ABl L 81 vom 27. 3. 1982 S. 29);

Richtlinie des Rates 84/156/EWG vom 8. 3. 1984 betreffend Grenzwerte und Qualitätsziele für Quecksilberableitungen mit Ausnahme des Industriezweigs Alkalichloridelektrolyse (ABl L 74 vom 17. 3. 1984 S. 49);

Richtlinie des Rates 83/514/EWG vom 26. 9. 1983 betreffend Grenzwerte und Qualitätsziele für Cadmiumableitungen (ABl L 291 vom 24. 10. 1983 S. 1);

Einführung

Richtlinie des Rates 84/491/EWG vom 9. 10. 1984 betreffend Grenzwerte und Qualitätsziele für Ableitungen von Hexachlorcyclohexan (ABl L 274 vom 17. 10. 1984 S. 11 mit Berichtigungen ABl L 296 vom 14. 11. 1984 S. 11);

Richtlinie des Rates 86/280/EWG vom 12. 6. 1986 betreffend Grenzwerte und Qualitätsziele für die Ableitung bestimmter gefährlicher Stoffe im Sinne der Liste I im Anhang der Richtlinie 76/464/EWG (ABl L 181 vom 4. 7. 1986 S. 16), geändert durch Richtlinie 88/347/EWG vom 16. 6. 1988 (ABl L 158 vom 25. 6. 1988 S. 35);

Richtlinie des Rates 87/217/EWG vom 19. 3. 1987 zur Verhütung und Verringerung der Umweltverschmutzung durch Asbest (ABl L 85 vom 28. 3. 1987 S. 40) – vgl. hierzu Allgemeine Verwaltungsvorschrift zum Vollzug der Richtlinie des Rates der Europäischen Gemeinschaften zur Verhütung und Verringerung der Umweltverschmutzung durch Asbest vom 28. 2. 1990 (ABl SchlH. S. 190), geändert durch Bekanntmachung vom 29. 10. 1991 (ABl SchlH. S. 730);

Richtlinie des Rates 73/404/EWG vom 22. 11. 1973 zur Angleichung der Rechtsvorschriften der Mitgliedstaaten über Detergentien (ABl L 347 vom 17. 12. 1973 S. 51), geändert durch die Richtlinien des Rates 82/242/EWG vom 31. 3. 1982 (ABl L 109 vom 22. 4. 1982 S. 1) und 86/94/EWG vom 10. 3. 1984 (ABl L 80 vom 25. 3. 1986 S. 51);

Richtlinie des Rates 73/405/EWG vom 22. 11. 1973 zur Angleichung der Rechtsvorschriften der Mitgliedstaaten über die Methoden zur Kontrolle der biologischen Abbaubarkeit anionischer grenzflächenaktiver Substanzen (ABl L 347 vom 17. 12. 1973 S. 53), geändert durch Richtlinie des Rates 82/243/EWG vom 31. 3. 1982 (ABl L 109 vom 22. 4. 1982 S. 18);

Richtlinie des Rates 82/242/EWG vom 31. 3. 1982 zur Angleichung der Rechtsvorschriften der Mitgliedstaaten über die Methoden zur Kontrolle der biologischen Abbaubarkeit nichtionischer grenzflächenaktiver Substanzen und zur Änderung der Richtlinie 73/404/EWG (ABl L 109 vom 22. 4. 1982 S. 1);

Richtlinie des Rates 86/278/EWG über den Schutz der Umwelt und insbesondere der Böden bei der Verwendung von Klärschlamm in der Landwirtschaft (ABl L 181 vom 4. 7. 1986 S. 6);

Richtlinie des Rates 75/439/EWG vom 16. 6. 1975 über die Altölbeseitigung (ABl L 194 vom 25. 7. 1975 S. 31).

5. Unterhaltung der Gewässer

Die durch das WHG erstrebte Ordnung des Wasserhaushalts erfordert, daß die oberirdischen Gewässer in einem ordnungsmäßigen Zustand für den Wasserabfluß und – bei schiffbaren Gewässern – auch für die Schiffbarkeit erhalten werden. Die gesetzlichen Regelungen über den Umfang der Unterhaltung, den Kreis der Unterhaltungspflichtigen, die Erfüllung der Unterhaltungspflicht und ihre Sicherstellung sowie über die Kostenlast enthalten die §§ 28 bis 30 WHG und die §§ 37 bis 51 LWG.

6. Küstenschutz und Abwehr von Hochwassergefahren

Ein wichtiger Bestandteil des Wasserrechts und zugleich derjenige, der bereits seit Jahrhunderten eine eingehendere gesetzliche Regelung erfahren hat, ist das Deichrecht. Wie schon die alten Deichordnungen, enthält auch das LWG in den §§ 62 bis 82 Vorschriften zur Sicherung der Küsten, regelt die Rechtsverhältnisse beim Bau sowie bei der Unterhaltung von Deichen und trifft Bestimmungen über deren Sicherung und Erhaltung. Die Regelungen gelten sowohl für die Deiche an der Küste als auch für die Deiche und Dämme an Flußläufen.

Einführung

Dem Schutz gegen Hochwassergefahren dienen weiter die Vorschriften über Überschwemmungsgebiete (§ 32 WHG; §§ 57 bis 59 LWG).

7. Wasserwege- und Verkehrsrecht

Über die Vorschriften zur Ordnung des Wasserhaushalts hinaus trifft das LWG in den §§ 136 ff. auch Regelungen zum Wasserwegerecht, z. B. über den Gemeingebrauch an schiffbaren Gewässern und − zusammen mit der Hafenverordnung vom 13. 2. 1976[20]) − über die Benutzung von Häfen. Verkehrsrechtliche Bestimmungen sind im 14. Teil des LWG sowie in den auf § 101 b LWG a. F. (jetzt § 137) gestützten Verordnungen enthalten.

V. Finanzierung und Förderung wasserbaulicher und gewässerbezogener Maßnahmen

Die im Allgemeininteresse durchzuführenden Maßnahmen zum Küstenschutz, zur Sicherung der Wasserversorgung, zur Reinhaltung und naturgerechten Unterhaltung und Gestaltung von Gewässern erfordern beträchtliche Finanzmittel, was die Finanzkraft vieler Träger solcher Maßnahmen überfordern kann. Waren Bau und Unterhaltung der Landesschutzdeiche und der Deiche auf Halligen schon bisher Aufgaben des Landes, so hat das Land mit dem neuen LWG-Änderungsgesetz zusätzlich den Bau und die Unterhaltung der Überlaufdeiche und Dämme auf den Inseln, ferner die Sicherung der Küsten, und zwar auch den Schutz der „sandigen Küsten", sowie der Watt-, Insel- und Halligsockel als öffentliche Aufgabe (§ 63 LWG) übernommen und damit die Kostenlast dafür. Weiter trägt das Land wie bisher die Unterhaltungslast für die Gewässer erster Ordnung mit Ausnahme der Bundeswasserstraßen, für deren Unterhaltung der Bund aufkommt.

Darüber hinaus gewährt das Land gesetzlich festgelegte laufende Zuschüsse an die Wasser- und Bodenverbände (Deich- und Sielverbände) und Gemeinden zu den Kosten der ihnen obliegenden Deichunterhaltung (§ 73 LWG) sowie zur Unterhaltung von Gewässern zweiter Ordnung (§§ 42, 51 LWG).

Im übrigen unterstützt der Staat im öffentlichen Interesse liegende Vorhaben der Wasserwirtschaft und zur naturnahen Gestaltung von Gewässern durch finanzielle Zuwendungen nach Maßgabe besonderer Förderungsprogramme, die nach ihrer Zielvorstellung zeitlich befristet sein können.

Auf Grund des Gesetzes über die Gemeinschaftsaufgabe „Verbesserung der regionalen Wirtschaftsstruktur" vom 6. 10. 1969 (BGBl. I S. 1861), zuletzt geändert durch Art. 11 Gesetz vom 24. 6. 1991 (BGBl. I S. 1322/1336) kann der Ausbau von Wasserversorgungs- und Abwasserbeseitigungsanlagen gefördert werden. Nach dem Gesetz über die Gemeinschaftsaufgabe „Verbesserung der Agrarstruktur und des Küstenschutzes" in der Bekanntmachung vom 21. 7. 1988 (BGBl. I S. 1055) können Zuschüsse, Darlehn, Zinszuschüsse oder Bürgschaften gewährt werden für wasserwirtschaftliche und kulturbautechnische Maßnahmen sowie für Maßnahmen zur Erhöhung der Sicherheit an den Küsten der Nord- und Ostsee sowie

---

[20]) GVOBl 1976 S. 66, zuletzt geändert durch Art. 27 LVO vom 6. 12. 1989 (GVOBl S. 171/175). Die Hafenverordnung tritt gemäß § 38 Satz 2 HafVO am 31. 12. 1995 außer Kraft.

Einführung

an oberirdischen Gewässern im Tidegebiet gegen Sturmfluten (§ 1 Abs. 1 Nrn. 3 und 5).
Das Land hat seine Förderungsprogramme in Richtlinien bekanntgegeben. Die Richtlinien für die Förderung wasserwirtschaftlicher und kulturbautechnischer Maßnahmen als Gemeinschaftsaufgabe „Verbesserung der Agrarstruktur und des Küstenschutzes" vom 1. 8. 1984 (ABl S. 345) sehen Finanzzuwendungen vor für Maßnahmen zum Ausgleich des Wasserabflusses, zum Schutz gegen die zerstörende Wirkung von Wasser und Wind sowie für zentrale Wasserversorgungs- und Abwasseranlagen in ländlichen Gemeinden. Nach Maßgabe der Richtlinien für die Förderung von Wasserversorgungs- und Abwasseranlagen außerhalb der Gemeinschaftsaufgaben „Verbesserung der Agrarstruktur und des Küstenschutzes" und „Verbesserung der regionalen Wirtschaftsstruktur" vom 18. 12. 1989 (ABl 1990 S. 74) können Finanzhilfen gewährt werden[21]) für zentrale Abwasserbehandlungs- und Reinigungsanlagen und Kanalisationsleitungen, naturnahe Regenrückhalte- und Sedimentationsbecken sowie zentrale Wasserversorgungsanlagen in ländlichen Gemeinden. Die Richtlinien vom 14. 12. 1987 (ABl 1988 S. 16) betreffen Zuwendungen für die Förderung der Anpassung von Hauskläranlagen und Kleinkläranlagen an die allgemein anerkannten Regeln der Technik (Nachrüstung). Die Richtlinien zur Förderung von Güllebörsen vom 20. 11. 1989 (ABl 1990 S. 187) behandeln Zuschüsse zur Fehlbedarfsfinanzierung von Güllebörsen, die die nach der Gülleverordnung anfallende Überschußgülle erfassen und verteilen sollen. Die Richtlinien für die landwirtschaftliche Umweltschutzförderung vom 23. 12. 1982 (ABl 1983 S. 63), geändert durch Bekanntmachung vom 2. 4. 1985 (ABl S. 139) sehen zum Schutz der Gewässer Zuwendungen vor u. a. für bauliche Investitionen zur ordnungsgemäßen Lagerung von tierischen Exkrementen, Silosickersaft und ähnlichen organischen Stoffen außerhalb von Stallgebäuden, für Güllekeller und die Abdeckung von Flüssigdungbehältern. Das Programm „Erneuerbare Energien" vom 17. 7. 1989 (ABl S. 292) stellt Zuwendungen in Aussicht für die Errichtung von Laufwasserkraftwerken bis 500 kW. Gefördert werden ferner etwa mit den Richtlinien vom 21. 6. 1991 (ABl S. 451) die naturnahe Gestaltung von Fließgewässern und mit den Richtlinien vom 8. 10. 1991 (ABl S. 640) die Erarbeitung und Umsetzung integrierter Schutzkonzepte in ausgewählten Regionen, etwa zur Bewahrung der natürlichen Lebensgrundlagen und einer umfassenden ökologischen Entlastung der Region. Die Richtlinien vom 19. 7. 1991 (ABl S. 500) bezwecken die Unterstützung von Projekten im Bereich des Natur- und Umweltschutzes.

---

21) Vgl. LWG § 29 H 3.

Gesetz zur Ordnung des Wasserhaushalts (Wasserhaushaltsgesetz – WHG)

in der Fassung der Bekanntmachung vom 23. September 1986 (BGBl. I S. 1529), geändert durch Art. 5 Gesetz vom 12. Februar 1990 (BGBl. I S. 205/212)

Einleitende Bestimmung

§ 1 Sachlicher Geltungsbereich

(1) Dieses Gesetz gilt für folgende Gewässer:

1. das ständig oder zeitweilig in Betten fließende oder stehende oder aus Quellen wild abfließende Wasser (oberirdische Gewässer),

1 a. das Meer zwischen der Küstenlinie bei mittlerem Hochwasser oder der seewärtigen Begrenzung der oberirdischen Gewässer und der seewärtigen Begrenzung des Küstenmeeres (Küstengewässer),

2. das Grundwasser.

(2) Die Länder können kleine Gewässer von wasserwirtschaftlich untergeordneter Bedeutung sowie Quellen, die zu Heilquellen erklärt worden sind, von den Bestimmungen dieses Gesetzes ausnehmen. Dies gilt nicht für § 22.

(3) Die Länder bestimmen die seewärtige Begrenzung derjenigen oberirdischen Gewässer, die nicht Binnenwasserstraßen des Bundes sind.

– vgl. § 1 LWG –

ERSTER TEIL: Gemeinsame Bestimmungen für die Gewässer

§ 1 a Grundsatz

(1) Die Gewässer sind als Bestandteil des Naturhaushalts so zu bewirtschaften, daß sie dem Wohl der Allgemeinheit und im Einklang mit ihm auch dem Nutzen einzelner dienen und daß jede vermeidbare Beeinträchtigung unterbleibt.

(2) Jedermann ist verpflichtet, bei Maßnahmen, mit denen Einwirkungen auf ein Gewässer verbunden sein können, die nach den Umständen erforderliche Sorgfalt anzuwenden, um eine Verunreinigung des Wassers oder eine sonstige nachteilige Veränderung seiner Eigenschaften zu verhüten und um eine mit Rücksicht auf den Wasserhaushalt gebotene sparsame Verwendung des Wassers zu erzielen.

(3) Das Grundeigentum berechtigt nicht

1. zu einer Gewässerbenutzung, die nach diesem Gesetz oder nach den Landeswassergesetzen einer Erlaubnis oder Bewilligung bedarf,
2. zum Ausbau eines oberirdischen Gewässers.

– vgl. § 2 LWG –

1 · WHG

Hinweis zu § 1 a

BVerfG v. 15. 7. 1981 – 1 BvL 77/78 – BVerfGE 58, 300/301; Entscheidungsformel veröffentlicht in BGBl. I 1982, S. 189:

§ 1 a Absatz 3 Nummer 1, § 2 Absatz 1, § 3 Absatz 1 Nummer 6 und § 6 des Gesetzes zur Ordnung des Wasserhaushalts (Wasserhaushaltsgesetz – WHG) in der Fassung der Bekanntmachung vom 16. Oktober 1976 (Bundesgesetzbl. I S. 3017) sind mit dem Grundgesetz vereinbar.

...

Die vorstehende Entscheidungsformel hat gemäß § 31 Abs. 2 des Gesetzes über das Bundesverfassungsgericht Gesetzeskraft

§ 2 Erlaubnis- und Bewilligungserfordernis

(1) Eine Benutzung der Gewässer bedarf der behördlichen Erlaubnis (§ 7) oder Bewilligung (§ 8), soweit sich nicht aus den Bestimmungen dieses Gesetzes oder aus den im Rahmen dieses Gesetzes erlassenen landesrechtlichen Bestimmungen etwas anderes ergibt.

(2) Die Erlaubnis und die Bewilligung geben kein Recht auf Zufluß von Wasser bestimmter Menge und Beschaffenheit. Unbeschadet des § 11 berühren sie nicht privatrechtliche Ansprüche auf Zufluß von Wasser bestimmter Menge und Beschaffenheit.

§ 3 Benutzungen

(1) Benutzungen im Sinne dieses Gesetzes sind

1. Entnehmen und Ableiten von Wasser aus oberirdischen Gewässern,

2. Aufstauen und Absenken von oberirdischen Gewässern,

3. Entnehmen fester Stoffe aus oberirdischen Gewässern, soweit dies auf den Zustand des Gewässers oder auf den Wasserabfluß einwirkt,

4. Einbringen und Einleiten von Stoffen in oberirdische Gewässer,

4 a. Einbringen und Einleiten von Stoffen in Küstengewässer, wenn diese Stoffe

   a) von Land aus oder aus Anlagen, die in Küstengewässern nicht nur vorübergehend errichtet oder festgemacht worden sind, eingebracht oder eingeleitet werden oder

   b) in Küstengewässer verbracht worden sind, um sich ihrer dort zu entledigen,

5. Einleiten von Stoffen in das Grundwasser,

6. Entnehmen, Zutagefördern, Zutageleiten und Ableiten von Grundwasser.

(2) Als Benutzungen gelten auch folgende Einwirkungen:

1. Aufstauen, Absenken und Umleiten von Grundwasser durch Anlagen, die hierzu bestimmt oder hierfür geeignet sind,

2. Maßnahmen, die geeignet sind, dauernd oder in einem nicht nur unerheblichen Ausmaß schädliche Veränderungen der physikalischen, chemischen oder biologischen Beschaffenheit des Wassers herbeizuführen.

(3) Maßnahmen, die dem Ausbau eines oberirdischen Gewässers dienen, sind keine Benutzungen. Dies gilt auch für Maßnahmen der Unterhaltung eines oberirdischen Gewässers, soweit hierbei nicht chemische Mittel verwendet werden.

Hinweis zu § 3

Für Bundeswasserstraßen vgl. § 7 Abs. 3 WaStrG:

Maßnahmen innerhalb der Bundeswasserstraßen, die der Unterhaltung der Bundeswasserstraßen oder der Errichtung oder dem Betrieb der bundeseigenen Schiffahrtsanlagen dienen, bedürfen keiner wasserrechtlichen Erlaubnis, Bewilligung oder Genehmigung.

§ 4 Benutzungsbedingungen und Auflagen

(1) Die Erlaubnis und die Bewilligung können unter Festsetzung von Benutzungsbedingungen und Auflagen erteilt werden. Auflagen sind auch zulässig, um nachteilige Wirkungen für andere zu verhüten oder auszugleichen.

(2) Durch Auflagen können ferner insbesondere

1. Maßnahmen zur Beobachtung oder zur Feststellung des Zustandes vor der Benutzung und von Beeinträchtigungen und nachteiligen Wirkungen durch die Benutzung angeordnet,

2. die Bestellung verantwortlicher Betriebsbeauftragter vorgeschrieben, soweit nicht die Bestellung eines Gewässerschutzbeauftragten nach § 21 a vorgeschrieben ist oder angeordnet werden kann,

2 a. Maßnahmen angeordnet werden, die zum Ausgleich einer auf die Benutzung zurückzuführenden Beeinträchtigung der physikalischen, chemischen oder biologischen Beschaffenheit des Wassers erforderlich sind,

3. dem Unternehmer angemessene Beiträge zu den Kosten von Maßnahmen auferlegt werden, die eine Körperschaft des öffentlichen Rechts trifft oder treffen wird, um eine mit der Benutzung verbundene Beeinträchtigung des Wohls der Allgemeinheit zu verhüten oder auszugleichen.

– vgl. § 9 LWG –

§ 5 Vorbehalt

(1) Die Erlaubnis und die Bewilligung stehen unter dem Vorbehalt, daß nachträglich

1. zusätzliche Anforderungen an die Beschaffenheit einzubringender oder einzuleitender Stoffe gestellt,

1 a. Maßnahmen der in § 4 Abs. 2 Nr. 2, 2 a und 3 sowie in § 21 a Abs. 2 genannten Arten angeordnet,

2. Maßnahmen für die Beobachtung der Wasserbenutzung und ihrer Folgen angeordnet,

3. Maßnahmen für eine mit Rücksicht auf den Wasserhaushalt gebotene sparsame Verwendung des Wassers angeordnet

werden können. Wird das Wasser auf Grund einer Bewilligung benutzt, so müssen

1 · WHG

die Maßnahmen nach den Nummern 2 und 3 wirtschaftlich gerechtfertigt und mit der Benutzung vereinbar sein.

(2) Für alte Rechte und alte Befugnisse (§ 15) gilt Absatz 1 entsprechend, soweit nicht § 15 weitergehende Einschränkungen zuläßt.

§ 6 Versagung

Die Erlaubnis und die Bewilligung sind zu versagen, soweit von der beabsichtigten Benutzung eine Beeinträchtigung des Wohls der Allgemeinheit, insbesondere eine Gefährdung der öffentlichen Wasserversorgung, zu erwarten ist, die nicht durch Auflagen oder durch Maßnahmen einer Körperschaft des öffentlichen Rechts (§ 4 Abs. 2 Nr. 3) verhütet oder ausgeglichen wird.

Hinweis zu § 6

Zur Verfassungsmäßigkeit des § 6 vgl. BVerfG v. 15. 7. 81 – 1 BvL 77/78 – BGBl. I 1982, S. 189; BVerfGE 58, 300 (s. Hinweis zu § 1a)

§ 7 Erlaubnis

(1) Die Erlaubnis gewährt die widerrufliche Befugnis, ein Gewässer zu einem bestimmten Zweck in einer nach Art und Maß bestimmten Weise zu benutzen; sie kann befristet werden. Die Erlaubnis kann für ein Vorhaben, das nach § 3 des Gesetzes über die Umweltverträglichkeitsprüfung einer Umweltverträglichkeitsprüfung unterliegt, nur in einem Verfahren erteilt werden, das den Anforderungen des genannten Gesetzes entspricht.

(2) Die Erlaubnis geht mit der Wasserbenutzungsanlage oder, wenn sie für ein Grundstück erteilt ist, mit diesem auf den Rechtsnachfolger über, soweit bei der Erteilung nichts anderes bestimmt ist.

– vgl. §§ 10, 13, 14, 122 LWG –

Hinweise zu § 7

1. Gesetz über die Umweltverträglichkeitsprüfung (UVPG) als Art. 1 des Gesetzes zur Umsetzung der Richtlinie des Rates vom 27. Juni 1985 über die Umweltverträglichkeitsprüfung bei bestimmten öffentlichen und privaten Projekten (85/337/EWG) vom 12. 2. 1990 (BGBl. I S. 205), zuletzt geändert durch Art. 4 Gesetz vom 20. 6. 1990 (BGBl. I S. 1080/1094)

2. Landesverordnung über die federführende Behörde nach § 14 des Gesetzes über die Umweltverträglichkeitsprüfung vom 15. 1. 1991 (GVOBl SchlH. S. 67).

3. Gemeinsamer Erlaß über Zusammenarbeit der Verwaltungsbehörden des Landes bei der Durchführung von Umweltverträglichkeitsprüfungen nach dem Gesetz über Umweltverträglichkeitsprüfungen (UVPG) vom 27. 9. 1991 (Amtsbl Schl.-H. S. 628)

WHG · 1

§ 7a Anforderungen an das Einleiten von Abwasser

(1) Eine Erlaubnis für das Einleiten von Abwasser darf nur erteilt werden, wenn die Schadstofffracht des Abwassers so gering gehalten wird, wie dies bei Einhaltung der jeweils in Betracht kommenden Anforderungen nach Satz 3, mindestens jedoch nach den allgemein anerkannten Regeln der Technik möglich ist. § 6 bleibt unberührt. Die Bundesregierung erläßt mit Zustimmung des Bundesrates allgemeine Verwaltungsvorschriften über Mindestanforderungen, die den allgemein anerkannten Regeln der Technik entsprechen; enthält Abwasser bestimmter Herkunft Stoffe oder Stoffgruppen, die wegen der Besorgnis einer Giftigkeit, Langlebigkeit, Anreicherungsfähigkeit oder einer krebserzeugenden, fruchtschädigenden oder erbgutverändernden Wirkung als gefährlich zu bewerten sind (gefährliche Stoffe), müssen insoweit die Anforderungen in den allgemeinen Verwaltungsvorschriften dem Stand der Technik entsprechen. Die Bundesregierung bestimmt durch Rechtsverordnung mit Zustimmung des Bundesrates die Herkunftsbereiche von Abwasser im Sinne des Satzes 3, das gefährliche Stoffe enthält. Die Anforderungen nach den Sätzen 1 und 3 können auch für den Ort des Anfalls des Abwassers oder vor seiner Vermischung festgelegt werden.

(2) Entsprechen vorhandene Einleitungen von Abwasser nicht den Anforderungen nach Absatz 1, so haben die Länder sicherzustellen, daß die erforderlichen Maßnahmen durchgeführt werden. Die Länder können Fristen festlegen, innerhalb derer die Maßnahmen abgeschlossen sein müssen.

(3) Die Länder stellen auch sicher, daß vor dem Einleiten von Abwasser mit gefährlichen Stoffen in eine öffentliche Abwasseranlage die erforderlichen Maßnahmen entsprechend Absatz 1 Satz 3 durchgeführt werden.

– *vgl. §§ 32, 33 LWG* –

Hinweise zu § 7a

1. Auf Grund des § 7a Abs. 1 S. 4 ist erlassen die Verordnung über die Herkunftsbereiche von Abwasser (Abwasserherkunftsverordnung – AbwHerkV) vom 3. 7. 1987 (BGBl. I S. 1578), geändert durch Art. 3 Gesetz vom 20. 6. 1990 (BGBl. I S. 1080/1094) und Änderungs-VO vom 27. 5. 1991 (BGBl. I S. 1197)

2. Auf Grund des § 7a Abs. 3 S. 3 i. V. m. der Abwasserherkunftsverordnung sind erlassen

   a) Allgemeine Rahmen-Verwaltungsvorschrift über Mindestanforderungen an das Einleiten von Abwasser in Gewässer – Rahmen-Abwasser VwV – vom 8. 9. 1989 (GMBl S. 518), geändert durch AllgVwV vom 19. 12. 1989 (GMBl S. 798), 27. 8. 1991 (GMBl S. 686) und vom 4. 3. 1992 (GMBl. S. 178) mit

      Anlage: Analysen- und Meßverfahren und den Anhängen:
      1 Gemeinden,
      2 Braunkohle-Brikettfabrikation,
      3 Milchverarbeitung,
      5 Herstellung von Obst- und Gemüseprodukten,
      6 Herstellung von Erfrischungsgetränken und Getränkeabfüllung,
      7 Fischverarbeitung,
      8 Kartoffelverarbeitung,
      9 Herstellung von Beschichtungsstoffen und Lackharzen,

1 · WHG

10 Fleischwirtschaft,
11 Brauereien,
12 Herstellung von Alkohol und alkoholischen Getränken,
14 Trocknung pflanzlicher Produkte für die Futtermittelherstellung,
15 Herstellung von Hautleim, Gelatine und Knochenleim,
16 Steinkohlenaufbereitung,
17 Herstellung keramischer Erzeugnisse,
18 Zuckerherstellung,
19 Teil B Herstellung von Papier und Pappe,
21 Mälzereien,
22 Mischabwasser,
25 Lederherstellung, Pelzveredelung, Lederfaserstoffherstellung,
26 Steine und Erden,
30 Sodaherstellung,
36 Herstellung von Kohlenwasserstoffen,
37 Herstellung anorganischer Pigmente,
39 Nichteisenmetallherstellung,
40 Metallbearbeitung, Metallverarbeitung,
41 Herstellung und Verarbeitung von Glas und künstlichen Mineralfasern,
45 Erdölverarbeitung,
47 Wäsche von Rauchgasen aus Feuerungsanlagen,
49 Mineralölhaltiges Abwasser,
50 Zahnbehandlung,
51 Ablagerung von Siedlungsabfällen,
52 Chemischreinigung

b) Außerdem bestehen folgende Allgemeine Verwaltungsvorschriften über Mindestanforderungen an das Einleiten von Abwasser in Gewässer (Abwasser VwV):

4. Abwasser VwV (Ölsaatenaufbereitung, Speisefett- und Speiseölraffination) vom 17. 3. 1981 (GMBl S. 139);
13. Abwasser VwV (Herstellung von Holzfaserhartplatten) vom 17. 3. 1981 (GMBl S. 148);
19. Abwasser VwV, Teil A (Zellstofferzeugung) vom 18. 5. 1989 (GMBl S. 399);
20. Abwasser VwV (Tierkörperbeseitigung) vom 19. 5. 1982 (GMBl S. 293), geändert durch Abwasser VwV vom 10. 11. 1986 (GMBl S. 618);
23. Abwasser VwV (Herstellung von Calciumcarbid) vom 19. 5. 1982 (GMBl S. 296);
24. Abwasser VwV (Eisen- und Stahlerzeugung) vom 19. 5. 1982 (GMBl S. 297);
27. Abwasser VwV (Erzaufbereitung) vom 3. 3. 1983 (GMBl S. 145);
28. Abwasser VwV (Melasseverarbeitung) vom 13. 9. 1983 (GMBl S. 397);
29. Abwasser VwV (Fischintensivhaltung) vom 13. 9. 1983 (GMBl S. 398);
31. Abwasser VwV (Wasseraufbereitung, Kühlsysteme) vom 13. 9. 1983 (GMBl S. 400);
32. Abwasser VwV (Arzneimittel) vom 5. 9. 1984 (GMBl S. 338);
33. Abwasser VwV (Herstellung von Perboraten) vom 5. 9. 1984 (GMBl S. 339);
34. Abwasser VwV (Herstellung von Bariumverbindungen) vom 5. 9. 1984 (GMBl S. 340);
35. Abwasser VwV (Hochdisperse Oxide) vom 5. 9. 1984 (GMBl S. 341);
38. Abwasser VwV (Textilherstellung) vom 5. 9. 1984 (GMBl S. 348);

WHG · 1

42. Abwasser VwV (Alkalichloridelektrolyse nach dem Amalgamverfahren) vom 5. 9. 1984 (GMBl S. 358);
43. Abwasser VwV (Chemiefasern) vom 5. 9. 1984 (GMBl S. 359);
44. Abwasser VwV (Herstellung von mineralischen Düngemitteln außer Kali) vom 5. 9. 1984 (GMBl S. 361);
46. Abwasser VwV (Steinkohleverkokung) vom 25. 8. 1986 (GMBl S. 486);
48. Abwasser VwV (Verwendung bestimmter gefährlicher Stoffe) vom 9. 1. 1989 (GMBl S. 42), geändert durch Abwasser VwV vom 19. 12. 1989 (GMBl S. 811), 27. 8. 1991 (GMBl S. 693) und Art. 2 Rahmen-Abwasser-VwV i. d. F. vom 4. 3. 1992 (GMBl. S. 178/184) mit den Anhängen:
    1 Anforderungen für Cadmium,
    2 Anforderungen für Hexachlorcyclohexan,
    3 Anforderungen für halogenorganische Verbindungen,
    5 Anforderungen für Aldrin, Dieldrin, Endrin, Isodrin,
    6 Anforderungen für DDT, Pentachlorphenol,
    7 Anforderungen für Endosulfan

3. Vgl. auch folgende EWG-Richtlinien

Richtlinie des Rates 76/464/EWG vom 4. 5. 1976 betreffend die Verschmutzung infolge der Ableitung bestimmter gefährlicher Stoffe in die Gewässer der Gemeinschaft (ABl L 129 vom 18. 5. 1976 S. 23);

Richtlinie des Rates 86/280/EWG vom 12. 6. 1986 betreffend Grenzwerte und Qualitätsziele für die Ableitung bestimmter gefährlicher Stoffe im Sinne der Liste I im Anhang der Richtlinie 76/464/EWG (ABl L 181 vom 4. 7. 1986 S. 16), geändert durch Richtlinie des Rates 88/347/EWG vom 16. 6. 1988 (ABl L 158 vom 25. 6. 1988 S. 35);

Richtlinie des Rates 80/68/EWG vom 17. 12. 1979 über den Schutz des Grundwassers gegen Verschmutzung durch bestimmte gefährliche Stoffe (ABl L 20 vom 26. 1. 1980 S. 43);

Richtlinie des Rates 82/176/EWG vom 22. 3. 1982 betreffend Grenzwerte und Qualitätsziele für Quecksilberableitungen aus dem Industriezweig Alkalichloridelektrolyse (ABl L 81 vom 27. 3. 1982 S. 29);

Richtlinie des Rates 84/156/EWG vom 8. 3. 1984 betreffend Grenzwerte und Qualitätsziele für Quecksilberableitungen mit Ausnahme des Industriezweigs Alkalichloridelektrolyse (ABl L 74 vom 17. 3. 1984 S. 49);

Richtlinie des Rates 83/514/EWG vom 26. 9. 1983 betreffend Grenzwerte und Qualitätsziele für Cadmiumableitungen (ABl L 291 vom 24. 10. 1982 S. 1);

Richtlinie des Rates 84/491/EWG vom 9. 10. 1984 betreffend Grenzwerte und Qualitätsziele für Ableitungen von Hexachlorcyclohexan (ABl L 274 vom 17. 10. 1984 S. 11 mit Berichtigungen ABl L 296 vom 4. 11. 1984 S. 11);

Richtlinie des Rates 87/217/EWG vom 19. 3. 1987 zur Verhütung und Verringerung der Umweltverschmutzung durch Asbest (ABl L 85 vom 28. 3. 1987 S. 40); dazu ist ergangen die Allgemeine Verwaltungsvorschrift zum Vollzug dieser Richtlinie, Bekanntmachung des Ministers für Natur, Umwelt und Landesentwicklung vom 28. 2. 1990 (ABl SchlH. S. 190), geändert durch Bekanntmachung vom 29. 10. 1991 (ABl S. 730)

1 · WHG

§ 8 Bewilligung

(1) Die Bewilligung gewährt das Recht, ein Gewässer in einer nach Art und Maß bestimmten Weise zu benutzen. Sie gewährt nicht das Recht, Gegenstände, die einem anderen gehören, oder Grundstücke und Anlagen, die im Besitz eines anderen stehen, in Gebrauch zu nehmen.

(2) Die Bewilligung darf nur erteilt werden, wenn

1. dem Unternehmer die Durchführung seines Vorhabens ohne eine gesicherte Rechtsstellung nicht zugemutet werden kann und
2. die Benutzung einem bestimmten Zweck dient, der nach einem bestimmten Plan verfolgt wird.

Sie darf für das Einbringen und Einleiten von Stoffen in ein Gewässer sowie für Benutzungen im Sinne des § 3 Abs. 2 Nr. 2 nicht erteilt werden. Satz 2 gilt nicht für das Wiedereinleiten von nicht nachteilig verändertem Triebwasser bei Ausleitungskraftwerken.

(3) Ist zu erwarten, daß die Benutzung auf das Recht eines anderen nachteilig einwirkt und erhebt der Betroffene Einwendungen, so darf die Bewilligung nur erteilt werden, wenn die nachteiligen Wirkungen durch Auflagen verhütet oder ausgeglichen werden. Ist dies nicht möglich, so darf die Bewilligung gleichwohl aus Gründen des Wohls der Allgemeinheit erteilt werden; der Betroffene ist zu entschädigen.

(4) Die Länder können weitere Fälle bestimmen, in denen nachteilige Wirkungen einen anderen zu Einwendungen berechtigen. In diesen Fällen gilt Absatz 3 entsprechend; jedoch können die Länder bestimmen, daß die Bewilligung auch erteilt werden darf, wenn der aus der beabsichtigten Benutzung zu erwartende Nutzen den für den Betroffenen zu erwartenden Nachteil erheblich übersteigt.

(5) Die Bewilligung wird für eine bestimmte angemessene Frist erteilt, die in besonderen Fällen dreißig Jahre überschreiten darf.

(6) Die Bewilligung geht mit der Wasserbenutzungsanlage oder, wenn sie für ein Grundstück erteilt ist, mit diesem auf den Rechtsnachfolger über, soweit bei der Erteilung nichts anderes bestimmt ist.

 — *vgl. §§ 10, 11, 12, 13, 122 LWG* —

§ 9 Bewilligungsverfahren

Die Bewilligung kann nur in einem Verfahren erteilt werden, das gewährleistet, daß die Betroffenen und die beteiligten Behörden Einwendungen geltend machen können. Bei Vorhaben, die nach § 3 des Gesetzes über die Umweltverträglichkeitsprüfung einer Umweltverträglichkeitsprüfung unterliegen, muß das Verfahren den Anforderungen des genannten Gesetzes entsprechen.

 — *vgl. §§ 111 ff., 119, 122 LWG* —

Hinweis zu § 9

Gesetz über die Umweltverträglichkeitsprüfung vom 12. 2. 1990 (BGBl. I S. 205) — vgl. Hinweis zu § 7 WHG

WHG · 1

§ 9 a   Zulassung vorzeitigen Beginns

(1) In einem Erlaubnis- oder Bewilligungsverfahren kann die für die Erteilung der Erlaubnis oder Bewilligung zuständige Behörde in jederzeit widerruflicher Weise zulassen, daß bereits vor Erteilung der Erlaubnis oder Bewilligung mit der Benutzung begonnen wird, wenn

1. mit einer Entscheidung zugunsten des Unternehmers gerechnet werden kann,
2. an dem vorzeitigen Beginn ein öffentliches Interesse oder ein berechtigtes Interesse des Unternehmers besteht und
3. der Unternehmer sich verpflichtet, alle bis zur Entscheidung durch das Unternehmen verursachten Schäden zu ersetzen und, falls die Benutzung nicht erlaubt oder bewilligt wird, den früheren Zustand wiederherzustellen.

(2) Die Zulassung kann befristet und mit Benutzungsbedingungen erteilt und mit Auflagen verbunden werden.

§ 10   Nachträgliche Entscheidungen

(1) Hat ein Betroffener (§ 8 Abs. 3 und 4) gegen die Erteilung der Bewilligung Einwendungen erhoben und läßt sich zur Zeit der Entscheidung nicht feststellen, ob und in welchem Maße nachteilige Wirkungen eintreten werden, so ist die Entscheidung über die deswegen festzusetzenden Auflagen und Entschädigungen einem späteren Verfahren vorzubehalten.

(2) Konnte der Betroffene nachteilige Wirkungen während des Verfahrens nach § 9 nicht voraussehen, so kann er verlangen, daß dem Unternehmen nachträglich Auflagen gemacht werden. Können die nachteiligen Wirkungen durch nachträgliche Auflagen nicht verhütet oder ausgeglichen werden, so ist der Betroffene zu entschädigen. Der Antrag ist nur innerhalb einer Frist von drei Jahren nach dem Zeitpunkt zulässig, zu dem der Betroffene von den nachteiligen Wirkungen der Benutzung Kenntnis erhalten hat; er ist ausgeschlossen, wenn nach der Herstellung des der Bewilligung entsprechenden Zustandes dreißig Jahre verstrichen sind.

– vgl. § 10 LWG –

§ 11   Ausschluß von Ansprüchen

(1) Wegen nachteiliger Wirkungen einer bewilligten Benutzung kann der Betroffene (§ 8 Abs. 3 und 4) gegen den Inhaber der Bewilligung keine Ansprüche geltend machen, die auf die Beseitigung der Störung, auf die Unterlassung der Benutzung, auf die Herstellung von Schutzeinrichtungen oder auf Schadensersatz gerichtet sind. Hierdurch werden Schadensersatzansprüche wegen nachteiliger Wirkungen nicht ausgeschlossen, die darauf beruhen, daß der Inhaber der Bewilligung angeordnete Auflagen nicht erfüllt hat.

(2) Absatz 1 Satz 1 gilt nicht für vertragliche Ansprüche.

– vgl. § 10 LWG –

1 · WHG

§ 12 Widerruf der Bewilligung

(1) Die Bewilligung kann, soweit dies nicht schon nach § 5 ohne Entschädigung zulässig ist, gegen Entschädigung ganz oder teilweise widerrufen werden, wenn von der uneingeschränkten Fortsetzung der Benutzung eine erhebliche Beeinträchtigung des Wohls der Allgemeinheit, insbesondere der öffentlichen Wasserversorgung, zu erwarten ist.

(2) Die Bewilligung kann ohne Entschädigung, soweit dies nicht nach § 5 zulässig ist, nur ganz oder teilweise widerrufen werden, wenn der Unternehmer

1. die Benutzung innerhalb einer ihm gesetzten angemessenen Frist nicht begonnen oder drei Jahre ununterbrochen nicht ausgeübt oder ihrem Umfang nach erheblich unterschritten hat,

2. den Zweck der Benutzung so geändert hat, daß er mit dem Plan (§ 8 Abs. 2 Satz 1 Nr. 2) nicht mehr übereinstimmt,

3. trotz einer mit der Androhung des Widerrufs verbundenen Warnung wiederholt die Benutzung über den Rahmen der Bewilligung hinaus erheblich ausgedehnt oder Benutzungsbedingungen oder Auflagen nicht erfüllt hat.

— vgl. § 13 LWG —

§ 13 Benutzung durch Verbände

Wasser- und Bodenverbände und gemeindliche Zweckverbände bedürfen auch dann einer Erlaubnis oder einer Bewilligung, wenn sie ein Gewässer im Rahmen ihrer satzungsmäßigen Aufgaben über die nach diesem Gesetz erlaubnisfreie Benutzung hinaus benutzen wollen. Dies gilt nicht, soweit ein altes Recht oder eine alte Befugnis besteht oder soweit am 1. März 1960 für Einzelvorhaben durch besondere gesetzliche Vorschrift Abweichendes bestimmt ist.

§ 14 Planfeststellungen und bergrechtliche Betriebspläne

(1) Wird für ein Vorhaben, mit dem die Benutzung eines Gewässers verbunden ist, ein Planfeststellungsverfahren durchgeführt, so entscheidet die Planfeststellungsbehörde über die Erteilung der Erlaubnis oder der Bewilligung.

(2) Sieht ein bergrechtlicher Betriebsplan die Benutzung von Gewässern vor, so entscheidet die Bergbehörde über die Erteilung der Erlaubnis.

(3) Die Entscheidung ist im Einvernehmen mit der für das Wasser zuständigen Behörde zu treffen; bei Planfeststellungen durch Bundesbehörden ist die für das Wasser zuständige Behörde zu hören.

(4) Über die Beschränkung oder Rücknahme einer nach Absatz 1 erteilten Erlaubnis oder Bewilligung entscheidet auf Antrag der für das Wasser zuständigen Behörde die Planfeststellungsbehörde; sie trifft auch nachträgliche Entscheidungen (§ 10). Absatz 3 ist entsprechend anzuwenden.

(5) Für die Beschränkung oder die Rücknahme einer nach Absatz 2 erteilten Erlaubnis gilt Absatz 4 sinngemäß.

Hinweis zu § 14

Zu Abs. 3 vgl. Ausführungsanweisung zum Wassergesetz; Zusammenarbeit zwischen Berg- und Wasserbehörden sowie Durchführung des förmlichen Erlaubnisverfahrens durch die Bergbehörden vom 4. 7. 1966 (ABl SchlH. S. 378).

§ 15 Alte Rechte und alte Befugnisse

(1) Eine Erlaubnis oder eine Bewilligung ist, soweit die Länder nichts anderes bestimmen, nicht erforderlich für Benutzungen

1. auf Grund von Rechten, die nach den Landeswassergesetzen erteilt oder durch sie aufrechterhalten worden sind,

2. auf Grund von Bewilligungen nach § 1 Abs. 1 Satz 1 der Verordnung über Vereinfachungen im Wasser- und Wasserverbandsrecht vom 10. Februar 1945 (RGBl. I S. 29),

3. auf Grund einer nach der Gewerbeordnung erteilten Anlagegenehmigung,

zu deren Ausübung am 12. August 1957 oder zu einem anderen von den Ländern zu bestimmenden Zeitpunkt rechtmäßige Anlagen vorhanden sind.

(2) Eine Erlaubnis oder eine Bewilligung ist ferner nicht erforderlich für Benutzungen auf Grund gesetzlich geregelter Planfeststellungsverfahren oder auf Grund hoheitlicher Widmungsakte für Anlagen des öffentlichen Verkehrs, zu deren Ausübung am 12. August 1957 rechtmäßige Anlagen vorhanden sind.

(3) Die Länder können andere in einem förmlichen Verfahren auf Grund der Landeswassergesetze zugelassene Benutzungen den in Absatz 1 genannten Benutzungen gleichstellen.

(4) Die in den Absätzen 1 bis 3 bezeichneten Rechte und Befugnisse (alte Rechte und alte Befugnisse) können gegen Entschädigung widerrufen werden, soweit von der Fortsetzung der Benutzung eine erhebliche Beeinträchtigung des Wohls der Allgemeinheit zu erwarten ist. Sie können ohne Entschädigung, soweit dies nicht schon nach dem vor dem 1. Oktober 1976 geltenden Recht zulässig war, widerrufen werden,

1. wenn der Unternehmer die Benutzung drei Jahre ununterbrochen nicht ausgeübt hat,

2. soweit die Benutzung im bisher zulässigen Umfang für den Unternehmer nicht mehr erforderlich ist; dies gilt insbesondere, wenn der zulässige Umfang drei Jahre lang erheblich unterschritten wurde,

3. wenn der Unternehmer den Zweck der Benutzung so geändert hat, daß er mit der festgelegten Zweckbestimmung nicht mehr übereinstimmt,

4. wenn der Unternehmer trotz einer mit der Androhung der Aufhebung verbundenen Warnung die Benutzung über den Rahmen des alten Rechts oder der alten Befugnis hinaus erheblich ausgedehnt oder Bedingungen oder Auflagen nicht erfüllt hat.

Unberührt bleibt die Zulässigkeit nachträglicher Anforderungen und Maßnahmen ohne Entschädigung nach § 5.

– vgl. §§ 145, 147 LWG –

1 · WHG

§ 16 Anmeldung alter Recht und alter Befugnisse

(1) Alte Rechte und alte Befugnisse sind, soweit sie bekannt sind, von Amts wegen in das Wasserbuch einzutragen.

(2) Die Inhaber alter Rechte und alter Befugnisse können öffentlich aufgefordert werden, sie binnen einer Frist von drei Jahren nach der öffentlichen Aufforderung zur Eintragung in das Wasserbuch anzumelden. Alte Rechte und alte Befugnisse, die bis zum Ablauf dieser Frist weder bekanntgeworden noch angemeldet worden sind, erlöschen zehn Jahre nach der öffentlichen Aufforderung, soweit sie nicht bereits vor Ablauf dieser Frist aus anderen Rechtsgründen erloschen sind; auf diese Rechtsfolge ist in der öffentlichen Aufforderung hinzuweisen. Auf Rechte, die im Grundbuch eingetragen sind, findet Satz 2 keine Anwendung.

(3) Dem früheren Inhaber eines nach Absatz 2 Satz 2 erloschenen alten Rechts ist auf seinen Antrag eine Bewilligung im Umfang dieses Rechts zu erteilen, soweit die gesetzlichen Voraussetzungen für die Erteilung einer Bewilligung vorliegen.

(4) Wer durch Naturereignisse oder andere unabwendbare Zufälle gehindert ist, die Frist des Absatzes 2 Satz 1 einzuhalten, kann die Anmeldung binnen einer Frist von drei Monaten nach Beseitigung des Hindernisses nachholen.

– vgl. § 146 LWG –

Hinweise zu § 16

1. Zu Abs. 2 Satz 1 vgl.
Öffentliche Aufforderung nach § 16 Abs. 2 WHG, Bek. d. MELF vom 28. 10. 1970 (ABl SchlH. S. 656)

2. Für Küstengewässer vgl. Art. 2 des 3. WHG-ÄndG vom 15. 8. 1967 (BGBl. I S. 909):

„Die §§ 16, 17 des Wasserhaushaltsgesetzes gelten für Benutzungen der Küstengewässer mit der Maßgabe, daß

1. alte Rechte und alte Befugnisse nach § 16 Abs. 2 Satz 2 nur erlöschen, wenn ihre Inhaber nach dem Inkrafttreten dieses Gesetzes nach § 16 Abs. 2 Satz 1 aufgefordert worden sind, sie zur Eintragung in das Wasserbuch anzumelden.

2. die Frist nach § 17 Abs. 1 mit dem Inkrafttreten dieses Gesetzes beginnt."

Das 3. WHG-ÄndG ist am 1. 1. 1968 in Kraft getreten.

§ 17 Andere alte Benutzungen

(1) Eine Erlaubnis oder eine Bewilligung wird erst nach Ablauf von fünf Jahren seit dem 1. März 1960 erforderlich für Benutzungen, die über die nach diesem Gesetz erlaubnisfreie Benutzung hinausgehen, soweit sie am 1. März 1960

1. auf Grund eines Rechts oder einer Befugnis der in § 15 Abs. 1 und 2 genannten Art ausgeübt werden durften, ohne daß zu dem dort genannten Zeitpunkt rechtmäßige Anlagen vorhanden waren, oder

2. auf Grund eines anderen Rechts oder in sonst zulässiger Weise ausgeübt werden durften; für Benutzungen, die nur mittels Anlagen ausgeübt werden können, gilt dies nur, wenn zu dem in § 15 Abs. 1 genannten Zeitpunkt rechtmäßige Anlagen vorhanden waren.

Ist eine Erlaubnis oder eine Bewilligung vor Ablauf der fünf Jahre beantragt worden, so darf die Benutzung bis zum Eintritt der Rechtskraft der Entscheidung über den Antrag fortgesetzt werden.

(2) In den Fällen des Absatzes 1 ist dem Inhaber eines Rechts auf seinen fristgemäß gestellten Antrag eine Bewilligung im Umfang seines Rechts zu erteilen; § 6 bleibt unberührt. Der Anspruch auf eine Bewilligung nach Satz 1 besteht nicht, soweit nach dem am 1. März 1960 geltenden Recht die Aufhebung oder Beschränkung des Rechts ohne Entschädigung zulässig war.

(3) Wird in den Fällen des Absatzes 2 auf Grund des § 6 eine Bewilligung versagt oder nur in beschränktem Umfang erteilt, so steht dem Berechtigten ein Anspruch auf Entschädigung zu. Dies gilt nicht, soweit nach dem am 1. März 1960 geltenden Recht die Aufhebung oder die Beschränkung des Rechts ohne Entschädigung zulässig war.

– vgl. § 147 LWG –

Hinweise zu § 17

1. Zur Verfassungsmäßigkeit des § 17 vgl. BVerfG v. 15. 7. 1981 – 1 BvL 77/78 – BVerfGE 58, 300; die Entscheidungsformel ist veröffentlicht in BGBl. I 1982, S. 189:

§ 1 a Absatz 3 Nummer 1, § 2 Absatz 1, § 3 Absatz 1 Nummer 6 und § 6 des Gesetzes zur Ordnung des Wasserhaushalts (Wasserhaushaltsgesetz – WHG) in der Fassung der Bekanntmachung vom 16. Oktober 1976 (Bundesgesetzbl. I S. 3017) sind mit dem Grundgesetz vereinbar.

Dasselbe gilt für § 17, soweit hiernach kein Rechtsanspruch auf Bewilligung nach § 8 eingeräumt ist, wenn die Wassernutzung nach Maßgabe des beim Inkrafttreten des Wasserhaushaltsgesetzes geltenden Landesrechts auf Grund des Eigentums am Grundstück ausgeübt worden ist.

Die vorstehende Entscheidungsformel hat gemäß § 31 Abs. 2 des Gesetzes über das Bundesverfassungsgericht Gesetzeskraft.

2. Für Küstengewässer vgl. Art. 2 des 3. WHG-ÄndG (s. Hinweis zu § 16 Nr. 2)

3. Gewässerbenutzungen im Sinne des § 17 WHG, Bek. d. MELF vom 31. 12. 1964 (ABl SchlH. 1965, S. 19).

§ 17 a Erlaubnisfreie Benutzungen bei Übungen und Erprobungen

Eine Erlaubnis oder eine Bewilligung ist nicht erforderlich bei Übungen und Erprobungen für Zwecke

1. der Verteidigung einschließlich des Zivilschutzes oder

2. der Abwehr von Gefahren für die öffentliche Sicherheit oder Ordnung

für

a) das vorübergehende Entnehmen von Wasser aus einem Gewässer und das Wiedereinleiten des Wassers in ein Gewässer mittels beweglicher Anlagen sowie

1 · WHG

b) das vorübergehende Einbringen von Stoffen in ein Gewässer,

wenn dadurch andere nicht oder nur geringfügig beeinträchtigt werden, keine nachteilige Veränderung der Eigenschaften des Wassers und keine andere Beeinträchtigung des Wasserhaushalts zu erwarten ist. Das Vorhaben ist der zuständigen Wasserbehörde vorher anzuzeigen.

§ 18 Ausgleich von Rechten und Befugnissen

Art, Maß und Zeiten der Ausübung von Erlaubnissen, Bewilligungen, alten Rechten und alten Befugnissen können auf Antrag eines Beteiligten oder von Amts wegen in einem Ausgleichsverfahren geregelt oder beschränkt werden, wenn das Wasser nach Menge und Beschaffenheit nicht für alle Benutzungen ausreicht oder sich diese beeinträchtigen und wenn das Wohl der Allgemeinheit, insbesondere die öffentliche Wasserversorgung, es erfordert. In diesem Verfahren können auch Ausgleichszahlungen festgesetzt werden.

— vgl. §§ 119, 123 LWG —

§ 18 a Pflicht und Pläne zur Abwasserbeseitigung

(1) Abwasser ist so zu beseitigen, daß das Wohl der Allgemeinheit nicht beeinträchtigt wird. Abwasserbeseitigung im Sinne dieses Gesetzes umfaßt das Sammeln, Fortleiten, Behandeln, Einleiten, Versickern, Verregnen und Verrieseln von Abwasser sowie das Entwässern von Klärschlamm in Zusammenhang mit der Abwasserbeseitigung.

(2) Die Länder regeln, welche Körperschaften des öffentlichen Rechts zur Abwasserbeseitigung verpflichtet sind und die Voraussetzungen, unter denen anderen die Abwasserbeseitigung obliegt. Weist ein für verbindlich erklärter Plan nach Absatz 3 andere Träger aus, so sind diese zur Abwasserbeseitigung verpflichtet.

(3) Die Länder stellen Pläne zur Abwasserbeseitigung nach überörtlichen Gesichtspunkten auf (Abwasserbeseitigungspläne). In diesen Plänen sind insbesondere die Standorte für bedeutsame Anlagen zur Behandlung von Abwasser, ihr Einzugsbereich, Grundzüge für die Abwasserbehandlung sowie die Träger der Maßnahmen festzulegen. Die Festlegungen in den Plänen können für verbindlich erklärt werden.

— vgl. §§ 31, 32, 133 LWG —

§ 18 b Bau und Betrieb von Abwasseranlagen

(1) Abwasseranlagen sind unter Berücksichtigung der Benutzungsbedingungen und Auflagen für das Einleiten von Abwasser (§§ 4, 5 und 7 a) nach den hierfür jeweils in Betracht kommenden Regeln der Technik zu errichten und zu betreiben.

(2) Entsprechen vorhandene Anlagen nicht den Vorschriften des Absatzes 1, so gilt § 7 a Abs. 2 entsprechend.

— vgl. § 34 LWG —

Hinweis zu § 18 b

Vgl. Hinweise zu § 7 und § 7 a WHG

§ 18 c Zulassung von Abwasserbehandlungsanlagen

Der Bau und der Betrieb sowie die wesentliche Änderung einer Abwasserbehandlungsanlage, die für mehr als 3000 kg/d BSB_5 (roh) oder für mehr als 1500 Kubikmeter Abwasser in zwei Stunden (ausgenommen Kühlwasser) ausgelegt ist, bedürfen einer behördlichen Zulassung. Die Zulassung kann nur in einem Verfahren erteilt werden, das den Anforderungen des Gesetzes über die Umweltverträglichkeitsprüfung entspricht.

– vgl. § 35 LWG –

§ 19 Wasserschutzgebiete

(1) Soweit es das Wohl der Allgemeinheit erfordert,

1. Gewässer im Interesse der derzeit bestehenden oder künftigen öffentlichen Wasserversorgung vor nachteiligen Einwirkungen zu schützen oder
2. das Grundwasser anzureichern oder
3. das schädliche Abfließen von Niederschlagswasser sowie das Abschwemmen und den Eintrag von Bodenbestandteilen, Dünge- oder Pflanzenbehandlungsmitteln in Gewässer zu verhüten,

können Wasserschutzgebiete festgesetzt werden.

(2) In den Wasserschutzgebieten können

1. bestimmte Handlungen verboten oder für nur beschränkt zulässig erklärt werden und
2. die Eigentümer und Nutzungsberechtigten von Grundstücken zur Duldung bestimmter Maßnahmen verpflichtet werden. Dazu gehören auch Maßnahmen zur Beobachtung des Gewässers und des Bodens.

(3) Stellt eine Anordnung nach Absatz 2 eine Enteignung dar, so ist dafür Entschädigung zu leisten; für die Beschränkung einer Bewilligung gilt § 12, für die Beschränkung eines alten Rechts gilt § 15 Abs. 4.

(4) Setzt eine Anordnung nach Absatz 2 erhöhte Anforderungen fest, die die ordnungsgemäße land- oder forstwirtschaftliche Nutzung eines Grundstücks beschränken, so ist für die dadurch verursachten wirtschaftlichen Nachteile ein angemessener Ausgleich nach Maßgabe des Landesrechts zu leisten, soweit nicht eine Entschädigungspflicht nach Absatz 3 besteht. Dies gilt auch für Anordnungen, die vor dem 1. Januar 1987 getroffen worden sind. Für Streitigkeiten steht der Rechtsweg vor den ordentlichen Gerichten offen.

– vgl. §§ 4, 124 LWG –

1 · WHG

Hinweise zu § 19

1. Für Wasserschutzgebiete hat Bedeutung die VO über Anwendungsverbote und -beschränkungen für Pflanzenbehandlungsmittel (Pflanzenschutz – Anwendungsverordnung) vom 19. 12. 1980 (BGBl. I S. 2335), zuletzt geändert durch 2. Änd VO vom 21. 3. 1986 (BGBl. I S. 363)

2. Vgl. auch Bundesleistungsgesetz i. d. Bek. vom 27. 9. 1961 (BGBl. I S. 1769), zuletzt geändert durch Art. 5 des Gesetzes vom 18. 2. 1986 (BGBl. I S. 265) § 68:

Die Truppen dürfen Grundstücke überqueren, vorübergehend besetzen oder zeitweilig sperren.
Ohne eine besondere Einwilligung des Berechtigten dürfen die Trupen die ihnen nach Absatz 1 zustehenden Rechte nicht ausüben auf
1. ...
2. Grundstücken, die ... als Wasserschutzgebiet durch die zuständigen Behörden als besonders schutzbedürftig erklärt worden sind,

Hierzu ist ergangen die Landes-VO zur Bestimmung der zuständigen Behörden nach § 68 des Bundesleistungsgesetzes vom 31. 10. 1972 (GVOBl SchlH. S. 183).

§ 19 a Genehmigung von Rohrleitungsanlagen zum Befördern wassergefährdender Stoffe

(1) Die Errichtung und der Betrieb von Rohrleitungsanlagen zum Befördern wassergefährdender Stoffe bedürfen der Genehmigung der für das Wasser zuständigen Behörde. Dies gilt nicht für Rohrleitungsanlagen, die den Bereich eines Werksgeländes nicht überschreiten oder die Zubehör einer Anlage zum Lagern solcher Stoffe sind.

(2) Wassergefährdende Stoffe im Sinne des Absatzes 1 sind

1. Rohöle, Benzine, Diesel-Kraftstoffe und Heizöle;

2. andere flüssige oder gasförmige Stoffe, die geeignet sind, Gewässer zu verunreinigen oder sonst in ihren Eigenschaften nachteilig zu verändern; sie werden von der Bundesregierung durch Rechtsverordnung mit Zustimmung des Bundesrates bestimmt.

(3) Der Genehmigung bedürfen ferner die wesentliche Änderung einer unter Absatz 1 fallenden Rohrleitungsanlage und die wesentliche Änderung des Betriebs einer solchen Anlage.

(4) Die Genehmigung geht mit der Anlage auf den Rechtsnachfolger über. Der bisherige Inhaber der Genehmigung hat der nach Absatz 1 zuständigen Behörde den Übergang anzuzeigen.

Hinweise zu § 19 a

1. Hierzu ist erlassen die Verordnung über wassergefährdende Stoffe bei der Beförderung in Rohrleitungsanlagen vom 19. 12. 1973 (BGBl. I S. 1946), geändert durch VO vom 5. 4. 1976 (BGBl. I S. 915)

Ferner sind ergangen

2. Katalog wassergefährdender Stoffe, Bek. d. BMI vom 1. 3. 1985 (GMBl S. 175), geändert durch Bek. vom 8. 5. 1985 (GMBl S. 369);

WHG · 1

1. Fortschreibung, Bek. d. BMU vom 26. 4. 1987 (GMBl S. 294), Berichtigungen GMBl 1987 S. 422 und 551
3. Richtlinie für Rohrleitungsanlagen zum Befördern wassergefährdender Stoffe – R RwS –, Bek. d. BMU vom 4. 3. 1987 (GMBl S. 110)
4. Richtlinie für Fernleitungen zum Befördern gefährdender Flüssigkeiten – RFF –, Bek. d. BMA vom 2. 2. 1982 (BArbBl. 1982 Nr. 4 S. 93)
   Richtlinie für Verbindungsleitungen zum Befördern gefährdender Flüssigkeiten – RVF –, Bek. d. BMA vom 11. 6. 1982 (BArbBl. 1982 Nr. 9 S. 78)
5. Zur Zuständigkeit für die Genehmigung vgl. § 107 Abs. 1 Nr. 3 LWG.

§ 19 b Auflagen und Bedingungen, Versagung der Genehmigung

(1) Die Genehmigung kann zum Schutze der Gewässer, insbesondere zum Schutze des Grundwassers, unter Festsetzung von Bedingungen und Auflagen erteilt werden; § 4 Abs. 1 Satz 2, Abs. 2 gilt sinngemäß. Die Genehmigung kann befristet werden. Auflagen über Anforderungen an die Beschaffenheit und den Betrieb der Anlage sind auch nach Erteilung der Genehmigung zulässig, wenn zu besorgen ist, daß eine Verunreinigung der Gewässer oder eine sonstige nachteilige Veränderung ihrer Eigenschaften eintritt.

(2) Die Genehmigung ist zu versagen, wenn durch die Errichtung oder den Betrieb der Rohrleitungsanlage eine Verunreinigung der Gewässer oder eine sonstige nachteilige Veränderung ihrer Eigenschaften zu besorgen ist und auch durch Auflagen nicht verhütet oder ausgeglichen werden kann. Bei Rohrleitungsanlagen, die die Grenzen der Bundesrepublik kreuzen, kann die Genehmigung auch versagt werden, wenn die Besorgnis durch Teile der Anlage begründet ist, die außerhalb des Geltungsbereichs dieses Gesetzes errichtet oder betrieben werden.

(3) Die Genehmigung kann für eine Rohrleitungsanlage, die nach § 3 des Gesetzes über die Umweltverträglichkeitsprüfung einer Umweltverträglichkeitsprüfung unterliegt, nur in einem Verfahren erteilt werden, das den Anforderungen des genannten Gesetzes entspricht.

§ 19 c Widerruf der Genehmigung

(1) Die Genehmigung nach § 19 a kann gegen Entschädigung ganz oder teilweise widerrufen werden, wenn eine Verunreinigung der Gewässer oder eine sonstige nachteilige Veränderung ihrer Eigenschaften zu besorgen ist. Dies gilt auch, wenn die Besorgnis durch Teile der Rohrleitungsanlage begründet ist, die außerhalb des Geltungsbereichs dieses Gesetzes errichtet oder betrieben werden.

(2) Die Genehmigung kann ohne Entschädigung ganz oder teilweise widerrufen werden, wenn der Inhaber trotz einer mit der Androhung des Widerrufs verbundenen Warnung Bedingungen oder Auflagen nicht erfüllt hat.

(3) Unberührt bleibt die Festsetzung nachträglicher Auflagen ohne Entschädigung nach § 19 c Abs. 1 Satz 3.

1 · WHG

Hinweis zu § 19 c
Zur Zuständigkeit vgl. § 107 Abs. 1 Nr. 3 LWG

§ 19 d Rechtsverordnungen

Die Bundesregierung wird ermächtigt, durch Rechtsverordnung mit Zustimmung des Bundesrates zum Schutze der Gewässer, insbesondere im Interesse der öffentlichen Wasserversorgung, für die nach § 19 a genehmigungsbedürftigen Rohrleitungsanlagen Vorschriften zu erlassen über

1. technische Anforderungen an die Errichtung und den Betrieb der Anlagen,

1 a. die Pflicht zur Anzeige nicht genehmigungspflichtiger Änderungen der Anlagen oder ihres Betriebs,

2. Prüfungen der Anlagen vor Inbetriebnahme, regelmäßig wiederkehrende Prüfungen und Prüfungen auf Grund behördlicher Anordnung durch amtliche oder für diesen Zweck amtlich anerkannte Sachverständige,

3. Gebühren und Auslagen, die für die vorgeschriebenen oder behördlich angeordneten Prüfungen der Anlagen von dem Eigentümer und Personen, welche die Anlagen herstellen, errichten oder betreiben, zu entrichten sind. Die Gebühren werden nur zur Deckung des mit den Prüfungen verbundenen Personal- und Sachaufwandes erhoben, zu dem insbesondere der Aufwand für die Sachverständigen, die Prüfeinrichtungen und -stoffe sowie für die Entwicklung geeigneter Prüfverfahren und für den Erfahrungsaustausch gehört. Es kann bestimmt werden, daß eine Gebühr auch für eine Prüfung erhoben werden kann, die nicht begonnen oder nicht zu Ende geführt worden ist, wenn die Gründe hierfür von den in Satz 1 genannten Personen zu vertreten sind. Die Höhe der Gebührensätze richtet sich nach der Zahl der Stunden, die ein Sachverständiger durchschnittlich für die verschiedenen Prüfungen benötigt. In der Rechtsverordnung können die Kostenbefreiung, die Kostengläubigerschaft, die Kostenschuldnerschaft, der Umfang der zu erstattenden Auslagen und die Kostenerhebung abweichend von den Vorschriften des Verwaltungskostengesetzes vom 23. Juni 1970 (BGBl. I S. 821) geregelt werden.

§ 19 e Bestehende Anlagen

(1) Rohrleitungsanlagen, mit deren Errichtung vor Eintritt der Genehmigungsbedürftigkeit nach § 19 a Abs. 1 begonnen ist oder die zu diesem Zeitpunkt bereits betrieben werden, bedürfen einer Genehmigung nach § 19 a Abs. 1 nur, wenn für ihre Errichtung oder ihren Betrieb eine Erlaubnis nach den auf Grund des § 24 der Gewerbeordnung erlassenen Vorschriften oder eine wasserrechtliche Genehmigung erforderlich war und soweit diese Erlaubnis oder Genehmigung vor Eintritt der Genehmigungsbedürftigkeit nach § 19 a Abs. 1 noch nicht erteilt worden ist.

(2) Rohrleitungsanlagen, für die nach Absatz 1 eine Genehmigung nach § 19 a Abs. 1 nicht erforderlich ist, sind der nach § 19 a Abs. 1 zuständigen Behörde innerhalb von sechs Monaten nach Eintritt der Genehmigungsbedürftigkeit für Anlagen dieser Art anzuzeigen. Dies gilt nicht für Rohrleitungsanlagen, für die vor Eintritt der Genehmigungsbedürftigkeit auf Grund der Landeswassergesetze eine

behördliche Genehmigung erteilt ist oder die auf Grund dieser Gesetze angezeigt worden sind. Auf Anlagen nach Satz 1 sind § 19a Abs. 3 und 4, § 21 sowie die Vorschriften nach § 19d Nr. 3 anzuwenden. § 19b Abs. 1 Satz 3 und die Vorschriften nach § 19d Nr. 2 gelten entsprechend. Die Untersagung des Betriebs solcher Anlagen ist unter den Voraussetzungen des § 19c zulässig; die Pflicht zur Entschädigung nach § 19c Abs. 1 entfällt, soweit der Betrieb der Rohrleitungsanlage nach anderen Vorschriften ohne Entschädigung hätte untersagt werden können.

§ 19f Zusammentreffen der Genehmigung mit gewerbe- und bergrechtlichen Entscheidungen

(1) Bedarf eine Rohrleitungsanlage der Erlaubnis nach den auf Grund des § 24 der Gewerbeordnung erlassenen Vorschriften, so entscheidet die für die Erlaubnis zuständige Behörde auch über die Erteilung der Genehmigung, ihren Widerruf, die Erteilung nachträglicher Auflagen und über die Untersagung des Betriebs. Sieht ein bergrechtlicher Betriebsplan die Errichtung oder den Betrieb einer Rohrleitungsanlage vor, so entscheidet die Bergbehörde auch über die Erteilung der Genehmigung, ihren Widerruf, die Erteilung nachträglicher Auflagen und über die Untersagung des Betriebs.

(2) Die Entscheidungen nach Absatz 1 sind im Einvernehmen mit der nach § 19a Abs. 1 zuständigen Behörde zu treffen.

§ 19g Anlagen zum Umgang mit wassergefährdenden Stoffen

(1) Anlagen zum Lagern, Abfüllen, Herstellen und Behandeln wassergefährdender Stoffe sowie Anlagen zum Verwenden wassergefährdender Stoffe im Bereich der gewerblichen Wirtschaft und im Bereich öffentlicher Einrichtungen müssen so beschaffen sein und so eingebaut, aufgestellt, unterhalten und betrieben werden, daß eine Verunreinigung der Gewässer oder eine sonstige nachteilige Veränderung ihrer Eigenschaften nicht zu besorgen ist. Das gleiche gilt für Rohrleitungsanlagen, die den Bereich eines Werksgeländes nicht überschreiten.

(2) Anlagen zum Umschlagen wassergefährdender Stoffe und Anlagen zum Lagern und Abfüllen von Jauche, Gülle und Silagesickersäften müssen so beschaffen sein und so eingebaut, aufgestellt, unterhalten und betrieben werden, daß der bestmögliche Schutz der Gewässer vor Verunreinigung oder sonstiger nachteiliger Veränderung ihrer Eigenschaften erreicht wird.

(3) Anlagen im Sinne der Absätze 1 und 2 müssen mindestens entsprechend den allgemein anerkannten Regeln der Technik beschaffen sein sowie eingebaut, aufgestellt, unterhalten und betrieben werden.

(4) Landesrechtliche Vorschriften für das Lagern wassergefährdender Stoffe in Wasserschutz-, Quellenschutz-, Überschwemmungs- oder Plangebieten bleiben unberührt.

(5) Wassergefährdende Stoffe im Sinne der §§ 19g bis 19l sind feste, flüssige und gasförmige Stoffe, insbesondere

– Säuren, Laugen,

– Alkalimetalle, Siliciumlegierungen mit über 30 vom Hundert Silicium, metallor-

1 · WHG

ganische Verbindungen, Halogene, Säurehalogenide, Metallcarbonyle und Beizsalze,

- Mineral- und Teeröle sowie deren Produkte,
- flüssige sowie wasserlösliche Kohlenwasserstoffe, Alkohole, Aldehyde, Ketone, Ester, halogen-, stickstoff- und schwefelhaltige organische Verbindungen,
- Gifte,

die geeignet sind, nachhaltig die physikalische, chemische oder biologische Beschaffenheit des Wassers nachteilig zu verändern. Der Bundesminister für Umwelt, Naturschutz und Reaktorsicherheit erläßt mit Zustimmung des Bundesrates allgemeine Verwaltungsvorschriften, in denen die wassergefährdenden Stoffe näher bestimmt und entsprechend ihrer Gefährlichkeit eingestuft werden.

(6) Die Vorschriften der §§ 19 g bis 19 l gelten nicht für Anlagen zum Lagern, Abfüllen und Umschlagen von

1. Abwasser,

2. Stoffen, die hinsichtlich der Radioaktivität die Freigrenzen des Strahlenschutzrechts überschreiten.

Absatz 1 und die §§ 19 h bis 19 l finden auf Anlagen zum Lagern und Abfüllen von Jauche, Gülle und Silagesickersäften keine Anwendung.

— vgl. § 5 LWG —

Hinweise zu § 19 g

1. Katalog wassergefährdender Stoffe, Bek. d. BMI vom 1. 3. 1985 (GMBl S. 175), geändert durch Bek. vom 8. 5. 1985 (GMBl S. 396);

   1. Fortschreibung, Bek. d. BMU vom 26. 4. 1987 (GMBl S. 294; Berichtigungen S. 422 und S. 551)

2. Allgemeine Verwaltungsvorschrift über die nähere Bestimmung wassergefährdender Stoffe und ihre Einstufung entsprechend ihrer Gefährlichkeit — VwV wassergefährdende Stoffe (VwVwS) — vom 9. 3. 1990 (GMBl S. 114); Merkblatt für Anträge zur Einstufung wassergefährdender Stoffe i. S. des § 19 g WHG, Bek. d. BMU vom 8. 2. 1987 (GMBl S. 99)

3. Wasserwirtschaftliche Anforderungen an Gesteinskavernen zum Lagern wassergefährdender Stoffe (Anforderungskatalog), Bek. d. BMU vom 1. 4. 1989 (GMBl S. 394)

4. Verordnung über Anlagen zur Lagerung, Abfüllung und Beförderung brennbarer Flüssigkeiten zu Lande (Verordnung über brennbare Flüssigkeiten — VbF) i. d. F. des Art. 6 der VO vom 27. 2. 1980 (BGBl. I S. 173/229), geändert durch 1. Änd-VO vom 3. 5. 1982 (BGBl. I S. 569)

5. Richtlinien für Anforderungen an Anlagen zum Umschlag gefährdender flüssiger Stoffe im Bereich von Wasserstraßen, Erl d. BMfV vom 24. 7. 1975 (VkBl. S. 485)

6. Rahmenempfehlungen für Einsatzmaßnahmen nach Unfällen mit wassergefährdenden Stoffen, Bek. d. BMI vom 14. 12. 1982 (GMBl 1983 S. 17)

   a) Verfahren zur Beseitigung von Ölspuren auf Verkehrsflächen — ausgenommen Ölbinder —, Bek. d. BMU vom 7. 6. 1991 (GMBl S. 681)

b) Anforderungen an Ölbinder, überarbeitete Fassung, Stand 28. 2. 1990, Bek. d. BMU vom 12. 3. 1990 (GMBl S. 335)

c) Empfehlungen für die Aufstellung von Alarm- und Einsatzplänen für die Bekämpfung von Unfällen bei Lagerung und Transport wassergefährdender Stoffe, Bek. d. BMI vom 14. 4. 1978 (GMBl S. 222)

d) Richtlinien für Sachverständige zur Beurteilung von Unfällen mit wassergefährdenden Stoffen, Richtlinie für Sachverständige für Tankanlagen und Tankschutz, Richtlinie für Sachverständige für Heizölverbrauchertankanlagen, Bek. d. BMI vom 11. 11. 1985 (GMBl S. 644, 646, 648)

7. Vgl. auch Umwelthaftungsgesetz (UmweltHG) vom 10. 12. 1990 (BGBl. I S. 2634)

8. Geschäftsordnung des Beirats „Lagerung und Transport wassergefährdender Stoffe (LTwS)", Bek. d. BMU vom 29. 5. 1991 (GMBl S. 510)

§ 19 h Eignungsfeststellung und Bauartzulassung

(1) Anlagen nach § 19 g Abs. 1 und 2 oder Teile von ihnen sowie technische Schutzvorkehrungen, die nicht einfacher oder herkömmlicher Art sind, dürfen nur verwendet werden, wenn ihre Eignung von der zuständigen Behörde festgestellt ist. Soweit solche Anlagen, Anlagenteile und Schutzvorkehrungen serienmäßig hergestellt werden, können sie der Bauart nach zugelassen werden. Die Bauartzulassung kann inhaltlich beschränkt, befristet und unter Auflagen erteilt werden. Sie wird von der für den Herstellungsort oder Sitz des Einfuhrunternehmens zuständigen Behörde erteilt und gilt für den Geltungsbereich dieses Gesetzes. Bedürfen die Anlagen, Anlagenteile oder technischen Schutzvorkehrungen einer gewerberechtlichen Bauartzulassung oder eines baurechtlichen Prüfzeichens, so entfällt die Eignungsfeststellung nach Satz 1 und die Bauartzulassung nach Satz 2; bei der Erteilung der gewerberechtlichen Bauartzulassung oder des baurechtlichen Prüfzeichens sind die Anforderungen der wasserrechtlichen Vorschriften zu berücksichtigen.

(2) Absatz 1 Satz 1 gilt nicht für

1. das vorübergehende Lagern in Transportbehältern sowie das kurzfristige Bereitstellen oder Aufbewahren wassergefährdender Stoffe in Verbindung mit dem Transport, wenn die Behälter oder Verpackungen den Vorschriften und Anforderungen für den Transport im öffentlichen Verkehr genügen,

2. wassergefährdende Stoffe, die

   a) sich im Arbeitsgang befinden,

   b) in Laboratorien in der für den Handgebrauch erforderlichen Menge bereitgehalten werden.

– vgl. § 5 LWG –

Hinweis zu § 19 h

§ 13 Satz 1 BImSchG: Die Genehmigung schließt andere, die Anlage betreffende behördliche Entscheidungen ein, insbesondere öffentlich-rechtliche Genehmigungen, Zulassungen, Verleihungen, Erlaubnisse und Bewilligungen, mit Ausnahme von Planfeststellungen, Zulassungen bergrechtlicher Betriebspläne, Zustimmungen sowie von behördlichen Entscheidungen

1 · WHG

auf Grund atomrechtlicher und, soweit es sich nicht um eine Eignungsfeststellung nach § 19 h Abs. 1 Satz 1 des Wasserhaushaltsgesetzes handelt, wasserrechtlicher Vorschriften.

§ 19 i   Pflichten des Betreibers

(1) Der Betreiber hat mit dem Einbau, der Aufstellung, Instandhaltung, Instandsetzung oder Reinigung von Anlagen nach § 19 g Abs. 1 und 2 Fachbetriebe nach § 19 l zu beauftragen, wenn er selbst nicht die Voraussetzungen des § 19 l Abs. 2 erfüllt oder nicht eine öffentliche Einrichtung ist, die über eine dem § 19 l Abs. 2 Nr. 2 gleichwertige Überwachung verfügt.

(2) Der Betreiber einer Anlage nach § 19 g Abs. 1 und 2 hat ihre Dichtheit und die Funktionsfähigkeit der Sicherheitseinrichtungen ständig zu überwachen. Die zuständige Behörde kann im Einzelfall anordnen, daß der Betreiber einen Überwachungsvertrag mit einem Fachbetrieb nach § 19 l abschließt, wenn er selbst nicht die erforderliche Sachkunde besitzt oder nicht über sachkundiges Personal verfügt. Er hat darüber hinaus nach Maßgabe des Landesrechts Anlagen durch zugelassene Sachverständige auf den ordnungsgemäßen Zustand überprüfen zu lassen, und zwar

1. vor Inbetriebnahme oder nach einer wesentlichen Änderung,

2. spätestens fünf Jahre, bei unterirdischer Lagerung in Wasser- und Quellenschutzgebieten spätestens zweieinhalb Jahre nach der letzten Überprüfung,

3. vor der Wiederinbetriebnahme einer länger als ein Jahr stillgelegten Anlage,

4. wenn die Prüfung wegen der Besorgnis einer Wassergefährdung angeordnet wird,

5. wenn die Anlage stillgelegt wird.

(3) Die zuständige Behörde kann dem Betreiber Maßnahmen zur Beobachtung der Gewässer und des Bodens auferlegen, soweit dies zur frühzeitigen Erkennung von Verunreinigungen, die von Anlagen nach § 19 g Abs. 1 und 2 ausgehen können, erforderlich ist. Sie kann ferner anordnen, daß der Betreiber einen Gewässerschutzbeauftragten zu bestellen hat; die §§ 21 b bis 21 g gelten entsprechend.

– vgl. § 5 LWG –

§ 19 k   Besondere Pflichten beim Befüllen und Entleeren

Wer eine Anlage zum Lagern wassergefährdender Stoffe befüllt oder entleert, hat diesen Vorgang zu überwachen und sich vor Beginn der Arbeiten vom ordnungsgemäßen Zustand der dafür erforderlichen Sicherheitseinrichtungen zu überzeugen. Die zulässigen Belastungsgrenzen der Anlagen und der Sicherheitseinrichtungen sind beim Befüllen oder Entleeren einzuhalten.

– vgl. § 5 LWG –

§ 19 l Fachbetriebe

(1) Anlagen nach § 19 g Abs. 1 und 2 dürfen nur von Fachbetrieben eingebaut, aufgestellt, instandgehalten, instandgesetzt und gereinigt werden; § 19 i Abs. 1 bleibt unberührt. Die Länder können Tätigkeiten bestimmen, die nicht von Fachbetrieben ausgeführt werden müssen.

(2) Fachbetrieb im Sinne des Absatzes 1 ist, wer

1. über die Geräte und Ausrüstungsteile sowie über das sachkundige Personal verfügt, durch die die Einhaltung der Anforderungen nach § 19 g Abs. 3 gewährleistet wird, und
2. berechtigt ist, Gütezeichen einer baurechtlich anerkannten Überwachungs- oder Gütegemeinschaft zu führen, oder einen Überwachungsvertrag mit einer Technischen Überwachungsorganisation abgeschlossen hat, der eine mindestens zweijährige Überprüfung einschließt.

Ein Fachbetrieb darf seine Tätigkeit auf bestimmte Fachbereiche beschränken.

– vgl. § 5 LWG –

Hinweis zu § 19 l

Hierzu ist ergangen die Empfehlung an die betriebliche Ausstattung für die Zulassung von Fachbetrieben gemäß § 19 l WHG – Werkzeuge, Maschinen, Gerätschaften –; Bek. d. BMI vom 21. 6. 1982 (GMBl S. 355).

§ 20 Entschädigung

(1) Eine nach diesem Gesetz zu leistende Entschädigung hat den eintretenden Vermögensschaden angemessen auszugleichen. Soweit zur Zeit der die Entschädigungspflicht auslösenden behördlichen Verfügung Nutzungen gezogen werden, ist von dem Maß ihrer Beeinträchtigung auszugehen; hat der Entschädigungsberechtigte Maßnahmen getroffen, um die Nutzungen zu steigern, und ist nachgewiesen, daß die Maßnahmen die Nutzungen nachhaltig gesteigert hätten, so ist dies zu berücksichtigen. Außerdem ist eine infolge der behördlichen Verfügung eingetretene Minderung des gemeinen Werts von Grundstücken zu berücksichtigen, soweit sie nicht nach Satz 2 bereits berücksichtigt ist.

(2) Soweit nicht gesetzlich wasserwirtschaftliche oder andere Maßnahmen als Entschädigung zugelassen werden, ist die Entschädigung in Geld festzusetzen.

– vgl. § 104 LWG –

§ 21 Überwachung

(1) Wer ein Gewässer benutzt oder einen Antrag auf Erteilung einer Erlaubnis oder Bewilligung gestellt hat, ist verpflichtet, eine behördliche Überwachung der Anlagen, Einrichtungen und Vorgänge zu dulden, die für die Gewässerbenutzung von Bedeutung sind. Er hat dazu, insbesondere zur Prüfung, ob eine beantragte Benutzung zugelassen werden kann, welche Benutzungsbedingungen und Auflagen dabei festzusetzen sind, ob sich die Benutzung in dem zulässigen Rahmen hält und ob nachträglich Anordnungen auf Grund des § 5 oder ergänzender landesrechtlicher Vorschriften zu treffen sind,

1 · WHG

1. das Betreten von Betriebsgrundstücken, und -räumen während der Betriebszeit,
2. das Betreten von Wohnräumen sowie von Betriebsgrundstücken und -räumen außerhalb der Betriebszeit, sofern die Prüfung zur Verhütung dringender Gefahren für die öffentliche Sicherheit und Ordnung erforderlich ist, und
3. das Betreten von Grundstücken und Anlagen, die nicht zum unmittelbar angrenzenden befriedeten Besitztum von Räumen nach den Nummern 1 und 2 gehören, jederzeit

zu gestatten; das Grundrecht der Unverletzlichkeit der Wohnung (Artikel 13 des Grundgesetzes) wird durch Nummern 2 eingeschränkt. Er hat ferner zu dem gleichen Zweck Anlagen und Einrichtungen zugänglich zu machen, Auskünfte zu erteilen, Arbeitskräfte, Unterlagen und Werkzeuge zur Verfügung zu stellen und technische Ermittlungen und Prüfungen zu ermöglichen. Benutzer von Gewässern, für die ein Gewässerschutzbeauftragter bestellt ist (§ 21 a), haben diesen auf Verlangen der zuständigen Behörde zu Überwachungsmaßnahmen nach den Sätzen 2 und 3 hinzuzuziehen.

(2) Absatz 1 gilt sinngemäß für den, der

1. eine Rohrleitungsanlage nach § 19 a errichtet oder betreibt,
2. eine Anlage nach § 19 g Abs. 1 und 2 herstellt, einbaut, aufstellt, unterhält oder betreibt oder
3. Inhaber eines gewerblichen Betriebs nach § 19 l ist.

Die Eigentümer und Besitzer der Grundstücke, auf denen die Anlagen hergestellt, errichtet, eingebaut, aufgestellt, unterhalten oder betrieben werden, haben das Betreten der Grundstücke zu gestatten, Auskünfte zu erteilen und technische Ermittlungen und Prüfungen zu ermöglichen.

(2 a) Der zur Erteilung einer Auskunft Verpflichtete kann die Auskunft auf solche Fragen verweigern, deren Beantwortung ihn selbst oder einen der in § 383 Abs. 1 Nr. 1 bis 3 der Zivilprozeßordnung bezeichneten Angehörigen der Gefahr strafgerichtlicher Verfolgung oder eines Verfahrens nach dem Gesetz über Ordnungswidrigkeiten aussetzen würde.

(3) Für die zur Überwachung nach den Absätzen 1 und 2 zuständigen Behörden und ihre Bediensteten gelten die §§ 93, 97, 105 Abs. 1, § 111 Abs. 5 in Verbindung mit § 105 Abs. 1 sowie § 116 Abs. 1 der Abgabenordnung nicht. Dies gilt nicht, soweit die Finanzbehörden die Kenntnisse für die Durchführung eines Verfahrens wegen einer Steuerstraftat sowie eines damit zusammenhängenden Besteuerungsverfahrens benötigen, an deren Verfolgung ein zwingendes öffentliches Interesse besteht, oder soweit es sich um vorsätzlich falsche Angaben des Auskunftspflichtigen oder der für ihn tätigen Personen handelt.

(4) Die Bundesregierung wird ermächtigt, durch Rechtsverordnung mit Zustimmung des Bundesrates zu bestimmen, daß die behördliche Überwachung im Sinne dieser Vorschrift bei Anlagen und Einrichtungen, die der Landesverteidigung dienen, zum Geschäftsbereich des Bundesministers der Verteidigung gehörenden Stellen übertragen wird.

(5) Absatz 4 gilt nicht im Land Berlin.

— vgl. § 83 LWG —

§ 21 a Bestellung von Betriebsbeauftragten für Gewässerschutz

(1) Benutzer von Gewässern, die an einem Tag mehr als 750 Kubikmeter Abwasser einleiten dürfen, haben einen oder mehrere Betriebsbeauftragte für Gewässerschutz (Gewässerschutzbeauftragte) zu bestellen.

(2) Die zuständige Behörde kann anordnen, daß die Einleiter von Abwaser in Gewässer, für die die Bestellung eines Gewässerschutzbeauftragen nach Absatz 1 nicht vorgeschrieben ist, und die Einleiter von Abwasser in Abwasseranlagen einen oder mehrere Gewässerschutzbeauftragte zu bestellen haben.

(3) Wer vor dem 1. Oktober 1976 nach § 4 Abs. 2 Nr. 2 als verantwortlicher Betriebsbeauftragter hinsichtlich des Einleitens von Abwasser bestellt worden ist, gilt als Gewässerschutzbeauftragter.

§ 21 b Aufgaben

(1) Der Gewässerschutzbeauftragte ist berechtigt und verpflichtet,

1. die Einhaltung von Vorschriften, Bedingungen und Auflagen im Interesse des Gewässerschutzes zu überwachen, insbesondere durch regelmäßige Kontrolle der Abwasseranlagen im Hinblick auf die Funktionsfähigkeit, den ordnungsgemäßen Betrieb sowie die Wartung, durch Messungen des Abwassers nach Menge und Eigenschaften, durch Aufzeichnungen der Kontroll- und Meßergebnisse; er hat dem Benutzer festgestellte Mängel mitzuteilen und Maßnahmen zu ihrer Beseitigung vorzuschlagen,

2. auf die Anwendung geeigneter Abwasserbehandlungsverfahren einschließlich der Verfahren zur ordnungsgemäßen Verwertung oder Beseitigung der bei der Abwasserbehandlung entstehenden Reststoffe hinzuwirken,

3. auf die Entwicklung und Einführung von

   a) innerbetrieblichen Verfahren zur Vermeidung oder Verminderung des Abwasseranfalls nach Art und Menge,

   b) umweltfreundlichen Produktionen

   hinzuwirken,

4. die Betriebsangehörigen über die in dem Betrieb verursachten Gewässerbelastungen sowie über die Einrichtungen und Maßnahmen zu ihrer Verhinderung unter Berücksichtigung der wasserrechtlichen Vorschriften aufzuklären.

(2) Der Gewässerschutzbeauftragte erstattet dem Benutzer jährlich einen Bericht über die nach Absatz 1 getroffenen und beabsichtigten Maßnahmen.

(3) Die zuständige Behörde kann im Einzelfalle die in den Absätzen 1 und 2 aufgeführten Aufgaben des Gewässerschutzbeauftragten

1. näher regeln,

2. erweitern, soweit es die Belange des Gewässerschutzes erfordern,

3. einschränken, wenn dadurch die ordnungsgemäße Selbstüberwachung nicht beeinträchtigt wird.

1 · WHG

§ 21 c Pflichten des Benutzers

(1) Der Benutzer hat den Gewässerschutzbeauftragten schriftlich zu bestellen; werden mehrere Gewässerschutzbeauftragte bestellt, sind die dem einzelnen Gewässerschutzbeauftragten obliegenden Aufgaben genau zu bezeichnen. Der Benutzer hat die Bestellung der zuständigen Behörde anzuzeigen.

(2) Der Benutzer darf zum Gewässerschutzbeauftragten nur bestellen, wer die zur Erfüllung seiner Aufgaben erforderliche Fachkunde und Zuverlässigkeit besitzt. Werden der zuständigen Behörde Tatsachen bekannt, aus denen sich ergibt, daß der Gewässerschutzbeauftragte nicht die zur Erfüllung seiner Aufgaben erforderliche Fachkunde oder Zuverlässigkeit besitzt, kann sie verlangen, daß der Benutzer einen anderen Gewässerschutzbeauftragten bestellt.

(3) Werden mehrere Gewässerschutzbeauftragte bestellt, so hat der Benutzer für die erforderliche Koordinierung in der Wahrnehmung der Aufgaben, insbesondere durch Bildung eines Ausschusses, zu sorgen. Entsprechendes gilt, wenn neben einem oder mehreren Gewässerschutzbeauftragten Betriebsbeauftragte nach anderen gesetzlichen Vorschriften bestellt werden.

(4) Der Benutzer hat den Gewässerschutzbeauftragten bei der Erfüllung seiner Aufgaben zu unterstützen und ihm insbesondere, soweit dies zur Erfüllung seiner Aufgaben erforderlich ist, Hilfspersonal sowie Räume, Einrichtungen, Geräte und Mittel zur Verfügung zu stellen.

§ 21 d Stellungnahme zu Investitionsentscheidungen

(1) Der Benutzer hat vor Investitionsentscheidungen, die für den Gewässerschutz bedeutsam sein können, eine Stellungnahme des Gewässerschutzbeauftragten einzuholen.

(2) Die Stellungnahme ist so rechtzeitig einzuholen, daß sie bei der Investitionsentscheidung angemessen berücksichtigt werden kann; sie ist derjenigen Stelle vorzulegen, die über die Investition entscheidet.

§ 21 e Vortragsrecht

Der Benutzer hat dafür zu sorgen, daß der Gewässerschutzbeauftragte seine Vorschläge oder Bedenken unmittelbar der entscheidenden Stelle vortragen kann, wenn er sich mit dem zuständigen Betriebsleiter nicht einigen konnte und wegen der besonderen Bedeutung der Sache eine Entscheidung dieser Stelle für erforderlich hält.

§ 21 f Benachteiligungsverbot

Der Gewässerschutzbeauftragte darf wegen der Erfüllung der ihm übertragenen Aufgaben nicht benachteiligt werden.

§ 21 g Sonderregelung

Die Länder können für Abwassereinleitungen von Gebietskörperschaften, aus Gebietskörperschaften gebildeten Zusammenschlüssen und öffentlich-rechtlichen Wasserverbänden eine von den §§ 21 a bis 21 f abweichende Regelung treffen. Diese Regelung muß eine mindestens gleichwertige Selbstüberwachung und Verstärkung der Anstrengungen im Interesse des Gewässerschutzes gewährleisten.

§ 22 Haftung für Änderung der Beschaffenheit des Wassers

(1) Wer in ein Gewässer Stoffe einbringt oder einleitet oder wer auf ein Gewässer derart einwirkt, daß die physikalische, chemische oder biologische Beschaffenheit des Wassers verändert wird, ist zum Einsatz des daraus einem anderen entstehenden Schadens verpflichtet. Haben mehrere die Einwirkungen vorgenommen, so haften sie als Gesamtschuldner.

(2) Gelangen aus einer Anlage, die bestimmt ist, Stoffe herzustellen, zu verarbeiten, zu lagern, abzulagern, zu befördern oder wegzuleiten, derartige Stoffe in ein Gewässer, ohne in dieses eingebracht oder eingeleitet zu sein, so ist der Inhaber der Anlage zum Ersatz des daraus einem anderen entstehenden Schadens verpflichtet; Absatz 1 Satz 2 gilt entsprechend. Die Ersatzpflicht tritt nicht ein, wenn der Schaden durch höhere Gewalt verursacht ist.

(3) Kann ein Anspruch auf Ersatz des Schadens gemäß § 11 nicht geltend gemacht werden, so ist der Betroffene nach § 10 Abs. 2 zu entschädigen. Der Antrag ist auch noch nach Ablauf der Frist von dreißig Jahren zulässig.

ZWEITER TEIL: Bestimmungen für oberirdische Gewässer

Erster Abschnitt: Erlaubnisfreie Benutzungen

§ 23 Gemeingebrauch

(1) Jedermann darf oberirdische Gewässer in einem Umfang benutzen, wie dies nach Landesrecht als Gemeingebrauch gestattet ist, soweit nicht Rechte anderer entgegenstehen und soweit Befugnisse oder der Eigentümer- oder Anliegergebrauch anderer dadurch nicht beeinträchtigt werden.

(2) Die Länder können das Einleiten von Abwasser in ein Gewässer als Gemeingebrauch nur insoweit zulassen, als dies nach dem am 1. März 1960 geltenden Recht als Gemeingebrauch zulässig war.

– vgl. §§ 14, 17, 18, 19 LWG –

Hinweise zu § 23

1. Für Bundeswasserstraßen bestimmen §§ 5, 6 WaStrG:

    WaStrG § 5 Befahren mit Wasserfahrzeugen

    Jedermann darf im Rahmen der Vorschriften des Schiffahrtsrechts einschließlich des Schiffahrtabgabenrechts sowie der Vorschriften dieses Gesetzes die Bundeswasserstraßen mit Wasserfahrzeugen befahren. Das Befahren der bundeseigenen Talsperren und

1 · WHG

Speicherbecken ist nur zulässig, soweit es durch Rechtsverordnung nach § 46 Nr. 2 gestattet wird. Das Befahren der Bundeswasserstraßen in Naturschutzgebieten und Nationalparken nach den §§ 13 und 14 des Bundesnaturschutzgesetzes kann durch Rechtsverordnung, die der Bundesminister für Verkehr im Einvernehmen mit dem Bundesminister für Umwelt, Naturschutz und Reaktorsicherheit erläßt, geregelt, eingeschränkt oder untersagt werden, soweit dies zur Erreichung des Schutzzweckes erforderlich ist.

WaStrG § 6 Gemeingebrauch

Durch Rechtsverordnung nach § 46 Nr. 3 kann der Gemeingebrauch geregelt, beschränkt oder untersagt werden, soweit es zur Erhaltung der Bundeswasserstraßen in einem für die Schiffahrt erforderlichen Zustand notwendig ist. Unter der gleichen Voraussetzung können die Behörden der Wasser- und Schiffahrtsverwaltung des Bundes durch Verfügung den Gemeingebrauch regeln, beschränken oder untersagen.

2. Verordnung zur Übertragung der Ermächtigung zum Erlaß von Rechtsverordnungen nach dem Bundeswasserstraßengesetz über die Regelung, Beschränkung oder Untersagung des Gemeingebrauchs vom 21. 9. 1971 (BGBl. I S. 1617)

3. Verordnung über das Befahren des Naturschutzgebietes „Helgoländer Festlandsockel" vom 13. 5. 1985 (BGBl. I S. 776)

4. Verordnung über das Befahren der Bundeswasserstraßen in Nationalparken im Bereich der Nordsee (NP NordS Bef V) vom 12. 2. 1992 (BGBl. I S. 242)

§ 24 Eigentümer- und Anliegergebrauch

(1) Eine Erlaubnis oder eine Bewilligung ist nicht erforderlich zur Benutzung eines oberirdischen Gewässers durch den Eigentümer oder den durch ihn Berechtigten für den eigenen Bedarf, wenn dadurch andere nicht beeinträchtigt werden, keine nachteilige Veränderung der Eigenschaft des Wassers, keine wesentliche Verminderung der Wasserführung und keine andere Beeinträchtigung des Wasserhaushalts zu erwarten sind. Die Länder können den Eigentümergebrauch ausschließen, soweit er bisher nicht zugelassen war.

(2) Die Länder können bestimmen, daß die Eigentümer der an oberirdische Gewässer angrenzenden Grundstücke und die zur Nutzung dieser Grundstücke Berechtigten (Anlieger) sowie die Eigentümer der an Anliegergrundstücke angrenzenden Grundstücke und die zur Nutzung dieser Grundstücke Berechtigten (Hinterlieger) oberirdische Gewässer ohne Erlaubnis oder Bewilligung nach Maßgabe des Absatzes 1 benutzen dürfen.

(3) An Bundeswasserstraßen und an sonstigen Gewässern, die der Schiffahrt dienen oder künstlich errichtet sind, findet ein Gebrauch nach Absatz 2 durch die Anlieger und Hinterlieger nicht statt.

– vgl. § 20 LWG –

§ 25 Benutzung zu Zwecken der Fischerei

Die Länder können bestimmen, daß für das Einbringen von Stoffen in oberirdische Gewässer zu Zwecken der Fischerei eine Erlaubnis oder eine Bewilligung nicht erforderlich ist.

– vgl. § 21 LWG –

Zweiter Abschnitt: Reinhaltung

§ 26 Einbringen, Lagern und Befördern von Stoffen

(1) Feste Stoffe dürfen in ein Gewässer nicht zu dem Zweck eingebracht werden, sich ihrer zu entledigen. Schlammige Stoffe rechnen nicht zu den festen Stoffen.

(2) Stoffe dürfen an einem Gewässer nur so gelagert oder abgelagert werden, daß eine Verunreinigung des Wassers oder eine sonstige nachteilige Veränderung seiner Eigenschaften oder des Wasserabflusses nicht zu besorgen ist. Das gleiche gilt für die Beförderung von Flüssigkeiten und Gasen durch Rohrleitungen. Weitergehende Verbotsvorschriften bleiben unberührt.

Hinweis zu § 26

Wegen besonderer Vorschriften, Richtlinien und Erlasse sowie wegen der EG-Richtlinien zum Gewässerschutz vgl. Einführung S. 21–26

§ 27 Reinhalteordnung

(1) Die Landesregierungen oder die von ihnen bestimmten Stellen können durch Rechtsverordnung für oberirdische Gewässer oder Gewässerteile aus Gründen des Wohls der Allgemeinheit Reinhalteordnungen erlassen. Die Reinhalteordnungen können insbesondere vorschreiben,

1. daß bestimmte Stoffe nicht zugeführt werden dürfen,

2. daß bestimmte Stoffe, die zugeführt werden, bestimmten Mindestanforderungen genügen müssen,

3. welche sonstigen Einwirkungen abzuwehren sind, durch die die Beschaffenheit des Wassers nachteilig beeinflußt werden kann.

(2) Eine Rechtsverordnung nach Absatz 1 gilt gegenüber den Inhabern einer Erlaubnis, einer Bewilligung, eines alten Rechts oder einer alten Befugnis erst, wenn diese Rechte und Befugnisse der Reinhalteordnung angepaßt worden sind; § 12 Abs. 1 und § 15 Abs. 4 bleiben unberührt. Auf Erlaubnisse und Bewilligungen, die in einem Planfeststellungsverfahren gemäß § 14 Abs. 1 erteilt worden sind, findet § 14 Abs. 4 Anwendung.

– vgl. § 6, 32 LWG –

Dritter Abschnitt: Unterhaltung und Ausbau

§ 28 Umfang der Unterhaltung

(1) Die Unterhaltung eines Gewässers umfaßt die Erhaltung eines ordnungsmäßigen Zustandes für den Wasserabfluß und an schiffbaren Gewässern auch die Erhaltung der Schiffbarkeit. Bei der Unterhaltung ist den Belangen des Naturhaushalts Rechnung zu tragen; Bild und Erholungswert der Gewässerlandschaft sind zu berücksichtigen. Die Länder können bestimmen, daß es zur Unterhaltung gehört, das Gewässer und seine Ufer auch in anderer wasserwirtschaftlicher Hinsicht in ordnungsmäßigem Zustand zu erhalten. Das gilt auch für Maßnahmen

1 · WHG

zur Verbesserung und Erhaltung des Selbstreinigungsvermögens, soweit nicht andere dazu verpflichtet sind; § 4 Abs. 2 Nr. 3 bleibt unberührt.

(2) Für die Unterhaltung ausgebauter Gewässer gelten die Vorschriften über den Umfang der Unterhaltung insoweit, als nicht in einem Verfahren nach § 31 etwas anderes bestimmt wird oder Bundes- oder Landesrecht etwas anderes bestimmt.

– vgl. § 38 LWG –

Hinweise zu § 28

Für Bundeswasserstraßen vgl.:

1. Bundeswasserstraßengesetz §§ 8, 9

WaStrG § 8 Umfang der Unterhaltung

(1) Die Unterhaltung der Binnenwasserstraßen (§ 1 Abs. 1 Nr. 1) umfaßt die Erhaltung eines ordnungsgemäßen Zustandes für den Wasserabfluß und die Erhaltung der Schiffbarkeit. Bei der Unterhaltung ist den Belangen des Naturhaushalts Rechnung zu tragen; Bild und Erholungswert der Gewässerlandschaft sind zu berücksichtigen. Die natürlichen Lebensgrundlagen sind zu bewahren.

(2) Wenn es die Erhaltung des ordnungsgemäßen Zustandes nach Absatz 1 erfordert, gehören zur Unterhaltung besonders die Räumung, die Freihaltung, der Schutz und die Pflege des Gewässerbettes mit seinen Ufern. Dabei ist auf die Belange der Fischerei Rücksicht zu nehmen.

(3) Die Erhaltung der Schiffbarkeit umfaßt nicht die Zufahrten zu den Lösch-, Lade- und Anlegestellen sowie zu den Häfen außer den bundeseigenen Schutz-, Sicherheits- und Bauhäfen.

(4) Zur Unterhaltung gehören auch Arbeiten zur Beseitigung oder Verhütung von Schäden an Ufergrundstücken, die durch die Schiffahrt entstanden sind oder entstehen können, soweit die Schäden den Bestand der Ufergrundstücke gefährden.

(5) Die Unterhaltung der Seewasserstraßen (§ 1 Abs. 1 Nr. 2) umfaßt nur die Erhaltung der Schiffbarkeit der von der Wasser- und Schiffahrtsverwaltung des Bundes gekennzeichneten Schiffahrtswege, soweit es wirtschaftlich zu vertreten ist. Hierzu gehören auch Arbeiten und Maßnahmen zur Sicherung des Bestandes der Inseln Helgoland (ohne Düne), Wangerooge und Borkum. Absatz 1 Satz 2 und 3 ist anzuwenden.

(6) Weitergehende Verpflichtungen zur Unterhaltung nach dem Nachtrag zu dem Gesetz über den Staatsvertrag betreffend den Übergang der Wasserstraßen von den Ländern auf das Reich vom 18. Februar 1922 (RGBl. S. 222) bleiben unberührt.

WaStrG § 9 Maßnahmen in Landflächen an Bundeswasserstraßen

(1) Maßnahmen in Landflächen an Bundeswasserstraßen, die notwendig sind, um für die Schiffahrt nachteilige Veränderungen des Gewässerbettes zu verhindern oder zu beseitigen, bedürfen der vorherigen Planfeststellung. Die §§ 14 bis 23 sind anzuwenden.

(2) Maßnahmen nach Absatz 1 können ohne Planfeststellung genehmigt werden, wenn mit Einwendungen nicht zu rechnen ist. § 14 Abs. 1 Sätze 3 und 4, Abs. 3 sind anzuwenden.

2. Erl d. BMfV über Naturschutz und Landschaftspflege bei dem Bau, dem Ausbau und der Unterhaltung von Bundeswasserstraßen vom 17. 7. 1986 (VkBl. 1987 S. 272).

§ 29 Unterhaltungslast

(1) Die Unterhaltung von Gewässern obliegt, soweit sie nicht Aufgabe von Gebietskörperschaften, von Wasser- und Bodenverbänden oder gemeindlichen Zweckverbänden ist, den Eigentümern der Gewässer, den Anliegern und denjenigen Eigentümern von Grundstücken und Anlagen, die aus der Unterhaltung Vorteile haben oder die die Unterhaltung erschweren. Die Länder können bestimmen, daß die Unterhaltung auch anderen Eigentümern von Grundstücken im Einzugsgebiet obliegt. Bestehende Verpflichtungen anderer zur Unterhaltung von Gewässerstrecken oder von Bauwerken im oder am Gewässer werden durch Satz 1 und durch eine nach Satz 2 ergehende Regelung nicht berührt. Die Länder bestimmen, in welcher Weise die Unterhaltungspflicht zu erfüllen ist; sie können für die Zeit bis zum 1. Januar 1965 die Unterhaltungslast abweichend regeln.

(2) Wird die Unterhaltungspflicht nach Absatz 1 nicht oder nicht genügend erfüllt, so ist sicherzustellen, daß die jeweils erforderlichen Unterhaltungsarbeiten durch eine Gebietskörperschaft oder einen Wasser- und Bodenverband oder einen gemeindlichen Zweckverband ausgeführt werden.

– vgl. §§ 39, 40, 42, 43, 44, 46, 50 LWG –

Hinweis zu § 29
Für Bundeswasserstraßen vgl. § 7 WaStrG

WaStrG § 7 Allgemeine Vorschriften über Unterhaltung und Betrieb

(1) Die Unterhaltung der Bundeswasserstraßen und der Betrieb der bundeseigenen Schiffahrtsanlagen sind Hoheitsaufgaben des Bundes.

(2) Die Unterhaltung der Bundeswasserstraßen und der Betrieb der bundeseigenen Schiffahrtsanlagen kann im Einzelfall Dritten zur Ausführung übertragen werden; dabei gehen hoheitliche Befugnisse des Bundes nicht über.

(3) Maßnahmen innerhalb der Bundeswasserstraßen, die der Unterhaltung der Bundeswasserstraßen oder der Errichtung oder dem Betrieb der bundeseigenen Schiffahrtsanlagen dienen, bedürfen keiner wasserrechtlichen Erlaubnis, Bewilligung oder Genehmigung.

(4) Bei der Unterhaltung der Bundeswasserstraßen sowie der Errichtung und dem Betrieb der bundeseigenen Schiffahrtsanlagen sind die Erfordernisse des Denkmalschutzes zu berücksichtigen.

§ 30 Besondere Pflichten im Interesse der Unterhaltung

(1) Soweit es zur ordnungsmäßigen Unterhaltung eines Gewässers erforderlich ist, haben die Anlieger und die Hinterlieger nach vorheriger Ankündigung zu dulden, daß die Unterhaltungspflichtigen oder deren Beauftragte die Grundstücke betreten, vorübergehend benutzen und aus ihnen Bestandteile für die Unterhaltung entnehmen, wenn diese anderweitig nur mit unverhältnismäßig hohen Kosten beschafft werden können.

(2) Die Anlieger haben zu dulden, daß der zur Unterhaltung Verpflichtete die Ufer bepflanzt, soweit es für die Unterhaltung erforderlich ist. Sie können verpflichtet werden, die Ufergrundstücke in erforderlicher Breite so zu bewirtschaften, daß die Unterhaltung nicht beeinträchtigt wird; sie haben bei der Nutzung die Erfordernisse des Uferschutzes zu beachten.

1 · WHG

(3) Entstehen durch Handlungen nach Absatz 1 oder 2 Schäden, so hat der Geschädigte Anspruch auf Schadensersatz.

— vgl. § 48 LWG —

Hinweis zu § 30

Für Bundeswasserstraßen gilt § 11 WaStrG:

WaStrG § 11 Besondere Pflichten im Interesse der Unterhaltung

(1) Soweit es zur Unterhaltung einer Bundeswasserstraße erforderlich ist, haben die Anlieger und die Hinterlieger nach vorheriger Ankündigung zu dulden, daß Beauftragte des Bundes die Grundstücke betreten, vorübergehend benutzen und aus ihnen Bestandteile entnehmen, wenn diese sonst nur mit unverhältnismäßig hohen Kosten beschafft werden können.

(2) Die Anlieger haben das Bepflanzen der Ufer zu dulden, soweit es für die Unterhaltung der Bundeswasserstraße erforderlich ist. Die Anlieger können durch Verfügung der Behörden der Wasser- und Schiffahrtsverwaltung des Bundes verpflichtet werden, die Ufergrundstücke in erforderlicher Breite so zu bewirtschaften, daß die Unterhaltung nicht beeinträchtigt wird; sie haben bei der Nutzung die Erfordernisse des Uferschutzes zu beachten.

(3) Entstehen durch Handlungen nach Absatz 1 und 2 Schäden, hat der Geschädigte Anspruch auf Schadenersatz.

(4) Der Inhaber einer strom- und schiffahrtspolizeilichen Genehmigung (§ 31) hat ohne Anspruch auf Entschädigung zu dulden, daß die Ausübung der Genehmigung durch Arbeiten zur Unterhaltung vorübergehend behindert oder unterbrochen wird. Auf die Interessen des zur Duldung Verpflichteten ist Rücksicht zu nehmen.

§ 31 Ausbau

(1) Die Herstellung, Beseitigung oder wesentliche Umgestaltung eines Gewässers oder seiner Ufer (Ausbau) bedarf der vorherigen Durchführung eines Planfeststellungsverfahrens, das den Anforderungen des Gesetzes über die Umweltverträglichkeitsprüfung entspricht. Deich- und Dammbauten, die den Hochwasserabfluß beeinflussen, stehen dem Ausbau gleich. Ein Ausbau kann ohne vorherige Durchführung eines Planfeststellungsverfahrens genehmigt werden, wenn mit Einwendungen nicht zu rechnen ist.

(1a) Beim Ausbau sind in Linienführung und Bauweise nach Möglichkeit Bild und Erholungseignung der Gewässerlandschaft sowie die Erhaltung und Verbesserung des Selbstreinigungsvermögens des Gewässers zu beachten.

(2) In dem Verfahren sind Art und Ausmaß der Ausbaumaßnahmen und die Einrichtungen, die im öffentlichen Interesse oder zur Vermeidung nachteiliger Wirkungen auf Rechte anderer erforderlich sind, festzustellen sowie der Ausgleich von Schäden anzuordnen.

(2a) § 9a gilt in einem Planfeststellungsverfahren oder in einem Genehmigungsverfahren nach Absatz 1 Satz 3 entsprechend.

(3) Erstreckt sich ein beabsichtigter Ausbau auf ein Gewässer, das der Verwaltung mehrerer Länder untersteht, und ist ein Einvernehmen über den Ausbauplan nicht zu erreichen, so soll der Bund auf Antrag eines beteiligten Landes zwischen den Ländern vermitteln.

WHG · 1

– vgl. §§ 52 ff., 68, 125 LWG –

Hinweis zu § 31

1. Gesetz über die Umweltverträglichkeitsprüfung (UVPG), verkündet als Art. 1 des Gesetzes zur Umsetzung der Richtlinie des Rates vom 27. 6. 1985 über die Umweltverträglichkeitsprüfung bei bestimmten öffentlichen und privaten Projekten (85/337/ EWG) vom 12. 2. 1990 (BGBl. I S. 205), geändert durch Art. 4 Gesetz vom 20. 6. 1990 (BGBl. I S. 1080/1094)

   LandesVO über die federnführende Behörde nach § 14 des Gesetzes über die Umweltverträglichkeitsprüfung vom 15. 1. 1991 (GVOBl SchlH. S. 67).

   Gemeinsamer Erlaß über Zusammenarbeit der Verwaltungsbehörden des Landes bei der Durchführung von Umweltverträglichkeitsprüfungen nach dem Gesetz über Umweltverträglichkeitsprüfungen (UVPG) vom 27. 9. 1991 (Amtsbl SchlH. S. 628).

2. Für Bundeswasserstraßen vgl.:

   a) Art. 89 Abs. 3 GG

   Bei der Verwaltung, dem Ausbau und dem Neubau von Wasserstraßen sind die Bedürfnisse der Landeskultur und der Wasserwirtschaft im Einvernehmen mit den Ländern zu wahren.

   b) Der Ausbau und der Neubau von Bundeswasserstraßen ist geregelt im Abschnitt 5 WaStrG.

   WaStrG § 12 Allgemeine Vorschriften über Ausbau und Neubau

   (1) Der Ausbau und der Neubau der Bundeswasserstraßen als Verkehrswege sind Hoheitsaufgaben des Bundes.

   (2) Ausbau sind die Maßnahmen zur wesentlichen Umgestaltung einer Bundeswasserstraße, eines oder beider Ufer, die über die Unterhaltung hinausgehen und die Bundeswasserstraße als Verkehrsweg betreffen. Für die Beseitigung einer Bundeswasserstraße gelten die Vorschriften über den Ausbau entsprechend.

   (3) Gesetzliche oder vertragliche Bestimmungen, die zum Ausbau oder Neubau Beitragsleistungen Dritter vorsehen oder nach denen die Leistungen Dritter auferlegt werden können, bleiben unberührt.

   (4) Ausbauverpflichtungen des Bundes nach dem Nachtrag zu dem Gesetz über den Staatsvertrag betreffend den Übergang der Wasserstraßen von den Ländern auf das Reich vom 18. Februar 1922 (RGBl. S. 222) bleiben unberührt.

   (5) Der Ausbau oder der Neubau kann im Einzelfall Dritten zur Ausführung übertragen werden; dabei gehen hoheitliche Befugnisse des Bundes nicht über.

   (6) Maßnahmen, die dem Ausbau oder dem Neubau einer Bundeswasserstraße dienen, bedürfen keiner wasserrechtlichen Erlaubnis, Bewilligung oder Genehmigung.

   (7) Beim Ausbau oder dem Neubau einer Bundeswasserstraße sind in Linienführung und Bauweise Bild und Erholungseignung der Gewässerlandschaft sowie die Erhaltung und Verbesserung des Selbstreinigungsvermögens des Gewässers zu beachten. Die natürlichen Lebensgrundlagen sind zu bewahren.

   § 13 Planungen
   § 14 Planfeststellung, Genehmigung, vorläufige Anordnung
   § 15 Veränderungssperre
   § 16 Besondere Pflichten im Interesse des Vorhabens
   § 17 Anhörungsverfahren

1 · WHG

§ 18 Versagung der Planfestellung
§ 19 Planfeststellungsbeschluß
§ 21 Ausschluß von Ansprüchen

c) Erl d. BMfV über Naturschutz und Landschaftspflege bei dem Bau, dem Ausbau und der Unterhaltung von Bundeswasserstraßen vom 17. 7. 1986 (VkBl. 1987 S. 272)

Vierter Abschnitt: Überschwemmungsgebiete

§ 32 Überschwemmungsgebiete

Soweit es die Regelung des Wasserabflusses erfordert, sind die Gebiete, die bei Hochwasser überschwemmt werden, zu Überschwemmungsgebieten zu erklären. Für solche Gebiete sind Vorschriften zu erlassen, die den schadlosen Abfluß des Hochwassers sichern.

— vgl. §§ 57—59 LWG —

DRITTER TEIL: Bestimmungen für die Küstengewässer

§ 32 a Erlaubnisfreie Benutzungen

Die Länder können bestimmen, daß eine Erlaubnis oder Bewilligung nicht erforderlich ist

1. für das Einbringen von Stoffen zu Zwecken der Fischerei,

2. für das Einleiten von Grund-, Quell- und Niederschlagswasser,

3. für das Einbringen und Einleiten von anderen Stoffen, wenn dadurch die Eigenschaften eines Küstengewässers nicht oder nur in einem unerheblichen Ausmaß nachteilig verändert werden.

— vgl. § 16 LWG —

§ 32 b Reinhaltung

Stoffe dürfen am Küstengewässer nur so gelagert oder abgelagert werden, daß eine Verunreinigung des Wassers oder eine sonstige nachhaltige Veränderung seiner Eigenschaften nicht zu besorgen ist. Das gleiche gilt für die Beförderung von Flüssigkeiten und Gasen durch Rohrleitungen.

Hinweise zu § 32 b

I. Zur Reinhaltung der Küstengewässer und des Meeres vgl. auch

a) Erweiterung des Hoheitsbereichs

   Bekanntmachung des Beschlusses der Bundesregierung über die Erweiterung des Küstenmeeres der Bundesrepublik Deutschland in der Nordsee zur Verhinderung von Tankerunfällen in der Deutschen Bucht vom 12. 11. 1984 (BGBl. I S. 1366)

b) Internationale Abkommen

WHG · 1

1. Gesetz zu den Übereinkommen vom 15. Februar 1972 und 29. Dezember 1972 zur Verhütung der Meeresverschmutzung durch das Einbringen von Abfällen durch Schiffe und Luftfahrzeuge vom 11. 2. 1977 (BGBl. II S. 165/169, 180), geändert durch Art. 6 Gesetz vom 10. 5. 1978 (BGBl. I S. 613), Art. 11 Gesetz vom 28. 3. 1980 (BGBl. I S. 373/378), Art. 4 Gesetz vom 28. 4. 1980 (BGBl. II S. 606), Art. 7 VO vom 26. 11. 1986 (BGBl. I S. 2089/2090);

   hierzu ist ergangen die Allgemeine Verwaltungsvorschrift für die Erteilung von Erlaubnissen zum Einbringen von Abfällen in die Hohe See (Hohe-See-Einbringungsverwaltungsvorschrift) vom 22. 12. 1977 (GMBl 1978 S. 47);

2. Gesetz zu der Entschließung vom 12. Oktober 1978 zur Änderung des Übereinkommens vom 29. Dezember 1972 über die Verhütung der Meeresverschmutzung durch das Einbringen von Abfällen und anderen Stoffen vom 11. 2. 1987 (BGBl. II S. 118/121);

3. Gesetz zu dem Protokoll vom 2. März 1983 zur Änderung des Übereinkommens zur Verhütung der Meeresverschmutzung durch das Einbringen durch Schiffe und Luftfahrzeuge vom 21. 11. 1986 (BGBl. II S. 998),

   Bekanntmachung über das Inkrafttreten des Protokolls vom 2. März 1983 vom 20. 9. 1989 (BGBl. II S. 798),

4. Verordnung zur Durchführung des Gesetzes zu den Übereinkommen vom 15. Februar 1972 und 29. Dezember 1972 ... (Hohe-See-Einbringungsverordnung) vom 7. 12. 1977 (BGBl. I S. 2478),

   1. Änderungsverordnung zum Osloer Meeresumweltschutz-Übereinkommen und der Hohe-See-Einbringungsverordnung vom 25. 6. 1986 (BGBl. II S. 719);

5. Gesetz zu dem Internationalen Übereinkommen von 1973 zur Verhütung der Meeresverschmutzung durch Schiffe und zu dem Protokoll von 1978 zu diesem Übereinkommen vom 23. 12. 1981 (BGBl. II 1982 S. 2),

   Bekanntmachung der amtlichen deutschen Übersetzung ... (dieses Übereinkommens) in der Fassung des Protokolls von 1978 vom 5. 3. 1984 (BGBl. II S. 230/231),

   Erste Verordnung zur Inkraftsetzung von Änderungen des Internationalen Übereinkommens von 1973 ... in der Fassung des Protokolls von 1978 vom 17. 7. 1985 (BGBl. II S. 868),

   Zweite Verordnung zur Inkraftsetzung von Änderungen des Internationalen Übereinkommens von 1973 ... in der Fassung des Protokolls von 1978 vom 23. 10. 1986 (BGBl. II S. 942),

   Dritte Verordnung zur Inkraftsetzung von Änderungen des Internationalen Übereinkommens von 1973 ... in der Fassung des Protokolls von 1978 vom 18. 10. 1988 (BGBl. II S. 974),

   Vierte Verordnung über die Inkraftsetzung von Änderungen des Internationalen Übereinkommens von 1973 ... und des Protokolls von 1978 ... (4. MARPOL-ÄndV) vom 12. 3. 1991 (BGBl. II S. 525),

   Richtlinien für die Durchführung des MARPOL-Übereinkommens von 1973/78, Anlage V: Regeln zur Verhütung der Verschmutzung durch Schiffsmüll, vom 20. 5. 1991 (VkBl. S. 504);

1 · WHG

Verordnung über Zuwiderhandlungen gegen das Internationale Übereinkommen von 1973 zur Verhütung der Meeresverschmutzung durch Schiffe und gegen das Protokoll von 1978 zu diesem Übereinkommen vom 23. 12. 1983 i. d. Bek. d. Neufassung vom 19. 2. 1989 (BGBl. I S. 247/248);

6. Gesetz zu dem Internationalen Übereinkommen vom 29. November 1969 über Maßnahmen auf Hoher See bei Ölverschmutzungs-Unfällen vom 27. 1. 1975 (BGBl. II S. 137);

7. Gesetz zu dem Protokoll von 1973 über Maßnahmen auf Hoher See bei Fällen von Verschmutzung durch andere Stoffe als Öl vom 3. 4. 1985 (BGBl. II S. 593);

8. Gesetz zu dem Übereinkommen vom 4. Juni 1974 zur Verhütung der Meeresverschmutzung vom Lande aus vom 18. 9. 1981 (BGBl. II S. 870), geändert durch Art. 8 VO vom 26. 11. 1986 (BGBl. I S. 2089/2090),

9. Gesetz zu dem Protokoll vom 26. März 1986 zur Änderung des Übereinkommens vom 4. Juni 1974 zur Verhütung der Meeresverschmutzung vom Lande aus vom 21. 2. 1989 (BGBl. II S. 170);

Bekanntmachung über das Inkrafttreten des Übereinkommens zur Zusammenarbeit bei der Bekämpfung von Ölverschmutzungen der Nordsee vom 22. 10. 1969 (BGBl. II S. 2066/2073);

Verordnung über die Verhütung der Verschmutzung der Nordsee durch Schiffsabwasser vom 6. 6. 1991 (BGBl. I S. 1221;

10. Gesetz zu dem Übereinkommen vom 22. März 1974 über den Schutz der Meeresumwelt des Ostseegebiets vom 30. 11. 1979 (BGBl. II S. 1229),

Auf Grund des Art. 2 Abs. 2 dieses Gesetzes sind derzeit folgende Ostsee-Umweltschutz-Änderungsverordnungen in Kraft:

1. Änderungs-VO vom 5. 10. 1980 (BGBl. II S. 1350),
3. Änderungs-VO vom 14. 12. 1983 (BGBl. II S. 826),
4. Änderungs-VO vom 4. 4. 1984 (BGBl. II S. 258),
5. Änderungs-VO vom 12. 11. 1985 (BGBl. II S. 1195),
6. Änderungs-VO vom 27. 3. 1987 (BGBl. II S. 206),
7. Änderungs-VO vom 11. 8. 1989 (BGBl. II S. 732);

Vgl. auch: Situation der Ostsee, SchlH Landtag, Drucks. 12/1402

11. Das Internationale Übereinkommen zur Verhütung der Verschmutzung der See durch Öl, 1954 (BGBl. II 1956 S. 379) ist für die Bundesrepublik am 30. 3. 1989 außer Kraft getreten, Bekanntmachung vom 27. 12. 1988 BGBl. II 1989, S. 74);

c) EG-Richtlinien

1. Richtlinie des Rates vom 4. 5. 1976, betr. die Verschmutzung infolge der Ableitung bestimmter gefährlicher Stoffe in die Gewässer der Gemeinschaft − 76/464/EWG − (ABl. EG. Nr. L 129 vom 18. 5. 1976, S. 23);

2. Richtlinie des Rates vom 30. 10. 1979 über die Qualitätsanforderungen an Muschelgewässer − 79/923/EWG − (ABl EG Nr. L 281 vom 10. 11. 1979, S. 47);

d) Sonstige Rechtsvorschriften des Bundes

Verordnung über die Verhütung der Verschmutzung der Ostsee durch Schiffe vom 11. 2. 1985 (BGBl. I S. 321), geändert durch Art. 5 VO vom 18. 10. 1988 (BGBl. II S. 974);

WHG · 1

e) Verwaltungsabkommen

Verwaltungsabkommen zwischen dem Bund und den Küstenländern über die Bekämpfung von Ölverschmutzungen vom 23. 5. 1975 (VkBl. S. 333)

II. Vgl. auch Einführung S. 19 ff.

VIERTER TEIL: Bestimmungen für das Grundwasser

§ 33 Erlaubnisfreie Benutzungen

(1) Eine Erlaubnis oder eine Bewilligung ist nicht erforderlich für das Entnehmen, Zutagefördern, Zutageleiten oder Ableiten von Grundwasser

1. für den Haushalt, für den landwirtschaftlichen Hofbetrieb, für das Tränken von Vieh außerhalb des Hofbetriebs oder in geringen Mengen zu einem vorübergehenden Zweck,

2. zum Zweck der gewöhnlichen Bodenentwässerung landwirtschaftlich, forstwirtschaftlich oder gärtnerisch genutzter Grundstücke.

(2) Die Länder können allgemein oder für einzelne Gebiete bestimmen, daß

1. in den in Absatz 1 aufgeführten Fällen eine Erlaubnis oder eine Bewilligung erforderlich ist,

2. für das Entnehmen, Zutagefördern, Zutageleiten oder Ableiten von Grundwasser in geringen Mengen für gewerbliche Betriebe sowie für die Landwirtschaft, die Forstwirtschaft oder den Gartenbau über die in Absatz 1 bezeichneten Zwecke hinaus eine Erlaubnis oder eine Bewilligung nicht erforderlich ist.

– vgl. § 22 LWG –

§ 34 Reinhaltung

(1) Eine Erlaubnis für das Einleiten von Stoffen in das Grundwasser darf nur erteilt werden, wenn eine schädliche Verunreinigung des Grundwassers oder eine sonstige nachteilige Veränderung seiner Eigenschaften nicht zu besorgen ist.

(2) Stoffe dürfen nur so gelagert oder abgelagert werden, daß eine schädliche Verunreinigung des Grundwassers oder eine sonstige nachteilige Veränderung seiner Eigenschaften nicht zu besorgen ist. Das gleiche gilt für die Beförderung von Flüssigkeiten und Gasen durch Rohrleitungen.

Hinweise zu § 34

1. EG-Richtlinie des Rates vom 17. 12. 1979 über den Schutz des Grundwassers gegen Verschmutzung durch bestimmte gefährliche Stoffe – 80/68/EWG – (ABl EG Nr. L 20 vom 26. 1. 1980, S. 43)

Hierzu ist ergangen die Allgemeine Verwaltungsvorschrift zum Vollzug der Richtlinie des Rates der Europäischen Gemeinschaften über den Schutz des Grundwassers gegen Verschmutzungen durch bestimmte gefährliche Stoffe, Bek. vom 17. 3. 1989 (Amtsbl Schl.-H. S. 120)

1 · WHG

2. Grundwasserrichtlinie
   Grundwasser-Richtlinien für Beobachtung und Auswertung, hgg von der Länderarbeitsgemeinschaft Wasser (LAWA),

   Teil 1 – Grundwasserstand, 1982 (Grundwasserrichtlinie 1/82), für Schleswig-Holstein verbindlich eingeführt durch Erl d. MELF vom 12. 7. 1985 – VIII 240 c – 5203.20 (n v.), Bek. d. MELF vom 3. 9. 1985 (Amtsbl Schl.-H. S. 307);

   Teil 2 – Grundwassertemperatur, 1987 (Grundwasserrichtlinie 2/87), für Schleswig-Holstein verbindlich eingeführt durch Erl d. Ministers für Natur und Umwelt vom 5. 9. 1988 – XI 330 b – 5203.20 (n. v.), Bek. vom 23. 9. 1988 (Amtsbl Schl.-H. S. 449)

3. Zum Schutz des Grundwassers bei der Abfall-, Abwasser- und Klärschlammbeseitigung vgl.

   a) § 2 Abs. 1 Nr. 3, § 15 AbfG

   b) Allgemeine Abfallverwaltungsvorschrift über Anforderungen zum Schutz des Grundwassers bei der Lagerung und Ablagerung von Abfällen vom 31. 1. 1990 (GMBl S. 74)

   c) Gesamtfassung der zweiten allgemeinen Verwaltungsvorschrift zum Abfallgesetz (TA Abfall) Teil 1: Technische Anleitung zur Lagerung, chemisch/physikalischen, biologischen Behandlung, Verbrennung und Ablagerung von besonders überwachungsbedürftigen Abfällen vom 12. 3. 1991 (GMBl S. 139, ber. S. 469)

   d) Klärschlammverordnung – Abf Klär V – vom 15. 4. 1992 (BGBl. I S. 912)

   Durchführungsbestimmungen zur Klärschlammverordnung (Abf Klär V) über die Verwertung von Klärschlamm in der Land- und Forstwirtschaft, Bek. d. MELF vom 11. 4. 1988 (Amtsbl Schl.-H. S. 193),

   Generalplan Klärschlammverwertung/Klärschlammbeseitigung 1984,

   Anfall, Verwertung und Entsorgung von Klärschlamm, Bericht der Landesregierung – LT Drucks. 12/1277

   e) Landesverordnung über das Aufbringen von Gülle (Gülleverordnung) vom 27. 6. 1989 (GVOBl Schl.-H. S. 73),

   Verwaltungsvorschriften zur Gülleverordnung vom 10. 10. 1989 (Amtsbl Schl.-H. S. 434, ber. Amtsbl Schl.-H. 1990 S. 138),

   Technische Baubestimmungen; Ergänzung des Einführungserlasses zu DIN 11622 Blätter 1 bis 4, Güllebehälter (oder Teile von ihnen) aus Stahlbeton (Ortbeton) betreffend, Erlaß des Innenministers vom 12. 11. 1987 (Amtsbl Schl.-H. S. 527) zur Einführung der DIN-Vorschriften nach § 3 Abs. 3 LBO (vgl. auch das Verzeichnis der eingeführten Baubestimmungen im Amtsbl Schl.-H. 1988, S. 414/422),

   Ordnungswidrigkeiten-Zuständigkeitsverordnung i. d. F. d. Art. 1 Nr. 1 LVO vom 28. 10. 1989 (GVOBl Schl.-H. S. 158),

   Richtlinien zur Förderung von Güllebörsen bei den Maschinenringen, Bek. d. MELF vom 20. 11. 1989 (Amtsbl Schl.-H. S. 187),

   f) Richtwerte für die Düngung, Bekanntmachung vom 29. 1. 1990 (Amtsbl Schl.-H. S. 138)

4. Zu § 34 Abs. 2 vgl. auch § 24 Verordnung über gefährliche Stoffe (Gefahrstoffverordnung – GefStoffV) vom 26. 8. 1986 (BGBl. I S. 1470)

5. Wegen des Gewässerschutzes bei Bohrungen vgl. Tiefbohrverordnung vom 15. 10. 1981 (GVOBl Schl.-H. S. 264), geändert durch LVO-Bergverordnung vom 11. 4. 1988 (GVOBl Schl.-H. S. 148) §§ 32, 35, 126

6. Grundwasser in Schleswig-Holstein, Bericht der Landesregierung, LT Drucks. 12/419, Ursachen der Grundwasserbelastung, Bericht und Darstellung der Konsequenzen, hgg vom MELF 1983

7. Vgl. auch Einführung S. 20 ff.

§ 35 Erdaufschlüsse

(1) Soweit die Ordnung des Wasserhaushalts es erfordert, haben die Länder zu bestimmen, daß Arbeiten, die über eine bestimmte Tiefe hinaus in den Boden eindringen, zu überwachen sind.

(2) Wird unbefugt oder unbeabsichtigt Grundwasser erschlossen, so kann die Beseitigung der Erschließung angeordnet werden, wenn Rücksichten auf den Wasserhaushalt es erfordern.

– vgl. § 7 LWG –

FÜNFTER TEIL: Wasserwirtschaftliche Planung; Wasserbuch

§ 36 Wasserwirtschaftliche Rahmenpläne

(1) Um die für die Entwicklung der Lebens- und Wirtschaftsverhältnisse notwendigen wasserwirtschaftlichen Voraussetzungen zu sichern, sollen für Flußgebiete oder Wirtschaftsräume oder für Teile von solchen wasserwirtschaftliche Rahmenpläne aufgestellt werden. Sie sind der Entwicklung fortlaufend anzupassen.

(2) Ein wasserwirtschaftlicher Rahmenplan muß den nutzbaren Wasserschatz, die Erfordernisse des Hochwasserschutzes und die Reinhaltung der Gewässer berücksichtigen. Die wasserwirtschaftliche Rahmenplanung und die Erfordernisse der Raumordnung sind miteinander in Einklang zu bringen.

(3) Wasserwirtschaftliche Rahmenpläne sind von den Ländern nach Richtlinien aufzustellen, die die Bundesregierung mit Zustimmung des Bundesrates erläßt.

– vgl. § 131 LWG –

Hinweis zu § 36

Allgemeine Verwaltungsvorschrift Richtlinie für die Aufstellung von wasserwirtschaftlichen Rahmenplänen vom 30. 5. 1984 (GMBl S. 239)

§ 36 a Veränderungssperre zur Sicherung von Planungen

(1) Zur Sicherung von Planungen für Vorhaben der Wassergewinnung oder Wasserspeicherung, der Abwasserbeseitigung, der Wasseranreicherung, der Wasserkraftnutzung, der Bewässerung, des Hochwasserschutzes oder des Ausbaus eines oberirdischen Gewässers, die dem Wohl der Allgemeinheit dienen, können die Landesregierungen oder die von ihnen bestimmten Stellen durch Rechtsverordnung Planungsgebiete festlegen, auf deren Flächen wesentlich wertsteigernde

1 · WHG

oder die Durchführung des geplanten Vorhabens erheblich erschwerende Veränderungen nicht vorgenommen werden dürfen (Veränderungssperre). § 4 Abs. 5 des Raumordnungsgesetzes vom 8. April 1965 (BGBl. I S. 306) bleibt unberührt.

(2) Veränderungen, die in rechtlich zulässiger Weise vorher begonnen worden sind, Unterhaltungsarbeiten und die Fortführung einer bisher ausgeübten Nutzung werden von der Veränderungssperre nicht berührt.

(3) Die Veränderungssperre tritt nach Ablauf von drei Jahren außer Kraft, sofern die Rechtsverordnung keinen früheren Zeitpunkt bestimmt. Die Frist von drei Jahren kann, wenn besondere Umstände es erfordern, durch Rechtsverordnung um höchstens ein Jahr verlängert werden.

(4) Von der Veränderungssperre können Ausnahmen zugelassen werden, wenn überwiegende öffentliche Belange nicht entgegenstehen.

– vgl. § 134 LWG –

§ 36 b Bewirtschaftungspläne

(1) Soweit die Ordnung des Wasserhaushalts es erfordert, stellen die Länder zur Bewirtschaftung der Gewässer (§ 1 a) Pläne auf, die dem Schutz der Gewässer als Bestandteil des Naturhaushalts, der Schonung der Grundwasservorräte und den Nutzungserfordernissen Rechnung tragen (Bewirtschaftungspläne). Die Ziele der Raumordnung und Landesplanung sind zu beachten.

(2) Bewirtschaftungspläne sind aufzustellen für oberirdische Gewässer oder Gewässerteile,

1. die Nutzungen dienen, die eine zu erhaltende oder künftige öffentliche Wasserversorgung aus diesen Gewässern oder Gewässerteilen beeinträchtigen können,

2. bei denen es zur Erfüllung zwischenstaatlicher Vereinbarungen oder bindender Beschlüsse der Europäischen Gemeinschaften erforderlich ist.

(3) In den Bewirtschaftungsplänen für oberirdische Gewässer oder Gewässerteile werden unter Berücksichtigung der natürlichen Gegebenheiten festgelegt

1. die Nutzungen, denen das Gewässer dienen soll,

2. die Merkmale, die das Gewässer in seinem Verlauf aufweisen soll,

3. die Maßnahmen, die erforderlich sind, um die festgelegten Merkmale zu erreichen oder zu erhalten, sowie die einzuhaltenden Fristen,

4. sonstige wasserwirtschaftliche Maßnahmen.

(4) Die Bewirtschaftungspläne sind der Entwicklung fortlaufend anzupassen.

(5) Die Bewirtschaftungspläne sind durch die nach diesem Gesetz und nach den Landeswassergesetzen zu treffenden Entscheidungen, insbesondere durch zusätzliche Anforderungen (§ 5), den Widerruf von Erlaubnissen (§ 7 Abs. 1), den Widerruf von Bewilligungen (§ 12), den Widerruf von alten Rechten und alten Befugnissen (§ 15), Ausgleichsverfahren (§ 18), den Erlaß von Reinhalteordnungen (§ 27) oder sonstige im Bewirtschaftungsplan festgelegte Maßnahmen durchzusetzen. Sie können nach Landesrecht auch für andere Behörden für verbindlich erklärt werden.

WHG · 1

(6) Soweit für ein oberirdisches Gewässer oder einen Gewässerteil ein Bewirtschaftungsplan nicht aufgestellt ist, darf das Einleiten von Stoffen, durch das eine im Hinblick auf die Nutzungserfordernisse nicht nur unerhebliche nachteilige Veränderung der Beschaffenheit dieses Gewässers oder Gewässerteils zu erwarten ist, nur erlaubt werden, wenn dies überwiegende Gründe des Wohls der Allgemeinheit erfordern. Satz 1 gilt sinngemäß für sonstige behördliche Entscheidungen über Vorhaben, die zu einem Einleiten von Stoffen in ein oberirdisches Gewässer führen. § 6 bleibt unberührt.

(7) Die Bundesregierung kann mit Zustimmung des Bundesrates durch allgemeine Verwaltungsvorschriften Grundsätze über die Kennzeichnung der Merkmale für die Beschaffenheit des Wassers erlassen und bestimmen, welche Merkmale in die Bewirtschaftungspläne zwingend aufzunehmen und wie diese Merkmale zu ermitteln sind.

– *vgl. § 132 LWG* –

Hinweis zu § 36 b

Allgemeine Verwaltungsvorschrift über den Mindestinhalt von Bewirtschaftungsplänen vom 19. 9. 1978 (GMBl S. 466)

§ 37 Wasserbuch

(1) Für die Gewässer sind Wasserbücher zu führen.

(2) In das Wasserbuch sind insbesondere einzutragen

1. Erlaubnisse (§ 7), die nicht nur vorübergehenden Zwecken dienen, Bewilligungen (§ 8), alte Rechte und alte Befugnisse (§ 16),
2. Wasserschutzgebiete (§ 19),
3. Überschwemmungsgebiete (§ 32).

– *vgl. § 135 LWG* –

SECHSTER TEIL: Bußgeld- und Schlußbestimmungen

§§ 38 bis 40 *(weggefallen)*

§ 41 Ordnungswidrigkeiten

(1) Ordnungswidrig handelt, wer vorsätzlich oder fahrlässig

1. entgegen § 2 eine Benutzung ohne behördliche Erlaubnis oder Bewilligung ausübt oder einer vollziehbaren Auflage nach § 4 Abs. 1 oder Abs. 2 Nr. 1, 2 oder 2 a oder einer vollziehbaren Anordnung nach § 5 Abs. 1 Nr. 1 oder 1 a, soweit sie Maßnahmen nach § 4 Abs. 2 Nr. 2 a betrifft, oder einer vollziehbaren Anordnung nach § 5 Abs. 1 Nr. 2 oder 3, auch in Verbindung mit § 5 Abs. 2, zuwiderhandelt,
2. einer Rechtsverordnung nach § 19 Abs. 2 Nr. 1 zuwiderhandelt, soweit die Rechtsverordnung für einen bestimmten Tatbestand auf diese Bußgeldvorschrift verweist,

1 · WHG

3. entgegen § 19a Abs. 1 oder 3 eine Rohrleitungsanlage ohne Genehmigung errichtet oder betreibt oder eine solche Anlage oder den Betrieb wesentlich ändert oder einer vollziehbaren Auflage nach § 19b Abs. 1 zuwiderhandelt,
4. einer Rechtsverordnung nach § 19d Nr. 1, 1a oder 2 oder § 36a Abs. 1 zuwiderhandelt, soweit sie für einen bestimmten Tatbestand auf diese Bußgeldvorschrift verweist,
5. entgegen § 19e Abs. 2 Satz 1 eine Anlage nicht oder nicht rechtzeitig anzeigt oder einer vollziehbaren Auflage nach § 19e Abs. 2 Satz 4 in Verbindung mit § 19b Abs. 1 Satz 3 zuwiderhandelt,
6. a) entgegen § 19g Abs. 3 bei Einbau, Aufstellung, Unterhaltung oder Betrieb der Anlagen im Sinne des § 19g Abs. 1 oder 2 die allgemein anerkannten Regeln der Technik nicht einhält,

    b) entgegen § 19h Abs. 1 Satz 1 eine Anlage, Teile einer Anlage oder technische Schutzvorkehrungen verwendet, deren Eignung nicht festgestellt ist,

    c) als Betreiber einer Anlage nach § 19g Abs. 1 oder 2 entgegen § 19i Abs. 1 mit dem Einbau, der Aufstellung, Instandhaltung, Instandsetzung oder Reinigung der Anlage nicht Fachbetriebe nach § 19l beauftragt, entgegen § 19i Abs. 2 Satz 1 die Anlage nicht ständig überwacht, entgegen einer vollziehbaren Anordnung nach § 19i Abs. 2 Satz 2 einen Überwachungsvertrag nicht abschließt oder entgegen einer vollziehbaren Anordnung nach § 19i Abs. 3 Satz 2 einen Gewässerschutzbeauftragten nicht bestellt,

    d) entgegen § 19k einen Vorgang nicht überwacht, sich vom ordnungsgemäßen Zustand der Sicherheitseinrichtungen nicht überzeugt oder die Belastungsgrenzen der Anlagen und Sicherheitseinrichtungen nicht einhält,

    e) entgegen § 19l Abs. 1 Anlagen nach § 19g Abs. 1 und 2 einbaut, aufstellt, instandhält, instandsetzt oder reinigt, ohne daß er berechtigt ist, Gütezeichen einer baurechtlich anerkannten Überwachungs- oder Gütegemeinschaft zu führen, oder einen Überwachungsvertrag mit einer Technischen Überwachungsorganisation abgeschlossen hat,

7. entgegen § 21

    a) das Betreten von Grundstücken, Anlagen oder Räumen nicht gestattet, Anlagen oder Einrichtungen nicht zugänglich macht oder technische Ermittlungen oder Prüfungen nicht ermöglicht,

    b) die erforderlichen Arbeitskräfte, Unterlagen oder Werkzeuge nicht zur Verfügung stellt oder

    c) eine Auskunft nicht, unrichtig, unvollständig oder nicht rechtzeitig erteilt,

    d) den Gewässerschutzbeauftragten nicht zu Überwachungsmaßnahmen hinzuzieht,

8. entgegen § 21a Abs. 1 oder entgegen einer vollziehbaren Anordnung nach § 21a Abs. 2 einen Gewässerschutzbeauftragten nicht bestellt,
9. einer Vorschrift des § 26 oder § 32b oder § 34 Abs. 2 über das Einbringen, Lagern, Ablagern oder Befördern von Stoffen zuwiderhandelt,
10. einer Rechtsverordnung nach § 27 Abs. 1 zuwiderhandelt, soweit sie für einen bestimmten Tatbestand auf diese Bußgeldvorschrift verweist,

11. einen Ausbau ohne einen nach § 31 Abs. 1 festgestellten oder genehmigten Plan vornimmt oder bei dem Ausbau vom Plan abweicht.

(2) Die Ordnungswidrigkeit kann mit einer Geldbuße bis zu hunderttausend Deutsche Mark geahndet werden.

− vgl. § 144 LWG −

§§ 42 und 43 *(weggefallen)*

§ 44 Berlin-Klausel

§ 45 Inkrafttreten

LWG · Übersicht

Vergleichende Übersichten zum LWG

1. Die Vorschriften des LWG n. F. (1992) in bezug auf die bis zum 31. 12. 1991 geltenden Vorschriften (LWG a. F., Mind/Höchst-VO, DKVO, ZustVO)

LWG n. F. (1992) §	LWG a. F. (bis 31. 12. 1991), bzw. andere aufgehobene Vorschriften §
1	1
2	–
3	2
4	
Abs. 1, 3, 4	15
Abs. 2, 5	–
5	16
6	100 d
7	
Abs. 1	32
Abs. 2–4	–
8	–
9	10
10	11
11	12
12	13
13	14
14	17
15	8 a
16	17 b
17	–
18	18
19 Abs. 1	19, 20
20	21
21	22
22	31

Übersicht · LWG

LWG n. F. (1992)	LWG a. F. (bis 31. 12. 1991), bzw. andere aufgehobene Vorschriften
§	§
23	25
24	26
25	27
26	28
27	29
28	30
29	33
30	34
31	35
32	36
33	36 a
34	
Abs. 1, 2	36 b
Abs. 3	36 d Abs. 2
35	36 c
36	
Abs. 1, 3	36 d
Abs. 2	–
Abs. 4	36 e
37	37
38	
Abs. 1, 2	38
Abs. 3, 4	50
Abs. 5	–
39	39
40	40
41	40 a
42	41
43	42, Mind/Höchst-VO
44	43

LWG · Übersicht

LWG n. F. (1992)	LWG a. F. (bis 31. 12. 1991), bzw. andere aufgehobene Vorschriften
§	§
45	44
46	45
47	46
48	47
49	48
50	49
51	51
52	12 LPflegG
53	54
54	55
55	57
56	63
57	64
58	65
59	66
60	67
61	61
62	–
63	
Abs. 1	58 a, 59 Abs. 1
Abs. 2	–
Abs. 3, 4	59 Abs. 4, 3
64	58 a Abs. 1, 2 DKVO
65	
Abs. 1–4	4, 5 DKVO
Abs. 5	59 Abs. 3
66	3 DKVO
67	
Abs. 1	6 Abs. 1, 2, 3 DKVO
Abs. 2	7 DKVO

Übersicht · LWG

LWG n. F. (1992)	LWG a. F. (bis 31. 12. 1991), bzw. andere aufgehobene Vorschriften
§	§
Abs. 3	8 DKVO
Abs. 4	6 Abs. 3, 7 Abs. 2, 8 S. 3 DKVO
68	58
69	59 Abs. 2, 9 DKVO
70	
Abs. 1, 2	10 DKVO
Abs. 3	14 Abs. 1, 2 DKVO
71	13 DKVO
72	58 a Abs. 2, 3
73	59 a
74	60
75	12 DKVO
76	11 DKVO
77	16, 15 Abs. 1 Nr. 1 DKVO
78	15 DKVO
79	38 Abs. 3 LPflegG
80	62 a
81	61, 58 Abs. 2
82	58 a Abs. 2
83	69
84	69 a
85	70
86	71
87	72
88	3
89	4
90	4 a
91	4 b
92	5
93	6

LWG · Übersicht

LWG n. F. (1992) §	LWG a. F. (bis 31. 12. 1991), bzw. andere aufgehobene Vorschriften §
94	7
95	8
96	9
97	73
98	74
99	75
100	76
101	76 a
102	77
103	78
104	79
105	80 Abs. 1
106	80 a Abs. 2
107	80 Abs. 2; 80 a Abs. 2, 3; 1 ZustVO
108	80 a Abs. 2; 2 ZustVO; 17 DKVO
109	
Abs. 1	3 ZustVO
Abs. 2	80 a Abs. 5
Abs. 3	–
110	
Abs. 1	80 a Abs. 1; 17 Abs. 2 DKVO
Abs. 2	80 b
111	89
112	83
113	85
114	86
115	–
116	–
117	–
118	88
119	81, 89, 90
120	91
121	92
122	93
123	94
124	95
125	96

Übersicht · LWG

LWG n. F. (1992)	LWG a. F. (bis 31. 12. 1991), bzw. andere aufgehobene Vorschriften
§	§
126	97
127	97 a
128	98
129	99
130	100
131	100 a
132	100 b
133	100 c
134	100 e
135	101
136	101 a
137	101 b
138	101 c
139	101 d
140	101 e
141	101 f
142	101 h
143	101 g
144	103, 18 DKVO
145	106
146	107
147	108
148	109
149	110
150	111 b

LWG · Übersicht

2. Die Vorschriften des LWG a. F. (bis 31. 12. 1991) und anderer aufgehobener Vorschriften in bezug auf das LWG n. F. (1992)

LWG a. F. (bis 31. 12. 1991) §	LWG n. F. (1992) §
1	1
2	3
3	88
4	89
4 a	90
4 b	91
5	92
6	93
7	94
8	95
8 a	15
9	96
10	9
11	10
12	11
13	12
14	13
15	4
16	5
17	14
17 b	16
18	18
19	19
20	–
21	20
22	21
25	23
26	24
27	25

Übersicht · LWG

LWG a. F. (bis 31. 12. 1991) §	LWG n. F. (1992) §
28	26
29	27
30	28
31	22
32	7
33	29
34	30
35	31
36	32
36 a	33
36 b	34
36 c	35
36 d	36
36 e	36 Abs. 4
37	37
38	38
39	39
40	40
40 a	41
41	42
42	43
43	44
44	45
45	46
46	47
47	48
48	49
49	50
50	38 Abs. 3, 4
51	51
54	53

LWG · Übersicht

LWG a. F. (bis 31. 12. 1991) §	LWG n. F. (1992) §
55	54
57	55
58	68
58 Abs. 2	81
58 a	
Abs. 1	64 Abs. 2 Nr. 1
Abs. 2	72, 82
Abs. 3	72
59	
Abs. 1	63
Abs. 2	69
Abs. 3	65 Abs. 5
Abs. 4	63 Abs. 4
Abs. 5	63 Abs. 3
59 a Abs. 1	73
60	74
61	81, 58 Abs. 2
62	–
62 a	80
62 b	–
63	56
64	57
65	58
66	59
67	60
68	61
69	83
69 a	84
70	85
71	86
72	87

Übersicht · LWG

LWG a. F. (bis 31. 12. 1991) §	LWG n. F. (1992) §
73	97
74	98
75	99
76	100
76 a	101
77	102
78	103
79	104
80	
Abs. 1	105
Abs. 2	107 Abs. 2
80 a	
Abs. 1	110 Abs. 1
Abs. 2	106, 107, 108
Abs. 3	107 Abs. 2
Abs. 5	109 Abs. 2
80 b	110 Abs. 3
81	119
83	112
85	113
86	114
88	118
89	111, 119
90	119
91	120
92	121
93	122
94	123
95	124
96	125
97	126

LWG · Übersicht

LWG a. F. (bis 31. 12. 1991) §	LWG n. F. (1992) §
97 a	127
98	128
99	129
100	130
100 a	131
100 b	132
100 c	133
100 d	6
100 e	134
101	135
101 a	136
101 b	137
101 c	138
101 d	139
101 e	140
101 f	141
101 g	143
101 h	142
103	144
106	145
107	146
108	147
109	148
110	149
111	–
111 b	150
112	151
Mind/Höchst-VO 1–4	43
DKVO 1	–
2	64
3	66

Übersicht · LWG

LWG a. F. (bis 31. 12. 1991) §	LWG n. F. (1992) §
4	65 Abs. 1
5	65 Abs. 2−4
6−8	67
9	69
10	70 Abs. 1, 2
11	76
12	75
13	71
14	70 Abs. 3
15, 16	77, 78
17	108
18	144 Abs. 1 Nrn. 14−23
ZustVO	
1	107
2	108
3	109 Abs. 1

Wassergesetz des Landes Schleswig-Holstein (Landeswassergesetz — LWG)

in der Fassung der Bekanntmachung vom 7. Februar 1992 (GVOBl SchlH S. 81)[1])

Inhaltsübersicht

ERSTER TEIL: Allgemeine Vorschriften

§ 1 Geltungsbereich
§ 2 Ziele der Wasserwirtschaft
§ 3 Einteilung der oberirdischen Gewässer und der Küstengewässer

ZWEITER TEIL: Schutz der Gewässer

§ 4 Wasserschutz- und Quellenschutzgebiete
§ 5 Wassergefährdende Stoffe
§ 6 Reinhalteordnungen
§ 7 Erdaufschlüsse

DRITTER TEIL: Benutzung der Gewässer

Abschnitt I: Gemeinsame Vorschriften

§ 8 Grundsätze für Benutzungen
§ 9 Benutzungsbedingungen und Auflagen
§ 10 Erlaubnis
§ 11 Bewilligung
§ 12 Berücksichtigung anderer Einwendungen im Bewilligungsverfahren
§ 13 Vorkehrungen bei Erlöschen einer Erlaubnis oder Bewilligung

Abschnitt II: Besondere Vorschriften

Titel 1: Erlaubnisfreie Benutzungen

§ 14 Gemeingebrauch
§ 15 Befahren mit Motorfahrzeugen
§ 16 Erlaubnisfreie Benutzungen der Küstengewässer
§ 17 Gemeingebrauch an Küstengewässern
§ 18 Erweiterung des Gemeingebrauchs
§ 19 Einschränkung des Gemeingebrauchs und des Befahrens mit Wasserfahrzeugen
§ 20 Anliegergebrauch
§ 21 Benutzung zu Zwecken der Fischerei
§ 22 Benutzung des Grundwassers

Titel 2: Stauanlagen

§ 23 Staumarke
§ 24 Erhalten der Staumarke
§ 25 Kosten
§ 26 Außerbetriebsetzen von Stauanlagen
§ 27 Ablassen aufgestauter Wassermassen
§ 28 Besondere Pflichten

---

[1]) Die Neufassung des Landesverwaltungsgesetzes berücksichtigt

1. die Fassung der Bekanntmachung des Gesetzes vom 17. Januar 1983 (GVOBl Schl.-H. S. 24, ber. S. 133),
2. den am 1. Januar 1984 in Kraft getretenen Artikel 1 des Gesetzes zur Entlastung des Landeshaushaltes 1984 (Haushaltsbegleitgesetz 1984) vom 19. Dezember 1983 (GVOBl Schl.-H. S. 458),
3. den am 15. Dezember 1989 in Kraft getretenen Artikel 8 der Landesverordnung zur Anpassung von Rechtsvorschriften an geänderte Zuständigkeiten der obersten Landesbehörden und geänderte Ressortbezeichnungen vom 6. Dezember 1989 (GVOBl Schl.-H. S. 171),
4. den am 1. Januar 1992 mit Ausnahme der Nr. 27, 35 und 48 in Kraft getretenen Artikel 1 des Gesetzes vom 7. Juni 1991 (GVOBl Schl.-H. S. 331),
5. den am 1. Januar 1987 in Kraft getretenen Artikel 1 Nr. 35 und 48 des Gesetzes vom 7. Juni 1991 (GVOBl Schl.-H. S. 331) und
6. den am 1. Januar 1994 in Kraft tretenden Artikel 1 Nr. 27 des Gesetzes vom 7. Juni 1991 (GVOBl Schl.-H. S. 331).

2 · LWG

VIERTER TEIL: Öffentliche Wasserversorgung und Abwasserbeseitigung

§ 29 Öffentliche Wasserversorgungsanlagen und Wasserentnahmen für die öffentliche Wasserversorgung
§ 30 Abwasserbegriff, Anwendungsbereich
§ 31 Verpflichtung zur Abwasserbeseitigung
§ 32 Anforderungen an Abwassereinleitungen
§ 33 Genehmigungspflicht für Einleitungen in Abwasseranlagen (Indirekteinleitungen)
§ 34 Bau und Betrieb von Abwasseranlagen
§ 35 Planfeststellung, Genehmigung
§ 36 Selbstüberwachung

FÜNFTER TEIL: Unterhaltung und Ausbau der Gewässer

Abschnitt I: Unterhaltung

§ 37 Unterhaltungspflicht
§ 38 Umfang der Unterhaltung
§ 39 Unterhaltungslast bei Gewässern erster Ordnung
§ 40 Unterhaltungspflicht bei Gewässern zweiter Ordnung
§ 41 Unterhaltungspflicht bei Außentiefs
§ 42 Erfüllung der Unterhaltungspflicht
§ 43 Umlage des Unterhaltungsaufwandes auf die Unterhaltungspflichtigen
§ 44 Aufrechterhaltene Unterhaltspflichten
§ 45 Übernahme der Unterhaltung
§ 46 Ersatzvornahme
§ 47 Beseitigung von Hindernissen im Gewässer
§ 48 Besondere Pflichten hinsichtlich der Unterhaltung
§ 49 Fischerei
§ 50 Unterhaltung von Anlagen in und an Gewässern
§ 51 Förderung der Unterhaltung durch das Land

Abschnitt II: Ausbau

§ 52 Gewässerausbau
§ 53 Besondere Pflichten hinsichtlich des Ausbaues
§ 54 Vorteilsausgleich
§ 55 Pflicht zum Ausbau

SECHSTER TEIL: Sicherung des Wasserabflusses

Abschnitt I: Anlagen in und an oberirdischen Gewässern

§ 56 Genehmigung

Abschnitt II: Überschwemmungsgebiete

§ 57 Genehmigung
§ 58 Anordnung
§ 59 Verordnung

Abschnitt III: Wild abfließendes Wasser

§ 60 Veränderung wild abfließenden Wassers
§ 61 Aufnahme wild abfließenden Wassers

SIEBENTER TEIL: Deiche und Küsten

Abschnitt I: Allgemeine Vorschriften

§ 62 Küstenschutz
§ 63 Öffentliche Aufgaben
§ 64 Deiche und ihre Einteilung
§ 65 Bestandteile und Abmessungen der Deiche
§ 66 Begriffsbestimmungen

Abschnitt II: Deiche, Vorland, Halligwarften

§ 67 Widmung, Umwidmung, Entwidmung von Deichen
§ 68 Bau von Deichen, Dämmen und Sperrwerken
§ 69 Unterhaltung von Deichen
§ 70 Benutzungen
§ 71 Deichschau
§ 72 Eigentum
§ 73 Förderung durch das Land
§ 74 Übertragung der Unterhaltungspflicht
§ 75 Halligwarften
§ 76 Vorland

Abschnitt III: Sicherung und Erhaltung der Küste

§ 77 Genehmigungspflicht für Anlagen an der Küste
§ 78 Nutzungsverbote
§ 79 Nutzungsbeschränkungen

Abschnitt IV: Gemeinsame Vorschriften, Übergangsvorschriften

§ 80 Bauverbote
§ 81 Duldungspflichten
§ 82 Übergangsvorschrift

ACHTER TEIL: Gewässeraufsicht

§ 83 Aufgaben und Pflichten im Rahmen der Gewässeraufsicht
§ 84 Bauabnahme
§ 85 Kosten der Gewässeraufsicht
§ 86 Wassergefahr
§ 87 Wasserwehr

NEUNTER TEIL: Eigentum an den Gewässern

§ 88 Eigentum an den Gewässern erster Ordnung
§ 89 Eigentum an den Gewässern zweiter Ordnung
§ 90 Eigentum an den Außentiefs
§ 91 Eigentum an kommunalen Häfen in Küstengewässern
§ 92 Bisheriges Eigentum
§ 93 Inseln
§ 94 Verlandungen an oberirdischen Gewässern
§ 95 Uferlinie
§ 96 Duldungspflicht des Gewässereigentums

ZEHNTER TEIL: Zwangsrechte

§ 97 Verändern oberirdischer Gewässer
§ 98 Anschluß von Stauanlagen
§ 99 Durchleiten von Wasser und Abwasser
§ 100 Mitbenutzung von Anlagen
§ 101 Gewässerkundliche Meßanlagen
§ 102 Entschädigung
§ 103 Verfahren

ELFTER TEIL: Entschädigung, Ausgleich

§ 104 Art, Ausmaß, Schuldner

LWG · 2

ZWÖLFTER TEIL: Zuständigkeit, Verfahren

Abschnitt I: Allgemeine Vorschriften

§ 105 Behörden
§ 106 Zuständigkeiten der obersten Wasserbehörde
§ 107 Zuständigkeiten der oberen Wasserbehörde
§ 108 Zuständigkeiten der unteren Wasserbehörden
§ 109 Besondere Zuständigkeiten
§ 110 Gefahrenabwehr
§ 111 Antrag, Schriftform
§ 112 Aussetzung des Verfahrens
§ 113 Vorläufige Anordnung, Beweissicherung
§ 114 Sicherheitsleistung
§ 115 Datenverarbeitung
§ 116 Auskunftsanspruch
§ 117 Auskunftserteilung

Abschnitt II: Erlaubnis- und Bewilligungsverfahren

§ 119 Verfahren
§ 120 Ordnungsrechtliche Prüfung
§ 121 Inhalt des Bescheides
§ 122 Zusammentreffen mehrerer Erlaubnis- oder Bewilligungsanträge

Abschnitt III: Andere Verfahren

§ 123 Ausgleichsverfahren
§ 124 Verfahren zur Festsetzung von Wasserschutz-, Quellenschutz- und Überschwemmungsgebieten
§ 125 Planfeststellungsverfahren
§ 126 Voraussetzungen der Planfeststellung, Plangenehmigung
§ 127 Enteignung

Abschnitt IV: Entschädigungs- und Ausgleichsverfahren

§ 128 Festsetzung
§ 129 Vollstreckbarkeit
§ 130 Rechtsweg

2 · LWG

DREIZEHNTER TEIL: Wasserwirtschaftliche Planung, Wasserbuch

§ 131 Wasserwirtschaftliche Rahmenpläne
§ 132 Bewirtschaftungspläne
§ 133 Abwasserbeseitigungspläne
§ 134 Veränderungssperren
§ 135 Eintragung und Einsicht in das Wasserbuch

VIERZEHNTER TEIL: Verkehrsrechtliche Vorschriften

§ 136 Freie Benutzung der Gewässer
§ 137 Verkehrsrechtliche Anordnungen
§ 138 Besondere Pflichten im Interesse der Schiffahrt
§ 139 Zulassung von Häfen, Fähren und Anlagen
§ 140 Genehmigungsverfahren

§ 141 Hafenabgaben, Beförderungsentgelte
§ 142 Verkehrsbehörden
§ 143 Aufgaben der Verkehrsbehörden

FÜNFZEHNTER TEIL: Bußgeldvorschriften

§ 144 Ordnungswidrigkeiten

SECHZEHNTER TEIL: Übergangs- und Schlußvorschriften

§ 145 Alte Rechte und alte Befugnisse
§ 146 Anmeldung alter Rechte und alter Befugnisse
§ 147 Erlöschen alter Rechte und alter Befugnisse
§ 148 Sonstige aufrechterhaltene Rechte
§ 149 Verweisung
§ 150 Übergangsvorschrift für anhängige Verfahren
§ 151 (Inkrafttreten)

ERSTER TEIL: Allgemeine Vorschriften

§ 1 Geltungsbereich
(zu § 1 WHG)

(1) Dieses Gesetz gilt für die Gewässer, die in § 1 Abs. 1 des Wasserhaushaltsgesetzes (WHG) bezeichnet sind, und für das nicht aus Quellen wild abfließende Wasser.

(2) Das Wasserhaushaltsgesetz mit Ausnahme des § 22 und dieses Gesetz sind nicht anzuwenden auf

1. Gräben und kleine Wasseransammlungen, die nicht der Vorflut oder der Vorflut der Grundstücke nur eines Eigentümers dienen, und

2. Grundstücke, die zur Fischzucht oder Fischhaltung oder zu sonstigen Zwecken mit Wasser bespannt werden und mit einem anderen Gewässer nur dadurch verbunden sind, daß sie durch künstliche Vorrichtungen aus diesem gefüllt oder in dieses abgelassen werden.

(3) Die oberirdischen Gewässer, die nicht Binnenwasserstraßen des Bundes sind, werden seewärts durch Siele, Schleusen und Schöpfwerke begrenzt. Wo derartige Merkmale nicht vorhanden sind, bestimmt die oberste Wasserbehörde durch Verordnung die Begrenzung; sie soll die Küstenlinie an der Mündung der oberirdischen Gewässer zweckmäßig verbinden.

Hinweis zu § 1 Abs. 1

Binnenwasserstraßen des Bundes sind im Bereich des Landes Schleswig-Holstein gemäß Anlage zu § 1 Abs. 1 Nr. 1 WaStrG (BGBl. 1990 I S. 1818/1830)

1. Eider vom Gieselau-Kanal bis zur Nordsee, Verbindungslinie zwischen der Mitte der Burg (Tränke) und dem Kirchturm von Vollerwiek,
2. Elbe bis zur Nordsee, Verbindungslinie zwischen der Kugelbake bei Döse und der westlichen Kante des Deichs des Friedrichskoogs (Dieksand),
3. Elbe-Lübeck-Kanal von der Elbe bis zur Trave, 100 m nordöstlich der Geniner Straßenbrücke,
4. Gieselau-Kanal vom Nord-Ostsee-Kanal bis zur Eider,
5. Krückau von der Südwestkante der im Verlauf der Straße Wedenkamp liegenden Straßenbrücke in Elmshorn bis zur Elbe,
6. Nord-Ostsee-Kanal mit Schirnauer See, Borgstedter See, Audorfer See, Obereidersee mit Enge, Achterwehrer Schiffahrtskanal, Flemhuder See – von der Ostsee bis zur Elbe,
7. Pinnau von der Eisenbahnbrücke zu Pinneberg bis zur Elbe,
8. Stör vom Pegel Rensing bis zur Elbe,
9. Trave – mit Kanaltrave, Altarm an der Lachswehr, Stadttrave, Altarmen an der Teerhofinsel, Dassower See, Pötenitzer Wiek – vom Elbe-Lübeck-Kanal, 100 m nordöstlich der Geniner Straßenbrücke bis zur Ostsee, Verbindungslinie der Köpfe der Süderinnenmole und Norderaußenmole

§ 2 Ziele der Wasserwirtschaft
(zu § 1 a WHG)

(1) Die Durchführung dieses Gesetzes hat im Einklang mit dem Wohl der Allgemeinheit so zu erfolgen, daß die Funktion des Wasserhaushaltes im Wirkungsgefüge des Naturhaushaltes gewahrt wird. Die Gewässer sind als Bestandteile des Naturhaushaltes und als Lebensgrundlage für den Menschen zu schützen und zu pflegen. Ihre biologische Eigenart und Vielfalt sowie ihre wasserwirtschaftliche Funktionsfähigkeit ist zu erhalten und bei Beeinträchtigungen wiederherzustellen.

(2) Im Interesse des Wohls der Allgemeinheit kann es insbesondere erforderlich sein, daß

1. die Bedeutung der Gewässer und der Uferbereiche für das Landschaftsbild berücksichtigt wird,
2. die Grundwasserneubildung durch Versiegelung von Bodenflächen oder durch andere Beeinträchtigungen des Versickerungsvermögens des Bodens nicht behindert wird,
3. Stoffe nicht so auf- oder eingebracht werden, daß eine schädliche Verunreinigung der Gewässer oder eine sonstige nachteilige Veränderung ihrer Eigenschaften zu besorgen ist,
4. das Selbstreinigungsvermögen der Gewässer erhalten oder verbessert wird,
5. entnommenes Wasser so sparsam verwendet wird, wie dies bei Anwendung der hierfür in Betracht kommenden Einrichtungen und Verfahren möglich ist.

2 · LWG

§ 3 Einteilung der oberirdischen Gewässer und der Küstengewässer

(1) Die oberirdischen Gewässer und die Küstengewässer mit Ausnahme des wild abfließenden Wassers werden eingeteilt in

1. Gewässer erster Ordnung:

    a) die Bundeswasserstraßen im Sinne des Bundeswasserstraßengesetzes in der Fassung der Bekanntmachung vom 23. August 1990 (BGBl. I S. *1221*)[1]), zuletzt geändert durch Gesetz vom 13. November 1990 (BGBl. I S. 2524),

    b) die sonstigen Bundeswasserstraßen,

    c) die in der Anlage aufgeführten Gewässer,

    d) die Landeshäfen, soweit sie nicht Bundeswasserstraßen sind,

    e) die Fortsetzung der oberirdischen Gewässer (§ 1 Abs. 3) bis zur Einmündung in die Seewasserstraßen einschließlich der Fortsetzung der binnenwasserabführenden Gewässer zweiter Ordnung zwischen den Landesschutzdeichen und der Elbe (Außentiefs), soweit sie nach § 41 vom Land zu unterhalten sind;

2. Gewässer zweiter Ordnung:

    alle anderen Gewässer.

(2) Oberirdische Gewässer, die von einem oberirdischen Gewässer abzweigen und sich wieder mit diesem vereinigen (Nebenarme), Flutmulden und ähnliche Verzweigungen eines Gewässers sowie Mündungsarme eines oberirdischen Gewässers gehören zu der Ordnung, der das Hauptgewässer an der Abzweigungsstelle angehört. Gehört das Hauptgewässer der ersten Ordnung an, so wird die Zugehörigkeit im Sinne von Satz 1 in der Anlage zu Absatz 1 Nr. 1 Buchst. c bestimmt.

(3) Die oberste Wasserbehörde wird ermächtigt, die in Absatz 1 Nr. 1 Buchst. c genannte Anlage durch Verordnung zu ändern, wenn ein Gewässer Bundeswasserstraße geworden ist, die Eigenschaft als Bundeswasserstraße verloren hat oder infolge veränderter Umstände seine Bedeutung als Gewässer erster Ordnung verloren hat.

Hinweise zu § 3

1. Zu Abs. 1 vgl. § 1 WaStrG

WaStrG § 1 Binnenwasserstraßen, Seewasserstraßen

(1) Bundeswasserstraßen nach diesem Gesetz sind

1. die Binnenwasserstraßen des Bundes, die dem allgemeinen Verkehr dienen; als solche gelten die in der Anlage zum Gesetz aufgeführten Wasserstraßen,

2. die Seewasserstraßen.

(2) Seewasserstraßen sind die Flächen zwischen der Küstenlinie bei mittlerem Hochwasser oder der seewärtigen Begrenzung der Binnenwasserstraßen und der seewärtigen Begrenzung des Küstenmeeres. Zu den Seewasserstraßen gehören nicht die Hafeneinfahrten, die von Leitdämmen oder Molen ein- oder beidseitig begrenzt sind, die Außentiefs, die Küstenschutz-, Entwässerungs-, Landgewinnungsbauwerke, Badeanlagen und der trockenfallende Badestrand.

---

[1]) S. 1818.

(3) Soweit die Erfüllung der Verwaltungsaufgaben des Bundes nicht beeinträchtigt wird, kann das jeweilige Land das Eigentum des Bundes an den Seewasserstraßen und an den angrenzenden Mündungstrichtern der Binnenwasserstraßen unentgeltlich nutzen,

1. wenn die Nutzung öffentlichen Interessen dient, insbesondere zur Landgewinnung, Boden- oder Wasserentnahme, Errichtung von Hafenanlagen, zu Maßnahmen für den Küstenschutz und für den Wasserabfluß sowie für die Durchführung des Badebetriebes,
2. zur Ausübung des Jagdrechts, der Muschelfischerei, der Schillgewinnung, der Landwirtschaft sowie der aus dem Eigentum sich ergebenden Befugnisse zur Nutzung von Bodenschätzen.

Das Land wird Eigentümer der nach Nummer 1 gewonnenen Land- und Hafenflächen und errichteten Bauwerke. Es kann die Nutzungsbefugnisse nach Nummer 1 und 2 im Einzelfall auf einen Dritten übertragen. Rechte Dritter bleiben unberührt.

(4) Zu den Bundeswasserstraßen gehören auch

1. die bundeseigenen Schiffahrtsanlagen, besonders Schleusen, Schleusenkanäle, Wehre, Schiffshebewerke, Schutz-, Sicherheits- und Bauhäfen sowie bundeseigene Talsperren, Speicherbecken und andere bundeseigene Speisungsanlagen,
2. die ihrer Unterhaltung dienenden bundeseigenen Ufergrundstücke, Tonnenhöfe, Bau- und Schirrhöfe.

2. Zu Abs. 3

Wegen einer entsprechenden Regelung für Bundeswasserstraßen vgl. § 2 WaStrG

WaStrG § 2 Bestandsänderung

(1) Soll ein Gewässer Bundeswasserstraße werden oder soll ein Gewässer die Eigenschaft als Bundeswasserstraße verlieren, bedarf es einer Vereinbarung zwischen dem Bund, dem Land und dem bisherigen oder dem künftigen Eigentümer. Den Übergang bewirkt ein Bundesgesetz; der Bundesminister für Verkehr wird ermächtigt, im Einvernehmen mit dem Bundesminister der Finanzen den Übergang von Gewässern oder Gewässerstrecken mit nur örtlicher Bedeutung durch Rechtsverordnung zu bewirken.

(2) In Rechtsvorschriften nach Absatz 1 ist die Anlage zum Gesetz zu ändern.

ZWEITER TEIL: Schutz der Gewässer

§ 4 Wasserschutz- und Quellenschutzgebiete
(zu § 19 WHG)

(1) Die oberste Wasserbehörde kann, soweit es das Wohl der Allgemeinheit erfordert, durch Verordnung

1. a) Wasserschutzgebiete (§ 19 Abs. 1 WHG) festsetzen,

   b) gleichzeitig die erforderlichen Schutzbestimmungen (§ 19 Abs. 2 WHG) erlassen. Es können Zonen mit unterschiedlichen Schutzbestimmungen festgelegt werden;
2. Gebiete festsetzen, um natürliche oder künstlich erschlossene Mineral- oder Thermalquellen zu schützen, die ihrer Heilwirkung wegen schutzwürdig sind (Quellenschutzgebiete). Nummer 1 Buchst. b gilt sinngemäß.

(2) Die Eigentümer und Nutzungsberechtigten von Grundstücken können auch

2 · LWG

zur Vornahme bestimmter Handlungen verpflichtet werden, soweit dies zur Erreichung des Schutzzweckes erforderlich ist.

(3) Die Abgrenzung des Schutzgebietes und seiner Zonen ist in der Verordnung

1. zu beschreiben oder
2. grob zu beschreiben und in Karten darzustellen, die einen Bestandteil der Verordnung bilden, oder
3. grob zu beschreiben und in Karten darzustellen, die bei Behörden eingesehen werden können; die Behörden sind in der Verordnung zu benennen.

Die Karten müssen mit hinreichender Klarheit erkennen lassen, welche Grundstücke zum Schutzgebiet oder seinen einzelnen Zonen gehören. Im Zweifel gelten Grundstückseigentümer als nicht betroffen.

(4) Ist die Festsetzung eines Wasserschutzgebietes nach Absatz 1 vorgesehen, so kann die oberste Wasserbehörde durch Verordnung die nach § 19 Abs. 2 WHG zulässigen Maßnahmen vorläufig anordnen, wenn der mit der Festsetzung des Wasserschutzgebietes beabsichtigte Zweck sonst gefährdet wäre. § 36 a Abs. 3 WHG gilt entsprechend.

(5) Für Handlungsverpflichtungen nach Absatz 2 und für Anordnungen nach Absatz 4 gilt § 19 Abs. 3 und 4 WHG entsprechend.

Hinweise zu § 4

I. Auf Grund von Absatz 1 sind erlassen

1. Landes-VO zur Festsetzung eines Wasserschutzgebietes (Wasserschutzverordnung) vom 15. 4. 1975 (GVOBl S. 82), betr. Einzugsgebiet der Wassergewinnungsanlagen der Stadt Husum;

    ferner folgende Landesverordnungen zur Festsetzung jeweils eines Wasserschutzgebietes für die Wassergewinnungsanlagen

2. des Wasserbeschaffungsverbandes „Drei Harden" (Wasserschutzgebietsverordnung „Drei Harden") vom 30. 9. 1982 (GVOBl S. 248);
3. der Stadt Rendsburg am Armensee (Wasserschutzgebietsverordnung Armensee) vom 21. 12. 1983 (GVOBl 1984, S. 15);
4. des Wasserwerkes Schwentinetal der Stadtwerke Kiel AG (Wasserschutzgebietsverordnung Schwentinetal) vom 27. 3. 1984 (GVOBl S. 73);
5. der Gemeinde List auf Sylt (Wasserschutzgebietsverordnung List auf Sylt) vom 24. 10. 1984 (GVOBl S. 205);
6. des Wasserbeschaffungsverbandes Eiderstedt in Rantrum (Wassergebietsverordnung Rantrum) vom 12. 11. 1984 (GVOBl S. 249);
7. des Wasserbeschaffungsverbandes „Föhr" (Wasserschutzgebietsverordnung Föhr) vom 4. 2. 1985 (GVOBl S. 68), geändert durch LVO vom 8. 5. 1991 (GVOBl S. 267);
8. des Wasserwerkes Glinde (Wasserschutzgebietsverordnung Glinde) vom 30. 7. 1985 (GVOBl S. 249);
9. der Wasserleitungsgenossenschaften Norder- und Süderstapel (Wasserschutzgebietsverordnung Norder- und Süderstapel) vom 10. 11. 1985 (GVOBl S. 363);

10. der Stadt Neumünster (Wasserschutzgebietsverordnung Neumüster) vom 12. 2. 1988 (GVOBl S. 64), geändert durch LVO vom 1. 11. 1990 (GVOBl S. 542);

11. des Wasserwerkes Kleve der Stadtwerke Wilster (Wasserschutzgebietsverordnung Kleve) vom 30. 9. 1988 (GVOBl S. 197);

12. der Wasserwerke Tonkuhle und Twiedtberge der Stadtwerke Itzehoe (Wasserschutzgebietsverordnung Itzehoe) vom 23. 11. 1988 (GVOBl S. 218);

13. der Gemeinde Bordesholm (Wasserschutzgebietsverordnung Bordesholm) vom 21. 12. 1990 (GVOBl 1991 S. 46)

II. Vgl. auch: Deutscher Verein von Gas- und Wasserfachmännern e. V., Regelwerk Wasserversorgung, Grundwasser, Technische Regeln, Arbeitsblatt W 101, Ausg. Februar 1975, Richtlinien für Trinkwasserschutzgebiete, I. Teil, Schutzgebiete für Grundwasser

III. Zur Frage: Wasserschutzgebiete für die öffentliche Wasserversorgung und Bahnanlagen sowie Betrieb der Deutschen Bundesbahn, vgl. Richtlinien „Wasserrecht und Bahnanlagen der Deutschen Bundesbahn", Abschn. 4, Rd Erl des MELF vom 5. 5. 1970 (ABl SchlH. S. 255).

§ 5 Wassergefährdende Stoffe
(zu §§ 19 g bis 19 l WHG)

(1) Die oberste Wasserbehörde wird ermächtigt, zur Reinhaltung der Gewässer durch Verordnung im Einvernehmen mit der Innenministerin oder dem Innenminister Vorschriften zu erlassen über die Beschaffenheit, den Einbau, die Aufstellung, die Unterhaltung und den Betrieb von Anlagen im Sinne des § 19 g Abs. 1 und 2 WHG. Dabei können auch Vorschriften erlassen werden über

1. technische Anforderungen an Anlagen im Sinne von Satz 1. Es kann bestimmt werden, daß auch für die Beschaffenheit dieser Anlagen mindestens die allgemein anerkannten Regeln der Technik einzuhalten sind. Als allgemein anerkannte Regeln der Technik gelten auch die von der obersten Wasserbehörde im Einvernehmen mit der Innenministerin oder dem Innenminister durch öffentliche Bekanntmachungen im Amtsblatt für Schleswig-Holstein eingeführten technischen Bestimmungen,

2. die Zulässigkeit von Anlagen im Sinne des Satzes 1 in Gebieten nach § 36 a Abs. 1 WHG und § 4 Abs. 1,

3. die Voraussetzungen für die Erteilung der Eignungsfeststellung und der Bauartzulassung,

4. die Überwachung der Anlagen im Sinne von Satz 1 durch den Betreiber und ihre Überprüfung durch Sachverständige,

5. die Zulassung von Sachverständigen nach § 19 i WHG sowie die Bestimmung von Tätigkeiten nach § 19 l Abs. 1 Satz 2 WHG, die nicht von Fachbetrieben ausgeführt werden müssen,

6. die Vergütung, die für vorgeschriebene oder behördlich angeordnete Prüfungen von dem Betreiber einer Anlage nach Satz 1 an Überwachungsbetriebe oder Sachverständige zu entrichten ist. Die §§ 3 bis 5 des Verwaltungskostengesetzes des Landes Schleswig-Holstein vom 17. Januar 1974 (GVOBl Schl.-H.

2 · LWG

S. 37), geändert durch Gesetz vom 18. Dezember 1978 (GVOBl Schl.-H. 1979 S. 2), sind entsprechend anzuwenden. Auslagen können in entsprechender Anwendung des § 10 des Verwaltungskostengesetzes des Landes Schleswig-Holstein erstattet werden, sofern diese Auslagen nicht in die Vergütung einbezogen sind,

7. die für die Durchführung dieser Verordnung zuständigen Behörden.

(2) Gelangen wassergefährdende Stoffe aus Anlagen im Sinne von Absatz 1 Satz 1 oder aus Schiffen in ein Gewässer, in eine Abwasseranlage oder in den Untergrund, so hat derjenige, der die Anlagen betreibt, unterhält, überwacht oder das Schiff führt, unverzüglich geeignete Maßnahmen zu treffen, die ein weiteres Austreten verhindern. Ausgetretene wassergefährdende Stoffe hat er so zu beseitigen, daß eine schädliche Verunreinigung des Gewässers nicht mehr zu besorgen ist. Diese Verpflichtungen treffen auch die nach § 186 des Landesverwaltungsgesetzes Verantwortlichen.

(3) Das Austreten einer nicht nur unbedeutenden Menge von Wassergefährdenden Stoffen ist unter den Voraussetzungen des Absatzes 2 unverzüglich der Wasserbehörde, der örtlichen Ordnungsbehörde oder der nächsten Polizeidienststelle anzuzeigen. Anzeigepflichtig ist neben den in Absatz 2 genannten Personen auch derjenige, der eine Anlage befüllt oder entleert, instandsetzt, reinigt oder prüft sowie derjenige, der das Austreten wassergefährdender Stoffe verursacht hat. Die Verpflichtung zur Anzeige besteht auch bei dem Verdacht, daß wassergefährdende Stoffe aus einer Anlage oder einem Schiff ausgetreten sind.

Hinweise zu § 5

1. Landesverordnung über Anlagen zum Lagern, Abfüllen und Umschlagen wassergefährdender Stoffe (Anlagenverordnung – VAwS) vom 24. 6. 1986 (GVOBl SchlH. S. 153), geändert durch Art. 13 LVO vom 6. 12. 1989 (GVOBl S. 171/173) und LVO vom 1. 11. 1990 (GVOBl S. 543);

Verwaltungsvorschriften zum Vollzug der LVO über Anlagen zum Lagern, Abfüllen und Umschlagen wassergefährdender Stoffe – VV-VAwS – vom 24. 6. 1986 (ABl SchlH. S. 295, ber. S. 341)

2. An baurechtlichen Vorschriften für die Lagerung von Heizöl sind zu beachten:

a) Landesverordnung über Feuerungsanlagen, Anlagen zur Verteilung von Wärme und zur Warmwasserversorgung sowie über Brennstofflagerung – Feuerungsverordnung – FeuVO) vom 10. 7. 1980 (GVOBl SchlH. S. 263), §§ 20 bis 22;

Ausführungsanweisung zur Feuerungsverordnung (AA Feu VO) vom 29. 9. 1980 (ABl SchlH. S. 677);

Erlaß des Innenministers über Prüfung der Feuerungs-, Heizungs- und Lagerbehälteranlagen durch Sachverständige vom 30. 9. 1983 (ABl SchlH. S. 403), geändert durch Erlaß vom 31. 5. 1990 (ABl S. 450);

Erlaß des Innenministers über Kontrolle der genehmigungsbedürftigen, aber nicht überwachungsbedürftigen Feuerungs-, Heizungs- und Heizölbehälteranlagen durch den Technischen Überwachungsverein Norddeutschland e. V. (TÜV) vom 6. 6. 1975 (ABl SchlH. S. 754);

b) Richtlinie für Sachverständige für Tankanlagen und Tankschutz – Fachliche Voraussetzungen für eine öffentliche Bestellung und Vereidigung –

Richtlinie für Sachverständige für Heizölverbrauchertankanlagen – Fachliche Voraussetzungen für eine öffentliche Bestellung und Vereidigung –

Bek. d. BMI vom 11. 11. 1985 (GMBl S. 644/646, 648)

c) Feuerstätten- und Behälteranlagenprüfungsvergütungsverordnung – Feuer Prüf Verg VO – vom 2. 9. 1985 (GVOBl SchlH. S. 254), geändert durch LVO vom 11. 11. 1990 (GVOBl S. 544)

3. Vgl. ferner Hinweise zu § 19 g WHG

§ 6 Reinhalteordnungen
(zu § 27 WHG)

Reinhalteordnungen werden als Verordnung von der obersten Wasserbehörde erlassen.

§ 7 Erdaufschlüsse
(zu § 35 WHG)

(1) Wer unbeabsichtigt Grundwasser erschließt, hat dies der unteren Wasserbehörde unverzüglich anzuzeigen. Er hat die Arbeiten, die zur Erschließung führen, bis zu einer Entscheidung der Wasserbehörde einzustellen.

(2) Wer Erdarbeiten oder Bohrungen, die mehr als 10 m tief in den Boden eindringen, vornehmen will, hat dies unter Vorlage der für das Unternehmen erforderlichen Pläne (Zeichnungen, Nachweisungen, Beschreibungen) der unteren Wasserbehörde anzuzeigen.

(3) Die Wasserbehörde trifft die zum Schutz des Grundwassers erforderlichen Anordnungen. Die Arbeiten sind zu untersagen, wenn eine schädliche Verunreinigung des Grundwassers oder eine sonstige nachteilige Veränderung seiner Eigenschaften zu besorgen oder eingetreten ist, die durch Auflagen nicht verhindert oder ausgeglichen werden kann.

(4) Die Zuständigkeiten der Bergbehörden bleiben unberührt. Entscheidungen der Bergbehörden ergehen nach Anhörung der Wasserbehörden.

DRITTER TEIL: Benutzung der Gewässer

Abschnitt I: Gemeinsame Vorschriften

§ 8 Grundsätze für Benutzungen

Die Benutzung der oberirdischen Gewässer und der Küstengewässer darf deren Bedeutung als Lebensräume für Pflanzen und Tiere nicht nachhaltig beeinträchtigen, soweit nicht überwiegende Gründe des Wohls der Allgemeinheit und im Einklang mit ihm auch der Nutzen einzelner etwas anderes erfordern. Benutzungen im Sinne des § 3 Abs. 1 Nr. 1 und 6 WHG sind nur in dem Umfange zuzulassen, wie sie bei der gebotenen sparsamen Verwendung des Wassers erforderlich sind.

2 · LWG

§ 9 Benutzungsbedingungen und Auflagen
(zu § 4 WHG)

Benutzungsbedingungen und Auflagen sind insbesondere zulässig, um

1. nachteilige Wirkungen zu verhüten oder auszugleichen, die für die Ordnung des Wasserhaushalts, die Gesundheit der Bevölkerung, das Wohnungs- und Siedlungswesen, die Land- und Forstwirtschaft, die Erhaltung und Steigerung der Bodenfruchtbarkeit, die Fischerei, die gewerbliche Wirtschaft einschließlich des Bergbaues, den Natur- und Landschaftsschutz und den Verkehr eintreten können,

2. zu gewährleisten, daß Anlagen zur Benutzung eines Gewässers technisch einwandfrei gestaltet werden oder

3. bei der Erteilung einer Erlaubnis oder einer Bewilligung zu einer Benutzung nach § 3 Abs. 1 Nr. 1 oder 6 WHG zu gewährleisten, daß gebrauchtes Wasser in Gewässer schadlos eingeleitet wird.

§ 10 Erlaubnis
(zu § 7 WHG)

(1) Für die Erlaubnis gelten § 8 Abs. 3 und die §§ 10 und 11 WHG sowie § 12 entsprechend.

(2) Die Erlaubnis kann insbesondere ganz oder teilweise widerrufen werden, wenn

1. zu erwarten ist, daß die weitere Benutzung das Wohl der Allgemeinheit beeinträchtigt und dies nicht durch nachträgliche Anordnungen verhütet oder ausgeglichen werden kann,

2. sie auf Grund von Nachweisen erteilt worden ist, die in wesentlichen Punkten unrichtig oder unvollständig waren,

3. der Unternehmer den Zweck der Benutzung geändert, sie über die Erlaubnis hinaus ausgedehnt oder Benutzungsbedingungen oder Auflagen nicht erfüllt hat.

§ 11 Bewilligung
(zu § 8 WHG)

Für die Bewilligung gelten die Vorschriften des bürgerlichen Rechts zum Schutz des Eigentums entsprechend.

§ 12 Berücksichtigung anderer Einwendungen im Bewilligungsverfahren
(zu § 8 WHG)

(1) Gegen die Erteilung einer Bewilligung kann auch Einwendungen erheben, wer, ohne daß ein Recht beeinträchtigt wird, Nachteile zu erwarten hat, weil durch die Benutzung

1. der Wasserabfluß verändert oder das Wasser verunreinigt oder in seinen Eigenschaften sonst verändert,

2. der Wasserstand verändert,
3. die bisherige Benutzung seines Grundstücks beeinträchtigt,
4. seiner Wassergewinnungsanlage das Wasser entzogen oder geschmälert oder
5. die ihm obliegende Unterhaltung der Gewässer erschwert wird. Außer Betracht bleiben geringfügige Nachteile und solche, die vermieden worden wären, wenn der Betroffene die ihm obliegende Unterhaltung ordnungsgemäß durchgeführt hätte.

(2) § 8 Abs. 3 WHG gilt entsprechend; jedoch darf die Bewilligung auch erteilt werden, wenn der aus der beabsichtigten Benutzung zu erwartende Nutzen den für den Betroffenen zu erwartenden Nachteil erheblich übersteigt.

§ 13 Vorkehrungen bei Erlöschen einer Erlaubnis oder Bewilligung

(1) Ist eine Erlaubnis oder eine Bewilligung ganz oder teilweise erloschen, so kann die Wasserbehörde zum Wohl der Allgemeinheit anordnen, daß der Unternehmer die Anlagen für die Benutzung des Gewässers ganz oder teilweise bestehen läßt oder sie auf seine Kosten beseitigt und den früheren Zustand wieder herstellt.

(2) Bleibt hiernach eine Anlage ganz oder teilweise bestehen, so hat derjenige sie zu unterhalten, in dessen Interesse sie bestehen bleibt. Soweit es für die Unterhaltung erforderlich ist, kann er von dem Unternehmer verlangen, ihm die Anlage gegen Entschädigung zu übereignen.

Abschnitt II: Besondere Vorschriften

Titel 1: Erlaubnisfreie Benutzungen

§ 14 Gemeingebrauch
(zu § 23 WHG)

(1) Jedermann darf unter den Voraussetzungen des § 23 Abs. 1 WHG die oberirdischen Gewässer zum Baden, Waschen, Tränken, Schwemmen und Eissport benutzen.

(2) Unter den gleichen Voraussetzungen darf
1. Wasser in geringen Mengen für einen vorübergehenden Zweck entnommen und
2. Grund-, Quell- und Niederschlagswasser aus Einzelanlagen eingeleitet werden, sofern das zugeführte Wasser nicht Stoffe enthält, die geeignet sind, das Gewässer schädlich zu verunreinigen oder eine sonstige nachteilige Veränderung seiner Eigenschaften herbeizuführen, und sofern der Wasserabfluß nicht beeinträchtigt wird. Das Einleiten ist der Wasserbehörde zwei Monate vorher unter Angabe der Einleitungsstelle und der Einleitungsmenge anzuzeigen.

(3) Die fließenden Gewässer und die landeseigenen Seen dürfen mit kleinen Fahrzeugen ohne Motorkraft befahren werden. Sonstige Seen, die von einem Gewässer durchflossen werden, dürfen mit solchen Fahrzeugen durchfahren

werden. Satz 1 gilt auch für Seen, die nur teilweise im Eigentum des Landes stehen, hinsichtlich der landeseigenen Seeteile. Die oberste Wasserbehörde wird ermächtigt, die kleinen Fahrzeuge ohne Motorkraft durch Verwaltungsvorschrift revierbezogen näher zu bestimmen.

(4) Unbeschadet der Absätze 1 und 3 sollen das Land die Benutzung der landeseigenen Seen, die Gemeinden und Kreise mit den Eigentümern und Nutzungsberechtigten die Benutzung privateigner Seen im Interesse der Erholung der Bevölkerung sowie des Sports vertraglich regeln.

(5) Die Anlieger eines Gewässers haben zu dulden, daß kleine Fahrzeuge ohne Motorkraft um Stauanlagen oder sonstige Hindernisse herumgetragen werden, soweit nicht einzelne Grundstücke von der Wasserbehörde auf Grund eines Antrages der Anlieger ausgeschlossen sind.

(6) Die Absätze 1 bis 3 gelten nicht für Gewässer in Hofräumen, Gärten und Parkanlagen, die Eigentum der Anlieger sind, sowie für ablaßbare Teiche, die ausschließlich der Fischzucht oder der Teichwirtschaft dienen.

Hinweise zu § 14

1. Wegen der Benutzung des Meeresstrandes, der Küstendünen und der Strandwälle vgl. § 38 LPflegG

2. Wegen der Sondernutzung von Teilen des Meeresstrandes für den Badebetrieb vgl. § 39 LPflegG sowie die Vorschriften zur Aufrechterhaltung der öffentlichen Sicherheit und Ordnung im Badewesen i. d. F. d. Art. 2 LPflegAnpG vom 19. 11. 1982 (GVOBl SchlH. S. 256/280) und die

   LVO über die Badestellen an oberirdischen Gewässern und Küstengewässern (Badestellenverordnung – Badest VO –) vom 28. 3. 1985 (GVOBl S. 116), geändert durch LVO vom 23. 5. 1991 (GVOBl S. 269), ferner

   Rd Erl über Aufrechterhaltung der öffentlichen Sicherheit und Ordnung im Badewesen vom 28. 3. 1977 (AblSchlH. S. 412)

3. Wegen der Erholungsstreifen an Gewässern vgl. § 40 LPflegG, die LVO über weitere Erholungsschutzstreifen an Gewässern II. Ordnung vom 24. 7. 1978 (GVOBl SchlH. S. 213) und den Rd Erl über Bauliche Anlagen im Erholungsschutzstreifen vom 28. 9. 1984 (ABl SchlH. S. 399).

4. Wegen Entschädigung von Binnenfischern für Schäden aus dem verstärkten Gemeingebrauch der Gewässer vgl. Richtlinien vom 30. 6. 1977 (ABl SchlH. S. 555)

§ 15 Befahren mit Motorfahrzeugen

(1) Wer nicht schiffbare Gewässer erster Ordnung und Gewässer zweiter Ordnung mit Motorfahrzeugen befahren will, bedarf der Genehmigung. Dies gilt nicht für die Wahrnehmung von Aufgaben der Gewässerunterhaltung, der Gewässeraufsicht nach § 83, des gewässerkundlichen Meßdienstes nach § 107 Abs. 2, der Fischereiaufsicht, des Rettungswesens, der Wasserschutzpolizei, der Berufsfischerei und für den Eigenbedarf des Gewässereigentümers.

(2) Die Genehmigung ist zu versagen oder mit Nebenbestimmungen nach § 107 des Landesverwaltungsgesetzes (LVwG) zu versehen, wenn zu erwarten ist, daß

insbesondere wegen der Art, Größe oder Zahl der Wasserfahrzeuge durch das Befahren das Wohl der Allgemeinheit, vor allem die öffentliche Wasserversorgung, Natur oder Landschaft, die Gewässer oder ihre Ufer oder die öffentliche Sicherheit beeinträchtigt werden. Vor der Entscheidung über die Erteilung der Genehmigung sind die untere Landschaftspflegebehörde und der Unterhaltungspflichtige zu hören.

(3) Absatz 1 Satz 1 und Absatz 2 gelten für Wohnboote entsprechend.

§ 16 Erlaubnisfreie Benutzungen der Küstengewässer
(zu § 32 a WHG)

In den Küstengewässern ist eine Erlaubnis oder Bewilligung nicht erforderlich für

1. das Einbringen von Geräten zum Fangen und Halten zu Zwecken der Fischerei,
2. das Einleiten von Grund- und Quellwasser, sofern es nicht Stoffe enthält, die die Eigenschaften der Küstengewässer in einem nicht nur unerheblichen Ausmaß nachteilig verändern können.

§ 17 Gemeingebrauch an Küstengewässern

Jedermann darf die Küstengewässer zum Baden und zum Wasser- und Eissport benutzen.

§ 18 Erweiterung des Gemeingebrauchs
(zu § 23 WHG)

Die oberste Wasserbehörde kann durch Verordnung im Interesse des Wasser- und Eissports und der Erholung für die Seen und die in § 14 Abs. 6 bezeichneten Gewässer den Gemeingebrauch nach § 14 Abs. 1 und Abs. 3 Satz 1 ganz oder teilweise zulassen.

§ 19 Einschränkungen des Gemeingebrauchs und des Befahrens mit Wasserfahrzeugen
(zu § 23 WHG)

(1) Die oberste Wasserbehörde kann

1. zum Schutz und zur Erhaltung von Natur und Landschaft,
2. zur Verhütung von Nachteilen für die öffentliche Sicherheit,
3. zur Verhinderung nachteiliger Veränderungen der Eigenschaften des Wassers oder anderer Beeinträchtigungen des Wasserhaushaltes, der Gewässerökologie oder der Uferbereiche, insbesondere zum Schutz der öffentlichen Wasserversorgung,
4. zur Gewährleistung der Benutzung eines Gewässers auf Grund von Erlaubnissen, Bewilligungen, alten Rechten oder alten Befugnissen oder des Eigentümer- oder Anliegergebrauchs

den Gemeingebrauch nach den §§ 14 und 17 sowie das Befahren mit Wasserfahrzeugen auf nicht schiffbaren Gewässern erster Ordnung und auf Gewässern

2 · LWG

zweiter Ordnung durch Verordnung regeln, beschränken oder verbieten. Sie kann diese Befugnis durch Verordnung auf die untere Wasserbehörde übertragen, soweit besondere Regelungen auf Grund der örtlichen Verhältnisse in deren Zuständigkeitsbereich erforderlich sind.

(2) Unter den Voraussetzungen des Absatzes 1 können die unteren Wasserbehörden den Gemeingebrauch und das Befahren nach § 15 für den Einzelfall durch Verwaltungsakt regeln, beschränken oder verbieten.

Hinweise zu § 19

1. VO über die Einschränkung des Gemeingebrauchs an der Trave vom 3. 12. 1965 (GVOBl SchlH. S. 190);

   Landes-VO über ein Badeverbot in der Bille vom 4. 6. 1974 (GVOBl SchlH. S. 187);

   Landes-VO über die Einschränkung des Gemeingebrauchs (Badeverbot) an der Trave vom 14. 7. 1978 (GVOBl SchlH. S. 212);

2. Wegen der Möglichkeit, den Gemeingebrauch an Bundeswasserstraßen zu beschränken, vgl. § 6 WaStrG (s. Hinweis zu § 23 WHG)

§ 20 Anliegergebrauch
(zu § 24 WHG)

(1) In den Grenzen des Eigentümergebrauchs (§ 24 Abs. 1 WHG) dürfen die Anlieger das oberirdische Gewässer ohne Erlaubnis oder Bewilligung benutzen (Anliegergebrauch). Dies gilt nicht für die in § 14 Abs. 6 bezeichneten Gewässer.

(2) § 19 gilt entsprechend.

§ 21 Benutzung zu Zwecken der Fischerei
(zu § 25 WHG)

Wer Stoffe zu Zwecken der Fischerei in oberirdische Gewässer einbringt, bedarf einer Erlaubnis nur, soweit dadurch das Gewässer in seiner Beschaffenheit oder der Wasserabfluß nachteilig verändert wird.

§ 22 Benutzung des Grundwassers
(zu § 33 WHG)

Eine Benutzung nach § 33 Abs. 1 Nr. 1 WHG ist nur insoweit erlaubnisfrei, als sie einem tatsächlichen Bedürfnis entspricht.

Hinweis zu § 22

Nachbarrechtsgesetz für das Land Schleswig-Holstein (NachbG SchlH) vom 24. 2. 1971 (GVOBl S. 54) zuletzt geändert durch Art. 4 LPfleg AnpG vom 19. 11. 1982 (GVOBl S. 256/281):

LWG · 2

ABSCHNITT IX: Schutz des Grundwassers

NachbG § 27

(1) Der Eigentümer und der Nutzungsberechtigte eines Grundstücks dürfen auf den Untergrund ihres Grundstücks nicht in einer Weise einwirken, daß der Grundwaserspiegel steigt oder sinkt oder die physikalische, chemische oder biologische Beschaffenheit des Grundwassers verändert wird, wenn dadurch die Benutzung eines anderen Grundstücks erheblich beeinträchtigt wird.

(2)   Dies gilt nicht für Einwirkungen auf das Grundwasser

1. auf Grund einer Erlaubnis oder Bewilligung nach dem Wasserhaushaltsgesetz und dem Wassergesetz des Landes Schleswig-Holstein oder auf Grund eines alten Rechts oder einer alten Befugnis, die in § 15 des Wasserhaushaltsgesetzes in Verbindung mit § 106 (jetzt: § 145) des Wassergesetzes des Landes Schleswig-Holstein aufrechterhalten sind, oder

2. durch einen Gewässerausbau, für den ein Planfeststellungsverfahren nach dem Wasserhaushaltsgesetz und dem Wassergesetz des Landes Schleswig-Holstein durchgeführt worden ist, oder

3. durch Maßnahmen, für die auf Grund des Bundesfernstraßengesetzes, des Straßen- und Wegegesetzes des Landes Schleswig-Holstein oder anderer Gesetze ein Planfeststellungsverfahren durchgeführt worden ist.

(3) Beeinträchtigungen des Grundwassers als Folge einer erlaubnisfreien Benutzung nach § 33 des Wasserhaushaltsgesetzes und § 31 (jetzt: § 22) des Wassergesetzes des Landes Schleswig-Holstein müssen ohne Entschädigung geduldet werden.

Titel 2: Stauanlagen

§ 23   Staumarke

(1) Jede Stauanlage mit festgesetzter Stauhöhe muß mit mindestens einer Staumarke versehen sein, an der die während des Sommers und des Winters einzuhaltenden Stauhöhen und, wenn der Wasserstand auf bestimmter Mindesthöhe zu halten ist, auch die Mindesthöhe deutlich angegeben sind.

(2) Die Höhenpunkte sind auf unverrückbare und unvergängliche Festpunkte zu beziehen.

(3) Die Staumarke wird von der Wasserbehörde gesetzt; diese nimmt darüber eine Urkunde auf. Der Unternehmer der Stauanlage und, soweit tunlich, auch die anderen Beteiligten sind hinzuzuziehen.

(4) Die Oberkante der Schützen und der schützenähnlichen Verschlußvorrichtungen darf bei geschlossener Stauanlage nicht über der höchsten, durch die Staumarke zugewiesenen Stauhöhe liegen.

§ 24   Erhalten der Staumarke

(1) Der Stauberechtigte und derjenige, der die Stauanlage betreibt, haben Staumarke und Festpunkte zu erhalten, dafür zu sorgen, daß sie sichtbar und zugänglich bleiben, jede Beschädigung und Veränderung unverzüglich der Wasserbehörde anzuzeigen und bei amtlichen Prüfungen unentgeltlich Arbeitshilfe zu leisten.

2 · LWG

(2) Handlungen, die geeignet sind, die Beschaffenheit der Staumarke oder der Festpunkte zu beeinflussen, bedürfen der Genehmigung der Wasserbehörde.

§ 25 Kosten

Die Kosten für das Setzen, Versetzen, Erhalten und Erneuern einer Staumarke trägt einschließlich der Verfahrenskosten der Stauberechtigte.

§ 26 Außerbetriebsetzen von Stauanlagen

Eine Stauanlage darf nur mit Genehmigung der Wasserbehörde dauernd außer Betrieb gesetzt oder beseitigt werden. § 13 gilt entsprechend.

§ 27 Ablassen aufgestauter Wassermassen

Aufgestaute Wassermassen dürfen nur so abgelassen werden, daß keine Gefahren oder Nachteile für fremde Grundstücke oder Anlagen entstehen, die Ausübung von Wasserbenutzungsrechten nicht beeinträchtigt und die Unterhaltung der Gewässer nicht erschwert wird.

Hinweis zu § 27

Bei Fischgewässern ist § 15 der Schleswig-Holsteinischen Binnenfischereiordnung − BiFO − vom 7. 6. 1983 (GVOBl S. 197), geändert durch LVO vom 28. 3. 1988 (GVOBl S. 174) zu beachten:

„Der zur Ableitung eines Fischereigewässers Berechtigte hat dem Fischereiberechtigten den Beginn und die Dauer einer Ableitung mindestens drei Tage vorher anzuzeigen. In Notfällen (z. B. Hochwasser, Eisgang, Ausbesserungen des Triebwerks) kann die örtliche Fischereibehörde die Ableitung zu einem früheren Zeitpunkt gestatten."

§ 28 Besondere Pflichten

(1) Der Stauberechtigte und derjenige, der die Stauanlage betreibt, haben die Anlage einschließlich aller Einrichtungen, die für den Wasserabfluß wichtig sind, in ordnungsgemäßem Zutand, insbesondere auch so zu erhalten, daß kein Wasser verschwendet wird. Sie können hierzu von der Wasserbehörde angehalten werden.

(2) Wer die Stauanlage betreibt, hat ihre beweglichen Teile zu öffnen oder zu schließen, wenn dadurch die Unterhaltung der Gewässer erheblich erleichtert wird und die Wasserbehörde es anordnet. Wird durch eine solche Anordnung nachträglich die Ausübung des Staurechts erheblich beeinträchtigt, so ist der Stauberechtigte von dem Unterhaltungspflichtigen des Gewässers zu entschädigen.

(3) Das Wasser darf weder über die durch die Staumarke festgesetzte Höhe aufgestaut noch unter die festgesetzte Mindesthöhe abgelassen werden.

(4) Die Wasserbehörde kann bei Hochwassergefahr anordnen, unverzüglich das aufgestaute Wasser unter die Höhe der Staumarke zu senken und den Wasserstand möglichst auf dieser Höhe zu halten. Ein Anspruch auf Entschädigung besteht nicht.

LWG · 2

VIERTER TEIL: Öffentliche Wasserversorgung und Abwasserbeseitigung

§ 29 Öffentliche Wasserversorgungsanlagen und Wasserentnahmen für die öffentliche Wasserversorgung

(1) Anlagen, die der Versorgung mit Trink- oder Brauchwasser für den allgemeinen Gebrauch (öffentliche Wasserversorgung) dienen, sind nach den allgemein anerkannten Regeln der Technik als Mindestanforderungen zu errichten, zu unterhalten und zu betreiben. Entsprechen vorhandene Anlagen diesen Anforderungen nicht, so hat der Unternehmer die erforderlichen Maßnahmen durchzuführen, falls dies aus Gründen der öffentlichen Sicherheit erforderlich ist.

(2) Der Bau oder die wesentliche Änderung von Aufbereitungsanlagen für die öffentliche Wasserversorgung ist vom Unternehmer unverzüglich nach Aufstellung des Planes der Wasserbehörde anzuzeigen. Der Anzeige sind diejenigen Zeichnungen, Nachweise und Beschreibungen beizufügen, die für die Beurteilung der technischen Grundzüge der Anlage oder ihrer Änderung erforderlich sind.

(3) Alle Grund- und Oberflächenwasserentnehmer sind verpflichtet, die Beschaffenheit des zur Trinkwasserversorgung gewonnenen Wassers (Rohwasser) auf ihre Kosten zu untersuchen oder untersuchen zu lassen (Selbstüberwachung). Dies gilt nicht für Entnahmen von weniger als 1000 m³ pro Jahr. Sie sollen ferner im Rahmen bestehender technischer und wirtschaftlicher Möglichkeiten durch geeignete Maßnahmen im Unternehmen und/oder bei den Verbrauchern auf eine sparsame Verwendung des Wassers hinwirken. Die oberste Wasserbehörde kann durch Verordnung regeln:

1. die Art und den Umfang der Untersuchungen, die Form der Aufzeichnung der Untersuchungsergebnisse, die Art und die Häufigkeit der Weiterleitung der Ergebnisse an die Wasserbehörden und die Dauer der Aufbewahrung der Aufzeichnungen,

2. den Ort und die Häufigkeit der Probeentnahmen sowie die Behandlung der entnommenen Proben,

3. die Maßnahmen, die zur sparsamen Wasserverwendung beim Unternehmer und/oder bei den Verbrauchern durchzuführen sind.

Hinweise zu § 29

1. Dem Schutz der Gesundheit bei der Herstellung oder Behandlung von Trinkwasser und Brauchwasser in Lebensmittelbetrieben dienen auch

§ 11 Bundes-Seuchengesetz in der Bekanntmachung vom 18. 12. 1979 (BGBl. I S. 2262), zuletzt geändert durch Art. 7 Gesetz vom 26. 6. 1990 (BGBl. I S. 1211/1217);

Verordnung über Trinkwasser und über Wasser für Lebensmittelbetriebe (Trinkwasserverordnung – TrinkwV) in der Bekanntmachung der Neufassung vom 5. 12. 1990 (BGBl. I S. 2612/2613);

Trinkwasser-Aufbereitungs-Verordnung vom 19. 12. 1959 (BGBl. I S. 762);

Mineral- und Tafelwasser – Verordnung vom 1. 8. 1984 (BGBl. I S. 1036);

LVO über die zuständigen Behörden nach der Trinkwasserverordnung vom 4. 2. 1976

2 · LWG

(GOVBl SchlH. S. 60), geändert durch LVO vom 22. 10. 1979 (GVOBl S. 479) § 3 Abs. 12 und Art. 12 LVO vom 6. 12. 1989 (GVOBl S. 171/173)

2. EG – Richtlinien

Richtlinie des Rates vom 16. 6. 1975 über die Qualitätsanforderungen an Oberflächengewässer für die Trinkwassergewinnung in den Mitgliedstaaten – 75/440/EWG – (ABl EG Nr. L 194 vom 27. 7. 1975 S. 34), geändert durch Art. 12 der Richtlinie des Rates vom 9. 10. 1979 – 79/869/EWG – (ABl EG Nr. L 271 vom 29. 10. 1979 S. 44),

Richtlinie des Rates vom 9. 10. 1979 über die Meßmethoden sowie über die Häufigkeit der Probenahmen und der Analysen des Oberflächenwassers für die Trinkwassergewinnung in den Mitgliedstaaten – 79/869/EWG – (ABl EG Nr. L 271 vom 29. 10. 1979 S. 44),

Richtlinie des Rates vom 15. 7. 1980 über die Qualität von Wasser für den menschlichen Gebrauch – 80/778/ EWG – (ABl EG Nr. L 229 S. 11),

Richtlinie des Rates vom 27. 6. 1985 über die Umweltverträglichkeitsprüfung bei bestimmten öffentlichen und privaten Projekten – 85/337/EWG – (ABl EG Nr. L 175 vom 5. 7. 1985 S. 40), Art. 4 Abs. 2 i. V. m. Anhang II Nr. 10 i,

3. Wegen staatlicher Förderung von Wasserversorgungsanlagen vgl.

Gesetz über die Gemeinschaftsaufgabe „Verbesserung der Agrarstruktur und des Küstenschutzes" in der Bekanntmachung vom 21. 7. 1988 (BGBl. I S. 1055),

Richtlinien für die Förderung wasserwirtschaftlicher und kulturbautechnischer Maßnahmen als Gemeinschaftsaufgabe „Verbesserung der Agrarstruktur und des Küstenschutzes" vom 1. 8. 1984 (ABl SchlH. S. 345),

Richtlinien für die Förderung von Wasserversorgungs- und Abwasseranlagen außerhalb der Gemeinschaftsaufgaben „Verbesserung der Agrarstruktur und des Küstenschutzes" und „Verbesserung der regionalen Wirtschaftsstruktur" vom 18. 12. 1989 (ABl SchlH. 1990 S. 74), geändert durch Bek. vom 30. 3. 1992 (ABl. S. 272),

Erlaß des Ministers für Ernährung, Landwirtschaft und Forsten über Zuschüsse für Wasserversorgungsmaßnahmen für Verbände vom 1. 4. 1977 (ABl SchlH. S. 406)

4. Wegen bauordnungsrechtlicher Vorschriften für Wasserversorgungsanlagen vgl.

§ 39 LBO i. d. F. vom 24. 2. 1983 (GVOBl SchlH. S. 86),

Erlaß des Innenministers über die Anwendung der neuen Landesbauordnung im bauaufsichtlichen Verfahren (Einführungserlaß) vom 27. 10. 1983 (ABl SchlH. S. 424), geändert durch Erlaß vom 4. 3. 1985 (ABl S. 105) Tz. 9

§ 30 Abwasserbegriff, Anwendungsbereich

(1) Abwasser im Sinne dieses Gesetzes ist Wasser, das durch häuslichen, gewerblichen, landwirtschaftlichen oder sonstigen Gebrauch verunreinigt oder sonst in seinen Eigenschaften verändert ist oder das von Niederschlägen aus dem Bereich von bebauten oder befestigten Grundstücken abfließt.

(2) Die §§ 31 bis 36 gelten nicht für das durch landwirtschaftlichen Gebrauch verunreinigte Abwasser, das dazu bestimmt ist, auf landwirtschaftlich, forstwirtschaftlich oder gärtnerisch genutzte Böden aufgebracht zu werden, sowie nicht für Jauche und Gülle. Die Vorschriften des Abfallbeseitigungsrechts bleiben unberührt.

§ 31 Verpflichtung zur Abwasserbeseitigung
(zu § 18 a Abs. 2 WHG)

(1) Die Gemeinden sind zur Abwasserbeseitigung im Rahmen der Selbstverwaltung verpflichtet, soweit in den nachfolgenden Vorschriften oder in einem für verbindlich erklärten Abwasserbeseitigungsplan nichts anderes bestimmt ist. Sie können sich zur Erfüllung dieser Aufgabe Dritter bedienen. Die Verpflichtung zur Abwasserbeseitigung umfaßt auch das Einsammeln und Abfahren des in Hauskläranlagen anfallenden Schlamms und des in abflußlosen Gruben gesammelten Abwassers und die Einleitung und Behandlung in Abwasserbeseitigungsanlagen.

(2) Abwasser ist von demjenigen, bei dem es anfällt, dem Beseitigungspflichtigen zu überlassen.

(3) Zur Beseitigung des Niederschlagswassers sind anstelle der Gemeinde verpflichtet

1. die Nutzungsberechtigten der Grundstücke, soweit die Beseitigung auf den Grundstücken das Wohl der Allgemeinheit nicht beeinträchtigt und nicht die Gemeinde den Anschluß an eine öffentliche Abwasseranlage oder deren Benutzung anordnet,

2. die Träger der öffentlichen Verkehrsanlagen, soweit sie nach anderen Rechtsvorschriften zur Entwässerung ihrer Anlagen verpflichtet sind.

(4) Die Gemeinden regeln die Abwasserbeseitigung durch Satzung und schreiben darin insbesondere vor, in welcher Weise und in welcher Zusammensetzung ihnen das Abwasser zu überlassen ist. Für die Erhebung von Gebühren und Entgelten gelten die Vorschriften des Kommunalabgabengesetzes. Die Gemeinde kann mit Zustimmung der Wasserbehörde auf Grund ihrer örtlichen Planungen für die Abwasserbeseitigung (Abwasserbeseitigungskonzept) ihre Abwasserbeseitigungspflicht ganz oder teilweise ausschließen, wenn

1. das Abwasser wegen seiner Art oder Menge nicht zusammen mit dem in Haushaltungen anfallenden Abwasser beseitigt werden kann oder

2. eine Übernahme des Abwassers technisch oder wegen des unverhältnismäßig hohen Aufwandes nicht möglich ist, insbesondere wenn wegen der Siedlungsstruktur das Abwasser über Kleinkläranlagen oder abflußlose Sammelgruben beseitigt werden muß

und eine gesonderte Beseitigung des Abwassers das Wohl der Allgemeinheit nicht beeinträchtigt. Der Ausschluß ist widerruflich und kann befristet werden.

(5) Soweit die Gemeinden nach Maßgabe der Absätze 3 und 4 zur Abwasserbeseitigung nicht verpflichtet sind, hat derjenige das Abwasser zu beseitigen, bei dem das Abwasser anfällt oder der nach dem Abwasserbeseitigungsplan hierzu verpflichtet ist. Hat ein Indirekteinleiter Anforderungen nach § 33 Abs. 2 zu erfüllen, so ist er insoweit abwasserbeseitigungspflichtig.

(6) Die zur Abwasserbeseitigung Verpflichteten können zu Zweckverbänden oder zu Verbänden im Sinne des Wasserverbandsgesetzes zusammengeschlossen werden. Unbeschadet des § 7 des Gesetzes über kommunale Zusammenarbeit ist ein Zusammenschluß insbesondere dann möglich, wenn dadurch

1. eine Beeinträchtigung des Wohls der Allgemeinheit, insbesondere eine Gewässerverunreinigung, vermieden oder verringert oder

2 · LWG

2. die Abwasserbeseitigung insgesamt wirtschaftlicher gestaltet werden kann.

Hinweis zu § 31

Wegen der Förderung von Abwasseranlagen vgl. die Hinweise zu § 29 Nr. 3

§ 32 Anforderungen an Abwassereinleitungen
(zu §§ 7a, 18a, 27, 36b WHG)

Entsprechen zugelassene Abwassereinleitungen nicht den Anforderungen nach § 7a Abs. 1 WHG, eines Abwasserbeseitigungsplanes, eines Bewirtschaftungsplanes, einer Reinhalteordnung oder verbindlichen Vorschriften internationaler oder supranationaler Vereinbarungen, so hat die Wasserbehörde durch nachträgliche Festsetzung von Nebenbestimmungen (§ 5 WHG), durch Widerruf der Erlaubnis (§ 7 Abs. 1 WHG, § 10) oder durch Beschränkung oder Rücknahme der Bewilligung, des Rechts oder der Befugnis (§§ 12 und 15 Abs. 4 WHG) sicherzustellen, daß die Einleitungen innerhalb einer angemessenen Frist den Anforderungen entsprechen. Die oberste Wasserbehörde wird ermächtigt, durch Verordnung Fristen festzulegen, innerhalb derer die erforderlichen Anpassungsmaßnahmen abgeschlossen sein müssen. Die Verordnung kann Ausnahmen zulassen für Fälle, in denen die Anpassung innerhalb der Frist technisch unmöglich oder wirtschaftlich unzumutbar ist.

Hinweise zu § 32

1. Wegen der bauordnungsrechtlichen Vorschriften für Abwasseranlagen vgl. § 62 Nr. 17 LBO sowie §§ 40, 41 LBO,

Einführungserlaß zur Anwendung der Landesbauordnung im bauaufsichtlichen Verfahren vom 27. 10. 1983 (ABl SchlH. S. 424), geändert durch Erlaß vom 4. 3. 1985 (ABl SchlH. S. 105) Tz 9,

Zelt- und Campingplatzverordnung vom 7. 1. 1983 (GVOBl SchlH. S. 5), geändert durch LVO vom 1. 3. 1988 (GVOBl S. 104) § 19

2. Gem. Erl vom 6. 7. 1977 betr. Untersuchung von Fischsterben in Schleswig-Holstein (ABl S. 556)

§ 33 Genehmigungspflicht für Einleitungen in öffentliche Abwasseranlagen (Indirekteinleitungen)
(zu § 7a Abs. 3 WHG)

(1) Die oberste Wasserbehörde wird ermächtigt, zum Schutze der Gewässer durch Verordnung gefährliche Stoffe oder Stoffgruppen zu bestimmen, die nicht oder nur mit Genehmigung der Wasserbehörde in öffentliche Abwasseranlagen eingeleitet oder eingebracht werden dürfen. Die Verordnung kann auch auf Abwasser bestimmter Herkunftsbereiche (§ 7a Abs. 1 WHG) beschränkt werden. In der Verordnung kann vorgesehen werden, daß mit dem Antrag auf Genehmigung ein nach anderen Rechtsvorschriften, insbesondere dem kommunalen Satzungsrecht, für Einleitungen erforderlicher Antrag auf Zulassung oder eine Anzeige als gestellt gilt und daß die Wasserbehörde die erforderlichen Zulassungen anderer Behörden einzuholen und gleichzeitig mit ihrer Genehmigung auszuhändigen hat.

(2) Die Genehmigung ist widerruflich und kann befristet werden. Die §§ 4 und 5 WHG gelten entsprechend. In dem Genehmigungsbescheid sind nach § 7 a Abs. 1 und 3 WHG Anforderungen nach dem Stand der Technik festzusetzen, sofern nicht nach § 6 WHG weitergehende Anforderungen zu stellen sind oder die Genehmigung zu versagen ist. Die Anforderungen können auch für den Ort des Anfalls des Abwassers oder für Abwasserteilströme vor einer der Indirekteinleitung vorausgehenden Vermischung des Abwassers festgelegt werden.

Hinweis zu § 33

LVO über die Genehmigungspflicht für das Einleiten von Stoffen und Stoffgruppen in Abwasseranlagen vom 19. 8. 1986 (GVOBl SchlH. S. 196), geändert durch Art. 12 LVO vom 6. 12. 1989 (GVOBl S. 171/173)

§ 34 Bau und Betrieb von Abwasseranlagen
(zu § 18 b WHG)

(1) Als nach § 18 b Abs. 1 WHG jeweils in Betracht kommende Regeln der Technik für die Errichtung und den Betrieb von Abwasseranlagen gelten auch die technischen Bestimmungen, die von der obersten Wasserbehörde durch öffentliche Bekanntmachung im Amtsblatt für Schleswig-Holstein eingeführt werden.

(2) Entsprechen vorhandene Abwasseranlagen nicht den Anforderungen nach § 18 b Abs. 1 WHG und nach Absatz 1, so hat der Unternehmer die erforderlichen Anpassungsmaßnahmen durchzuführen. Kommt der Unternehmer dieser Verpflichtung nicht nach, ordnet die Wasserbehörde (§ 109 Abs. 1) die erforderlichen Maßnahmen unter Fristsetzung an. Die oberste Wasserbehörde kann durch Verordnung Fristen festlegen, innerhalb derer bestimmte Anforderungen zu erfüllen sind. Die Verordnung kann Ausnahmen zulassen für Fälle, in denen die Anpassung innerhalb der Frist technisch unmöglich oder wirtschaftlich unzumutbar ist.

(3) Abwasseranlagen sind so zu errichten, zu betreiben und zu unterhalten, daß die in der Zulassung für die Anlage gestellten Anforderungen eingehalten sowie der nach den in Betracht kommenden Regeln der Technik mögliche Wirkungsgrad, mindestens jedoch die in der Erlaubnis festgesetzten Werte, erreicht wird. Zur Unterhaltung der Anlagen gehören insbesondere auch Vorkehrungen, um durch Störungen im Betrieb der Anlage oder durch Reparaturen verursachte Verschlechterungen der Ablaufwerte zu vermeiden. Für den Betrieb nach Satz 1 ist in ausreichender Anzahl Personal zu beschäftigen, das eine geeignete Ausbildung besitzt.

Hinweise zu § 34

I. Auf Grund von § 36 b Abs. 1, dem Vorläufer des jetzigen § 34 sind eingeführt worden mit verschiedenen amtlichen Hinweisen, die zu beachten sind:

a) die von der Abwassertechnischen Vereinigung e.V. (ATV) in Zusammenarbeit mit dem Verband Kommunaler Städtereinigungsbetriebe (VKS) erstellten Arbeitsblätter

1. A 109, Ausgabe 1/83, Richtlinien für den Anschluß von Autobahnnebenbetrieben an Kläranlagen;

2. A 118, Ausgabe 6/77, Richtlinien für die hydraulische Berechnung von Schmutz-, Regen- und Mischwasserkanälen;

3. A 122, Ausgabe 12/74, Grundsätze für Bemessung, Bau und Betrieb von kleinen Kläranlagen mit aerober biologischer Reinigungsstufe für Anschlußwerte zwischen 50 und 500 Einwohner;

4. A 128, Ausgabe 7/77, Richtlinien für die Bemessung und Gestaltung von Regenentlastungen in Mischwasserkanälen;

5. A 129, Ausgabe 5/79, Abwasserbeseitigung aus Erholungs- und Fremdenverkehrseinrichtungen;

6. A 131, Ausgabe 11/81, Grundsätze für die Bemessung von einstufigen Belebungsanlagen mit Anschlußwerten über 10 000 Einwohnergleichwerten

   – durch Bekanntmachung vom 28. 8. 1983 (ABl SchlH. S. 366) –

7. A 115, Ausgabe Januar 1983, Hinweise für das Einleiten von Abwasser in eine öffentliche Abwasseranlage;

8. A 135, Ausgabe April 1983, Grundsätze für die Bemessung von einstufigen Tropfkörpern und Scheibentauchkörpern mit Anschlußwerten über 500 Einwohnergleichwerten

   – durch Bekanntmachung vom 4. 1. 1984 (ABl SchlH. S. 28) –

b) die vom Deutschen Institut für Normung e.V. – Normenausschuß Wasserwesen (NAW) – herausgegebenen Normen

9. DIN 4261, Kleinkläranlagen

   Teil 1 – Anlagen ohne Abwasserbelüftung; Anwendung, Bemessung und Ausführung – Ausgabe Oktober 1983;

   Teil 2 – Anlagen mit Abwasserbelüftung; Anwendung, Bemessung, Ausführung und Prüfung – Ausgabe Juni 1984;

   Teil 3 – Anlagen ohne Abwasserbelüftung; Betrieb und Wartung – Ausgabe Oktober 1983;

   Teil 4 – Anlagen mit Abwasserbelüftung; Betrieb und Wartung – Ausgabe Juni 1984

   – durch Bekanntmachung vom 21. 1. 1985 (ABl SchlH. S. 55) –

   Vgl. dazu das Verzeichnis der eingeführten Technischen Baubestimmungen (Stand: 1. 8. 1988) im Amtsbl Schl.-H. 1988 S. 414/424

II. Auf Grund baurechtlicher Vorschriften (§§ 3, 40 LBO) sind zu beachten

   DIN 1986: Entwässerungsanlagen für Gebäude und Grundstücke,

   Teil 1 – Technische Bestimmungen für den Bau – Ausgabe Juni 1988;

   Teil 2 – Bestimmungen für die Ermittlung der lichten Weiten und Nennweiten für Rohrleitungen – Ausgabe September 1978;

   Teil 4 – Verwendungsbereiche von Abwasserrohren und -formstücken verschiedener Werkstoffe – Ausgabe Mai 1984

   Diese Normen sind nach § 3 Abs. 3 LBO eingeführt worden durch Erlaß des Innenministers vom 6. 9. 1988 (Amtsbl Schl.-H. S. 318)

§ 35 Planfeststellung, Genehmigung
(zu § 18 c WHG)

(1) Der Bau und der Betrieb einer Abwasserbehandlungsanlage sowie die wesentliche Änderung einer solchen Anlage oder ihres Betriebes, die für mehr als 300 kg/d BSB_5 (roh) oder für mehr als 120 m³ Abwasser in zwei Stunden bemessen ist, bedürfen der Planfeststellung. Kühl- und Niederschlagswasser ist bei der Feststellung der Abwassermenge nach Satz 1 nicht zu berücksichtigen. Von der Planfeststellung kann abgesehen werden, wenn mit Einwendungen nicht zu rechnen ist oder ein rechtskräftiger Bebauungsplan Festsetzungen für den Standort der Anlage enthält; in diesen Fällen bedarf die Anlage einer Genehmigung.

(2) Der Bau und die wesentliche Änderung sonstiger Abwasseranlagen bedürfen der Genehmigung. Dies gilt nicht für

1. Anlagen, in denen weniger als 8 m³ je Tag Schmutzwasser aus Haushaltungen und ähnliches Schmutzwasser behandelt wird,

2. Abwasserbehandlungsanlagen, für die ein Prüfzeichen zu erteilen ist,

3. Anschlußkanäle für häusliches Abwasser, die nicht dem allgemeinen Gebrauch dienen,

4. Anschlußkanäle für nicht häusliches Abwasser, das einer Abwasserbehandlungsanlage zugeführt wird,

5. Vorbehandlungsanlagen, sofern es sich nicht um Anlagen zur Behandlung von Abwasser bestimmter Herkunftsbereiche im Sinne von § 7 a Abs. 1 WHG handelt,

6. Kanalisationsnetze für die Niederschlagswasserbeseitigung von befestigten Flächen, die nicht größer als 3 ha sind.

Genehmigungspflichten nach anderen Rechtsvorschriften bleiben unberührt.

§ 36 Selbstüberwachung

(1) Der Betreiber einer Abwasseranlage hat diese darauf zu überwachen, daß sie ordnungsgemäß betrieben und unterhalten wird und die Anforderungen nach § 34 Abs. 3 eingehalten werden. Er hat die Abwasseranlage mit den erforderlichen Einrichtungen und Geräten auszurüsten und Untersuchungen durchzuführen, mit denen die Wirkung der Abwasseranlage sowie die Menge und Beschaffenheit des Abwassers festgestellt werden kann. Die Ergebnisse der Untersuchungen sind aufzuzeichnen und der Wasserbehörde auf Verlangen vorzulegen. Die Aufzeichnungen sind mindestens drei Jahre lang aufzubewahren.

(2) Absatz 1 gilt entsprechend für Indirekteinleiter nach § 33 hinsichtlich der Beschaffenheit und Menge des Abwassers sowie hinsichtlich der Wirkung der Vorbehandlungsanlagen.

(3) Die Wasserbehörde kann von der Verpflichtung nach Absatz 1 und 2 ganz oder teilweise befreien, wenn eine Beeinträchtigung des Gewässers nicht zu erwarten ist. Sie kann auch anordnen, daß bestimmte Untersuchungen von Untersuchungsstellen, die nach Absatz 4 Nr. 5 zugelassen sind, durchzuführen sind.

(4) Die oberste Wasserbehörde kann zum Schutze der Gewässer durch Verord-

2 · LWG

nung Vorschriften über die Selbstüberwachung durch die Anlagenbetreiber erlassen und dabei festlegen,

1. welche Untersuchungen an den Abwasseranlagen, des Abwassers oder des von der Einleitung beeinflußten Gewässers die Unternehmer auf die Kosten durchzuführen haben,
2. welche Untersuchungsmethoden, Überwachungseinrichtungen und -geräte anzuwenden, vorzuhalten oder einzubauen sind,
3. wie häufig, zu welchen Zeitpunkten, an welchem Ort und in welcher Art und Weise Proben zu nehmen und Prüfungen anzustellen sind,
4. welche Untersuchungsergebnisse und Aufzeichnungen der Wasserbehörde zu übermitteln sind und in welcher Form und in welchen Zeitabständen dies zu erfolgen hat,
5. daß bestimmte Untersuchungen auf Kosten der nach Absatz 1 und 2 Verpflichteten von hierfür von der oberen Wasserbehörde zugelassenen Stellen durchzuführen sind. In der Verordnung kann ferner geregelt werden

    a) die personelle Ausstattung der Untersuchungsstellen einschließlich der Fachkunde und der Zuverlässigkeit der betriebsleitenden Personen,

    b) die betriebliche Ausstattung,

    c) die Anforderungen für die Sicherung der Qualität der Untersuchungsergebnisse,

    d) die Voraussetzungen für einen Widerruf der Zulassung,

    e) die Höhe der Vergütung und die Erstattung der Auslagen der Untersuchungsstellen; § 5 Abs. 1 Satz 2 Nr. 6 gilt entsprechend.

Die Zulassung kann befristet und mit Bedingungen oder Auflagen versehen werden.

Hinweise zu § 36

1. LVO über die Genehmigungspflicht für das Einleiten von Stoffen und Stoffgruppen in Abwasseranlagen vom 19. 8. 1986 (GVOBl SchlH. S. 196), geändert durch Art. 12 LVO vom 6. 12. 1989 (GVOBl S. 171/173)

2. LVO über die Selbstüberwachung von Abwasseranlagen und von Abwassereinleitungen (Selbstüberwachungsverordnung – SüVO) vom 4. 3. 1987 (GVOBl SchlH. S. 77), geändert durch LVO vom 11. 5. 1988 (GVOBl S. 158) und vom 15. 1. 1990 (GVOBl S. 48);

    Verwaltungsvorschriften zum Vollzug der LVO über die Selbstüberwachung von Abwasseranlagen und von Abwassereinleitungen (VV-SüVO) vom 27. 2. 1987 (ABl SchlH. S. 201) mit Hinweis vom 23. 4. 1987 (ABl S. 264)

3. LVO über die Zulassung von Abwasseruntersuchungsstellen (ZAVO) vom 24. 11. 1980 (GVOBl SchlH. S. 358), geändert durch LVO vom 19. 8. 1986 (GVOBl S. 194)

4. Amtliches Verzeichnis der zugelassenen Abwasseruntersuchungsstellen vom 16. 6. 1981 (ABl SchlH. S. 364), zuletzt geändert durch Bekanntmachung vom 15. 5. 1992 (ABl SchlH. S. 426)

FÜNFTER TEIL: Unterhaltung und Ausbau der Gewässer

Abschnitt I: Unterhaltung

§ 37 Unterhaltungspflicht

Die Pflicht, Gewässer zu unterhalten, ist eine öffentlich-rechtliche Verbindlichkeit

§ 38 Umfang der Unterhaltung
(zu § 28 WHG)

(1) Die Gewässerunterhaltung hat den Zielen des Naturschutzes und der Landschaftspflege (§§ 1 und 2 des Landschaftspflegegesetzes — LPflegG) Rechnung zu tragen. Sie umfaßt auch Maßnahmen zur Erhaltung und Verbesserung des Selbstreinigungsvermögens, soweit nicht andere dazu verpflichtet sind, sowie die Schaffung, Erhaltung und Wiederherstellung eines natürlichen oder naturnahen und standortgerechten Pflanzen- und Tierbestandes. Die Gewässerunterhaltung darf nicht zu einer Beeinträchtigung von Mooren, Sümpfen oder Brüchen (§ 11 LPflegG) führen, sonstige Feuchtgebiete (§ 8 Abs. 3 LPflegG) dürfen nicht nachhaltig verändert werden.

(2) Die Gewässerunterhaltung erstreckt sich auf das Gewässerbett und die Uferbereiche. Zur Unterhaltung der Ufer gehören auch Maßnahmen zur Verhütung von Uferabbrüchen, die den Wasserabfluß mehr als geringfügig behindern, sowie Maßnahmen zur Verhütung oder Beseitigung von Schäden an Ufergrundstücken, die durch die Schiffahrt entstehen können oder entstanden sind, soweit die Schäden den Bestand der Ufergrundstücke gefährden. Sofern die Ziele der Gewässerunterhaltung nach Absatz 1 dies erfordern, gehört zur Unterhaltung auch die naturnahe Unterhaltung und Gestaltung eines Uferrandstreifens von bis zu 3 m Breite landseitig der Böschungsoberkante oder der Uferlinie.

(3) Die untere Wasserbehörde kann im Einzelfall zum Zwecke einer naturnahen Gewässerunterhaltung Art, Zeitpunkt und Umfang der Unterhaltung und der besonderen Pflichten (§§ 48, 50) bestimmen soweit dies nicht auf andere Weise insbesondere durch Gewässerpflegepläne (§ 51 Abs. 3 Nr. 1 und 2), geregelt ist. Dabei kann auch bestimmt werden, daß eine Unterhaltung nicht durchzuführen ist, sofern dies zur Erhaltung eines naturnahen Gewässerzustandes erforderlich ist und das Wohl der Allgemeinheit nicht entgegensteht. Die Wasserbehörde kann ferner die Schaffung von Uferrandstreifen, ihre Breite, ihre Nutzung und ihre Pflege sowie Umfang und Art der Bepflanzung regeln. § 30 WHG gilt entsprechend. Vor Erlaß der Regelungen sind die Unterhaltungspflichtigen, die zuständigen Landschaftspflegebehörden und die betroffenen Gemeinden zu hören.

(4) Regelungen nach Absatz 3 können auch allgemein für eine Mehrzahl von Gewässern durch Verordnung getroffen werden. Sind Regelungen für das Landesgebiet oder Teile des Landesgebietes erforderlich, so erläßt die oberste Wasserbehörde die Verordnung.

(5) Die Unterhaltung der Außentiefs (§ 3 Abs. 1 Nr. 1 Buchst. e) umfaßt die Erhaltung eines ordnungsgemäßen Zustandes für den Wasserabfluß.

2 · LWG

Hinweis zu § 38

Für Bundeswasserstraßen gilt § 7 WaStrG, vgl. Hinweis zu § 29 WHG

§ 39 Unterhaltungslast bei Gewässern erster Ordnung
(zu § 29 WHG)

Die Unterhaltung der Gewässer erster Ordnung mit Ausnahme der Bundeswasserstraßen (§ 3 Abs. 1 Nr. 1 Buchst. a und b) obliegt dem Land.

Hinweis zu § 39

Die Unterhaltung wird von den Ämtern für Land- und Wasserwirtschaft durchgeführt, § 3 Abs. 2 Nr. 4 Gesetz einer Neuordnung der landwirtschaftlichen Staats- und Selbstverwaltung i. d. F. d. Art. 2 LWG-ÄndG vom 7. 5. 1979 (GVOBl SchlH. S. 328/337), geändert durch Gesetz vom 19. 11. 1982 (GVOBl S. 256)

§ 40 Unterhaltungspflicht bei Gewässern zweiter Ordnung

(1) Die Unterhaltung der fließenden Gewässer zweiter Ordnung und der Seen und Teiche, durch die sie fließen oder aus denen sie abfließen, obliegt

1. den Eigentümern des Gewässers,

2. den Anliegern,

3. den Eigentümern von Grundstücken und Anlagen, die aus der Unterhaltung Vorteile haben oder die die Unterhaltung erschweren, und

4. den anderen Eigentümern von Grundstücken im Einzugsgebiet. Zu den Grundstücken im Einzugsgebiet rechnen im vollen Umfang auch solche Grundstücke, die Mulden, Senken, Kuhlen oder ähnliche Bodenvertiefungen enthalten, aus denen ein oberirdisches Abfließen in ein nach Satz 1 zu unterhaltendes Gewässer nicht möglich ist oder gewöhnlich nicht stattfindet. Das gleiche gilt für Grundstücke, die von Erdwällen umschlossen sind.

(2) Absatz 1 gilt nicht für kleine Gewässer von wasserwirtschaftlich untergeordneter Bedeutung. Die Unterhaltung dieser Gewässer obliegt den in Absatz 1 Nr. 1 bis 3 Genannten. Als solche Gewässer gelten

1. Gewässer, soweit sie ein Gebiet von weniger als 20 ha entwässern,

2. Gewässer, die keine besondere Bedeutung für die Vorflut haben,

3. Gewässer, die überwiegend der Entwässerung von Verkehrsflächen oder die ausschließlich der Ableitung von Abwasser dienen.

Bei Zweifeln über die Bedeutung von Gewässern entscheidet die Wasserbehörde nach Anhörung der Wasser- und Bodenverbände und der Anliegergemeinden. Sie kann dabei auch Ausnahmen von Satz 3 Nr. 1 zulassen, wenn dies aus Gründen einer ordnungsgemäßen Vorflut erforderlich ist.

§ 41 Unterhaltungspflicht bei Außentiefs

(1) Die Unterhaltung der Außentiefs obliegt dem Land, wenn ihre Begrenzungsmerkmale (§ 1 Abs. 3) landwärts in einem Deich liegen, der in der Unterhaltungspflicht des Landes steht.

(2) Im übrigen sind die Außentiefs von denjenigen zu unterhalten, die für die oberirdischen Gewässer unterhaltungspflichtig sind, dessen Fortsetzung das Außentief ist. Unterhaltungspflichten anderer bleiben unberührt.

§ 42 Erfüllung der Unterhaltungspflicht
(zu § 29 WHG)

(1) Die Unterhaltungspflicht nach § 40 wird von Wasser- und Bodenverbänden erfüllt.

(2) Soweit die Erfüllung der Unterhaltspflicht durch Wasser- und Bodenverbände unzweckmäßig ist oder derartige Verbände noch nicht bestehen, erfüllen

1. bei Gewässern im Sinne des § 40 Abs. 1 die Anliegergemeinden,
2. bei Gewässern im Sinne des § 40 Abs. 2 der Eigentümer des Gewässers und, wenn sich dieser nicht ermitteln läßt, die Eigentümer der Ufergrundstücke

die Unterhaltungspflicht. Über die Zweckmäßigkeit entscheidet die Wasserbehörde.

Hinweis zu § 42

1. Die Rechtsverhältnisse der Wasser- und Bodenverbände und die Rechtsbeziehungen zu den Verbandsmitgliedern werden durch die Verbandssatzung geregelt. Organisation und Satzung bestehender Verbände sind bis zum 30. 4. 1996 an die Bestimmungen des Wasserverbandsgesetzes (WVG) vom 12. 2. 1991 (BGBl. I S. 405) anzupassen (§ 79 Abs. 2 WVG)

2. Wegen der Umlegung der Kosten durch die Gemeinden vgl.

KAG § 7 Kosten der Unterhaltung von Gewässern

(1) Die abgabenberechtigten Körperschaften können die Kosten, die durch die Unterhaltung von fließenden Gewässern zweiter Ordnung nach dem Landeswassergesetz entstehen, durch Erhebung von Benutzungsgebühren decken. § 43 Abs. 2 des Landeswassergesetzes gilt entsprechend.

(2) Für die Deckung der Kosten der Mitgliedschaft in Wasser- und Bodenverbänden nach § 42 Abs. 1 Satz 1 des Landeswassergesetzes gelten die Unterhaltungsverpflichteten im Sinne des § 40 Abs. 1 und 2 des Landeswassergesetzes als Benutzer. Für die Benutzung von Anlagen eines Wasser- und Bodenverbandes oder von Kommunalen Anlagen, die im Zusammenhang mit Anlagen des Verbandes stehen, dürfen jedoch Benutzungsgebühren von den Verbandsmitgliedern insoweit nicht erhoben werden, als diese selbst hierfür an den Verband Beiträge zu leisten haben.

(3) Soweit nach § 41 Abs. 2 des Landeswassergesetzes abgabenberechtigte Körperschaften die Unterhaltungspflicht erfüllen, können Benutzungsgebühren nur von den Unterhaltungspflichtigen nach § 40 Abs. 1 des Landeswassergesetzes erhoben werden.

3. Richtlinien für die Gewährung von Zuwendungen an Wasser- und Bodenverbände zur Ermäßigung öffentlich-rechtlicher Wasserlasten vom 5. 6. 1987 (Abl SchlH. S. 281)

2 · LWG

§ 43[1]) Umlage des Unterhaltungsaufwandes auf die Unterhaltungspflichtigen (zu § 29 WHG)

(1) Für die Wasser- und Bodenverbände, die die Unterhaltungspflicht nach § 40 erfüllen (Unterhaltungsverbände), gilt das Recht der Wasser- und Bodenverbände. Im Falle des § 40 Abs. 1 gilt als Vorteil im Sinne des § 30 Abs. 1 des Wasserverbandsgesetzes auch die Möglichkeit des Abfließens oder der unterirdischen Abgabe des auf einer Grundfläche anfallenden Niederschlagswassers in das zu unterhaltende Gewässer oder dessen Zuflüsse. Für Grundflächen, die von der Gewässerunterhaltung einen weitergehenden Vorteil haben oder die Unterhaltung stärker erschweren, sollen zu dem nach Satz 2 entsprechend der Flächengrößen zu erhebenden Grundbeitrag Zuschläge festgesetzt werden; für Grundflächen, die sich für den Wasserhaushalt besonders vorteilhaft auswirken oder deren eigener Vorteil besonders gering ist (z. B. Unland), sollen Abschläge vorgesehen werden.

(2) Die oberste Wasserbehörde soll durch Verordnung auf Grund hydrologischer und technischer Erfahrenswerte Mindest- und Höchstgrenzen festsetzen

1. für die bei Seen, landwirtschaftlichen, forstwirtschaftlichen Flächen und Ödlandflächen sowie für befestigte Flächen anzusetzenden Zu- und Abschläge,

2. für die Maßstäbe, nach denen Anlagen im Sinne des § 40 Abs. 1 Nr. 3 zu den Unterhaltungskosten heranzuziehen sind; hierbei ist die von derartigen Anlagen ausgehende Belastung des Gewässers, verglichen mit der von einer nur mit dem Grundbeitrag (Absatz 1 Satz 2 und 3) heranzuziehenden Fläche ausgehenden Belastung, zugrundezulegen.

In der Verordnung soll auch festgelegt werden, welche Gewässerflächen und sonstigen Grundstücke wegen ihrer überragenden Bedeutung für einen ausgeglichenen Wasserhaushalt von der Beitragspflicht ganz oder teilweise freizustellen sind.

(3) Wer die Unterhaltungspflicht nach § 42 Abs. 2 Nr. 2 erfüllt, kann von den in § 40 Abs. 2 bezeichneten Unterhaltungspflichtigen eine angemessene Kostenbeteiligung in entsprechender Anwendung der nach Absatz 1 geltenden Maßstäbe fordern. Im Streitfall stellt die Wasserbehörde das Verhältnis der Kostenbeteiligung durch Verwaltungsakt fest.

Hinweis zu § 43 in der bis zum 31. 12. 1993 geltenden Fassung

Auf Grund des Abs. 2 ist erlassen worden die Landesverordnung über Mindest- und Höchstsätze für Beiträge der Wasser- und Bodenverbände (Unterhaltungsverbände) vom 19. 5. 1972 (GVOBl SchlH. S. 81). Diese Verordnung tritt mit Ablauf des 31. 12. 1993 außer Kraft (Art. 4 Nr. 1 LWG-Änderungsgesetz vom 7. 6. 1991 (GVOBl SchlH. S. 331/350)

---

1) Bis zum 31. 12. 1993 geltende Fassung.

§ 43[2]) Umlage des Unterhaltungsaufwandes auf die Unterhaltungspflichtigen (zu § 29 WHG)

(1) Für die Wasser- und Bodenverbände, die die Unterhaltungspflicht nach § 40 erfüllen (Unterhaltungsverbände), gilt das Recht der Wasser- und Bodenverbände. Im Falle des § 40 Abs. 1 gilt als Vorteil im Sinne des § 30 Abs. 1 des Wasserverbandsgesetzes auch die Möglichkeit des Abfließens oder der unterirdischen Abgabe des auf einer Grundfläche anfallenden Niederschlagswassers in das zu unterhaltende Gewässer oder dessen Zuflüsse.

(2) Der Unterhaltungsaufwand ist auf die Mitglieder der Wasser- und Bodenverbände nach folgenden Beitragsmaßstäben umzulegen:

1.	Grundbeitrag entsprechend der Flächengröße für die allgemeinen Vorteile von der Gewässerunterhaltung im Sinne von Absatz 1 Satz 2 für alle Grundflächen im Einzugsgebiet	1 Beitragseinheit/ha
2.	Zuschläge zum Grundbeitrag	
2.1	für Grundflächen, die je nach den Umständen des Einzelfalles Vorteile von der Gewässerunterhaltung haben, die über die in Nummer 1 genannten Vorteile hinausgehen	
2.1.1	für Grundflächen im Vorteilsgebiet je nach Größe des Vorteils	0,1 bis 1,0 Beitragseinheiten/ha
2.1.2	durch das Einleiten von gesammeltem Schmutzwasser	0,5 bis 3,0 Beitragseinheiten je angefangene 3000 m³/a
2.1.3	durch das Einleiten von gesammeltem Niederschlagswasser	0,2 bis 5,0 Beitragseinheiten je ha angeschlossenes Einzugsgebiet
2.2	für Grundflächen, die die Unterhaltung erschweren durch Anlagen im Sinne von § 40 Abs. 1 Nr. 3	1 bis 8 Beitragseinheiten
3.	Abschläge vom Grundbeitrag für Grundflächen, die sich auf den Wasserhaushalt besonders vorteilhaft auswirken oder deren eigener Vorteil besonders gering ist	
3.1	Waldflächen je nach Größe der Gesamtwaldfläche im Einzugsgebiet	0,3 bis 0,5 Beitragseinheiten/ha
3.2	Seeflächen, sofern der Flächenanteil sämtlicher Seen im Einzugsgebiet bis zu 10 v. H. beträgt	0,6 bis 0,9 Beitragseinheiten/ha

---

[2]) Ab 1. Januar 1994 geltende Fassung.

2 · LWG

3.3	Gebiete im Sinne von § 11 Abs. 1 LPflegG sowie Naturschutzgebiete, soweit sie nicht unter Nummer 4 fallen	0,4 Beitragseinheiten/ha

4. Freistellung
Von der Beitragspflicht freigestellt sind

4.1 Seeflächen, sofern der Flächenanteil sämtlicher Seen im Einzugsgebiet mehr als 10 v. H. beträgt und

4.2 Flächen von Naturschutzgebieten und von Gebieten im Sinne von § 11 Abs. 1 LPflegG und Waldgebiete, die eine überragende Bedeutung für einen ausgeglichenen Wasserhaushalt haben. Über die Bedeutung entscheidet die Wasserbehörde nach Anhörung der unteren Landschaftspflegebehörde oder der unteren Forstbehörde.

5. Gesamtbeitrag
Der Gesamtbeitrag aus Grundbeitrag, Zu- und Abschlägen beträgt mindestens 0,5 Beitragseinheiten je Mitglied. Dies gilt nicht für freigestellte Mitglieder.

(3) Wer die Unterhaltungspflicht nach § 42 Abs. 2 Nr. 2 erfüllt, kann von den in § 40 Abs. 2 bezeichneten Unterhaltungspflichtigen eine angemessene Kostenbeteiligung in entsprechender Anwendung der nach Absatz 1 geltenden Maßstäbe fordern. Im Streitfall stellt die Wasserbehörde das Verhältnis der Kostenbeteiligung durch Verwaltungsakt fest.

§ 44 Aufrechterhaltene Unterhaltungspflichten
(zu § 29 WHG)

An die Stelle der nach den §§ 39 bis 42 zur Unterhaltung Verpflichteten treten, wenn bei Inkrafttreten dieses Gesetzes

1. in einem Beschluß, der eine Verleihung ausspricht oder ein Zwangsrecht begründet, in einem sonstigen besonderen Titel oder in einer gewerberechtlichen Genehmigung dem Unternehmer die Verpflichtung zur Unterhaltung eines Gewässers auferlegt ist, der Unternehmer auf die Dauer der Verpflichtung;

2. auf Grund öffentlich-rechtlicher Vereinbarung die Unterhaltung abweichend geregelt ist, der danach Verpflichtete.

§ 45 Übernahme der Unterhaltung

(1) Die Erfüllung der Unterhaltungspflicht kann auf Grund einer Vereinbarung unter Zustimmung der Wasserbehörde mit öffentlich-rechtlicher Wirkung von einem anderen übernommen werden.

(2) Gemeinden und Kreise können die ihnen aus der Übernahme der Unterhaltung erwachsenden Kosten auf die Unterhaltungspflichtigen ihres Gebietes umlegen.

§ 46 Ersatzvornahme
(zu § 29 Abs. 2 WHG)

(1) Wird die Unterhaltungspflicht, die nicht einer öffentlich-rechtlichen Körperschaft obliegt, nicht oder nicht genügend erfüllt, so haben die Anliegergemeinden die jeweils erforderlichen Unterhaltungsarbeiten durchzuführen.

(2) Die Ersatzvornahme muß, außer bei Gefahr im Verzug, schriftlich angedroht werden. In der Androhung ist die Höhe des Kostenbetrages für die Ersatzvornahme vorläufig zu veranschlagen und dem Verpflichteten eine angemessene Frist zur Vornahme der erforderlichen Unterhaltungsarbeiten zu ersetzen.

Hinweis zu § 46

Für die Ersatzvornahme gelten § 201 Abs. 1 Nr. 2, §§ 202, 204 LVwG

§ 47 Beseitigung von Hindernissen im Gewässer

(1) Hat ein anderer als der zur Unterhaltung Verpflichtete ein Hindernis für den Wasserabfluß oder für die Schiffahrt verursacht, so hat die Wasserbehörde tunlich diesen anderen zur Beseitigung anzuhalten.

(2) Hat der Unterhaltungspflichtige das Hindernis beseitigt, so hat ihm der Störer die Kosten zu erstatten, soweit die Arbeiten erforderlich waren und die Kosten das angemessene Maß nicht übersteigen.

§ 48 Besondere Pflichten hinsichtlich der Unterhaltung
(zu § 30 WHG)

(1) Die Eigentümer und die Anlieger von Gewässern haben die für die Unterhaltung erforderlichen Arbeiten am Gewässer und auf den Ufergrundstücken zu dulden. Sie haben alles zu unterlassen, was die Unterhaltung unmöglich machen oder wesentlich erschweren würde.

(2) Soweit es zur Unterhaltung erforderlich ist, haben die Inhaber von Rechten und Befugnissen an Gewässern zu dulden, daß die Benutzung vorübergehend behindert oder unterbrochen wird.

(3) Soweit nicht erhebliche Nachteile für die bisherige Nutzung entstehen, haben die Anlieger und die Hinterlieger zu dulden, daß der Unterhaltungspflichtige den Aushub auf ihren Grundstücken einebnet.

(4) Der Unterhaltungspflichtige hat dem Duldungspflichtigen alle nach § 30 WHG und dieser Vorschrift beabsichtigten Maßnahmen rechtzeitig anzukündigen.

2 · LWG

(5) § 30 Abs. 3 WHG gilt entsprechend.

§ 49 Fischerei

(1) Fischereiberechtigte können keine Entschädigung verlangen, wenn ihr Recht durch die Unterhaltung beeinträchtigt wird.

(2) Die Fischereiberechtigten sind die beabsichtigten Maßnahmen rechtzeitig anzukündigen.

§ 50 Unterhaltung von Anlagen in und an Gewässern
(zu § 29 WHG)

(1) Anlagen in und an Gewässern sind von dem Unternehmer so zu erhalten, daß nachteilige Einwirkungen auf den Zustand ausgeschlossen sind, den der Unterhaltungspflichtige des Gewässers zu erhalten hat.

(2) Der Unternehmer hat die Kosten der Gewässerunterhaltung zu ersetzen, soweit sie durch diese Anlage bedingt sind.

Hinweis zu § 50

Für Bundeswasserstraßen gilt § 10 WaStrG

WaStrG § 10 Anlagen und Einrichtungen Dritter

Anlagen und Einrichtungen in, über oder unter einer Bundeswasserstraße oder an ihrem Ufer sind von ihren Eigentümern und Besitzern so zu unterhalten und zu betreiben, daß die Unterhaltung der Bundeswasserstraße, der Betrieb der bundeseigenen Schiffahrtsanlagen oder der Schiffahrtszeichen sowie die Schiffahrt nicht beeinträchtigt werden.

§ 51[3]) Förderung der Unterhaltung durch das Land

(1) Das Land gewährt den Wasser- und Bodenverbänden, den Gemeinden und den Teilnehmergemeinschaften im Sinne des § 16 des Flurbereinigungsgesetzes, die die Unterhaltungspflicht für Gewässer zweiter Ordnung im Sinne des § 40 Abs. 1 und des § 42 erfüllen, auf Antrag einen Zuschuß zu ihren notwendigen Aufwendungen. Der Zuschuß beträgt 30 v. H. der Unterhaltungskosten, die in dem vorhergehenden Jahr entstanden sind. Für die Unterhaltung von Gewässern, die in der bebauten Ortslage auch der Fortleitung von Abwasser dienen, werden Zuschüsse insoweit nicht gewährt, als das Gewässer überbaut oder verrohrt ist. Aufwendungen zur Erhaltung der Befahrbarkeit mit Wasserfahrzeugen und zur Beseitigung der dadurch entstandenen Schäden sind nicht zuschußfähig.

(2) Wasser- und Bodenverbände, die Schöpfwerke zum Zweck der schadlosen Abführung von Wasser betreiben, erhalten auf Antrag vom Land einen Zuschuß von 70 v. H. der Betriebs- und Unterhaltungskosten, die im vorhergehenden Jahr entstanden sind. Dies gilt nicht für Schöpfwerke, die ganz oder überwiegend der Abführung von Abwasser dienen.

---

3) § 51 Abs. 1 Satz 2 in der Fassung der Bekanntmachung vom 17. Januar 1983 (GVOBl SchlH S. 24) gilt bis zum 31. Dezember 1996 fort, soweit bei Inkrafttreten dieses Gesetzes Zuschüsse für die Unterhaltungen von Rohrleitungen unbeschadet ihrer Gewässereigenschaft gewährt wurden.

(3) Die oberste Wasserbehörde wird ermächtigt, durch Verordnung

1. die zuschußfähigen Unterhaltungsaufwendungen zu bestimmen; dabei kann vorgesehen werden, daß

    a) als Aufwendungen im Sinne von Absatz 1 auch solche Maßnahmen zur naturnahen Umgestaltung eines Gewässers gelten, die anstelle einer an sich notwendigen Unterhaltungsmaßnahme durchgeführt werden sollen,

    b) für Aufwendungen nach Buchstabe a sowie für bestimmte Aufwendungen, die in besonderem Maße einer naturnahen Gewässerunterhaltung dienen, abweichend von Absatz 1 ein Zuschuß von bis zu 60 v. H. gewährt wird; ersparte Aufwendungen sind dabei anzurechnen.

    wenn diese Aufwendungen vor ihrer Durchführung von denjenigen, die die Unterhaltungspflicht erfüllen, in Gewässerpflegeplänen nach Art, Umfang und Zeitpunkt beschrieben sind,

2. die Form und den Inhalt der Gewässerpflegepläne (Nr. 1), sowie das Verfahren ihrer Aufstellung und Genehmigung zu bestimmen,

3. die Voraussetzungen und das Verfahren für die Gewährung und die Rückzahlung der Zuschüsse einschließlich ihrer Verzinsung und die Prüfung der Verwendung zu regeln,

4. zu bestimmen, daß anstelle der Erstattung auf Grund der nachgewiesenen Unterhaltungskosten die Zuschüsse für jeden Anspruchsberechtigten als Pauschalbetrag ganz oder teilweise auf der Grundlage des mittleren Wertes aller zuschußfähigen Aufwendungen innerhalb eines Zeitraumes, der fünf Jahre nicht unterschreiten soll, unter Berücksichtigung der zu erwartenden Veränderungen festgesetzt werden,

5. zu regeln, daß Zuschüsse erst gewährt werden, wenn die Unterhaltungskosten je Hektar einen zu bestimmenden Betrag, der vom Unterhaltungspflichtigen zu tragen ist, überschreiten,

6. zu bestimmen, daß Zuschüsse je nach der Flächenbelastung der Unterhaltungspflichtigen gestaffelt bis zu 40 v. H., bei den Schöpfwerken bis zu 80 v. H. der Unterhaltungskosten gewährt werden; dabei können regionale Unterschiede in der Gewässerunterhaltung berücksichtigt werden.

Abschnitt II: Ausbau

§ 52 Gewässerausbau
(zu § 31 WHG)

Gewässer dürfen nur so ausgebaut werden, daß insbesondere durch Bepflanzungen an Ufern und Böschungen natürliche Lebensgemeinschaften von Pflanzen und Tieren erhalten bleiben oder sich neu entwickeln können, sofern das Wohl der Allgemeinheit nicht etwas anderes erfordert.

2 · LWG

Hinweis zu § 52

Richtlinien für die Förderung von Maßnahmen zur naturnahen Gestaltung von Fließgewässern vom 21. 6. 1991 (ABl SchlH. S. 451)

§ 53 Besondere Pflichten hinsichtlich des Ausbaues

Soweit es zur Vorbereitung oder zur Durchführung des Ausbauunternehmens erforderlich ist, haben Anlieger und Hinterlieger nach vorheriger Ankündigung zu dulden, daß der Ausbauunternehmer oder dessen Beauftragte die Grundstücke betreten und vorübergehend benutzen. Entstehen Schäden, so kann der Geschädigte Schadenersatz verlangen.

§ 54 Vorteilsausgleich

(1) Die Eigentümer der Ufergrundstücke haben zum Ausbau der Ufer, soweit er nach dem festgestellten Plan zur Erhaltung, Sicherung oder Verbesserung des Wasserabflusses im Gewässer erforderlich ist, dem Unternehmer einen angemessenen Kostenbeitrag zu leisten. Der Beitrag darf die Vorteile nicht übersteigen, die den Eigentümern durch Sicherung des Bestandes ihrer Ufergrundstücke erwachsen.

(2) Absatz 1 gilt entsprechend, wenn der Ausbau unter der Uferlinie durchgeführt werden muß, um einer künftigen Behinderung des Wasserabflusses durch Uferabbrüche vorzubeugen.

§ 55 Pflicht zum Ausbau

(1) Bei Gewässern zweiter Ordnung kann die Wasserbehörde den Unterhaltungspflichtigen zum Ausbau anhalten, wenn das Wohl der Allgmeinheit es erfordert. Es kann insbesondere angeordnet werden, daß nicht naturnah ausgebaute Gewässer innerhalb zu bestimmender Fristen in einen naturnahen Zustand zurückzuführen sind.

(2) Legt der Ausbau dem Unterhaltungspflichtigen Lasten auf, die in keinem Verhältnis zu dem ihm dadurch erwachsenden Vorteil und seiner Leistungsfähigkeit stehen, so kann der Ausbau nur erzwungen werden, wenn das Land sich an der Aufbringung der Kosten angemessen beteiligt und der Verpflichtete hierdurch ausreichend entlastet wird.

SECHSTER TEIL: Sicherung des Wasserabflusses

Abschnitt I: Anlagen in und an oberirdischen Gewässern

§ 56 Genehmigung

(1) Die Errichtung oder die wesentliche Veränderung von Anlagen in oder an oberirdischen Gewässern bedarf der Genehmigung der Wasserbehörde. Ausgenommen sind Anlagen, die einer nicht erlaubnisfreien Benutzung, der Unterhaltung oder dem Ausbau des Gewässers dienen, sowie Anlagen in oder an Bundes-

wasserstraßen im Sinne des Bundeswasserstraßengesetzes und Anlagen, die nach § 19 a WHG und § 139 genehmigungspflichtig sind, sofern durch sie eine Verunreinigung des Wassers oder eine nachteilige Veränderung seiner Eigenschaften oder des Wasserabflusses nicht zu besorgen ist.

(2) Die Genehmigung ist bei der Wasserbehörde zu beantragen. Dem Antrag sind die zur Beurteilung erforderlichen Pläne (Zeichnungen, Nachweisungen und Beschreibungen) beizufügen. In der Genehmigung sind Nebenbestimmungen nach § 107 des Landesverwaltungsgesetzes zulässig. Die Genehmigung gilt als erteilt, wenn die Wasserbehörde nicht binnen zwei Monaten nach Eingang des Antrages anders entscheidet.

(3) Die Genehmigung darf nur versagt werden, wenn zu erwarten ist, daß das beabsichtigte Unternehmen das Wohl der Allgemeinheit, insbesondere die öffentliche Sicherheit oder Ordnung, beeinträchtigt.

Hinweise zu § 56

1. Wegen der Baugenehmigungsfreiheit von Durchlässen und Brücken bis 5 m Lichtweite und von Stegen vgl. § 62 Nrn 19, 23 LBO

2. Hinsichtlich der Errichtung oder wesentlichen Veränderung von baulichen Anlagen in Erholungsschutzstreifen sind zu beachten § 40 LPflegG und Rd Erl vom 28. 9. 1984 über bauliche Anlagen in Erholungsschutzstreifen (ABl SchlH. S. 399)

3. Gemäß § 31 Abs. 1 Nr. 2 WaStrG bedarf die Errichtung, die Veränderung und der Betrieb von Anlagen in, über oder unter einer Bundeswasserstraße oder an ihrem Ufer einer strom- und schiffahrtspolizeilichen Genehmigung des Wasser- und Schiffahrtsamtes, wenn durch die beabsichtigte Maßnahme eine Beeinträchtigung des für die Schiffahrt erforderlichen Zustandes der Bundeswasserstraße oder der Sicherheit und Leichtigkeit des Verkehrs zu erwarten ist.

Abschnitt II: Überschwemmungsgebiete

§ 57 Genehmigung

(1) Wer in Gebieten, die bei Hochwasser oder Sturmflut überschwemmt werden und die deswegen zu Überschwemmungsgebieten erklärt worden sind, die Erdoberfläche erhöhen oder vertiefen, Anlagen herstellen oder beseitigen, Bäume oder Sträucher pflanzen will, bedarf der Genehmigung der Wasserbehörde.

(2) Die Genehmigung darf nur versagt werden, soweit der Hochwasserschutz es erfordert und Nachteile durch Bedingungen und Auflagen weder verhütet noch ausgeglichen werden können. Baurechtliche Vorschriften bleiben unberührt.

Hinweis zu § 57

Vgl. auch § 62 Nrn 5, 8, 10 LBO

2 · LWG

§ 58 Anordnung

In Überschwemmungsgebieten kann die Wasserbehörde im Interesse eines schadlosen Hochwasserabflusses anordnen, daß der Eigentümer oder der Nutzungsberechtigte eines Grundstücks Hindernisse aller Art beseitigt, das Grundstück anders bewirtschaftet, Maßnahmen zur Verhütung von Auflandungen trifft und Vertiefungen einebnet. Stellt die Anordnung eine Enteignung dar, so ist dafür Entschädigung zu leisten.

§ 59 Verordnung
(zu § 32 WHG)

(1) Die oberste Wasserbehörde wird ermächtigt, durch Verordnung Überschwemmungsgebiete zur Sicherung eines schadlosen Hochwasserabflusses festzusetzen. § 4 Abs. 2 gilt sinngemäß.

(2) In der Verordnung kann bestimmt werden, daß

1. Handlungen im Sinne des § 57, die den Hochwasserabfluß nicht oder nur unerheblich beeinflussen, keiner Genehmigung bedürfen,

2. Eigentümer und Nutzungsberechtigte von Grundstücken, die im Überschwemmungsgebiet liegen, Maßnahmen im Sinne des § 58 zu treffen haben,

3. nur mit Genehmigung der Wasserbehörde Stoffe gelagert oder Bodenbestandteile entnommen werden dürfen.

(3) Stellt die Verordnung eine Enteignung dar, so ist dafür Entschädigung zu leisten.

Hinweise zu § 59

Auf Grund von § 66 a. F., dem Vorgänger des jetzigen § 59 sind erlassen worden die Landesverordnungen zur Festsetzung eines Überschwemmungsgebietes an der Pinnau und ihrer Nebenläufen Mühlenau und Bilsbek vom 23. 12. 1975 (GVOBl 1976 S. 19), Krückau und ihrem Nebenlauf Offenau vom 15. 9. 1976 (GVOBl S. 230), Stör und an der Bramau vom 15. 2. 1977 (GVOBl S. 40), Unteren Trave vom 7. 11. 1977 (GVOBl S. 486), Bille vom 5. 6. 1984 (GVOBl S. 123), Alster vom 18. 9. 1985 (GVOBl S. 354)

Abschnitt III: Wild abfließendes Wasser

§ 60 Veränderung wild abfließenden Wassers

(1) Der Eigentümer eines Grundstücks darf den Ablauf des wild abfließenden Wassers nicht künstlich so verändern, daß tiefer liegende Grundstücke dadurch beeinträchtigt werden.

(2) Dies gilt nicht, wenn der Eigentümer die wirtschaftliche Nutzung des Grundstücks ändert.

§ 61 Aufnahme wild abfließenden Wassers

(1) Der Eigentümer eines Grundstücks kann das oberirdisch von einem anderen Grundstück wild abfließende Wasser von seinem Grundstück abhalten.

(2) Der Eigentümer eines höher liegenden Grundstücks kann von den Eigentümern tiefer liegender Grundstücke verlangen, daß sie das von seinem Grundstück wild abfließende Wasser aufnehmen, wenn

1. das Wasser von seinem Grundstück nicht oder nur mit unverhältnismäßig hohen Kosten abgeleitet werden kann oder

2. sein Grundstück landwirtschaftlich oder forstwirtschaftlich genutzt wird.

(3) Können die Eigentümer der tiefer liegenden Grundstücke das Wasser nicht oder nur mit unverhältnismäßig hohen Kosten weiter ableiten, so brauchen sie es nur aufzunehmen, wenn der Vorteil für den Eigentümer des höher liegenden Grundstücks erheblich größer ist als ihr Schaden. Sie sind zu entschädigen.

Hinweis zu § 61

Nachbarrechtsgesetz für das Land Schleswig-Holstein (Nachb G SchlH) vom 24. 2. 1971 (GVOBl S. 54) zuletzt geändert durch Art. 4 LPfleg AnpG vom 19. 11. 1982 (GVOBl S. 256/281):

Abschnitt VIII: Traufe

NachbG § 26

(1) Der Eigentümer und der Nutzungsberechtigte eines Grundstücks müssen ihre baulichen Anlagen so einrichten, daß Niederschlagswasser nicht auf das Nachbargrundstück tropft, auf dieses abgeleitet wird oder auf andere Weise dorthin übertritt.

(2) Absatz 1 findet keine Anwendung

1. auf freistehende Mauern entlang öffentlicher Verkehrsflächen oder öffentlicher Grünanlagen;

2. auf Niederschlagswasser, das von einer Nachbar- oder Grenzwand auf das Nachbargrundstück abläuft.

SIEBENTER TEIL: Deiche und Küsten

Abschnitt I: Allgemeine Vorschriften

§ 62 Küstenschutz

Der Schutz der Küsten durch den Bau, die Unterhaltung und Wiederherstellung von Deichen, Dämmen, Buhnen, Deckwerken und von anderen technischen Einrichtungen und Maßnahmen sowie durch die Sicherung und Erhaltung der Watt-, Insel- und Halligsockel, der seewärtigen Dünen, der Strandwälle und des Vorlandes (Küstenschutz) ist eine Aufgabe derjenigen, die davon Vorteile haben, soweit nach Maßgabe der folgenden Bestimmungen nicht andere hierzu verpflichtet sind.

2 · LWG

§ 63 Öffentliche Aufgaben

(1) Der Bau und die Unterhaltung von Deichen und Dämmen, die im Interesse des Wohls der Allgemeinheit erforderlich sind, ist eine öffentliche Aufgabe. Sie obliegt
1. hinsichtlich der Landesschutzdeiche (§ 64 Abs. 2 Nr. 1) dem Land,
2. hinsichtlich der Überlaufdeiche (§ 64 Abs. 2 Nr. 2) auf den Halligen und Inseln und der Dämme zu den Halligen und Inseln, mit Ausnahme des Hindenburgdammes, dem Land,
3. hinsichtlich aller übrigen Deiche (§ 64 Abs. 2 Nr. 2 bis 5) und Dämme den Wasser- und Bodenverbänden. Ist die Bildung eines Wasser- und Bodenverbandes unzweckmäßig, so sind die Gemeinden bau- und unterhaltungspflichtig. Bestehende Verpflichtungen anderer bleiben unberührt.

(2) Die Sicherung der Küsten sowie der Watt-, Insel- und Halligsockel, die im Interesse des Wohls der Allgemeinheit erforderlich ist, ist eine öffentliche Aufgabe des Landes. Dies gilt auch für das Vorland (§ 66 Abs. 2), soweit dies für die Erhaltung der Schutzfunktion der in der Unterhaltungspflicht des Landes stehenden Deiche erforderlich ist. Die Pflicht zur Sicherung der Küsten beschränkt sich auf den Schutz von im Zusammenhang bebauten Gebieten. Bestehende Verpflichtungen anderer bleiben unberührt.

(3) Ist ungewiß oder streitig, wer zur Unterhaltung eines Deiches verpflichtet ist, so haben ihn die Gemeinden innerhalb ihrer Grenzen vorläufig zu unterhalten. Die Gemeinden können von den Unterhaltungspflichtigen Ersatz ihrer Aufwendungen verlangen.

(4) Diejenigen, deren Grundstücke geschützt werden, können zu den Kosten des Baus und der Unterhaltung nach dem Maß ihres Vorteils herangezogen werden. Im Streitfall setzt die Wasserbehörde nach Anhörung der Beteiligten den Betrag fest. Sie kann zulassen, daß anstelle von Geld Arbeiten geleistet oder Baustoffe geliefert werden.

Hinweis zu § 63

Wegen der Zuständigkeit der Ämter für Land- und Wasserwirtschaft hinsichtlich der Landesschutzdeiche s. § 3 Abs. 2 Nr. 3 des Gesetzes einer Neuordnung der landwirtschaftlichen Staats- und Selbstverwaltung i. d. F. d. Art. 2 LWG-ÄndG vom 7. 5. 1979 (GVOBl SchlH. S. 328/337) und des Art. 7 LPflegAnpG vom 19. 11. 1982 (GVOBl SchlH. S. 256/283) sowie die LVO vom 22. 4. 1986 (GVOBl SchlH. S. 89)

§ 64 Deiche und ihre Einteilung

(1) Deiche sind künstliche, wallartige Erdaufschüttungen mit befestigten Böschungen, die zum Schutz von Ländereien gegen Überschwemmungen errichtet werden. Dämme sind künstliche Erhöhungen, die zu anderen Zwecken errichtet werden, jedoch auch dem Hochwasserschutz oder Küstenschutz dienen oder den Hochwasserabfluß beeinflussen können.

(2) Die Deiche werden nach ihrer Bedeutung und ihren Aufgaben für den Schutz vor Hochwasser und Sturmfluten in folgende Gruppen eingeteilt:
1. Landesschutzdeiche:

Deiche in der ersten Deichlinie im Einflußbereich der Nord- und Ostsee, die dazu dienen, ein Gebiet vor allen Sturmfluten zu schützen;

2. Überlaufdeiche:
Deiche in der ersten Deichlinie im Einflußbereich der Nord- und Ostsee, die dazu dienen, ein Gebiet unter Hinnahme eingegrenzter Überschwemmungen vor Sturmfluten zu schützen und deren Sollabmessungen eine schadlose Überströmung zulassen;

3. Sonstige Deiche:
Deiche in der ersten Deichlinie im Einflußbereich der Nord- und Ostsee, die nicht unter die Nummern 1 und 2 fallen und die dazu dienen, ein Gebiet vor Überschwemmungen zu schützen;

4. Mitteldeiche:
Deiche in der zweiten Deichlinie im Einflußbereich der Nord- und Ostsee, die dazu dienen, im Falle der Zerstörung eines Landesschutzdeiches Überschwemmungen einzuschränken;

5. Binnendeiche:
Deiche, die dazu dienen ein Gebiet vor Überschwemmungen durch abfließendes Niederschlagswasser zu schützen.

§ 65 Bestandteile und Abmessungen der Deiche

(1) Deiche bestehen aus dem Deichkörper und dem Deichzubehör. Zum Deichkörper gehören insbesondere Schleusen, Siele, Stöpen, Mauern, Rampen und Deichverteidigungswege. Zum Deichzubehör gehören die Schutzstreifen beiderseits des Deichkörpers sowie Sicherungsanlagen, die unmittelbar der Erhaltung des Deichkörpers und der Schutzstreifen dienen. Bei Landesschutzdeichen ist der äußere Schutzstreifen 20 m, der innere Schutzstreifen 10 m breit. Bei Überlauf-, Mittel- und sonstigen Deichen ist der äußere Schutzstreifen 10 m, der innere Schutzstreifen 5 m breit. Binnendeiche haben Schutzstreifen von je 5 m Breite.

(2) Die oberste Wasserbehörde bestimmt abschnittsweise die Sollabmessungen (Bestick)

1. für Landesschutzdeiche entsprechend dem maßgebenden Sturmflutwasserstand, der maßgebenden Wellenauflaufhöhe und einem Sicherheitsmaß,

2. für Überlaufdeiche entsprechend der Überlaufhäufigkeit die hingenommen wird.

(3) Für Mitteldeiche ist mindestens das Bestick festzusetzen, das bei der Widmung zum Mitteldeich maßgeblich ist. Ist das Bestick nicht mehr feststellbar, so ist es von der Wasserbehörde festzusetzen. Dabei ist die Fläche zwischen Landesschutz- und Mitteldeich zu berücksichtigen. Das Bestick für Binnendeiche ergibt sich aus dem Plan oder Anlagenverzeichnis des Unterhaltungspflichtigen.

(4) Die Wasserbehörde hat mindestens alle zehn Jahre zu prüfen, ob die tatsächlichen Abmessungen den Sollabmessungen entsprechen. Gefährdete Deichstrecken sind in kürzeren Zeitabständen zu prüfen. Die Wasserbehörde kann von dem Unterhaltungspflichtigen den Nachweis verlangen, daß die tatsächlichen Abmessungen mit den Sollabmessungen übereinstimmen.

(5) Besitzt ein Deich die in den Absätzen 1 bis 3 genannten Merkmale nicht, so kann die untere Wasserbehörde den Bau- und Unterhaltungspflichtigen (§§ 62, 63) anhalten, den Deich in dem erforderlichen Umfang herzustellen.

§ 66 Begriffsbestimmungen

(1) Halligwarften sind flächenhafte Aufhöhungen zum Schutz vor Hochwasser und Sturmfluten.

(2) Vorland ist das bewachsene Land zwischen der wasserseitigen Grenze des äußeren Schutzstreifens eines Deiches und der Uferlinie (§ 95).

(3) Meeresstrand ist der aus Sand, Kies, Geröll, Geschiebelehm oder ähnlichem Material bestehende und im Wirkungsbereich der Wellen liegende Küstenstreifen, der seewärts durch die Uferlinie und landseitig durch den Beginn des geschlossenen Pflanzenwuchses, den Böschungsfuß des Steilufers, den Dünenfuß oder den Fuß des Deiches begrenzt wird.

(4) Dünen sind oberhalb des Meeresstrandes in der Regel durch Windeinfluß gebildete Sandaufhäufungen.

(5) Steilufer sind oberhalb des Meeresstrandes oder der Uferlinie dem Wellenangriff ausgesetzte, steil ansteigende natürliche Geländestufen.

(6) Strandwälle sind die von der Brandung im Bereich der Uferlinie aufgeworfenen Aufhäufungen von Sand, Kies oder Geröll.

Abschnitt II: Deiche, Vorland, Halligwarften

§ 67 Widmung, Umwidmung, Entwidmung von Deichen

(1) Ein Deich erhält die Eigenschaft eines Landesschutz-, Überlauf-, Mittel-, Binnen- oder sonstigen Deiches durch Widmung. Wird ein Deich verbreitert, erhöht oder begradigt, so gelten die neu hinzukommenden Teile mit der Bauabnahme als gewidmet. Deiche, die am 15. Januar 1981 nicht gewidmet waren, gelten als gewidmet, und zwar als Deich derjenigen Gruppe im Sinne des § 64 Abs. 2, der er seiner Aufgabe und Bedeutung nach angehört.

(2) Haben sich Aufgabe oder Bedeutung eines Deiches geändert, so ist er entsprechend umzuwidmen.

(3) Deiche, die ihre Schutzfunktion im Sinne des § 64 verloren haben, sind zu entwidmen.

(4) Die Widmung, Umwidmung oder Entwidmung wird nach Anhörung der Unterhaltungspflichtigen von der obersten Wasserbehörde verfügt und im Amtsblatt für Schleswig-Holstein bekanntgemacht. Dies gilt nicht für die in Absatz 1 Satz 2 genannten Fälle. Gilt ein Deich nach Absatz 1 Satz 3 als gewidmet, so ist dies ebenfalls bekanntzumachen.

§ 68 Bau von Deichen, Dämmen und Sperrwerken
(zu § 31 WHG)

Das Errichten, Beseitigen, Verstärken oder wesentliche Umgestalten von Deichen, Dämmen oder Sperrwerken in oder an Küstengewässern, die dem Schutz gegen Sturmfluten oder in anderer Weise dem Küstenschutz dienen, bedarf der Planfeststellung. § 31 Abs. 1 Satz 3 und Abs. 2 WHG ist anzuwenden.

Hinweis zu § 68

Zur Förderung von Deichbaumaßnahmen vgl. § 1 Abs. 5 Gesetz über die Gemeinschaftsaufgabe "Verbesserung der Agrarstruktur und des Küstenschutzes" in der Bekanntmachung vom 21. 7. 1988 (BGBl. I S. 1035)

§ 69 Unterhaltung von Deichen

(1) Die Unterhaltung umfaßt die Pflicht, den Deich in seinem Bestand und in seinen Abmessungen so zu erhalten, daß er seinen Schutzzweck jederzeit erfüllen kann. Wenn ein Deich die in § 65 bestimmten Merkmale nicht mehr besitzt, ist er so wiederherzustellen, daß die vorgeschriebenen Anforderungen erreicht werden.

(2) Im Rahmen der Unterhaltung des Deiches hat der Unterhaltungspflichtige insbesondere

1. die Grasnarbe so zu pflegen, daß sie dem Wasserangriff ausreichend Widerstand leisten kann, insbesondere Anschwemmungen (Treibsel) so rechtzeitig zu entfernen, daß die Grasnarbe keinen Schaden erleidet,
2. Beschädigungen des Deiches und der Grasnarbe unverzüglich zu beseitigen und
3. für den Deich schädliche Tiere zu bekämpfen.

(3) Anlagen, die am oder im Deichkörper sowie am oder im Deichzubehör Bestandteile eines Deiches sind (§ 65), sind von denjenigen zu unterhalten, die sie errichtet haben oder die sie betreiben. Unterhaltungspflichten anderer bleiben unberührt. Die Unterhaltungspflichtigen haben die Anlagen entsprechend den Anforderungen des Küstenschutzes zu unterhalten und die Kosten der Deichunterhaltung zu erstatten, die durch die Anlagen bedingt sind.

§ 70 Benutzungen

(1) Jede Benutzung des Deiches, die seine Wehrfähigkeit beeinträchtigen kann, ist unzulässig. Insbesondere ist es verboten, auf oder in dem Deich

1. Vieh zu treiben, Großvieh zu weiden oder andere Haus- und Nutztiere zu halten,
2. zu reiten oder mit Fahrzeugen aller Art, mit Ausnahme von Fahrrädern außerhalb der dem öffentlichen Verkehr gewidmeten Deichverteidigungswege und der Überfahrten zu fahren oder zu parken,
3. Material, Geräte oder Boote zu lagern,
4. Anlagen zu errichten oder wesentlich zu ändern sowie Gegenstände aller Art, insbesondere Badekabinen, Strandkörbe, Bänke, Buden oder Stände aufzustellen, zu lagern oder abzulagern, Zäune, Brücken oder Deichtreppen zu errichten sowie Rohre oder Kabel zu verlegen,

2 · LWG

5. Veranstaltungen durchzuführen,
6. Bäume oder Sträucher zu pflanzen,
7. Gräser oder Treibsel abzubrennen und
8. nicht angeleinte Hunde mitzuführen.

Verbote oder Beschränkungen nach anderen Rechtsvorschriften bleiben unberührt.

(2) Die Verbote nach Absatz 1 gelten nicht für Maßnahmen, die der Erhaltung und Verbesserung der Wehrfähigkeit, der Unterhaltung, der Wiederherstellung oder der Verteidigung des Deiches oder der Bewirtschaftung des Vorlandes dienen.

(3) Die untere Wasserbehörde kann auf Antrag Ausnahmen von den Verboten nach Absatz 1 zulassen, wenn die Wehrfähigkeit und die ordnungsgemäße Unterhaltung des Deiches nicht beeinträchtigt werden und entweder das Verbot im Einzelfall zu einer unbilligen Härte führen würde oder eine Ausnahme im Interesse des Wohls der Allgemeinheit erforderlich ist.

§ 71 Deichschau

(1) Der ordnungsgemäße Zustand der Landesschutz- und Überlaufdeiche ist mindestens im Frühjahr eines jeden Jahres, derjenige aller weiteren Deiche mindestens alle zwei Jahre zu schauen.

(2) An der Deichschau von Landesschutzdeichen und Überlaufdeichen sind Vertreter der unteren Katastrophenschutzbehörden und der angrenzenden Wasser- und Bodenverbände zu beteiligen. An der Deichschau der übrigen Deiche sind die Unterhaltungspflichtigen zu beteiligen.

§ 72 Eigentum

(1) Das Eigentum an den Landesschutzdeichen, die seit dem 1. Januar 1971 vom Land zu unterhalten sind und an allen übrigen Deichen öffentlich-rechtlicher Körperschaften, die nach § 63 vom Land zu unterhalten sind, geht in dem Umfang unentgeltlich auf das Land über, in dem es dem bisherigen Aufgabenträger zugestanden hat. Die Ministerin oder der Minister für Ernährung, Landwirtschaft, Forsten und Fischerei hat den Antrag auf Berichtigung des Grundbuches oder bei grundbuchfreien Grundstücken auf Fortführung des Katasters zu stellen. Zum Nachweis des Eigentums gegenüber dem Grundbuchamt oder Katasteramt genügt die Bestätigung der Ministerin oder des Ministers für Ernährung, Landwirtschaft, Forsten und Fischerei, daß das Eigentum an den Deichen und deren Zubehör dem Land zusteht.

(2) Verliert ein Deich seine Eigenschaft als Landesschutzdeich, so geht das Eigentum unentgeltlich auf den künftigen Unterhaltungspflichtigen über. Absatz 1 Satz 2 und 3 gilt entsprechend.

§ 73 Förderung durch das Land

Das Land gewährt den Wasser- und Bodenverbänden und Gemeinden, die Deiche und Dämme nach § 63 zu unterhalten haben auf Antrag einen Zuschuß zu ihren Aufwendungen. Der Zuschuß beträgt 40 v. H. der Unterhaltungskosten, die im vorhergehenden Jahr entstanden sind. Die oberste Wasserbehörde wird ermächtigtr, durch Verordnung die zuschußfähigen Unterhaltungsaufwendungen zu bestimmen. § 51 Abs. 3 Nr. 3 und 4 gilt entsprechend.

§ 74 Übertragung der Unterhaltungspflicht

Die Unterhaltungspflicht kann durch öffentlich-rechtlichen Vertrag auf einen Dritten übertragen werden. Der Vertrag bedarf der Genehmigung der Wasserbehörde.

§ 75 Halligwarften

(1) Die Böschungen der Halligwarften (§ 66 Abs. 1) sind von den Eigentümern und Nutzungsberechtigten wehrfähig zu halten. § 69 Abs. 2 und § 70 gelten entsprechend. Entlang der oberen Böschungskante ist ein 4 m breiter Schutzstreifen von jeder Bebauung, Bepflanzung und schädigenden Nutzung freizuhalten.

(2) Eine Halligwarft darf nur mit Zustimmung der Wasserbehörde verbreitert oder erhöht werden.

§ 76 Vorland

Durch die Nutzung des Vorlandes dürfen die Belange des Küstenschutzes, insbesondere die Sicherheit und die Unterhaltung der Deiche, nicht beeinträchtigt werden. Die Eigentümer und Nutzungsberechtigten sind verpflichtet, das Vorland im Interesse des Küstenschutzes zu pflegen. Die Nutzung und die Pflege sollen so erfolgen, daß die vorhandenen Pflanzen- und Tierbestände nicht wesentlich beeinträchtigt werden. § 70 gilt entsprechend.

Abschnitt III: Sicherung und Erhaltung der Küste

§ 77 Genehmigungspflicht für Anlagen an der Küste

Küstenschutzanlagen wie Lahnungen, Buhnen, Mauern, Deckwerke, Siele, Schleusen oder Dämme und sonstige Anlagen an der Küste wie Brücken, Treppen, Stege, Pfahlwerke, Zäune, Rohr- und Kabelleitungen, Gräben oder Wege dürfen nur mit Genehmigung der unteren Wasserbehörde errichtet, wesentlich geändert oder beseitigt werden. Die Genehmigung ist zu versagen, wenn von der Anlage eine Beeinträchtigung des Wohls der Allgemeinheit, insbesondere der Belange des Küstenschutzes oder der öffentlichen Sicherheit zu erwarten ist, die nicht durch Auflagen verhütet oder ausgeglichen werden kann. Genehmigungspflichten nach anderen Rechtsvorschriften bleiben unberührt.

2 · LWG

§ 78 Nutzungsverbote

(1) Auf Küstenschutzanlagen (§ 77), in den Dünen und auf den Strandwällen ist es verboten,

1. schützenden Bewuchs wesentlich zu verändern oder zu beseitigen,
2. Sand, Kies, Geröll, Steine oder Grassoden zu entnehmen,
3. Liegeplätze für Wasserfahrzeuge oder Netztrockenplätze einzurichten,
4. Anlagen jeder Art zu errichten, wesentlich zu ändern oder aufzustellen sowie Material, Gegenstände oder Geräte zu lagern oder abzulagern,
5. Vieh aufzutreiben oder laufen zu lassen,
6. Abgrabungen, Aufschüttungen, Auf- oder Abspülungen oder Bohrungen vorzunehmen.

(2) An Steilufern und innerhalb eines Bereiches von 50 m landwärts der oberen Böschungskante gilt Absatz 1 Nr. 1, 2, 4 und 6 entsprechend.

(3) Auf dem Meeresstrand und auf dem Meeresboden in einem Bereich von weniger als 6 m Wassertiefe unter Seekarten-Null und von 200 m Entfernung von der Küstenlinie gilt Absatz 1 Nr. 1, 2 und 6 entsprechend.

(4) Verbote oder Beschränkungen nach anderen Rechtsvorschriften bleiben unberührt. Die untere Wasserbehörde kann auf Antrag von den Verboten der Absätze 1, 2 und 3 Ausnahmen zulassen, wenn die Belange des Küstenschutzes nicht beeinträchtigt werden und entweder das Verbot im Einzelfall zu einer unbilligen Härte führen würde oder eine Ausnahme im Interesse des Wohls der Allgemeinheit erforderlich ist.

§ 79 Nutzungsbeschränkungen

Die untere Wasserbehörde kann zur Sicherung und Erhaltung der Küste die Nutzung und Benutzung des Meeresstrandes, des Meeresbodens, der Strandwälle, der Dünen, der Steilufer und der sonstigen Flächen und Anlagen, die dem Küstenschutz und der Landerhaltung zu dienen bestimmt oder geeignet sind, durch Verfügung regeln, beschränken oder untersagen.

Abschnitt IV: Gemeinsame Vorschriften, Übergangsvorschriften

§ 80 Bauverbote

(1) Bauliche Anlagen dürfen in einer Entfernung

1. bis zu 50 m landwärts vom Fußpunkt der Innenböschung von Landesschutzdeichen,
2. bis zu 100 m landwärts von der oberen Böschungskante eines Steilufers oder vom seewärtigen Fußpunkt der Dünen,
3. bis zu 100 m landwärts von der Küstenlinie und
4. im Vorland

nicht errichtet oder wesentlich geändert werden.

(2) Absatz 1 gilt nicht

1. in öffentlichen Häfen,
2. für bauliche Anlagen, die auf Grund eines Planfeststellungsverfahrens, in Ausübung wasserrechtlicher Erlaubnisse oder Bewilligungen oder zum Zwecke des Küstenschutzes errichtet oder wesentlich geändert werden,
3. für die Errichtung oder wesentliche Änderung von Schiffahrtszeichen oder baulichen Anlagen der Wasser- und Schiffahrtsverwaltung des Bundes, die für die Sicherheit und Leichtigkeit des Verkehrs sowie für die Sicherheit der Bundeswasserstraßen erforderlich sind, sowie
4. für bauliche Anlagen, die aufgrund eines bei Inkrafttreten dieses Gesetzes rechtsverbindlichen Bebauungsplanes errichtet oder wesentlich geändert werden oder für die im Bereich von im Zusammenhang bebauten Ortsteilen (§ 34 BauGB) bei Inkrafttreten dieses Gesetzes ein Anspruch auf Bebauung besteht.

(3) Ausnahmen von dem Verbot des Absatzes 1 sind zulässig, wenn sie mit den Belangen des Küstenschutzes und des Hochwasserschutzes vereinbar sind und wenn das Verbot im Einzelfall zu einer besonderen Härte führen würde oder ein dringendes öffentliches Interesse vorliegt. Über Ausnahmen entscheidet gleichzeitig mit der Erteilung der Baugenehmigung oder einer nach anderen Vorschriften notwendigen Genehmigung die dafür zuständige Behörde im Einvernehmen mit der Wasserbehörde.

§ 81 Duldungspflichten

Soweit es zur Planung und zur Durchführung von Maßnahmen zum Bau oder zur Unterhaltung von Deichen, Dämmen oder Küstenschutzanlagen erforderlich ist, haben die Eigentümer und Nutzungsberechtigten der anliegenden und hinterliegenden Grundstücke nach Ankündigung zu dulden, daß die Bau- oder Unterhaltungspflichtigen oder deren Beauftragte die Grundstücke betreten, vorübergehend nutzen oder aus ihnen Bestandteile entnehmen, wenn diese anderweitig nur mit unverhältnismäßig hohen Kosten beschafft werden können. Entstehen Schäden, so können die Betroffenen Schadensersatz verlangen. Das Recht der Wasser- und Bodenverbände bleibt unberührt.

§ 82 Übergangsvorschrift

Das Land trägt den Schuldendienst der Darlehen, die die Wasser- und Bodenverbände vor dem 1. Januar 1971 für Maßnahmen an oder zum Schutz von Landesschutzdeichen aufgenommen haben, sowie die nach dem 1. Januar 1971 entstehenden Betriebs- und Unterhaltungskosten der vom Bund betriebenen Sperrwerke in der Krückau, Pinnau und Stör.

2 · LWG

ACHTER TEIL: Gewässeraufsicht

§ 83 Aufgaben und Pflichten im Rahmen der Gewässeraufsicht

(1) Die Gewässeraufsicht ist Aufgabe der Wasserbehörden, soweit nicht etwas anderes bestimmt ist. Sie haben insbesondere den Ausbau, den Zustand und die Benutzung der Gewässer und ihrer Ufer, den Zustand und die Benutzung der Überschwemmungs- und Wasserschutzgebiete, den Bau, den Zustand und die Benutzung der Deiche und Dämme sowie der im Wasserhaushaltsgesetz, in diesem Gesetz oder in den auf Grund dieser Gesetze erlassenen Vorschriften geregelten Anlagen zu überwachen.

(2) Die Gewässer zweiter Ordnung und ihre Ufer sind nach Bedarf von der Wasserbehörde zu schauen. Bei der Wasserschau kann die Wasserbehörde die örtliche Ordnungsbehörde beteiligen.

(3) Soweit sich die Gewässeraufsicht nicht auf die Benutzung von Gewässern bezieht, gilt § 21 WHG entsprechend. Das Grundrecht auf Unverletzlichkeit der Wohnung (Artikel 13 des Grundgesetzes) wird insoweit eingeschränkt.

(4) Absatz 3 gilt auch für die Erfüllung der den in § 107 Abs. 2 genannten Behörden obliegenden Aufgaben.

Hinweis zu § 83

Für Wasser- und Bodenverbände (Unterhaltungsverbände) vgl. §§ 44, 45, 74 Abs. 1 WVG

§ 84 Bauabnahme

(1) Bauvorhaben, die einer Erlaubnis, Bewilligung, Genehmigung oder Planfeststellung nach dem Wasserhaushaltsgesetz, diesem Gesetz oder nach einer auf Grund dieser Gesetze erlassenen Verordnung bedürfen, sind nach Fertigstellung von der Wasserbehörde daraufhin zu überprüfen, ob sie entsprechend den genehmigten Plänen und Zeichnungen sowie den festgesetzten Bedingungen und Auflagen ausgeführt worden sind (Bauabnahme). Über die beanstandungsfreie Abnahme ist eine Bescheinigung (Abnahmeschein) auszustellen. Vor Aushändigung des Abnahmescheins darf die Anlage nicht benutzt werden. Die Wasserbehörde kann im Einzelfall die Benutzung ganz oder teilweise zulassen oder auf die Abnahme ganz oder teilweise verzichten, wenn eine Gefährdung der öffentlichen Sicherheit und Ordnung nicht zu erwarten ist.

(2) Die Abnahme gilt als erteilt, wenn die Wasserbehörde nicht innerhalb von vier Wochen nach Zugang des Antrages widerspricht.

(3) Die Bauüberwachung nach § 83 Abs. 1 und die Bauabnahme nach Absatz 1 entfallen für Bauvorhaben des Bundes, der Länder, der Kreise, der Gemeinden und sonstigen Körperschaften des öffentlichen Rechts, wenn die Leitung der Entwurfsarbeiten und die Bauüberwachung einem Beamten des höheren bautechnischen Verwaltungsdienstes übertragen sind, sowie für Bauvorhaben, die einer baurechtlichen oder gewerberechtlichen Überwachung oder Abnahme bedürfen.

Hinweis zu § 84

Wegen der Zusammenarbeit zwischen den Behörden der Wasserwirtschaftsverwaltung und den unteren Baubehörden vgl. Gem Erl v. 30. 7. 1979 (ABl SchlH. S. 511), geändert durch Erl v. 24. 4. 1980 (ABl SchlH. S. 325)

§ 85 Kosten der Gewässeraufsicht

(1) Wer der Gewässeraufsicht unterliegt, hat die Kosten für die Überwachung zu tragen.

(2) Die Wasserbehörde kann Kosten, die in Wahrnehmung der Aufgaben der Gewässeraufsicht entstanden sind, demjenigen auferlegen, der das Tätigwerden der Wasserbehörde durch eine unbefugte Benutzung oder durch eine Verletzung von Pflichten nach dem Wasserhaushaltsgesetz, diesem Gesetz oder einer auf Grund dieser Gesetze erlassenen Verordnung veranlaßt hat. Zu diesen Kosten gehören insbesondere Kosten für die Ermittlung des Verantwortlichen.

§ 86 Wassergefahr

(1) Zur sofortigen Abwehr einer Wassergefahr durch Hochwasser, Sturmfluten, Eisgang oder andere Ereignisse haben alle umliegenden Gemeinden, auch wenn sie nicht bedroht sind, auf Anordnung der Wasserbehörde Hilfe zu leisten.

(2) Alle Bewohner der bedrohten und nötigenfalls der umliegenden Gebiete haben auf Anordnung der Wasserbehörde bei den Schutzarbeiten Hilfe zu leisten und erforderliche Arbeitsgeräte, Beförderungsmittel und Baustoffe zu stellen. Die Behörden können nötige Anordnungen sofort zwangsweise durchsetzen.

(3) Bei Gefahr im Verzug haben die örtlichen Ordnungsbehörden anstelle der Wasserbehörde die notwendigen Anordnungen nach den Absätzen 1 und 2 zu treffen. Die Vorschriften des Wasser- und Bodenverbandsrechts über die Wahrnehmung der Deichaufsicht bleiben unberührt.

(4) Auf Verlangen hat die Gemeinde, in deren Interesse Hilfe geleistet wurde, billige Entschädigung zu leisten. Im Streitfall entscheidet die Wasserbehörde über die Höhe der Entschädigung.

§ 87 Wasserwehr

(1) Gemeinden, die Überschwemmungen ausgesetzt sind, die mit Gefahr für Leben oder Eigentum verbunden sind, haben auf ihre Kosten einen Wasserwehrdienst einzurichten. Dies gilt nicht, wenn ein Wasser- oder Bodenverband für das Gemeindegebiet eine Wasserwehr eingerichtet hat.

(2) Kommt in einer Gemeinde der notwendige Wasserwehrdienst auf freiwilliger Grundlage nicht zustande, so hat die Gemeinde die Errichtung zu beschließen. Alle männlichen Gemeindeangehörigen vom 18. bis zum 55. Lebensjahr sind verpflichtet, der Aufforderung zur Dienstleistung in der Wasserwehr nachzukommen.

2 · LWG

Hinweis zu § 87

Vgl. auch Landes-Katastrophenschutzgesetz (LKatSchG) vom 9. 12. 1974 (GVOBl S. 446) § 5

NEUNTER TEIL: Eigentum an den Gewässern

§ 88 Eigentum an den Gewässern erster Ordnung

Die Gewässer erster Ordnung sind Eigentum des Landes, soweit sie nicht Bundeswasserstraßen sind.

Hinweis zu § 88

Zum Eigentum an den Bundeswasserstraßen vgl.

1. Art. 89 GG
Der Bund ist Eigentümer der bisherigen Reichswasserstraßen.
Der Bund verwaltet die Bundeswasserstraßen durch eigene Behörden ...

2. Gesetz über die vermögensrechtlichen Verhältnisse der Bundeswasserstraßen vom 21. 5. 1951 (BGBl. I S. 352) § 1 Abs. 1 Satz 1: Die bisherigenReichswasserstraßen (Binnen- und Seewasserstraßen) sind mit Wirkung vom 24. Mai 1949 als Bundeswasserstraßen Eigentum des Bundes.

3. Bundeswasserstraßengesetz § 1 Abs. 3: Soweit die Erfüllung der Verwaltungsaufgaben des Bundes nicht beeinträchtigt wird, kann das jeweilige Land das Eigentum des Bundes an den Seewasserstraßen und an den angrenzenden Mündungstrichtern der Binnenwasserstraßen unentgeltlich nutzen,

1. wenn die Nutzung öffentlichen Interessen dient, insbesondere zur Landgewinnung, Boden- oder Wasserentnahme, Errichtung von Hafenanlagen, zu Maßnahmen für den Küstenschutz und für den Wasserabfluß sowie für die Durchführug des Badebetriebes,

2. zur Ausübung des Jagdrechts, der Muschelfischerei, der Schillgewinnung, der Landwirtschaft sowie der aus dem Eigentum sich ergebenden Befugnisse zur Nutzung von Bodenschätzen.

Das Land wird Eigentümer der nach Nummer 1 gewonnenen Land- und Hafenflächen und errichteten Bauwerke. Es kann die Nutzungsbefugnisse nach Nummer 1 und 2 im Einzelfall auf einen Dritten übertragen. Rechte Dritter bleiben unberührt.

§ 89 Eigentum an den Gewässern zweiter Ordnung

(1) Die Gewässer zweiter Ordnung gehören den Eigentümern der Ufergrundstücke.

(2) Gehören die Ufergrundstücke verschiedenen Eigentümern, so ist die Eigentumsgrenze

1. für gegenüberliegende Ufergrundstücke eine Linie, die durch die Mitte des Gewässers bei Mittelwasserstand und im Tidegebiet bei mittlerem Tidehochwasserstand führt.

2. für nebeneinanderliegende Ufergrundstücke eine Linie, die von dem Endpunkt der Landgrenze rechtwinklig zu der in Nummer 1 bezeichneten Linie führt.

Abweichende Vereinbarungen sind zulässig.

(3) Als Mittelwasserstand gilt das Mittel der Wasserstände derjenigen zwanzig Jahre, die jeweils dem letzten Jahr vorangehen, dessen Jahreszahl durch zehn teilbar ist. Das mittlere Tidehochwasser ist das Mittel der Tidehochwasserstände der zehn Jahre, die der Festsetzung der Mittellinie vorangehen. Liegen keine Pegelbeobachtungen für diesen Zeitraum vor, so kann eine andere Jahresreihe verwendet werden.

§ 90 Eigentum an den Außentiefs

Die Außentiefs (§ 3 Abs. 1 Nr. 1 Buchst. e) gehören denjenigen, die nach § 41 unterhaltungspflichtig sind. Im Falle des § 41 Abs. 2 steht das Eigentum denjenigen zu, die die Unterhaltungspflicht erfüllen (§ 42).

§ 91 Eigentum an kommunalen Häfen in Küstengewässern

Kommunale Häfen in Küstengewässern und ihre Hafeneinfahrten soweit sie nicht Seewasserstraßen sind, gehören ihren Trägern.

§ 92 Bisheriges Eigentum

Bisherige Eigentums- und Aneignungsrechte an den Gewässern im Sinne der §§ 88, 89, 90 und 91 bleiben unberührt.

§ 93 Inseln

Inseln, die sich im Gewässer bilden, gehören den Eigentümern des Gewässers innerhalb ihrer Eigentumsgrenzen.

§ 94 Verlandungen an oberirdischen Gewässern

(1) Eine Verlandung an oberirdischen Gewässern, die durch allmähliches Anlanden oder durch Zurücktreten des Wassers entstanden ist, wächst den Eigentümern der Ufergrundstücke zu, wenn

1. sie mit dem bisherigen Ufer bei Mittelwasserstand und im Tidegebiet bei mittlerem Tidehochwasserstand zusammenhängt,

2. sich darauf Pflanzenwuchs gebildet hat und

3. seitdem drei Jahre verstrichen sind.

(2) Bei Seen und Teichen, die nicht den Eigentümern der Ufergrundstücke gehören, fallen Verlandungen den Eigentümern des Gewässers zu.

2 · LWG

§ 95 Uferlinie

(1) Die Grenze zwischen dem Gewässer und den Ufergrundstücken (Uferlinie) wird durch die Linie des Mittelwasserstandes und im Tidegebiet durch die Linie des mittleren Tidehochwasserstandes bestimmt.

(2) Die Wasserbehörde kann die Uferlinie festsetzen und angemessen bezeichnen. Die Anlieger (§ 24 Abs. 2 WHG) und die sonst Beteiligten sind vorher zu hören.

Hinweis zu § 95

Für Bundeswasserstraßen vgl. § 3 WaStrG:

WaStrG § 3 Erweiterung und Durchstiche

(1) Werden Landflächen an einer Bundeswasserstraße zum Gewässer und wird dadurch das Gewässerbett der Bundeswasserstraße für dauernd erweitert, so ist das Gewässer ein Teil der Bundeswasserstraße.

(2) Das Eigentum an der Erweiterung wächst dem Bund zu. Ist die Erweiterung künstlich herbeigeführt, hat derjenige, der sie veranlaßt hat, den bisherigen Eigentümer zu entschädigen.

(3) Die Absätze 1 und 2 gelten auch für Durchstiche an Bundeswasserstraßen.

§ 96 Duldungspflicht des Gewässereigentümers

Der Eigentümer eines Gewässers hat unentgeltlich zu dulden, daß das Gewässer auf Grund einer Erlaubnis oder einer Bewilligung nach § 3 WHG benutzt wird. Dies gilt nicht für eine Benutzung nach § 3 Abs. 1 Nr. 3 WHG und für die Benutzung künstlicher Gewässer.

ZEHNTER TEIL: Zwangsrechte

§ 97 Verändern oberirdischer Gewässer

(1) Zugunsten eines Unternehmens, das der Entwässerung von Grundstücken, der Beseitigung von Abwässern oder der besseren Ausnutzung einer Triebwerksanlage dient, kann der Unternehmer von den Eigentümern eines oberirdischen Gewässers und von den Eigentümern der zur Durchführung des Unternehmens erforderlichen Grundstücke verlangen, daß sie Veränderungen des Gewässers (Vertiefungen, Verbreiterungen, Durchstiche, Verlegungen) dulden, die einem besseren Abfluß des Wassers dienen.

(2) Dies gilt nur, wenn das Unternehmen anders nicht zweckmäßig oder nur mit erheblichen Mehrkosten durchgeführt werden kann, der zu erwartende Nutzen den Schaden der Betroffenen erheblich übersteigt und wasserwirtschaftliche Nachteile allgemeiner Art nicht zu befürchten sind.

(3) Die Duldungspflicht erstreckt sich nicht auf Gebäude, Verkehrsanlagen, Hofräume und Gärten.

§ 98 Anschluß von Stauanlagen

(1) Will der Anlieger auf Grund einer Erlaubnis oder einer Bewilligung eine Stauanlage errichten, so kann er von den Eigentümern der gegenüberliegenden Grundstücke verlangen, daß sie den Anschluß dulden.

(2) Dies gilt zugunsten des Eigentümers des Gewässers entsprechend.

(3) Die Duldungspflicht erstreckt sich nicht auf Gebäude, Verkehrsanlagen, Hofräume und Gärten.

§ 99 Durchleiten von Wasser und Abwasser

(1) Zugunsten eines Unternehmens, das der Entwässerung oder Bewässerung von Grundstücken, der Wasserbeschaffung, der Beseitigung von Abwasser, der Teichwirtschaft und der Errichtung einer Stau- oder Triebwerksanlage dient, kann der Unternehmer von den Eigentümern der zur Durchführung des Unternehmens erforderlichen Grundstücke und Gewässer verlangen, daß sie ein ober- und unterirdisches Durchleiten von Wasser und Abwasser und die Unterhaltung der Leitungen dulden.

(2) § 97 Abs. 2 gilt entsprechend.

(3) Abwasser darf nur in dichten Leitungen durchgeleitet werden, wenn das Durchleiten sonst Nachteile oder Belästigungen zur Folge haben würde.

(4) Die Duldungspflicht erstreckt sich bei Gebäuden, Parkanlagen, Hofräumen und Gärten nur auf unterirdisches Durchleiten in dichten Leitungen.

§ 100 Mitbenutzung von Anlagen

(1) Der Unternehmer einer Anlage für Grundstücksentwässerung, Wasserversorgung oder Abwasserbeseitigung hat deren Mitbenutzung einem anderen zu gestatten, wenn dieser die Entwässerung, Wasserversorgung oder Abwasserbeseitigung anders nicht zweckmäßig oder nur mit erheblichen Mehrkosten ausführen kann und das Wohl der Allgemeinheit nicht entgegensteht. Der Unternehmer einer Abwasserbeseitigungsanlage kann auch dann verpflichtet werden, wenn die Mitbenutzung in einem Abwasserbeseitigungsplan vorgesehen ist.

(2) Absatz 1 gilt nicht, wenn die Mitbenutzung über ein Zusammenwirken nach § 31 Abs. 6 erreicht werden kann.

(3) Das Zwangsrecht kann nur festgesetzt werden, wenn der Betrieb der Anlagen nicht wesentlich beeinträchtigt wird und der Mitbenutzer einen angemessenen Teil der Anlage-, Unterhaltungs- und Betriebskosten übernimmt.

(4) Ist die Mitbenutzung nur möglich, wenn die Anlage geändert wird, so hat der Unternehmer entweder die Anlage selbst zu ändern oder ihre Änderung zu dulden. Die Kosten der Änderung trägt der Mitbenutzer.

(5) Die Absätze 1, 3 und 4 sind auch anzuwenden auf Anlagen der Grundstücksbewässerung zugunsten der Eigentümer von Grundstücken, die zur Herstellung der Anlagen in Anspruch genommen worden sind.

2 · LWG

§ 101 Gewässerkundliche Meßanlagen

Soweit die Ordnung des Wasserhaushalts es erfordert, haben die Eigentümer oder die Nutzungsberechtigten eines Grundstücks oder einer baulichen Anlage auf Verlangen der Wasserbehörde zu dulden, daß gewässerkundliche Meßanlagen auf dem Grundstück oder der Anlage errichtet oder betrieben werden. In diesen Fällen ist eine Entschädigung zu leisten.

§ 102 Entschädigung

(1) In den Fällen der §§ 97 bis 100 ist der Betroffene voll in Geld zu entschädigen.

(2) Zur Entschädigung ist der Unternehmer oder der Mitbenutzer verpflichtet. Er hat dem Betroffenen auf Verlangen Sicherheit zu leisten. Das Land und die Gemeinden (Gemeindeverbände) sind von der Sicherheitsleistung befreit.

(3) In den Fällen der §§ 97 bis 99 kann der Betroffene verlangen, daß der Unternehmer anstelle des Benutzungsrechtes das Eigentum an dem für die Anlage nötigen Grund und Boden gegen volle Entschädigung erwirbt.

§ 103 Verfahren

(1) Die Wasserbehörde setzt die Zwangsrechte nach den §§ 97 bis 100 auf Antrag fest und entscheidet über die Entschädigung nach § 102. Den Anträgen sind die zur Beurteilung erforderlichen Pläne (Zeichnungen, Nachweisungen und Beschreibungen) beizufügen. Im Fall des § 100 Abs. 1 Satz 2 bedarf es keines Antrages.

(2) Das Recht zur Mitbenutzung einer Anlage nach § 100 kann auf Antrag des Unternehmers durch die Wasserbehörde entschädigungslos entzogen oder beschränkt werden, wenn der Berechtigte seine Verpflichtungen nach § 100 Abs. 3 und 4 Satz 2 nicht erfüllt.

(3) Ist die sofortige Ausführung der beabsichtigten Maßnahmen im öffentlichen Interesse geboten, so kann die Wasserbehörde das Unternehmen auf Antrag nach mündlicher Verhandlung in den Besitz des Zwangsrechts einweisen. Die Wasserbehörde kann die vorzeitige Einweisung von der Leistung einer Sicherheit in Höhe der voraussichtlichen Entschädigung und von der Erfüllung anderer Bedingungen abhängig machen.

ELFTER TEIL: Entschädigung, Ausgleich

§ 104 Art, Ausmaß, Schuldner
(zu § 20 WHG)

(1) Art und Ausmaß der nach diesem Gesetz zu leistenden Entschädigungen richten sich, soweit nichts anderes bestimmt ist, nach § 20 WHG.

(2) Der Eigentümer eines Grundstücks, dessen Benutzung ganz oder teilweise durch einen nach diesem Gesetz entschädigungspflichtigen Eingriff unmöglich gemacht oder erheblich erschwert wird, kann anstelle einer Entschädigung nach § 20 WHG verlangen, daß der Entschädigungspflichtige das Grundstück zum gemeinen Wert erwirbt.

LWG · 2

(3) Ist der Grundstückseigentümer zur Sicherung seiner Lebensgrundlage auf Ersatzland angewiesen und kann dieses zu angemessenen Bedingungen beschafft werden, so ist ihm auf Antrag anstelle einer Geldentschädigung Land zu überlassen.

(4) Die Entschädigungen aufgrund des Wasserhaushaltsgesetzes und dieses Gesetzes sind, soweit nichts anderes bestimmt ist, von demjenigen zu leisten, der durch den entschädigungspflichtigen Vorgang unmittelbar begünstigt ist. Sind mehrere unmittelbar begünstigt, so haften sie nach dem Maß ihres Vorteils. Ist ein unmittelbar Begünstigter nicht vorhanden, so hat das Land die Entschädigung zu leisten.

(5) Für den Ausgleich nach § 19 Abs. 4 WHG gilt Absatz 4 sinngemäß. Der Ausgleich ist, sofern nichts anderes vereinbart wird, durch einen jährlich zum 1. Februar für das vorhergehende Kalenderjahr fällig werdenden Betrag in Geld zu leisten. Ein Ausgleich wird nicht geleistet, soweit die wirtschaftlichen Nachteile

1. 100,– Deutsche Mark pro Betrieb und Jahr nicht übersteigen,

2. durch zumutbare betriebliche Maßnahmen ausgeglichen werden können,

3. durch andere Leistungen aus öffentlichen Haushalten oder von Dritten ausgeglichen werden.

ZWÖLFTER TEIL: Zuständigkeit, Verfahren

Abschnitt I: Allgemeine Vorschriften

§ 105 Behörden

Die Durchführung des Wasserhaushaltsgesetzes, dieses Gesetzes und der auf Grund dieser Gesetze erlassenen Verordnungen ist Aufgabe der Wasserbehörden, soweit durch Rechtsvorschriften nicht etwas anderes bestimmt ist. Wasserbehörden sind

1. die Ministerin oder der Minister für Natur, Umwelt und Landesentwicklung als oberste Wasserbehörde,

2. das Landesamt für Wasserhaushalt und Küsten als obere Wasserbehörde,

3. die Landrätinnen oder die Landräte und die Bürgermeisterinnen oder die Bürgermeister der kreisfreien Städte sowie die Ämter für Land- und Wasserwirtschaft als untere Wasserbehörden.

Hinweise zu § 105

1. LVO über die Errichtung des Landesamtes für Wasserhaushalt und Küsten Schleswig-Holstein vom 23. 7. 1970 (GVOBl S. 212), geändert durch LVO vom 31. 5. 1978 (GVOBl S. 164); Organisationserlaß für das Landesamt für Wasserhaushalt und Küsten Schleswig-Holstein vom 28. 1. 1981 (ABl S. 117)

2. Die Ämter für Land- und Wasserwirtschaft in Heide, Husum, Itzehoe, Kiel, Lübeck und Flensburg sind errichtet worden durch § 2 des Gesetzes einer Neuordnung der landwirtschaftlichen Staats- und Selbstverwaltung vom 24. 2. 1973 (GVOBl SchlH.

2 · LWG

S. 67), zuletzt geändert durch Gesetz vom 5. 12. 1990 (GVOBl S. 608); der Zuständigkeitsbezirk des ALW Itzehoe ist durch LVO vom 22. 4. 1986 (GVOBl S. 89) geändert worden.

§ 106 Zuständigkeiten der obersten Wasserbehörde

Die oberste Wasserbehörde ist außer in den in diesem Gesetz genannten Fällen zuständig für

1. Planfeststellungen oder -genehmigungen für das Errichten oder Beseitigen von Deichen im Sinne von § 64 Abs. 2 Nr. 1,
2. die Erteilung, Änderung, Beschränkung oder Rücknahme einer Bewilligung oder eines alten Rechtes,
3. die Führung des Wasserbuches (§ 135).

§ 107 Zuständigkeiten der oberen Wasserbehörde

(1) Die obere Wasserbehörde ist zuständig für

1. Entscheidungen über das Einleiten und Einbringen von Stoffen in Gewässer I. Ordnung, wenn die Menge mehr als 750 m³ pro Tag Schmutzwasser beträgt,
2. Planfeststellungen oder -genehmigungen für das Errichten, Beseitigen, Verstärken oder wesentliche Umgestalten von Deichen im Sinne von § 64 Abs. 2 Nr. 2, 3 und 4 sowie für das Verstärken oder wesentliche Umgestalten von Deichen im Sinne von § 64 Abs. 2 Nr. 1,
3. Entscheidungen nach den §§ 19a, 19b und 19c WHG sofern die Rohrleitungsanlagen über die Grenzen eines Kreises hinausgehen,
4. die Durchführung der Verordnung nach § 36 Abs. 4 Nr. 5,
5. Entscheidungen nach § 101.

(2) Die obere Wasserbehörde ermittelt und entwickelt die technischen und naturwissenschaftlichen Grundlagen für die Ordnung des Wasserhaushaltes und des Küsteningenieurwesens. Sie führt gemeinsam mit den Ämtern für Land- und Wasserwirtschaft den gewässerkundlichen Meß- und Beobachtungsdienst durch.

§ 108 Zuständigkeiten der unteren Wasserbehörden

Soweit in den §§ 106 und 107 nicht etwas anderes bestimmt ist, sind die unteren Wasserbehörden zuständig, und zwar

1. die Ämter für Land- und Wasserwirtschaft
   a) für die Gewässer erster Ordnung,
   b) für den Küstenschutz (§ 62),
   c) als Anhörungsbehörde in den von der obersten oder oberen Wasserbehörde durchzuführenden Planfeststellungs- und förmlichen Verfahren sowie in den Gebietsausweisungsverfahren nach § 124,
   d) für die Gewässeraufsicht (§§ 83, 84) in den in den §§ 106 Nr. 1 und 107 genannten Fällen,

LWG · 2

2. für alle übrigen Aufgaben die Landrätinnen oder die Landräte und die Bürgermeisterinnen oder die Bürgermeister der kreisfreien Städte.

§ 109 Besondere Zuständigkeiten

(1) Die für eine Gewässerbenutzung zuständige Wasserbehörde ist auch für die im Zusammenhang mit der Gewässerbenutzung stehenden Anlagen zuständig. Sind hiernach in derselben Sache mehrere Behörden oder ist eine Behörde außerhalb des Geltungsbereiches dieses Gesetzes zuständig, so bestimmt die oberste Wasserbehörde die zuständige Behörde.

(2) Die oberste Wasserbehörde kann im Einvernehmen mit der Innenministerin oder dem Innenminister durch Verordnung bestimmen, daß und unter welchen Voraussetzungen anstelle der Wasserbehörden oder neben ihnen die örtlichen Ordnungsbehörden oder die Kreisordnungsbehörden für Gewässer zuständig sind. Die örtliche Zuständigkeit bestimmt sich dabei abweichend von § 167 Abs. 1 LVwG nach § 31 LVwG. Soweit Ordnungsbehörden aufgrund einer Regelung nach Satz 1 außerhalb des räumlichen Wirkungsbereiches ihrer Träger sachlich zuständig sind, ist die Ordnungsbehörde örtlich zuständig, deren Bezirk dem Punkt, an dem der Anlaß für die Amtshandlung hervortritt, am nächsten liegt. § 167 Abs. 2 und 3 LVwG ist anzuwenden.

(3) Ist in derselben Sache auch die Zuständigkeit einer Behörde eines anderen Landes begründet, so kann abweichend von den §§ 9 und 25 Abs. 2 LVwG die oberste Landesbehörde mit der zuständigen Behörde des anderen Landes die gemeinsam zuständige Behörde durch Verwaltungsvereinbarung bestimmen.

§ 110 Gefahrenabwehr

(1) Die unteren Wasserbehörden überwachen die Erfüllung der nach den wasserrechtlichen Vorschriften bestehenden Verpflichtungen und treffen nach pflichtgemäßem Ermessen die erforderlichen Maßnahmen zur Abwehr von Zuwiderhandlungen gegen diese Verpflichtungen, zur Abwehr von Gefahren für die Gewässer sowie zur Abwehr von Gefahren für die Allgemeinheit oder den einzelnen, die durch den Zustand oder die Benutzung der Gewässer, der Deiche oder Dämme, der Überschwemmungs- und Wasserschutzgebiete und der nach den Vorschriften des Wasserrechts genehmigungsbedürftigen oder anzeigepflichtigen Anlagen hervorgerufen werden und die öffentliche Sicherheit bedrohen. § 166 Abs. 3 LVwG bleibt unberührt.

(2) Die Landesordnungsbehörden können im Einvernehmen mit der Innenministerin oder dem Innenminister durch Verordnung bestimmen, daß und unter welchen Voraussetzungen an ihrer Stelle oder neben ihnen die örtlichen Ordnungsbehörden oder die Kreisordnungsbehörden für die Abwehr von Gefahren in Küstengewässern zuständig sind. In der Verordnung kann auch die Ermächtigung zum Erlaß von Verordnungen über die öffentliche Sicherheit übertragen werden. Der örtliche Geltungsbereich einer Verordnung über die öffentliche Sicherheit darf sich nur auf ein Gebiet des Küstengewässers erstrecken, das wie folgt begrenzt wird:

1. durch die Uferlinie (§ 95) des Bezirkes der Ordnungsbehörde,

2 · LWG

2. durch die Linie, die seewärts in einem Abstand von einer Seemeile parallel zur Uferlinie verläuft und

3. durch die von den beiden Endpunkten der Uferlinie in einem Winkel von 90° ausgehenden und die Linie nach Nummer 2 kreuzenden Linien.

Überschneiden sich nach Satz 3 Gebiete oder werden Gebiete nicht erfaßt, kann der Geltungsbereich insoweit in der Verordnung über die öffentliche Sicherheit abweichend von Satz 3 nach dem Gesichtspunkt der Zweckmäßigkeit bestimmt werden. Der Verordnung ist als Anlage eine Karte beizufügen, aus der der Geltungsbereich der Verordnung zu entnehmen ist.

Hinweise zu § 110

1. Zu Abs. 1:

§ 165 Abs. 3 LVwG Bei Gefahr im Verzug ist für unaufschiebbare Maßnahmen jedoch jede örtlich zuständige Ordnungsbehörde auch sachlich zuständig. Dies gilt nicht für Sonderordnungsbehörden. Die nach Absatz 2 zuständige Behörde ist unverzüglich zu unterrichten.

2. Zu Abs. 2: Vgl. die auf Grund von § 80 a LWG a. F. erlassene LVO zur Übertragung von Zuständigkeiten für die Gefahrenabwehr in Küstengewässern vom 2. 5. 1972 (GVOBl SchlH. S. 51, ber. S. 62)

LVO § 1 Zur Abwehr von Gefahren, die Personen beim Aufenthalt im Bereich von Küstengewässern drohen, können anstelle des Innenministers

1. die Bürgermeister der amtsfreien Gemeinden und die Amtsvorsteher als örtliche Ordnungsbehörden Maßnahmen nach den §§ 171 und 173 bis 187[1]) des Landesverwaltungsgesetzes treffen,

2. die Landräte und die Bürgermeister der kreisfreien Städte als Kreisordnungsbehörden Verordnungen über die öffentliche Sicherheit und Ordnung erlassen.

Die Zuständigkeiten anderer Landesordnungsbehörden und der Behörden des Bundes sowie die Befugnis des Innenministers nach § 166 Abs. 4[2]) des Landesverwaltungsgesetzes bleiben unberührt.

§ 111 Antrag, Schriftform

(1) Anträge, über die die Wasserbehörden zu entscheiden haben, sind mit den zur Beurteilung erforderlichen Plänen (Zeichnungen, Nachweisungen und Beschreibungen) einzureichen. Schriftstücke, die Betriebs- oder Geschäftsgeheimnisse enthalten, sind als solche zu kennzeichnen und getrennt von den übrigen Unterlagen vorzulegen. Ihr Inhalt muß, soweit dies ohne Preisgabe des Geheimnisses möglich ist, so ausführlich dargestellt sein, daß Dritte beurteilen können, ob und in welchem Umfange sie von den Auswirkungen des Vorhabens betroffen werden können.

(2) Werden Benutzungen ohne die erforderliche Erlaubnis oder Bewilligung ausgeübt, Gewässer, Deiche oder Anlagen ohne die erforderliche Planfeststellung, Genehmigung, Eignungsfeststellung oder Bauartzulassung ausgebaut, errichtet,

---
1) Jetzt §§ 174 und 176 bis 220.
2) Jetzt § 165 Abs. 4.

geändert, angebaut oder betrieben, kann die Wasserbehörde verlangen, daß ein Antrag gestellt und die erforderlichen Pläne vorgelegt werden.

(3) Die oberste Wasserbehörde kann durch Verordnung je nach Art der wasserbehördlichen Entscheidung Vorschriften erlassen über Form, Umfang, Inhalt und Anzahl der beizubringenden Pläne, Anträge, Anzeigen, Bescheinigungen, Gutachten und Beschreibungen. Dabei kann auch geregelt werden, welche der Unterlagen von fachkundigen Personen oder von Sachverständigen erstellt oder unterzeichnet sein müssen.

(4) Offensichtlich unzulässige Anträge und mangelhafte Anträge, die der Antragsteller innerhalb einer ihm gesetzten angemessenen Frist nicht ergänzt, können ohne weitere Verfahren zurückgewiesen werden.

(5) Entscheidungen der Wasserbehörden sind schriftlich zu erlassen, sofern es sich nicht um vorläufige Regelungen oder um Anordnungen bei Gefahren im Verzuge handelt.

§ 112 Aussetzung des Verfahrens

(1) Sind gegen einen Antrag Einwendungen auf Grund von Privatrechtsverhältnissen erhoben worden, so kann die Wasserbehörde entweder über den Antrag unter Vorbehalt dieser Einwendungen entscheiden oder das Verfahren aussetzen bis die Einwendungen erledigt sind. Das Verfahren ist auszusetzen, wenn bei Bestehen des Privatrechtsverhältnisses der Antrag abzuweisen wäre.

(2) Wird das Verfahren ausgesetzt, so ist eine Frist zu bestimmen, in der Klage zu erheben ist.

§ 113 Vorläufige Anordnung, Beweissicherung

(1) Zum Wohl der Allgemeinheit kann die Wasserbehörde vorläufige Anordnungen treffen. Diese können von einer Sicherheitsleistung abhängig gemacht werden.

(2) Die Wasserbehörde kann zur Sicherung von Tatsachen, die für die Entscheidung von Bedeutung sein können, insbesondere zur Feststellung des Zustandes einer Sache, die erforderlichen Maßnahmen anordnen, wenn andernfalls die Feststellung unmöglich oder wesentlich erschwert werden würde.

§ 114 Sicherheitsleistung

Die Wasserbehörde kann die Leistung einer Sicherheit nach den Vorschriften des Bürgerlichen Gesetzbuches verlangen, soweit sie erforderlich ist, um die Erfüllung von Bedingungen, Auflagen oder sonstigen Verpflichtungen zu sichern.

§ 115 Datenverarbeitung

Die Wasserbehörden dürfen die zur Erfüllung der in den §§ 106 bis 110 und § 144 genannten Aufgaben erforderlichen personen- und betriebsbezogenen Daten erheben und weiterverarbeiten. Die Betroffenen sind verpflichtet, den Wasserbehörden auf Verlangen die erforderlichen Auskünfte zu erteilen. Eine Erhebung oder Weiterverarbeitung ist auch ohne Kenntnis des Betroffenen zulässig, wenn andernfalls die Erfüllung der Aufgaben nach Satz 1 gefährdet wäre. Die oberste

2 · LWG

Wasserbehörde wird ermächtigt, im Einvernehmen mit der Innenministerin oder dem Innenminister durch Verordnung zu bestimmen.

1. welche einzelnen der in Satz 1 genannten Daten für welche Zwecke erhoben oder weiterverarbeitet werden dürfen,
2. an welche Behörden und zu welchem Zweck die Daten übermittelt werden dürfen.

§ 116 Auskunftsanspruch

(1) Die Wasserbehörden erteilen auf Antrag jedermann Auskunft über die bei ihnen vorhandenen wasserwirtschaftlichen Daten.

(2) Der Anspruch auf Auskunft nach Absatz 1 besteht nicht

1. für personenbezogene Daten und Daten, die ein Betriebs- oder Geschäftsgeheimnis enthalten, wenn durch die Auskunft schutzwürdige Belange des Betroffenen oder der Allgemeinheit erheblich beeinträchtigt würden,
2. für Daten, die den Wasserbehörden von Dritten mitgeteilt worden sind, es sei denn, die Wasserbehörden sind berechtigt, diese Daten selbst zu erheben oder deren Übermittlung zur Erfüllung ihrer Aufgaben zu verlangen,
3. für Daten aus nicht abgeschlossenen Untersuchungen, Berichten, Studien oder Verfahren.

(3) Können durch die Auskunft schutzwürdige Belange des Betroffenen, die Einhaltung des Betriebs- oder Geschäftsgeheimnisses oder Geheimhaltungsinteressen anderer Behörden beeinträchtigt werden, so hat die Wasserbehörde den Betroffenen vorher Gelegenheit zur Stellungnahme zu geben. Eine Beeinträchtigung schutzwürdiger Belange steht dem Auskunftsanspruch nach Absatz 1 dann nicht entgegen, wenn eine Interessenabwägung durch die Wasserbehörde im Einzelfall ergeben hat, daß das öffentliche Interesse am Schutz der Umwelt das Geheimhaltungsinteresse des Betroffenen oder einer anderen Behörde überwiegt.

Heinweise zu § 116

Vgl. EG-Richtlinie des Rates 90/313/EWG vom 7. 6. 1990 über den freien Zugang zu Informationen über die Umwelt (ABl. L 158 vom 23. 6. 1990 S. 56)

§ 117 Auskunftserteilung

(1) Der Antrag nach § 116 Abs. 1 ist bei der zuständigen Wasserbehörde schriftlich zu stellen. In ihm sind die mitzuteilenden Daten und der Zweck, zu dem die Mitteilung begehrt wird, möglichst genau zu bezeichnen. Der Antrag kann zurückgewiesen werden, wenn er offensichtlich mißbräuchlich ist oder den Anforderungen an die Bestimmtheit nach Satz 2 nicht entspricht. Die Zurückweisung ist in einem schriftlichen Bescheid zu begründen.

(2) Die Auskunft wird nach Wahl des Antragstellers erteilt durch die Einsichtnahme in die der Wasserbehörde vorliegenden Schriftstücke oder durch die Erteilung von Ablichtungen oder Abschriften. Sofern Informationen auf Datenbänken und auf visuellen Datenträgern gespeichert sind, werden sie nur mittels Ausdrucken mitgeteilt.

§ 118 Verfahrenskosten

Verfahrenskosten fallen demjenigen zur Last, der das Verfahren veranlaßt hat. Kosten, die durch unbegründete Einwendungen erwachsen sind, können dem auferlegt werden, der sie erhoben hat.

Hinweise zu § 118

1. Die Gebührenerhebung ist geregelt in der LVO über Verwaltungsgebühren in der Bekanntmachung vom 14. 1. 1980 (GVOBl S. 9, ber. S. 74) und im Allgemeinen Gebührentarif in der Bekanntmachung der Neufassung vom 25. 3. 1991 (GVOBl S. 137) – Tarifstelle 24: Wasserrechtliche Angelegenheiten –, diese geändert durch Art. 1 Nr. 4 LVO vom 26. 8. 1991 (GVOBl S. 413, Art. 1 Nr. 6 LVO vom 19. 5. 1992 (GVOBl S. 322)

2. Für Bundeswasserstraßen gilt die Kostenverordnung zum Bundeswasserstraßengesetz (WaStr-KostV) vom 15. 1. 1979 (BGBl. I S. 77) i. d. F. d. 1. Änd-VO vom 15. 2. 1982 (BGBl. I S. 178)

3. Für Amtshandlungen des Landesamtes für Wasserhaushalt und Küsten werden Gebühren erhoben nach der LVO vom 16. 12. 1982 (GVOBl S. 313)

Abschnitt II: Erlaubnis- und Bewilligungsverfahren

§ 119 Verfahren
(zu §§ 9 und 18 WHG)

(1) Für das Verfahren zur Erteilung oder Änderung einer Erlaubnis oder Bewilligung sowie zum Ausgleich von Rechten und Befugnissen (§ 18 WHG, § 123) gelten § 140 sowie die §§ 136, 137 und 143 LVwG entsprechend. Zusätzlich zu den in § 140 Abs. 5 Satz 2 LVwG genannten muß die Bekanntmachung folgende Hinweise enthalten

1. daß nach Ablauf der Frist eingehende Anträge auf Erteilung einer Erlaubnis oder Bewilligung in demselben Verfahren nicht berücksichtigt werden (§ 122 Satz 3),

2. daß nach Ablauf der Frist erhobene Einwendungen wegen nachteiliger Wirkungen nur in einer nachträglichen Entscheidung berücksichtigt werden können, wenn der Betroffene die nachteiligen Wirkungen während des Verfahrens nicht voraussehen konnte (§ 10 Abs. 2 WHG),

3. daß wegen nachteiliger Wirkungen einer erlaubten oder bewilligten Benutzung gegen den Inhaber der Erlaubnis oder Bewilligung nur vertragliche Ansprüche geltend gemacht werden können (§ 11 WHG, § 11).

(2) Bei Anträgen auf Erteilung einer Erlaubnis kann von dem Verfahren nach Absatz 1 abgesehen werden, wenn

1. bei Benutzungen von wasserwirtschaftlich untergeordneter Bedeutung erhebliche Nachteile für andere nicht zu erwarten sind oder

2. eine alte Benutzung im Sinne des § 17 WHG fortgesetzt werden soll.

Hinweise zu § 119

1. Vorschriften des Landesverwaltungsgesetzes

2 · LWG

LVwG § 136 Entscheidung

(1) Die Behörde entscheidet unter Würdigung des Gesamtergebnisses des Verfahrens.

(2) Verwaltungsakte, die das förmliche Verfahren abschließen, sind schriftlich zu erlassen, schriftlich zu begründen und den Beteiligten zuzustellen; in den Fällen des § 109 Abs. 3 Nr. 1 und 3 bedarf es einer Begründung nicht. Sofern sie der Anfechtung unterliegen, sind sie mit einer Rechtsbehelfsbelehrung zu versehen. Sind mehr als 300 Zustellungen vorzunehmen, so können sie durch amtliche Bekanntmachung ersetzt werden. Die amtliche Bekanntmachung wird dadurch bewirkt, daß der verfügende Teil des Verwaltungsaktes und die Rechtsbehelfsbelehrung im amtlichen Bekanntmachungsblatt der Behörde und außerdem in örtlichen Tageszeitungen bekanntgemacht werden, die in dem Bereich verbreitet sind, in dem sich die Entscheidung voraussichtlich auswirken wird. Der Verwaltungsakt gilt mit dem Tag als zugestellt, an dem seit dem Tag der Bekanntmachung in dem amtlichen Bekanntmachungsblatt zwei Wochen verstrichen sind; hierauf ist in der Bekanntmachung hinzuweisen. Nach der amtlichen Bekanntmachung kann der Verwaltungsakt bis zum Ablauf der Rechtsbehelfsfrist von den Beteiligten schriftlich angefordert werden; hierauf ist in der Bekanntmachung gleichfalls hinzuweisen.

(3) Wird das förmliche Verwaltungsverfahren auf andere Weise abgeschlossen, so sind die Beteiligten hiervon zu benachrichtigen. Sind mehr als 300 Benachrichtigungen vorzunehmen, so können sie durch amtliche Bekanntmachungen ersetzt werden; Absatz 2 Satz 3 gilt entsprechend.

LVwG § 137 Anfechtung der Entscheidung

Vor Erhebung einer verwaltungsgerichtlichen Klage, die einen im förmlichen Verwaltungsverfahren erlassenen Verwaltungsakt zum Gegenstand hat, bedarf es keiner Nachprüfung in einem Vorverfahren.

LVwG § 140 Anhörungsverfahren

(1) Der Träger des Vorhabens hat den Plan der Anhörungsbehörde zur Durchführung des Anhörungsverfahrens einzureichen. Der Plan besteht aus den Zeichnungen und Erläuterungen, die das Vorhaben, seinen Anlaß und die von dem Vorhaben betroffenen Grundstücke und Anlagen erkennen lassen.

(2) Die Anhörungsbehörde holt die Stellungnahmen der Behörden ein, deren Aufgabenbereich durch das Vorhaben berührt wird.

(3) Der Plan ist auf Veranlassung der Anhörungsbehörde in den amtsfreien Gemeinden und Ämtern, in denen sich das Vorhaben voraussichtlich auswirkt, einen Monat zur Einsicht auszulegen. Auf eine Auslegung kann verzichtet werden, wenn der Kreis der Betroffenen bekannt ist und ihnen innerhalb angemessener Frist Gelegenheit gegeben ist, den Plan einzusehen.

(4) Jeder, dessen Belange durch das Vorhaben berührt werden, kann bis zwei Wochen nach Ablauf der Auslegungsfrist schriftlich oder zur Niederschrift bei der Anhörungsbehörde, der amtsfreien Gemeinde oder dem Amt Einwendungen gegen den Plan erheben. Im Falle des Absatzes 3 Satz 2 bestimmt die Anhörungsbehörde die Einwendungsfrist.

(5) Die amtsfreien Gemeinden und Ämter, in denen der Plan auszulegen ist, haben die Auslegung auf Kosten des Trägers des Vorhabens mindestens eine Woche vorher örtlich bekanntzumachen. In der Bekanntmachung ist darauf hinzuweisen.

1. wo und in welchem Zeitraum der Plan zur Einsicht ausgelegt ist,

2. daß etwaige Einwendungen bei den in der Bekanntmachung zu bezeichnenden Stellen innerhalb der Einwendungsfrist vorzubringen sind,

3. daß bei Ausbleiben eines Beteiligten in dem Erörterungstermin auch ohne ihn verhandelt werden kann und verspätete Einwendungen bei der Erörterung und Entscheidung unberücksichtigt bleiben können und

4. daß

a) die Personen, die Einwendungen erhoben haben, von dem Erörterungstermin durch amtliche Bekanntmachung benachrichtigt werden können und

b) die Zustellung der Entscheidung über die Einwendungen durch amtliche Bekanntmachung ersetzt werden kann,

wenn mehr als 300 Benachrichtigungen oder Zustellungen vorzunehmen sind. Nicht ortsansässige Betroffene, deren Person und Aufenthalt bekannt sind oder sich innerhalb angemessener Frist ermitteln lassen, sollen auf Veranlassung der Anhörungsbehörde von der Auslegung mit dem Hinweis nach Satz 2 benachrichtigt werden.

(6) Nach Ablauf der Einwendungsfrist hat die Anhörungsbehörde die rechtzeitig erhobenen Einwendungen gegen den Plan und die Stellungnahmen der Behörden zu dem Plan mit dem Träger des Vorhabens, den Behörden, den Betroffenen sowie den Personen, die Einwendungen erhoben haben, zu erörtern; die Anhörungsbehörde kann auch verspätet erhobene Einwendungen erörtern. Der Erörterungstermin ist mindestens eine Woche vorher örtlich bekanntzumachen. Die Behörden, der Träger des Vorhabens und diejenigen, die Einwendungen erhoben haben, sind von dem Erörterungstermin zu benachrichtigen. Sind außer der Benachrichtigung der Behörden und des Trägers des Vorhabens mehr als 300 Benachrichtigungen vorzunehmen, so können diese Benachrichtigungen durch amtliche Bekanntmachung ersetzt werden. Die amtliche Bekanntmachung wird dadurch wirksam, daß abweichend von Satz 2 der Erörterungstermin im amtlichen Bekanntmachungsblatt der Anhörungsbehörde und außerdem in örtlichen Tageszeitungen bekanntgemacht wird, die in dem Bereich verbreitet sind, in dem sich das Vorhaben voraussichtlich auswirken wird: maßgebend für die Frist nach Satz 2 ist die Bekanntgabe im amtlichen Bekanntmachungsblatt. Im übrigen gelten für die Erörterung die Vorschriften über die mündliche Verhandlung im förmlichen Verwaltungsverfahren (§ 134 Abs. 1 Satz 3, Abs. 2 Nr. 1 und 4 und Abs. 3, § 135) entsprechend.

(7) Abweichend von den Vorschriften des Absatzes 6 Satz 2 bis 5 kann der Erörterungstermin bereits in der Bekanntmachung nach Absatz 5 Satz 2 bestimmt werden.

(8) Soll ein ausgelegter Plan geändert werden und werden dadurch der Aufgabenbereich einer Behörde oder Belange Dritter erstmalig oder stärker als bisher berührt, so ist diesen die Änderung mitzuteilen und ihnen Gelegenheit zu Stellungnahmen und Einwendungen innerhalb von zwei Wochen zu geben. Wirkt sich die Änderung auf das Gebiet einer anderen amtsfreien Gemeinde oder eines Amtes aus, so ist der geänderte Plan dort auszulegen; die Absätze 3 bis 6 gelten entsprechend.

(9) Die Anhörungsbehörde gibt zum Ergebnis des Anhörungsverfahrens eine Stellungnahme ab und leitet diese möglichst innerhalb eines Monats nach Abschluß der Erörterung mit dem Plan, den Stellungnahmen der Behörden und den Einwendungen der Planfeststellungsbehörde zu.

LVwG § 143 Planänderungen vor Fertigstellung des Vorhabens

(1) Soll vor Fertigstellung des Vorhabens der festgestellte Plan geändert werden, bedarf es eines neuen Planfeststellungsverfahrens.

(2) Bei Planänderungen von unwesentlicher Bedeutung kann die Planfeststellungsbehörde von einem neuen Planfeststellungsverfahren absehen, wenn die Belange anderer nicht berührt werden oder wenn die Betroffenen der Änderung zugestimmt haben.

(3) Führt die Planfeststellungsbehörde in den Fällen des Absatzes 2 oder in anderen Fällen einer Planänderung von unwesentlicher Bedeutung ein Planfeststellungsverfahren durch, so bedarf es keines Anhörungsverfahrens und keiner öffentlichen Bekanntgabe des Planfeststellungsbeschlusses.

2 · LWG

2. Verwaltungsvorschriften für das wasserrechtliche Bewilligungs- und Erlaubnisverfahren, Erlaß des Ministers für Ernährung, Landwirtschaft und Forsten vom 4. 2. 1981 − III 210 b/06. 06−01 −
3. Gemeinsamer Erlaß über Zusammenarbeit der Verwaltungsbehörde des Landes bei der Durchführung von Umweltverträglichkeitsprüfungen nach dem Gesetz über Umweltverträglichkeitsprüfungen (UVPG) vom 27. 9. 1991 (ABl SchlH. S. 628) − vgl. dazu Hinweise zu § 7 WHG
4. Richtlinien: Wasserrecht und Bahnanlagen der Deutschen Bundesbahn, Rd Erl des Ministers für Ernährung, Landwirtschaft und Forsten vom 5. 5. 1970 (ABl SchlH. S. 255)

§ 120 Ordnungsrechtliche Prüfung

Die Wasserbehörde hat anstelle der sonst zuständigen Behörde zu prüfen, ob die beabsichtigte Benutzung den ordnungsrechtlichen Vorschriften entspricht.

§ 121 Inhalt des Bescheids

Der Bescheid hat zu enthalten,

1. die genaue Bezeichnung
    a) der erteilten Erlaubnis oder Bewilligung nach Art, Umfang und Zweck und
    b) des Planes, der der Benutzung zugrundeliegt.
2. a) die Dauer der Erlaubnis oder der Bewilligung,
    b) die Benutzungsbedingungen und
    c) die Auflagen, soweit nicht ihre Festsetzung einem späteren Verfahren vorbehalten wird,
3. die Frist für den Beginn der Benutzung,
4. die Entscheidung über Einwendungen,
5. die Entscheidung über eine Entschädigung, soweit nicht die Festsetzung einem späteren Verfahren vorbehalten wird, und
6. die Entscheidung über die Kosten des Verfahrens.

§ 122 Zusammentreffen mehrerer Erlaubnis- oder Bewilligungsanträge
(zu §§ 7 und 9 WHG)

Treffen Anträge auf Erteilung einer Erlaubnis oder einer Bewilligung zusammen, die sich gegenseitig auch dann ausschließen, wenn Bedingungen und Auflagen festgesetzt werden, so entscheidet zunächst die Bedeutung der beabsichtigten Benutzung für das Wohl der Allgemeinheit, sodann ihre Bedeutung für die Volkswirtschaft unter besonderer Berücksichtigung der wasserwirtschaftlichen Auswirkungen. Stehen hiernach mehrere beabsichtigte Benutzungen einander gleich, so gebührt zunächst dem Antrag des Gewässereigentümers vor Anträgen anderer Personen der Vorzug, sodann dem Antrag, der zuerst gestellt wurde. Nach Ablauf der Frist, die in der Bekanntmachung des beabsichtigten Unternehmens bestimmt worden ist, werden neue Erlaubnis- oder Bewilligungsanträge in demselben Verfahren nicht mehr berücksichtigt.

Abschnitt III: Andere Verfahren

§ 123 Ausgleichsverfahren

(1) Rechte und Befugnisse sind so auszugleichen, wie es nach billigem Ermessen den Interessen aller Beteiligten entspricht; der Gemeingebrauch ist zu berücksichtigen. Ausgleichszahlungen sind nur insoweit festzusetzen, als Nachteile nicht durch Vorteile aufgewogen werden.

(2) Die Kosten des Ausgleichsverfahrens fallen den Beteiligten nach dem Maße ihres zu schätzenden Vorteils zur Last.

§ 124 Verfahren zur Festsetzung von Wasserschutz-, Quellenschutz- und Überschwemmungsgebieten

(1) Vor dem Erlaß einer Verordnung nach § 4 Abs. 1 oder § 59 holt die oberste Wasserbehörde die Stellungnahmen der Behörden ein, deren Aufgabenbereich durch das Vorhaben berührt wird.

(2) Auf Veranlassung der Anhörungsbehörde (§ 108 Nr. 1 Buchst. c) ist der Verordnungsentwurf mit den zugehörigen Unterlagen (Karten, Gutachten, Beschreibungen) in den Städten, amtsfreien Gemeinden und Ämtern, die im voraussichtlichen Geltungsbereich der Verordnung liegen, einen Monat zur Einsicht auszulegen. Jeder, dessen Belange durch die geplante Verordnung voraussichtlich berührt werden, kann bis zwei Wochen nach Ablauf der Auslegungsfrist schriftlich oder zur Niederschrift bei der zuständigen Anhörungsbehörde, der Stadt, der amtsfreien Gemeinde oder dem Amt Anregungen vorbringen oder Bedenken gegen den Verordnungsentwurf erheben.

(3) Die Städte, amtsfreien Gemeinden und Ämter, in denen der Verordnungsentwurf und die Unterlagen auszulegen sind, haben die Auslegung mindestens eine Woche vorher örtlich bekanntzumachen. In der Bekanntmachung ist darauf hinzuweisen,

1. wo und in welchem Zeitraum der Verordnungsentwurf zur Einsicht ausgelegt ist,

2. daß etwaige Anregungen und Bedenken bei den in der Bekanntmachung zu bezeichnenden Stellen innerhalb der Einwendungsfrist vorzubringen sind und

3. daß bei Ausbleiben von Personen, die Anregungen vorgebracht oder Bedenken erhoben haben, in dem Erörterungstermin auch ohne sie verhandelt werden kann und verspätete Anregungen und Bedenken bei der Erörterung und Entscheidung unberücksichtigt bleiben können.

Darüber hinaus ist in der Bekanntmachung der räumliche Geltungsbereich der geplanten Verordnung und die Einteilung in Schutzzonen grob zu beschreiben.

(4) Wird durch eine spätere Änderung des Verordnungsentwurfes das Gebiet einer anderen Gemeinde nicht nur unerheblich betroffen oder wird der Verordnungsentwurf in seinen Grundzügen verändert, so ist das Verfahren nach den Absätzen 1 bis 3 zu wiederholen.

(5) Die Absätze 1 bis 4 sind nicht anzuwenden, wenn eine Verordnung nur unwesentlich geändert oder dem geltenden Recht angepaßt werden soll.

2 · LWG

(6) Auf eine Auslegung kann verzichtet werden, wenn der Kreis der Betroffenen bekannt ist und ihnen innerhalb angemessener Frist Gelegenheit gegeben wird, den Verordnungsentwurf einzusehen.

(7) Nach Ablauf der Frist nach Absatz 2 Satz 2 hat die Anhörungsbehörde die rechtzeitig vorgebrachten Anregungen und Bedenken gegen das Vorhaben und die Stellungnahmen der Behörden mit dem Träger der Wasserversorgung, den Behörden sowie den Personen, die Anregungen vorgebracht oder Bedenken erhoben haben, zu erörtern. Die Anhörungsbehörde kann auch verspätet vorgebrachte Anregungen und Bedenken erörtern. Die Behörden, der Träger der Wasserversorgung und diejenigen, die Anregungen vorgebracht oder Bedenken erhoben haben, sind von dem Erörterungstermin zu benachrichtigen.

§ 125 Planfeststellungssverfahren
(zu § 31 WHG)

(1) Für das Planfeststellungsverfahren gelten die §§ 139 bis 145 des Landesverwaltungsgesetzes, soweit in diesem Gesetz nichts anderes bestimmt ist. § 14 WHG bleibt unberührt.

(2) Im Planfeststellungsverfahren ergehen Entscheidungen über

1. den Ausbau von Gewässern im Sinne von § 31 WHG,

2. den Bau von Deichen und Dämmen im Sinne von § 31 WHG und § 68 und

3. den Bau und Betrieb von Abwasseranlagen im Sinne von § 35.

Hinweise zu § 125

1. Verwaltungsvorschriften für die wasserrechtlichen Planfeststellungsverfahren (Planfeststellungsverwaltungsvorschriften – PlanVwV –) vom 20. 7. 1983 (ABl SchlH. S. 302)
2. Planfeststellungsverfahren der Umweltverwaltungsbehörden, Erlaß des Ministers für Natur, Umwelt und Landesentwicklung vom 19. 6. 1990 (ABl SchlH. S. 428)
3. Gemeinsamer Erlaß über Zusammenarbeit der Verwaltungsbehörden des Landes bei der Durchführung von Umweltverträglichkeitsprüfungen nach dem Gesetz über Umweltverträglichkeitsprüfungen (UVPG) vom 27. 9. 1991 (ABl SchlH. S. 628)

Vgl. auch Hinweise zu § 7 WHG

4. Richtlinien: Wasserrecht und Bahnanlagen der Deutschen Bundesbahn, Rd Erl des Ministers für Ernährung, Landwirtschaft und Forsten vom 5. 5. 1970 (ABl SchlH. S. 255)
5. Landesverwaltungsgesetz (LVwG) in der Fassung der Bekanntmachung vom 2. 6. 1992 (GVOBl SchlH. S. 243)

Titel 2: Planfeststellungsverfahren

LVwG § 139 Anwendung der Vorschriften über das Planfeststellungsverfahren

(1) Ist ein Planfeststellungsverfahren durch Rechtsvorschrift angeordnet, so gelten hierfür die §§ 140 bis 145 und, soweit sich aus ihnen nichts Abweichendes ergibt, die übrigen Vorschriften des Gesetzes; § 118a ist nicht anzuwenden.

(2) Die Mitteilung nach § 80a Abs. 2 Satz 2 und die Aufforderung nach § 80a Abs. 4 Satz 2 sind im Planfeststellungsverfahren amtlich bekanntzumachen. Die amtliche Bekanntmachung wird dadurch bewirkt, daß die Behörde die Mitteilung oder die Aufforderung in ihrem amtlichen Bekanntmachungsblatt und außerdem in örtlichen Tageszeitungen, die in dem Bereich verbreitet sind, in dem sich das Vorhaben voraussichtlich auswirken wird, bekanntmacht.

LVwG § 140 Anhörungsverfahren

(1) Der Träger des Vorhabens hat den Plan der Anhörungsbehörde zur Durchführung des Anhörungsverfahrens einzureichen. Der Plan besteht aus den Zeichnungen und Erläuterungen, die das Vorhaben, seinen Anlaß und die von dem Vorhaben betroffenen Grundstücke und Anlagen erkennen lassen.

(2) Die Anhörungsbehörde holt die Stellungnahmen der Behörden ein, deren Aufgabenbereich durch das Vorhaben berührt wird.

(3) Der Plan ist auf Veranlassung der Anhörungsbehörde in den amtsfreien Gemeinden und Ämtern, in denen sich das Vorhaben voraussichtlich auswirkt, einen Monat zur Einsicht auszulegen. Auf eine Auslegung kann verzichtet werden, wenn der Kreis der Betroffenen bekannt ist und ihnen innerhalb angemessener Frist Gelegenheit gegeben ist, den Plan einzusehen.

(4) Jeder, dessen Belange durch das Vorhaben berührt werden, kann bis zwei Wochen nach Ablauf der Auslegungsfrist schriftlich oder zur Niederschrift bei der Anhörungsbehörde, der amtsfreien Gemeinde oder dem Amt Einwendungen gegen den Plan erheben. Im Falle des Absatzes 3 Satz 2 bestimmt die Anhörungsbehörde die Einwendungsfrist.

(5) Die amtsfreien Gemeinden und Ämter, in denen der Plan auszulegen ist, haben die Auslegung auf Kosten des Trägers des Vorhabens mindestens eine Woche vorher örtlich bekanntzumachen. In der Bekanntmachung ist darauf hinzuweisen,

1. wo und in welchem Zeitraum der Plan zur Einsicht ausgelegt ist,

2. daß etwaige Einwendungen bei den in der Bekanntmachung zu bezeichnenden Stellen innerhalb der Einwendungsfrist vorzubringen sind,

3. daß bei Ausbleiben eines Beteiligten in dem Erörterungstermin auch ohne ihn verhandelt werden kann und verspätete Einwendungen bei der Erörterung und Entscheidung unberücksichtigt bleiben können und

4. daß

a) die Personen, die Einwendungen erhoben haben, von dem Erörterungstermin durch amtliche Bekanntmachung benachrichtigt werden können und

b) die Zustellung der Entscheidung über die Einwendungen durch amtliche Bekanntmachung ersetzt werden kann.

wenn mehr als 300 Benachrichtigungen oder Zustellungen vorzunehmen sind.

Nicht ortsansässige Betroffene, deren Person und Aufenthalt bekannt sind oder sich innerhalb angemessener Frist ermitteln lassen, sollen auf Veranlassung der Anhörungsbehörde von der Auslegung mit dem Hinweis nach Satz 2 benachrichtigt werden.

Nach Ablauf der Einwendungsfrist hat die Anhörungsbehörde die rechtzeitig erhobenen Einwendungen gegen den Plan und die Stellungnahmen der Behörden zu dem Plan mit dem Träger des Vorhabens, den Behörden, den Betroffenen sowie den Personen, die Einwendungen erhoben haben, zu erörtern; die Anhörungsbehörde kann auch verspätet erhobene Einwendungen erörtern. Der Erörterungstermin ist mindestens eine Woche vorher örtlich bekanntzumachen. Die Behörden, der Träger des Vorhabens und diejenigen, die Einwendungen erhoben haben, sind von dem Erörterungstermin zu benachrichtigen. Sind außer der Benachrichtigung der Behörden und des Trägers des Vorhabens mehr als 300 Benachrichtigungen vorzunehmen, so können diese Benachrichtigungen durch amtli-

2 · LWG

che Bekanntmachung ersetzt werden. Die amtliche Bekanntmachung wird dadurch wirksam, daß abweichend von Satz 2 der Erörterungstermin im amtlichen Bekanntmachungsblatt der Anhörungsbehörde und außerdem in örtlichen Tageszeitungen bekanntgemacht wird, die in dem Bereich verbreitet sind, in dem sich das Vorhaben voraussichtlich auswirken wird; maßgebend für die Frist nach Satz 2 ist die Bekanntgabe im amtlichen Bekanntmachungsblatt. Im übrigen gelten für die Erörterung die Vorschriften über die mündliche Verhandlung im förmlichen Verwaltungsverfahren (§ 134 Abs. 1 Satz 3, Abs. 2 Nr. 1 und 4 und Abs. 3, § 135) entsprechend.

(7) Abweichend von den Vorschriften des Absatzes 6 Satz 2 bis 5 kann der Erörterungstermin bereits in der Bekanntmachung nach Absatz 5 Satz 2 bestimmt werden.

(8) Soll ein ausgelegter Plan geändert werden und werden dadurch der Aufgabenbereich einer anderen Behörde oder Belange Dritter erstmalig oder stärker als bisher berührt, so ist diesen die Änderung mitzuteilen und ihnen Gelegenheit zu Stellungnahmen und Einwendungen innerhalb von zwei Wochen zu geben. Wirkt sich die Änderung auf das Gebiet einer anderen amtsfreien Gemeinde oder eines Amtes aus, so ist der geänderte Plan dort auszulegen; die Absätze 3 bis 6 gelten entsprechend.

(9) Die Anhörungsbehörde gibt zum Ergebnis des Anhörungsverfahrens eine Stellungnahme ab und leitet diese möglichst innerhalb eines Monats nach Abschluß der Erörterung mit dem Plan, den Stellungnahmen der Behörden und den Einwendungen der Planfeststellungsbehörde zu.

LVwG § 141 Planfeststellungsbeschluß

(1) Die Planfeststellungsbehörde stellt den Plan fest (Planfeststellungsbeschluß). Die Vorschriften über die Entscheidung und die Anfechtung der Entscheidung im förmlichen Verwaltungsverfahren (§§ 136 und 137) sind anzuwenden.

(2) Im Planfeststellungsbeschluß entscheidet die Planfeststellungsbehörde über die Einwendungen, über die bei der Erörterung vor der Anhörungsbehörde keine Einigung erzielt worden ist. Sie hat dem Träger des Vorhabens Vorkehrungen oder die Errichtung und Unterhaltung von Anlagen aufzuerlegen, die zum Wohl der Allgemeinheit oder zur Vermeidung nachteiliger Wirkungen auf Rechte anderer erforderlich sind. Sind solche Vorkehrungen oder Anlagen untunlich oder mit dem Vorhaben unvereinbar, so hat der Betroffene Anspruch auf angemessene Entschädigung in Geld.

(3) Soweit eine abschließende Entscheidung noch nicht möglich ist, ist diese im Planfeststellungsbeschluß vorzubehalten; dem Träger des Vorhabens ist dabei aufzugeben, noch fehlende oder von der Planfeststellungsbehörde bestimmte Unterlagen rechtzeitig vorzulegen.

(4) Der Planfeststellungsbeschluß ist dem Träger des Vorhabens, den bekannten Betroffenen und denjenigen, über deren Einwendungen entschieden worden ist, zuzustellen. Eine Ausfertigung des Beschlusses ist mit einer Rechtsbehelfsbelehrung und einer Ausfertigung des festgestellten Planes in den amtsfreien Gemeinden und Ämtern zwei Wochen zur Einsicht auszulegen; der Ort und die Zeit der Auslegung sind örtlich bekanntzumachen. Mit dem Ende der Auslegungsfrist gilt der Beschluß gegenüber den übrigen Betroffenen als zugestellt; darauf ist in der Bekanntmachung hinzuweisen.

(5) Sind außer an den Träger des Vorhabens mehr als 300 Zustellungen nach Absatz 4 vorzunehmen, so können diese Zustellungen durch amtliche Bekanntmachung ersetzt werden. Die amtliche Bekanntmachung wird dadurch bewirkt, daß der verfügende Teil des Planfeststellungsbeschlusses, die Rechtsbehelfsbelehrung und ein Hinweis auf die Auslegung nach Absatz 4 Satz 2 im amtlichen Bekanntmachungsblatt der zuständigen Behörde und außerdem in örtlichen Tageszeitungen bekanntgemacht werden, die in dem Bereich verbreitet sind, in dem sich das Vorhaben voraussichtlich auswirken wird; auf Auflagen ist hinzuweisen. Mit dem Ende der Auslegungsfrist gilt der Beschluß den Betroffenen und denjenigen gegenüber, die Einwendungen erhoben haben, als zugestellt; hierauf ist in der

Bekanntmachung hinzuweisen. Nach der amtlichen Bekanntmachung kann der Planfeststellungsbeschluß bis zum Ablauf der Rechtsbehelfsfrist von den Betroffenen und von denjenigen, die Einwendungen erhoben haben, schriftlich angefordert werden; hierauf ist in der Bekanntmachung gleichfalls hinzuweisen.

LVwG § 142 Rechtswirkungen der Planfeststellung

(1) Durch die Planfeststellung wird die Zulässigkeit des Vorhabens einschließlich der notwendigen Folgemaßnahmen an anderen Anlagen im Hinblick auf alle von ihm berührten öffentlichen Belange festgestellt; neben der Planfeststellung sind andere behördliche Entscheidungen nach Landes- oder Bundesrecht, insbesondere öffentlich-rechtliche Genehmigungen, Verleihungen, Erlaubnisse, Bewilligungen, Zustimmungen und Planfeststellungen nicht erforderlich. Durch die Planfeststellung werden alle öffentlich-rechtlichen Beziehungen zwischen dem Träger des Vorhabens und den durch den Plan Betroffenen rechtsgestaltend geregelt.

(2) Ist der Planfeststellungsbeschluß unanfechtbar geworden, so sind Ansprüche auf Unterlassung des Vorhabens, auf Beseitigung oder Änderung der Anlagen oder auf Unterlassung ihrer Benutzung ausgeschlossen. Treten nicht voraussehbare Wirkungen des Vorhabens oder der dem festgestellten Plan entsprechenden Anlagen auf das Recht eines anderen erst nach Unanfechtbarkeit des Planes auf, so kann der Betroffene Vorkehrungen oder die Errichtung und Unterhaltung von Anlagen verlangen, welche die nachteiligen Wirkungen ausschließen. Sie sind dem Träger des Vorhabens durch Beschluß der Planfeststellungsbehörde aufzuerlegen. Sind solche Vorkehrungen oder Anlagen untunlich oder mit dem Vorhaben unvereinbar, so richtet sich der Anspruch auf angemessene Entschädigung in Geld. Werden Vorkehrungen oder Anlagen im Sinne des Satzes 2 notwendig, weil nach Abschluß des Planfeststellungsverfahrens auf einem benachbarten Grundstück Veränderungen eingetreten sind, so hat die hierdurch entstehenden Kosten der Eigentümer des benachbarten Grundstücks zu tragen, es sei denn, daß die Veränderungen durch natürliche Ereignisse oder höhere Gewalt verursacht worden sind; Satz 4 ist nicht anzuwenden.

(3) Anträge, mit denen Ansprüche auf Herstellung von Einrichtungen oder auf angemessene Entschädigung nach Absatz 2 Satz 2 und 4 geltend gemacht werden, sind schriftlich an die Planfeststellungsbehörde zu richten. Sie sind nur innerhalb von drei Jahren nach dem Zeitpunkt zulässig, zu dem der Betroffene von den nachteiligen Wirkungen des dem unanfechtbar festgestellten Plan entsprechenden Vorhabens oder der Anlage Kenntnis erhalten hat; sie sind ausgeschlossen, wenn nach Herstellung des dem Plan entsprechenden Zustandes dreißig Jahre verstrichen sind.

(4) Wird mit der Durchführung des Plans nicht innerhalb von fünf Jahren nach Eintritt der Unanfechtbarkeit begonnen, so tritt er außer Kraft.

LVwG § 143 Planänderungen vor Fertigstellung des Vorhabens

(1) Soll vor Fertigstellung des Vorhabens der festgestellte Plan geändert werden, bedarf es eines neuen Planfeststellungsverfahrens.

(2) Bei Planänderungen von unwesentlicher Bedeutung kann die Planfeststellungsbehörde von einem neuen Planfeststellungsverfahren absehen, wenn die Belange anderer nicht berührt werden oder wenn die Betroffenen der Änderung zugestimmt haben.

(3) Führt die Planfeststellungsbehörde in den Fällen des Absatzes 2 oder in anderen Fällen einer Planänderung von unwesentlicher Bedeutung ein Planfeststellungsverfahren durch, so bedarf es keines Anhörungsverfahrens und keiner öffentlichen Bekanntgabe des Planfeststellungsbeschlusses.

2 · LWG

LVwG § 144 Aufhebung des Planfeststellungsbeschlusses

Wird ein Vorhaben, mit dessen Durchführung begonnen worden ist, endgültig aufgegeben, so hat die Planfeststellungsbehörde den Planfeststellungsbeschluß aufzuheben. In dem Aufhebungsbeschluß sind dem Träger des Vorhabens die Wiederherstellung des früheren Zustandes oder geeignete andere Maßnahmen aufzuerlegen, soweit dies zum Wohl der Allgemeinheit oder zur Vermeidung nachteiliger Wirkungen auf Rechte anderer erforderlich ist. Werden solche Maßnahmen notwendig, weil nach Abschluß des Planfeststellungsverfahrens auf einem benachbarten Grundstück Veränderungen eingetreten sind, so kann der Träger des Vorhabens durch Beschluß der Planfeststellungsbehörde zu geeigneten Vorkehrungen verpflichtet werden; die hierdurch entstehenden Kosten hat jedoch der Eigentümer des benachbarten Grundstücks zu tragen, es sei denn, daß die Veränderungen durch natürliche Ereignisse oder höhere Gewalt verursacht worden sind.

LVwG § 145 Zusammentreffen mehrerer Vorhaben

(1) Treffen mehrere selbständige Vorhaben, für deren Durchführung Planfeststellungsverfahren vorgeschrieben sind, derart zusammen, daß für diese Vorhaben oder für Teile von ihnen nur eine einheitliche Entscheidung möglich ist, so findet für diese Vorhaben oder für deren Teile nur ein Planfeststellungsverfahren statt.

(2) Zuständigkeiten und Verfahren richten sich nach den Rechtsvorschriften über das Planfeststellungsverfahren, das für diejenige Anlage vorgeschrieben ist, die einen größeren Kreis öffentlich-rechtlicher Beziehungen berührt. Bestehen Zweifel, welche Rechtsvorschrift anzuwenden ist, so entscheidet, falls nach den in Betracht kommenden Rechtsvorschriften mehrere Landesbehörden in den Geschäftsbereichen mehrerer oberster Landesbehörden zuständig sind, die Landesregierung, sonst die zuständige oberste Landesbehörde. Bestehen Zweifel, welche Rechtsvorschrift anzuwenden ist, und sind nach den in Betracht kommenden Rechtsvorschriften eine Bundesbehörde und eine Landesbehörde zuständig, so führen, falls sich die obersten Bundes- und Landesbehörden nicht einigen, die Bundesregierung und die Landesregierung das Einvernehmen darüber herbei, welche Rechtsvorschrift anzuwenden ist.

§ 126 Voraussetzungen der Planfeststellung, Plangenehmigung

(1) Die Planfeststellung und die Plangenehmigung sind zu versagen, wenn von dem Unternehmen eine Beeinträchtigung des Wohls der Allgemeinheit zu erwarten ist, die nicht durch Bedingungen und Auflagen verhütet oder ausgeglichen werden kann.

(2) Ist zu erwarten, daß das Unternehmen auf das Recht eines anderen nachteilig einwirkt oder Nachteile im Sinne des § 12 eintreten und erhebt der Betroffene Einwendungen, so darf ein Plan nur festgestellt werden, wenn die nachteiligen Wirkungen durch Auflagen verhütet oder ausgeglichen werden. Ist dies nicht möglich oder wären Ausgleichsmaßnahmen wirtschaftlich nicht vertretbar, so kann der Plan gleichwohl festgestellt werden, wenn

1. das Unternehmen dem Wohl der Allgemeinheit dient oder

2. bei Nachteilen im Sinne des § 12 der durch das Unternehmen zu erwartende Nutzen den für den Betroffenen zu erwartenden Nachteil erheblich übersteigt;

der Betroffene ist zu entschädigen.

(3) Bei der Planfeststellung gilt § 10 WHG für nachträgliche Entscheidungen mit der Maßgabe entsprechend, daß eine Entschädigung nach § 10 Abs. 2 Satz 2 WHG auch angeordnet werden kann, wenn Ausgleichsmaßnahmen wirtschaftlich nicht vertretbar sind.

(4) Dient der Ausbau dem Wohl der Allgemeinheit und ist der festgestellte Plan unanfechtbar, so gilt § 11 Abs. 1 WHG entsprechend.

(5) Für Bedingungen und Auflagen bei der Planfeststellung und Plangenehmigung gelten die §§ 4 und 5 WHG und § 9 entsprechend.

(6) Der festgestellte Plan ist einem Enteignungsverfahren zugrundezulegen und bindet die Enteignungsbehörde.

(7) § 141 Abs. 2 Satz 2 und 3 und Abs. 3 und § 142 Abs. 2 und 3 des Landesverwaltungsgesetzes sind nicht anzuwenden.

(8) § 9a WHG gilt bei der Planfeststellung und der Plangenehmigung sinngemäß.

§ 127 Enteignung

(1) Für ein Unternehmen der öffentlichen Wasserversorgung, der öffentlichen Abwasserbeseitigung, des Deichbaues oder des Ausbaues von Gewässern im öffentlichen Interesse ist die Enteignung zulässig. Für das Verfahren gelten die allgemeinen landesrechtlichen Vorschriften über die Enteignung.

(2) Ist die sofortige Ausführung des beabsichtigten Unternehmens aus Gründen des Wohls der Allgemeinheit dringend geboten, so kann die Enteignungsbehörde den Unternehmer auf Antrag durch Beschluß in den Besitz des von dem Enteignungsverfahren betroffenen Grundstücks vorzeitig einweisen. Der Beschluß über die vorzeitige Besitzeinweisung ist dem Eigentümer, dem unmittelbaren Besitzer und dem Unternehmer zuzustellen. Wird der Enteignungsantrag abgewiesen, so ist die vorzeitige Besitzeinweisung aufzuheben.

(3) Der Unternehmer hat für die durch die vorzeitige Besitzeinweisung entstandenen Vermögensnachteile Entschädigung zu leisten, soweit die Nachteile nicht durch die Verzinsung der für die Enteignung gewährten Geldentschädigung ausgeglichen werden. Art und Höhe der Entschädigung werden durch Beschluß der Enteignungsbehörde festgesetzt. Absatz 2 Satz 2 gilt entsprechend.

(4) Auf Antrag einer der in Absatz 2 Satz 2 genannten Personen hat die Enteignungsbehörde den Zustand des Grundstücks vor der vorzeitigen Besitzeinweisung in einer Niederschrift festzuhalten, soweit er für die Besitzeinweisungs- oder Enteignungsentschädigung erheblich sein kann.

Abschnitt IV: Entschädigungs- und Ausgleichsverfahren

§ 128 Festsetzung

(1) In einem Verfahren über die Festsetzung einer Entschädigung hat die Wasserbehörde auf eine gütliche Einigung der Beteiligten hinzuwirken. Einigen sie sich, so hat die Wasserbehörde diese Einigung zu beurkunden und den Beteiligten eine Ausfertigung der Urkunde zuzustellen.

(2) Einigen sie sich nicht, so hat die Wasserbehörde die Entschädigung durch schriftlichen Bescheid festzusetzen. Hierin sind der Entschädigungspflichtige und der Entschädigungsberechtigte zu bezeichnen. Der Bescheid und eine Belehrung über Zulässigkeit, Form und Frist der Klage sind den Beteiligten zuzustellen.

2 · LWG

(3) Wird der Entschädigungspflichtige verpflichtet, ein Grundstück zu erwerben, so hat die Wasserbehörde unverzüglich das Grundbuchamt zu ersuchen, einen Vermerk über die Verpflichtung einzutragen. Der Vermerk wirkt gegenüber dem öffentlichen Glauben des Grundbuches wie eine Vormerkung zur Sicherung des Anspruches auf Übertragung des Eigentums.

(4) Zuständige Behörde für die Entscheidung über eine Entschädigung ist

1. die oberste Wasserbehörde in den Fällen, in denen das Land zur Entschädigung verpflichtet ist,

2. in allen anderen Fällen die Wasserbehörde, welche die die Entschädigungspflicht auslösende Anordnung oder Entscheidung getroffen hat.

(5) Für den Ausgleich nach § 19 Abs. 4 WHG gelten die Absätze 1 bis 4 und die §§ 129 und 130 entsprechend.

§ 129 Vollstreckbarkeit

(1) Die Urkunde über die Einigung (§ 128 Abs. 1) ist vollstreckbar, sobald sie den Beteiligten zugestellt worden ist. Der Festsetzungsbescheid (§ 128 Abs. 2) ist den Beteiligten gegenüber vollstreckbar, wenn er für sie unanfechtbar geworden ist oder das Gericht ihn für vorläufig vollstreckbar erklärt hat.

(2) Die Zwangsvollstreckung richtet sich nach den Vorschriften der Zivilprozeßordnung über die Vollstreckung von Urteilen in bürgerlichen Rechtsstreitigkeiten. Die vollstreckbare Ausfertigung wird von dem Urkundsbeamten der Geschäftsstelle des Amtsgerichts erteilt, in dessen Bezirk die Wasserbehörde ihren Sitz hat, und, wenn das Verfahren bei einem Gericht anhängig ist, von dem Urkundsbeamten der Geschäftsstelle dieses Gerichts. In den Fällen der §§ 731, 767 bis 770, 785, 786 und 791 der Zivilprozeßordnung tritt an die Stelle des Prozeßgerichts das Amtsgericht, in dessen Bezirk die Wasserbehörde ihren Sitz hat.

§ 130 Rechtsweg

(1) Wegen der Festsetzung der Entschädigung können die Beteiligten binnen einer Notfrist von drei Monaten nach Zustellung des Festsetzungsbescheides Klage vor den ordentlichen Gerichten erheben.

(2) Die Klage gegen den Entschädigungsverpflichteten wegen der Entschädigung in Geld ist auf Zahlung des verlangten Betrages oder Mehrbetrages zu richten. Die Klage gegen den Entschädigungsberechtigten ist darauf zu richten, daß die Entschädigung unter Aufhebung oder Abänderung des Festsetzungsbescheides anderweitig festgesetzt wird. Klagt der Entschädigungspflichtige, so fallen ihm die Kosten des ersten Rechtszuges in jedem Fall zur Last.

DREIZEHNTER TEIL: Wasserwirtschaftliche Planung, Wasserbuch

§ 131 Wasserwirtschaftliche Rahmenpläne
(zu § 36 WHG)

Wasserwirtschaftliche Rahmenpläne werden von der obersten Wasserbehörde nach vorheriger Anhörung der betroffenen Kreise und kreisfreien Städte, der Gemeinden, der betroffenen Träger öffentlicher Belange und der sonstigen Betroffenen aufgestellt. Ihre raumbedeutsamen Ziele und Maßnahmen werden in die Raumordnungspläne im Sinne der §§ 1 bis 7 des Landesplanungsgesetzes in der Fassung der Bekanntmachung vom 24. Juni 1981 (GVOBl SchlH. S. 117), geändert durch Gesetz vom 14. Dezember 1988 (GVOBl SchlH. S. 215)[1]), aufgenommen. Sie werden im Amtsblatt für Schleswig-Holstein bekanntgemacht.

Hinweise zu § 131

1. Vgl. auch Landesentwicklungsgrundsätze i. d. F. d. Bek. vom 22. 9. 1981 (GVOBl SchlH. S. 180/181), geändert durch Gesetz vom 19. 11. 1985 (GVOBl S. 374), § 5;

Landesraumordnungsplan vom 11. 7. 1979 (ABl SchlH. S. 603) Tz 8.7

2. Vgl. auch die Programme der Landesregierung und Orientierungsrahmen für die jeweiligen Aufgabenträger in Schleswig-Holstein darstellenden
Generalpläne
Deichverstärkung, Deichverkürzung und Küstenschutz vom 20. 12. 1963 mit Fortschreibungen vom 29. 11. 1977 und 5. 11. 1986,

Abwasser und Gewässerschutz vom 15. 1. 1971 mit Fortschreibung vom 24. 3. 1987 – dazu Bilanzberichte vom Dezember 1976 und Dezember 1985,

Wassergewinnung und Wasserversorgung vom Mai 1973 – dazu Bericht des Ministers für Ernährung, Landwirtschaft und Forsten vom Dezember 1986,

Binnengewässer vom 3. 7. 1978,

Zentrale Klärschlammbehandlung vom 23. 10. 1981,

Klärschlammverwertung/Klärschlammbeseitigung 1984,
Bericht der Landesregierung über Anfall, Entsorgung von Klärschlamm vom 8. 2. 1991, LT Drucks. 12/1277,

3. Für den weiteren Bereich Umweltschutz vgl. auch die Generalpläne
Abfallbeseitigung vom 22. 1. 1974,
Abfallentsorgung vom August 1987/März 1988 (Hinweise in ABl SchlH. 1987 S. 409; 1988 S. 313) – dazu Bericht über Abfall-Altlasten in Schleswig-Holstein, Anl. zur LT Drucks. 10/762.
Abfallwirtschaftsprogramm des Landes Schleswig-Holstein vom April 1991

§ 132 Bewirtschaftungspläne
(zu § 36 b WHG)

Bewirtschaftungspläne werden von der obersten Wasserbehörde nach vorheriger Anhörung der betroffenen Kreise und kreisfreien Städte, der Gemeinden, der betroffenen Träger öffentlicher Belange sowie der sonstigen Betroffenen aufgestellt. Bewirtschaftungspläne sind für die behördlichen Entscheidungen verbindlich. Sie werden im Amtsblatt für Schleswig-Holstein bekanntgemacht.

---

1) Letzte Änderung durch Gesetz vom 20. 3. 1992 (GVOBl SchlH. S. 196).

2 · LWG

§ 133 Abwasserbeseitigungspläne
(zu § 18 a WHG)

(1) Die oberste Wasserbehörde stellt für die im Landesraumordnungsplan bezeichneten Planungsräume, für einzelne Wirtschaftsräume oder für Einzugsgebiete von Gewässern oder Teilen davon Abwasserbeseitigungspläne auf. Die zur Abwasserbeseitigung Verpflichteten sowie die Kreise oder kreisfreien Städte sind vorher zu hören. Die Abwasserbeseitigungspläne sind für die behördlichen Entscheidungen verbindlich. Sie können durch Verordnung der obersten Wasserbehörde für allgemeinverbindlich erklärt werden.

(2) In dem Abwasserbeseitigungsplan sind auch die Gewässer oder Gewässerabschnitte auszuweisen, in die eingeleitet werden soll. Im Plan können Fristen für die Ausführung der zur Durchführung des Planes erforderlichen Maßnahmen festgelegt werden.

Hinweis zu § 133

Als Verwaltungsrichtlinien sind erlassen die Abwasserbeseitigungspläne

1. Trave, Bekanntmachung vom 4. 1. 1988 (ABl SchlH. S. 49),

2. Alster, Bekanntmachung vom 15. 3. 1988 (ABl SchlH. S. 129)

§ 134 Veränderungssperren
(zu § 36 a WHG)

Veränderungssperren werden als Verordnung von der obersten Wasserbehörde erlassen.

§ 135 Eintragung und Einsicht in das Wasserbuch

(1) Eintragungen in das Wasserbuch nach § 37 Abs. 2 WHG haben keine rechtlichen Wirkungen auf das Entstehen, die Änderung und das Erlöschen eintragungsfähiger Rechtsverhältnisse.

(2) Jeder kann auf Antrag das Wasserbuch und die Urkunden, auf die in der Eintragung Bezug genommen ist, einsehen und Ablichtungen oder Abschriften verlangen. Der Antrag ist bei der zuständigen Wasserbehörde (§ 106 Nr. 3) zu stellen. § 116 Abs. 2 Nr. 1 und Abs. 3 sowie § 117 Abs. 1 gelten entsprechend.

Hinweise zu § 135

1. Verwaltungsvorschriften über das Anlegen und Führen des Wasserbuches in Schleswig-Holstein vom 25. 5. 1988 (ABl S. 312)

2. Wegen der Eintragung von Fischereirechten in das Fischereibuch vgl. § 11 Abs. 1 Fischereigesetz vom 11. 5. 1916 (GS SchlH. II Gl.Nr. 793−2)

LWG · 2

VIERZEHNTER TEIL: Verkehrsrechtliche Vorschriften

§ 136 Freie Benutzung der Gewässer

Jedermann darf die sonstigen Bundeswasserstraßen (§ 3 Abs. 1 Nr. 1 Buchst. b), die schiffbaren Gewässer erster Ordnung (Anlage), die schiffbaren Außentiefs und die öffentlichen Häfen für den Verkehr benutzen, soweit die Benutzung nach diesem Gesetz oder nach anderen Vorschriften nicht beschränkt ist.

Hinweis zu § 136

Für Bundeswasserstraßen vgl. § 5 WaStrG

WaStrG § 5 Befahren mit Wasserfahrzeugen

Jedermann darf im Rahmen der Vorschriften des Schiffahrtsrechts einschließlich des Schiffahrtabgabenrechts sowie der Vorschriften dieses Gesetzes die Bundeswasserstraßen mit Wasserfahrzeugen befahren. Das Befahren der bundeseigenen Talsperren und Speicherbecken ist nur zulässig, soweit es durch Rechtsverordnung nach § 46 Nr. 2 gestattet wird. Das Befahren der Bundeswasserstraßen in Naturschutzgebieten und Nationalparken nach den §§ 13 und 14 des Bundesnaturschutzgesetzes kann durch Rechtsverordnung, die der Bundesminister für Verkehr im Einvernehmen mit dem Bundesminister für Umwelt, Naturschutz und Reaktorsicherheit erläßt, geregelt, eingeschränkt oder untersagt werden, soweit dies zur Erreichung des Schutzzweckes erforderlich ist.

§ 137 Verkehrsrechtliche Anordnungen

(1) Die Ministerin oder der Minister für Wirtschaft, Technik und Verkehr kann zur Abwehr von Gefahren für die öffentliche Sicherheit, insbesondere im Interesse der Sicherheit und Leichtigkeit des Verkehrs, zur Erhaltung der Schiffbarkeit der Gewässer, zur Ordnung der Benutzung von Häfen und Anlagen und zur Verhütung von Gefahren für die Umwelt durch Verordnung Regelungen treffen über

1. das Verhalten im Verkehr auf den schiffbaren Gewässern erster Ordnung und den schiffbaren Außentiefs;

2. das Verhalten in den öffentlichen Häfen und Umschlagstellen;

3. die Anforderungen an den Bau, die Einrichtung, die Ausrüstung, die Bemannung, den Betrieb, die Benutzung, die Kennzeichnung und den Freibord von Wasserfahrzeugen;

4. die Anforderungen an die Eignung und Befähigung von Führern von Wasserfahrzeugen,

5. das Verfahren für den Nachweis der Erfüllung der Anforderungen nach den Nummern 3 und 4.

Die Nummern 3 bis 5 gelten auch für den gewerblichen Betrieb von Wasserfahrzeugen auf nicht schiffbaren Gewässern erster Ordnung und auf Gewässern zweiter Ordnung.

(2) Die Ministerin oder der Minister für Wirtschaft, Technik und Verkehr kann in der Verordnung nach Absatz 1 Satz 1 Nr. 2 andere Behörden ermächtigen, Anordnungen zur Wahrung der in Absatz 1 genannten Belange zu erlassen, die an

2 · LWG

bestimmte Personen oder an einen bestimmten Personenkreis gerichtet sind und ein Gebot oder ein Verbot enthalten. Die Dienstkräfte der Wasserschutzpolizei und anderer im Sinne von Satz 1 ermächtigter Behörden sind zur Durchführung der schiffahrts- und hafenrechtlichen Vorschriften im Geltungsbereich der Verordnung nach Absatz 1 Satz 1 Nr. 2 jederzeit befugt, Grundstücke, Anlagen und Einrichtungen sowie Wasserfahrzeuge zu betreten und Prüfungen vorzunehmen. Die Schiffsführerin oder der Schiffsführer oder ihre Vertreterin oder sein Vertreter sowie Personen, unter deren Obhut Fahrzeuge, Anlagen oder Einrichtungen stehen, haben das Betreten zu dulden und den in Satz 2 genannten Dienstkräften über Bauart, Ausrüstung und Ladung der Fahrzeuge sowie über Vorkommnisse auf der Reise Auskunft zu erteilen und die Schiffs- und Ladepapiere auf Verlangen zur Prüfung auszuhändigen.

(3) Wohnräume dürfen gegen den Willen des Berechtigten nur betreten werden, wenn dies zur Verhütung einer dringenden Gefahr erforderlich ist. Satz 1 gilt auch für das Betreten von Geschäftsräumen außerhalb der üblichen Betriebs- oder Geschäftszeit. Das Grundrecht der Unverletzlichkeit der Wohnung (Artikel 13 des Grundgesetzes) wird insoweit eingeschränkt.

(4) Die Absätze 1 bis 3 gelten mit Ausnahme der Regelung der Hafenaufsicht (Hafenpolizei) nicht für Bundeswasserstraßen.

Hinweise zu § 137

a) Auf Grund von § 101 b Abs. 1 Nr. 1 LWG a. F., dem Vorläufer des jetzigen § 137 sind erlassen worden

1. LVO über den Verkehr auf der Wakenitz, dem Ratzeburger See und dem Küchensee vom 23. 9. 1976 (GVOBl S. 249), geändert durch LVO vom 31. 10. 1977 (GVOBl S. 474) und vom 27. 6. 1984 (GVOBl S. 141);

2. Landesverordnungen über den Verkehr von Motorsportfahrzeugen auf der
Unteren Trave vom 28. 7. 1972 (GVOBl S. 146);
Unteren Treene vom 28. 8. 1973 (GVOBl S. 320), geändert durch Art. 27 LVO vom 6. 12. 1989 (GVOBl S. 171/175);
Wilsterau vom 11. 11. 1976 (GVOBl S. 275);

3. LVO über die Sicherheitseinrichtungen beim Bau und Betrieb von Motorenanlagen in Wasserfahrzeugen, die zur gewerbsmäßigen Personenbeförderung und zur gewerbsmäßigen Bootsvermietung benutzt werden, vom 30. 4. 1969 (GVOBl S. 80), geändert durch LVO vom 15. 6. 1970 (GVOBl S. 159) und Art. 27 LVO vom 6. 12. 1989 (GVOBl S. 171/175);

4. LVO über die Benutzung von Wasserfahrzeugen zur gewerbsmäßigen Personenbeförderung und zur gewerbsmäßigen Bootsvermietung auf den Gewässern in Schleswig-Holstein vom 30. 4.1969 (GVOBl S. 83)

b) Auf Grund der §§ 101 b, 101 h, 103 LWG a. F., den Vorläufern der jetzigen §§ 137, 142, 144 sind erlassen worden

1. LVO für die Häfen in Schleswig-Holstein (Hafenverordnung – HafVO) vom 13. 2. 1976 (GVOBl S. 66), geändert durch LVO vom 27. 7. 1978 (GVOBl S. 221), 6. 9. 1978 (GVOBl S. 299), 20. 10. 1980 (GVOBl S. 299), Art. 27 LVO vom 6. 12. 1989 (GVOBl S. 171/175) – Die Hafenverordnung tritt gemäß § 38 Satz 2 HafVO am 31. 12. 1995 außer Kraft;

LWG · 2

2. LVO über die Sicherheit beim Umgang mit gefährlichen Gütern in den schleswig-holsteinischen Häfen (Hafensicherheitsverordnung – HSVO) vom 7. 9. 1977 (GVOBl S. 326), geändert durch LVO vom 20. 10. 1980 (GVOBl S. 300);

c) Gemäß § 2 Abs. 1 HafVO gelten für Hafengebiete oder deren Einfahrten, soweit sie nicht Bundeswasserstraßen sind, folgende bundesrechtliche Vorschriften in ihrer jeweiligen Fassung entsprechend

1. Seeschiffahrtsstraßen-Ordnung (SeeSchStrO) i. d. F. d. Bek. vom 15. 4. 1987 (BGBl. I. S. 1266), zuletzt geändert durch Art. 1 VO vom 8. 4. 1991 (BGBl. IS. 880);

2. Internationale Regeln von 1972 zur Verhütung von Zusammenstößen auf See, veröffentlicht als Anlage zum Gesetz vom 29. 6. 1976 (BGBl. II S. 1017/1023), in Kraft gesetzt durch VO vom 13. 6. 1977 (BGBl. I S. 813), zuletzt geändert durch Art. 3 VO vom 8. 4. 1991 (BGBl. I S. 881); die in London am 19. 10. 1989 beschlossene Änderung der Regeln von 1972 ist bekanntgemacht durch Gesetz vom 8. 4. 1991 (BGBl. II S. 627) und in Kraft gesetzt durch Art. 4 VO vom 8. 4. 1991 (BGBl. I S. 881/882);

3. Binnenschiffahrtsstraßen-Ordnung (BinSchStrO) als Anlage zur VO vom 1. 5. 1985 (BGBl. I S. 734), veröffentlicht als Anlageband zum BGBl. I Nr. 22 vom 15. 5. 1985, zuletzt geändert durch Art. 3 VO vom 13. 9. 1988 (BGBl. I S. 1745);

4. VO über die Schiffssicherheit in der Binnenschiffahrt (Binnenschiffs-Untersuchungsordnung – BinSchUO) vom 17. 3. 1988 (BGBl. I S. 238)

d) Vgl. auch Richtlinie des Rates 79/116/EWG vom 21. 12. 1978 über Mindestanforderungen an das Einlaufen von bestimmten Tankschiffen in Seehäfen der Gemeinschaft und das Auslaufen (ABl L 33 vom 8. 2. 1979 S. 33), geändert durch Richtlinie 79/1034/EWG vom 6. 12. 1979 (ABl L 315 vom 11. 12. 1979 S. 16)

e) Auf Grund des § 42 Abs. 3 LPflegG ist erlassen die LVO über Sportboothäfen (Sportboothafenverordnung) vom 15. 2. 1983 (GVOBl SchlH. S. 121)

f) Für Binnenschiffahrtsstraßen sind insbesondere auch zu beachten

1. VO zur Einführung der Binnenschiffahrtsstraßen-Ordnung (BinSchStrEV) vom 1. 5. 1985 (BGBl. I S. 734), geändert durch VO vom 5. 8. 1987 (BGBl. I S. 2081) und Art. 3 VO vom 13. 9. 1988 (BGBl. I S. 1745/1747);

2. Gefahrgutverordnung-Binnenschiffahrt (GGVBinSch) i. d. F. d. Bek. vom 30. 6. 1977 (BGBl. I S. 119), zuletzt geändert durch 8. ÄndVO vom 7. 4. 1992 (BGBl. I S. 860);

3. VO über das Führen von Sportbooten auf den Binnenschiffahrtsstraßen (Sportbootführerscheinverordnung-Binnen-SportbootFüV-Bin) vom 22. 3. 1989 (BGBl. I S.536, ber. S. 1102);

4. VO über das Wasserskifahren auf den Binnenschiffahrtsstraßen (Wasserskiverordnung) vom 2. 9. 1977 (BGBl. I S. 1749)

2 · LWG

§ 138 Besondere Pflichten im Interesse der Schiffahrt

Die Anlieger von Gewässern im Sinne des § 136 haben das Landen und Befestigen von Schiffen, das Aufstellen von Verkehrs- und Einteilungszeichen und in Notfällen das Aussetzen der Ladung zu dulden.

Hinweis zu § 138

Für Bundeswasserstraßen gilt § 11 WaStrG. S. Hinweis zu § 30 WHG

§ 139 Zulassung von Häfen, Fähren und Anlagen

(1) Die Errichtung oder wesentliche Änderung eines Handelshafens in oder an einer Seeschiffahrtsstraße oder eines Hafens für die Binnenschiffahrt bedarf der Planfeststellung. § 31 Abs. 1 und Satz 3 und Abs. 2 WHG gilt entsprechend.

(2) Einer Genehmigung bedürfen

1. die Errichtung oder wesentliche Änderung eines Hafens, der keiner Planfeststellung bedarf, der Betrieb eines Hafens, sowie die Errichtung, die wesentliche Änderung oder der Betrieb einer Umschlagstelle,

2. die Einrichtung oder der Betrieb einer Fähre über Gewässer erster Ordnung; das gleiche gilt für einen sonstigen Übersetzverkehr über die Elbe,

3. die Errichtung oder die wesentliche Änderung von Anlagen in, über oder unter den Wasserflächen der in § 136 genannten Gewässer oder an ihren Ufern,

4. Baggerungen oder die Entnahme von Sand, Kies und Steinen sowie Anschüttungen in öffentlichen Häfen,

5. das Setzen und Betreiben von Schiffahrtszeichen in den Häfen.

(3) Absatz 2 Nr. 3 bis 5 gilt nicht für die Häfen und für die Teile der Häfen, die in Bundeswasserstraßen im Sinne des Bundeswasserstraßengesetzes einbezogen sind, sowie nicht für Anlagen, die einer erlaubnis- oder bewilligungspflichtigen Benutzung dienen.

§ 140 Genehmigungsverfahren

(1) Einem Antrag auf Erteilung einer Genehmigung nach § 139 sind die zur Beurteilung erforderlichen Unterlagen (z. B. Zeichnungen, Nachweisungen und Beschreibungen) beizufügen.

(2) Die Genehmigung kann versagt werden, wenn Tatsachen vorliegen, die den Antragsteller oder die für die Leitung des Unternehmens bestimmten Personen als unzuverlässig erscheinen lassen, oder zu besorgen ist, daß das beabsichtigte Unternehmen das Wohl der Allgemeinheit, insbesondere öffentliche Verkehrsinteressen, beeinträchtigen würde. Nebenbestimmungen nach § 107 des Landesverwaltungsgesetzes sind zulässig.

(3) Die Genehmigung kann widerrufen werden, wenn ihre Voraussetzungen nicht mehr vorliegen oder wenn der Unternehmer wiederholt oder schwer gegen die ihm durch Rechtsvorschrift oder Verwaltungsakt auferlegten Pflichten verstoßen hat. Die §§ 116 und 117 des Landesverwaltungsgesetzes bleiben unberührt.

LWG · 2

(4) Der Unternehmer eines Hafens, einer Umschlagstelle, einer Fähre oder eines Übersetzverkehrs im Sinne des § 139 Abs. 1 und Abs. 2 Nr. 1 und 2 ist verpflichtet, den Betrieb ordnungsgemäß einzurichten und zu führen. Die zuständige Behörde kann den Unternehmer auf Antrag von der Betriebspflicht befreien; sie muß ihn hiervon befreien, wenn ihm die Fortführung des Betriebes nicht mehr zuzumuten ist.

(5) Zum ordnungsgemäßen Betrieb eines Hafens gehören auch die Einrichtung, der Betrieb und die Unterhaltung der erforderlichen Anlagen und Vorrichtungen zur Entsorgung von Schiffen sowie zur Verhütung schädlicher Umwelteinwirkungen durch den Hafenbetrieb. Der Unternehmer kann sich hierzu Dritter bedienen. Entsprechen zugelassene Häfen nicht den Anforderungen, so hat die Verkehrsbehörde sicherzustellen, daß der Unternehmer innerhalb angemessener Frist seine Verpflichtungen erfüllt.

(6) Die Vorschriften über den Ausbau oberirdischer Gewässer bleiben unberührt.

§ 141 Hafenabgaben, Beförderungsentgelte

(1) Die Ministerin oder der Minister für Wirtschaft, Technik und Verkehr setzt durch Verordnung die Hafenabgaben für die landeseigenen Häfen und für die dem öffentlichen Verkehr gewidmeten Privathäfen unter Berücksichtigung der wirtschaftlichen Lage des Hafenbetriebes, der technischen Entwicklung und des Wohls der Allgemeinheit, insbesondere der öffentlichen Verkehrsinteressen, fest. Hinsichtlich der Festsetzung der Hafenabgaben für die kommunalen Häfen gilt das Kommunalabgabengesetz des Landes Schleswig-Holstein in der Fassung der Bekanntmachung vom 29. Januar 1990 (GVOBl SchlH. S. 50), geändert durch Gesetz vom 7. Juni 1991 (GVOBl SchlH. S. 331).

(2) Beförderungsentgelte des Linienverkehrs und deren Änderung bedürfen der Genehmigung der Ministerin oder des Ministers für Wirtschaft, Technik und Verkehr. Die Ministerin oder der Minister für Wirtschaft, Technik und Verkehr hat die Beförderungsentgelte insbesondere daraufhin zu prüfen, ob sie unter Berücksichtigung der wirtschaftlichen Lage des Unternehmens, einer ausreichenden Verzinsung und Tilgung des Anlagekapitals und der technischen Entwicklung angemessen sind und mit dem Wohl der Allgemeinheit, insbesondere den öffentlichen Verkehrsinteressen, in Einklang stehen.

Hinweise zu § 141

1. Für landeseigene Häfen sind erlassen worden die Landesverordnungen über die Festsetzung von Hafenabgaben in den landeseigenen Häfen

    Brunsbüttel vom 10. 2. 1989 (GVOBl S. 14); Büsum, Friedrichskoog, Friedrichstadt, Glückstadt, Husum und Tönning vom 21. 3. 1988 (GVOBlS. 113), zuletzt geändert durch LVO vom 27. 4. 1992 (GVOBl S. 234); Dagebüll vom 12. 12. 1984 (GVOBl S. 272), zuletzt geändert durch LVO vom 9. 4. 1992 (GVOBl S. 223); Geesthacht vom 16. 3. 1988 (GVOBl S. 110)

2. Für kommunale Häfen gilt die Ermächtigung in § 6 Abs. 7 KAG zum Erlaß von Satzungen über Hafenbenutzungsgebühren

3. Für die bundeseigenen Schutz- und Sicherheitshäfen Helgoland, Seezeichenhafen Witt-

2 · LWG

dün, Hörnum, Schleimünde, Kiel-Holtenau und Brunsbüttel gilt die Bundes-Seehäfen-Abgabenverordnung vom 13. 9. 1983 (BGBl. I S. 1176), zuletzt geändert durch VO vom 12. 3. 1992 (BGBl. I S. 676)

§ 142 Verkehrsbehörden

(1) Die Ministerin oder der Minister für Wirtschaft, Technik und Verkehr ist Verkehrsbehörde für die in § 143 genannten Aufgaben, soweit diese

1. die schiffbaren Gewässer erster Ordnung, soweit sie nicht Bundeswasserstraßen sind, und die schiffbaren Außentiefs,

2. die landeseigenen Häfen und Umschlagsstellen sowie deren Zufahrten,

3. die übrigen öffentlichen Häfen und Umschlagstellen sowie deren Zufahrten, mit Ausnahme der in § 139 Abs. 2 Nr. 3 bis 5 genannten Tatbestände, oder

4. die nach § 139 genehmigungspflichtigen Fähren und Übersetzverkehre

betreffen.

(2) Die Landrätinnen oder die Landräte und die Bürgermeisterinnen oder die Bürgermeister der kreisfreien Städte als Kreisordnungsbehörden sind Verkehrsbehörden, soweit nichts anderes bestimmt ist.

(3) Die Ministerin oder der Minister für Wirtschaft, Technik und Verkehr kann

1. durch Verordnung ihre oder seine Zuständigkeit nach Absatz 1 ganz oder teilweise auf andere Behörden zur Erfüllung nach Weisung übertragen,

2. in der Verordnung nach § 137 Abs. 1 Satz 1 Nr. 2 Hafenbehörden einrichten; sie oder er kann dabei auch Behörden sowie solche juristischen Personen des Privatrechts, denen der Betrieb von Häfen obliegt, zu Hafenbehörden bestimmen,

3. abweichend von Absatz 2 die Zuständigkeit durch Verordnung anders regeln.

§ 143 Aufgaben der Verkehrsbehörden

(1) Die Verkehrsbehörden sind für die Aufgaben im Rahmen dieses Gesetzes zuständig, soweit es sich handelt um

1. den Verkehr auf den Gewässern mit Ausnahme der Bundeswasserstraßen,

2. den Zustand, die Benutzung und den Betrieb von Häfen, Umschlagstellen und sonstigen Verkehrseinrichtungen und

3. Entscheidungen nach § 139.

(2) Soweit die Verkehrsbehörden nach Absatz 1 zuständig sind, sind sie auch befugt, Maßnahmen zu treffen, um Zuwiderhandlungen gegen dieses Gesetz oder die aufgrund dieses Gesetzes ergangenen Verordnungen abzuwehren.

FÜNFZEHNTER TEIL: Bußgeldvorschriften

§ 144 Ordnungswidrigkeiten

(1) Ordnungswidrig handelt, wer vorsätzlich oder fahrlässig

1. die nach § 5 Abs. 2 bei dem Auslaufen wassergefährdender Stoffe vorgeschriebenen Maßnahmen unterläßt,

2. wer entgegen

   a) § 14 Abs. 3 mit kleinen Fahrzeugen ohne Motorkraft Seen befährt oder durchfährt, ohne daß dies als Gemeingebrauch gestattet ist,

   b) § 15 ohne Genehmigung ein nicht schiffbares Gewässer erster Ordnung oder ein Gewässer zweiter Ordnung mit einem Motorfahrzeug befährt oder auf einem solchen Gewässer ein Wohnboot hält,

3. die nach § 5 Abs. 3, § 7 Abs. 1 und 2, § 14 Abs. 2, § 24 Abs. 1 oder § 29 Abs. 2 vorgeschriebene Anzeige nicht erstattet,

4. entgegen § 24 Abs. 1 bei amtlichen Prüfungen keine Arbeitshilfe leistet,

5. ohne die nach § 24 Abs. 2 erforderliche Genehmigung eine Handlung vornimmt, die die Beschaffenheit einer Staumarke oder eines Festpunktes beeinflussen kann,

6. ohne die nach § 26 erforderliche Genehmigung eine Stauanlage dauernd außer Betrieb setzt oder beseitigt,

7. entgegen § 27 aufgestautes Wasser abläßt,

8. eine Abwasserbeseitigungsanlage ohne einen nach § 35 festgestellten oder genehmigten Plan errichtet oder wesentlich ändert oder betreibt oder Auflagen, die in der Genehmigung oder in dem Plan festgesetzt sind, nicht befolgt,

9. seinen Verpflichtungen zur Selbstüberwachung von Wasserversorgungs- oder Abwasseranlagen nicht nachkommt oder den dazu aufgrund einer Verordnung nach § 29 Abs. 3 und § 36 Abs. 3 erlassenen Vorschriften zuwiderhandelt, sofern die Verordnung für einen bestimmten Tatbestand auf diese Bußgeldvorschrift verweist,

10. entgegen § 42 seiner Verpflichtung zur Erfüllung der Unterhaltungspflicht an Gewässern zweiter Ordnung nicht nachkommt,

11. ohne die nach § 56 Abs. 1 erforderliche Genehmigung Anlagen in oder an oberirdischen Gewässern errichtet oder wesentlich verändert,

12. einer Nebenbestimmung nach § 56 Abs. 2 Satz 3 zuwiderhandelt,

13. ohne die nach § 57 Abs. 1 erforderliche Genehmigung in Überschwemmungsgebieten die Erdoberfläche erhöht oder vertieft, Anlagen herstellt oder beseitigt oder Bäume oder Sträucher pflanzt.

14. entgegen § 70 Abs. 1 auf oder in dem Deich

   a) Vieh treibt, Großvieh weidet oder andere Haus- und Nutztiere hält,

   b) reitet oder mit Fahrzeugen aller Art fährt oder parkt,

   c) Material, Geräte oder Boote lagert,

2 · LWG

d) Anlagen errichtet oder wesentlich ändert sowie Gegenstände aller Art aufstellt, Zäune, Brücken oder Deichtreppen errichtet sowie Rohre oder Kabel verlegt,

e) Veranstaltungen durchführt,

f) Bäume oder Sträucher pflanzt,

g) Gräser oder Treibsel abbrennt,

h) nicht angeleinte Hunde mitführt,

15. entgegen § 75 Abs. 1 Satz 2 auf einer Halligwarft eine der in Nummer 14 bezeichneten Handlungen ohne die nach § 70 Abs. 3 erforderliche Ausnahmegenehmigung vornimmt,

16. entgegen § 75 Abs. 1 Satz 3 den Schutzstreifen einer Halligwarft bebaut, bepflanzt oder in schädigender Weise nutzt,

17. entgegen § 75 Abs. 2 eine Halligwarft ohne Zustimmung der Wasserbehörde verbreitert oder erhöht,

18. entgegen § 76 Satz 4 im Vorland eine der in Nummer 14 bezeichneten Handlungen ohne die nach § 70 Abs. 3 erforderliche Ausnahmegenehmigung vornimmt,

19. entgegen § 77 Küstenschutzanlagen oder sonstige Anlagen an der Küste ohne die erforderliche Genehmigung errichtet, wesentlich ändert oder beseitigt,

20. entgegen § 78 Abs. 1 auf Küstenschutzanlagen, in den Dünen und auf den Strandwällen ohne die nach § 78 Abs. 4 erforderliche Ausnahmegenehmigung

   a) schützenden Bewuchs wesentlich verändert oder beseitigt,

   b) Sand, Kies, Geröll, Steine oder Grassoden entnimmt,

   c) Liegeplätze für Wasserfahrzeuge sowie Netztrockenplätze einrichtet,

   d) Anlagen errichtet, wesentlich ändert oder aufstellt sowie Material, Gegenstände oder Geräte lagert oder ablagert,

   e) Vieh auftreibt oder laufen läßt,

   f) Abgrabungen, Aufschüttungen, Auf- oder Abspülungen oder Bohrungen vornimmt,

21. entgegen § 78 Abs. 2 an Steilufern oder innerhalb eines Bereiches von 50 m ab der oberen Böschungskante ohne die nach § 78 Abs. 4 erforderliche Ausnahmegenehmigung

   a) schützenden Bewuchs wesentlich verändert oder beseitigt oder Sand, Kies, Geröll, Steine oder Grassoden entnimmt,

   b) Anlagen errichtet, wesentlich ändert oder aufstellt sowie Material, Gegenstände oder Geräte lagert oder ablagert,

   c) Abgrabungen, Aufschüttungen, Auf- oder Abspülungen oder Bohrungen vornimmt,

22. entgegen § 78 Abs. 3 auf dem Meeresstrand oder auf dem Meeresboden in einem Bereich von weniger als 6 m Wassertiefe unter Seekarten-Null und von 200 m Entfernung von der Küstenlinie ohne die nach § 78 Abs. 4 erforderliche Ausnahmegenehmigung

a) Sand, Kies, Geröll, Steine oder Grassoden entnimmt,

b) Abgrabungen, Aufschüttungen, Auf- oder Abspülungen oder Bohrungen vornimmt,

23. entgegen § 80 Abs. 1 ohne die nach § 80 Abs. 3 erforderliche Ausnahmegenehmigung

   a) in einer Entfernung von weniger als 50 m vom Fußpunkt der Innenböschung eines Landesschutzdeiches,

   b) in einer Entfernung von weniger als 100 m landwärts von der oberen Böschungskante eines Steilufers oder vom seewärtigen Fußpunkt einer Düne,

   c) in einer Entfernung von weniger als 100 m landwärts von der Küstenlinie,

   d) im Vorland

   bauliche Anlagen errichtet oder wesentlich ändert,

24. ohne die nach § 139 Abs. 1 und 2 erforderlichen Zulassungen

   a) Häfen, Umschlagstellen oder Fähren errichtet, einrichtet oder betreibt,

   b) Hafenanlagen errichtet oder verändert,

   c) in öffentlichen Häfen baggert, Sand, Kies oder Steine entnimmt oder anschüttet oder Schiffahrtszeichen setzt oder betreibt,

25. ohne die nach § 141 Abs. 2 erforderliche Genehmigung Beförderungsentgelte erhebt,

26. eine vollziehbare Anordnung nach

   a) § 28 Abs. 4 oder

   b) § 137 Abs. 2

   nicht befolgt.

(2) Ordnungswidrig handelt ferner, wer vorsätzlich oder fahrlässig einer aufgrund

1. des § 4 Abs. 1 Nr. 2 und Abs. 4, § 5 Abs. 1, der §§ 19, 29 Abs. 3, der §§ 32, 33, 34, 59 oder

2. des § 137 Abs. 1 oder § 141 Abs. 1

erlassenen Verordnung oder einer nach § 31 erlassenen Satzung zuwiderhandelt, sofern die Verordnung oder die Satzung für einen bestimmten Tatbestand auf diese Bußgeldvorschrift verweist.

(3) Die Ordnungswidrigkeit kann mit einer Geldbuße bis zu einhunderttausend Deutsche Mark geahndet werden.

Hinweise zu § 144

1. LVO zur Bestimmung der zuständigen Behörden für die Verfolgung und Ahndung von Ordnungswidrigkeiten (Ordnungswidrigkeiten-Zuständigkeitsverordnung – OWiZustVO) vom 22. 1. 1988 (GVOBl S. 32), geändert durch LVO zum 28. 10. 1989 (GVOBl S. 158)

2 · LWG

2. Übersicht über die gesetzlich bestimmten zuständigen Behörden für die Verfolgung und Ahndung von Ordnungswidrigkeiten (§ 36 Abs. 1 Nr. 1 OWiG) vom 3. 4. 1980 (ABl SchlH. S. 277), wobei in Bereichen des Wasserrechts, des Umweltschutzes und der Landschaftspflege an die Stelle des dort genannten Ministers für Ernährung, Landwirtschaft und Forsten der Minister für Natur, Umwelt und Landesentwicklung getreten ist (Geschäftsverteilung der Landesregierung, Bek. vom 29. 6. 1988, GVOBl. S. 179; LVO vom 6. 12. 1989, GVOBl S. 171)

3. Bußgeldkatalog „Umweltschutz" vom 28. 3. 1991, Teil A und Teil B Abschn. III (ABl SchlH. S. 181/212)

SECHZEHNTER TEIL: Übergangs- und Schlußvorschriften

§ 145 Alte Rechte und alte Befugnisse
(zu § 15 WHG)

(1) Eine Erlaubnis oder eine Bewilligung ist nicht erforderlich für Benutzungen nach § 15 Abs. 1 WHG, wenn bei Inkrafttreten dieses Gesetzes rechtmäßige Anlagen für ihre Ausübung vorhanden sind. Sind vor Inkrafttreten dieses Gesetzes erteilte Rechte mit einer Ausführungsfrist für die Erstellung der Anlagen verbunden, so bedarf es keiner Erlaubnis oder Bewilligung, wenn innerhalb dieser Frist rechtmäßige Anlagen erstellt werden. Eine Verlängerung dieser Frist ist nach Maßgabe des bisherigen Rechts zulässig.

(2) Inhalt und Umfang alter Rechte und alter Befugnisse bestimmen sich, soweit sie auf einem besonderen Titel beruhen, nach diesem, im übrigen nach bisherigem Recht.

(3) Die Wasserbehörde kann Inhalt und Umfang alter Rechte und alter Befugnisse von Amts wegen oder auf Antrag für den Zeitpunkt des Inkrafttretens dieses Gesetzes feststellen. Rechte Dritter werden von der Feststellung nicht berührt.

§ 146 Anmeldung alter Rechte und alter Befugnisse
(zu § 16 WHG)

(1) Die öffentliche Aufforderung im Sinne des § 16 Abs. 2 WHG hat die oberste Wasserbehörde zu erlassen.

(2) Müßte ein fristgemäß gestellter Antrag auf Eintragung eines alten Rechts oder einer alten Befugnis zurückgewiesen werden, weil beim Inkrafttreten dieses Gesetzes keine rechtmäßigen Anlagen vorhanden waren, so ist er als Antrag nach § 17 Abs. 1 WHG anzusehen.

Hinweis zu § 146

Öffentliche Aufforderung nach § 16 Abs. 2 WHG, Bekanntmachung des Ministers für Ernährung, Landwirtschaft und Forsten vom 28. 10. 1970 (ABl SchlH. S. 656)

LWG · 2

§ 147 Erlöschen alter Rechte und alter Befugnisse
(zu §§ 15, 17 WHG)

Ist ein altes Recht oder eine alte Befugnis ganz oder teilweise erloschen, so gilt § 13 entsprechend.

§ 148 Sonstige aufrechterhaltene Rechte

Besteht bei Inkrafttreten dieses Gesetzes ein Recht, ein Gewässer in anderer Weise zu benutzen, als es in § 3 WHG bestimmt ist, so bleibt es mit dem bisherigen Inhalt aufrechterhalten, soweit es auf einem besonderen Titel beruht. Das gleiche gilt für die bei Inkrafttreten dieses Gesetzes bestehenden Zwangsrechte.

§ 149 Verweisung

Soweit in Gesetzen oder Verordnungen auf Vorschriften verwiesen ist, die durch dieses Gesetz außer Kraft gesetzt werden, treten an deren Stelle die entsprechenden Vorschriften des Wasserhaushaltsgesetzes und dieses Gesetzes.

§ 150 Übergangsvorschrift für anhängige Verfahren

(1) Über Planfeststellungen von Abwasseranlagen ist von den bislang zuständigen Behörden nach bisherigem Recht zu entscheiden, sofern bei Inkrafttreten dieses Gesetzes die Auslegung im Sinne des § 140 LVwG abgeschlossen ist.

(2) Anträge auf Genehmigung eines Hafens oder einer Umschlagstelle, die vor Inkrafttreten dieses Gesetzes gestellt worden sind, sind nach bisherigem Recht zu entscheiden.

§ 151 (Inkrafttreten)

2 · LWG

Anlage
zum Wassergesetz des Landes Schleswig-Holstein

A. Schiffbare Gewässer erster Ordnung

Bezeichnung des Gewässers	Endpunkte des Gewässers	
1. Schwentine, Untere	Unterhalb der Stauanlage der Holsatia-Mühle	Ostsee
2. Trave, Untere	Wesenberger Brücke	Kanaltrave
3. Treene, Untere, mit Wester- und Ostersielzug, deren Verbindungskanälen Mittelburggraben und Fürstenburggraben, Binnenhafen, Vorhafen zwischen der Schleuse und der Eider sowie die Zuleiter von Spülschleuse und von dort zur Eider	Straßenbrücke Holzkate	Eider
4. Wilsterau (Sielwettern) mit Stadtarm von der Schweinsbrücke bis zur Einmündung in die Wilsterau	Schöpfwerk Vaalermoor	Stör

B. Nicht schiffbare Gewässer erster Ordnung

Bezeichnung des Gewässers	Endpunkte des Gewässers	
1. Alster	Wegbrücke beim Gute Stegen	Hamburgische Grenze
2. Bille	Schwarze Aue	Hamburgische Grenze
3. Bramau	781 m oberhalb der Straßenbrücke Wrist-Bokel	Stör
4. Stör	Schwale in Neumünster	Einmündung in die Bundeswasserstraße
5. Trave, Mittlere	Unterstromseitige Kante des Gehweges der Travebrücke in Bad Segeberg im Zuge der B 206	Wesenberger Brücke
6. Treene, Mittlere	Straßenbrücke in Hollingstedt	Untere Treene

Landesverordnung über Anlagen zum Lagern, Abfüllen und Umschlagen wassergefährdender Stoffe (Anlagenverordnung — VAwS)

Vom 24. Juni 1986 (GVOBl SchlH. S. 153), zuletzt geändert durch Landesverordnung vom 1. November 1990 (GVOBl SchlH. S. 543)

Auf Grund des § 16 Abs. 1 des Landeswassergesetzes (LWG) wird im Einvernehmen mit dem Innenminister verordnet:[1])

ABSCHNITT I: Allgemeine Vorschriften

§ 1 Anwendungsbereich

Diese Verordnung gilt für Anlagen nach § 19 g Abs. 1 und 2 des Wasserhaushaltsgesetzes (WHG) zum Lagern, Abfüllen und Umschlagen wassergefährdender Stoffe. Sie gilt auch für einzelne Anlagenteile, insbesondere Lagerbehälter, Rohrleitungen, Sicherheitseinrichtungen und sonstige technische Schutzvorkehrungen, sofern nichts anderes bestimmt ist. Die Verordnung gilt nicht für Anlagen und Anlagenteile, die für Zwecke nach § 19 h Abs. 2 WHG verwendet werden. Sie gilt ferner nicht für Anlagen zur unterirdischen behälterlosen Lagerung (Tiefspeicherung) wassergefährdender Stoffe.

§ 2 Lagerbehälter und Rohrleitungen

(1) Lagerbehälter sind ortsfeste oder zum Lagern aufgestellte ortsbewegliche Behälter. Kommunizierende Behälter gelten als ein Behälter.

(2) Unterirdische Lagerbehälter im Sinne dieser Verordnung sind Behälter, die vollständig im Erdbereich eingebettet sind. Als unterirdische Lagerbehälter gelten ferner Behälter, die nur teilweise im Erdreich eingebettet sind, sowie Behälter, die so aufgestellt sind, daß Undichtheiten nicht zuverlässig und schnell erkennbar sind. Alle anderen Lagerbehälter gelten als oberirdische Lagerbehälter.

(3) Unterirdische Rohrleitungen sind Rohrleitungen, die vollständig oder teilweise im Erdreich oder in Bauteilen verlegt sind.

§ 3 Allgemein anerkannte Regeln der Technik
(zu § 19 g WHG)

(1) Anlagen müssen über die Anforderungen des § 19 g Abs. 3 WHG hinaus in ihrer Beschaffenheit, insbesondere in ihrem technischen Aufbau, im Werkstoff und im Korrosionsschutz mindestens den allgemein anerkannten Regeln der Technik entsprechen.

(2) Als allgemein anerkannte Regeln der Technik gelten auch die technischen

---
[1]) Hierzu sind erlassen die
Verwaltungsvorschriften zum Vollzug der Landesverordnung über Anlagen zum Lagern, Abfüllen und Umschlagen wassergefährdender Stoffe — VV-VAwS — vom 24. 6. 1986 (Amtsbl SchlH. S. 295, ber. S. 341).

3 · VAwS

Vorschriften und Baubestimmungen, die der Minister für Natur, Umwelt und Landesentwicklung oder der Innenminister durch öffentliche Bekanntmachung im Amtsblatt für Schleswig-Holstein eingeführt haben; bei der Bekanntmachung kann die Wiedergabe des Inhalts der technischen Vorschriften und Baubestimmungen durch einen Hinweis auf ihre Fundstelle ersetzt werden.

§ 4 Anforderungen an Rohrleitungen
(zu § 19 g WHG)

Undichtheiten von Rohrleitungen müssen leicht und zuverlässig feststellbar sein. Die Wirksamkeit von Sicherheitseinrichtungen muß leich überprüfbar sein. Alle Rohrleitungen sind so anzuordnen, daß sie gegen nicht beabsichtigte Beschädigung geschützt sind.

§ 5 Eignungsfeststellung und Bauartzulassung
(zu § 19 h Abs. 1 Satz 1 und 2 WHG)

(1) Eine Eignungsfeststellung nach § 19 h Abs. 1 Satz 1 WHG wird auf Antrag des Betreibers für eine einzelne Anlage, eine Bauartzulassung nach § 19 h Abs. 1 Satz 2 WHG wird auf Antrag des Herstellers oder Einfuhrunternehmens für serienmäßig hergestellte Anlagen erteilt.

(2) Über wasserrechtliche Bauartzulassungen entscheidet der Minister für Natur, Umwelt und Landesentwicklung.

(3) Ist über eine wasserrechtliche Bauartzulassung neben einer gewerberechtlichen Bauartzulassung zu entscheiden, so wird über beide Zulassungen durch die nach dem Gewerberecht zuständige Behörde entschieden. Die Entscheidung ist im Einvernehmen mit dem Minister für Natur, Umwelt und Landesentwicklung zu treffen.

§ 6 Umfang von Eignungsfeststellung und Bauartzulassung

Sind nur Teile einer Anlage nicht einfacher oder nicht herkömmlicher Art, so bedürfen nur sie einer Eignungsfeststellung oder Bauartzulassung. Soweit eine Bauartzulassung vorliegt, ist eine Eignungsfeststellung nicht erforderlich.

§ 7 Voraussetzungen für Eignungsfeststellung und Bauartzulassung
(zu § 19 h Abs. 1 Satz 1 und 2 WHG)

Eine Eignungsfeststellung oder Bauartzulassung darf nur erteilt werden, wenn der Antragsteller den Nachweis führt, daß die Voraussetzungen des § 19 g Abs. 1 oder 2 WHG erfüllt sind. Diese Voraussetzungen sind erfüllt, wenn die Anlagen in den Anforderungen an die Sicherheit mindestens den Anlagen einfacher oder herkömmlicher Art (§§ 13, 19 und 20) entsprechen. Eine Eignungsfeststellung kann ausnahmsweise auch dann erteilt werden, wenn aufgrund der örtlichen Verhältnisse, insbesondere im Zusammenhang mit der Art der gelagerten Stoffe, feststeht, daß der in § 19 g Abs. 1 oder 2 WHG geforderte Schutz der Gewässer gewährleistet ist.

§ 8 Weitergehende Anforderungen

Die zuständige Behörde kann an die Verwendung von Anlagen einfacher oder herkömmlicher Art oder von Anlagen, für die eine Bauartzulassung oder ein baurechtliches Prüfzeichen erteilt ist, weitergehende Anforderungen stellen, wenn nach den besonderen Umständen des Einzelfalles der Schutz der Gewässer (§ 19 g Abs. 1 und 2 WHG) nicht gewährleistet ist. Sie kann für diese Anlagen sowie für Anlagen, die der Eignung nach festgestellt sind, wegen der Besorgnis einer Wassergefährdung (§ 19 i Satz 3 Nr. 4 WHG) Prüfungen anordnen.

§ 9 Betriebs- und Verhaltensvorschriften

Wer eine Anlage betreibt, hat diese bei Schadensfällen und Betriebsstörungen unverzüglich außer Betrieb zu nehmen, wenn er eine Gefährdung oder Schädigung des Gewässers nicht auf andere Weise verhindern oder unterbinden kann; soweit erforderlich, ist die Anlage zu entleeren.

§ 10 Einbau und Aufstellung von Anlagen ohne Eignungsfeststellung oder Bauartzulassung

Ist für die Verwendung von Anlagen nach § 19 h WHG eine Eignungsfeststellung, Bauartzulassung oder ein baurechtliches Prüfzeichen erforderlich, so darf vor deren Erteilung nicht mit dem Einbau oder der Aufstellung der Anlage begonnen werden.

§ 11 Sachverständige
(zu § 19 i Satz 3 WHG)

Sachverständige im Sinne des § 19 i Satz 3 WHG und dieser Verordnung sind die Sachverständigen im Sinne des § 16 Abs. 1 der Verordnung über brennbare Flüssigkeiten (VbF) vom 27. Februar 1980 (BGBl. I S. 229), geändert durch Verordnung vom 3. Mai 1982 (BGBl. I S. 569), und für Anlagen in Betrieben im Geltungsbereich der Tiefbohrverordnung (BVOT) vom 15. Oktober 1981 (GVOBl SchlH. S. 264)[1]) die vom Oberbergamt nach § 180 BVOT anerkannten Sachverständigen.

§ 12 Sachverständigenvergütung

(1) Die Sachverständigen erheben für die nach der aufgrund dieser Verordnung vorgeschriebenen oder angeordneten Prüfungen eine Vergütung in entsprechender Anwendung des Anhangs V (Gebühren für die Prüfung von Anlagen zur Lagerung, Abfüllung und Beförderung brennbarer Flüssigkeiten) der Kostenordnung für die Prüfung überwachungsbedürftiger Anlagen vom 31. Juli 1970 (BGBl. I S. 1162), zuletzt geändert durch Verordnung vom 9. August 1983 (BGBl. I S. 1105).

(2) Bei der Überprüfung von Behältern werden abweichend von der Vergütung nach Anhang V Nr. 1 der Kostenverordnung für Behälter mit einem Rauminhalt bis 3000 Liter nur 50 v. H., für Behälter mit einem Rauminhalt über 3000 Liter bis

---
1) Die Tiefbohrverordnung ist geändert durch LandesVO-Bergverordnung – vom 11. 4. 1988 (GVOBl SchlH. S. 148).

3 · VAwS

6000 Liter nur 75 v. H. der Vergütung für Behälter mit einem Rauminhalt bis 10 000 Liter erhoben. Für mehrere gleichzeitig oder unmittelbar nacheinander durchgeführte Prüfungen an einem oberirdischen Behälter wird nur eine Vergütung erhoben.

ABSCHNITT II: Anlagen zum Lagern und Abfüllen flüssiger Stoffe

§ 13 Anlagen einfacher oder herkömmlicher Art
(zu § 19 h Abs. 1 Satz 1 WHG)

(1) Anlagen mit oberirdischen Lagerbehältern für flüssige Stoffe, bei denen der Rauminhalt aller Behälter bei der Aufstellung in Gebäuden mehr als 300 Liter, bei der Aufstellung außerhalb von Gebäuden mehr als 1000 Liter beträgt, sowie Anlagen mit unterirdischen Lagerbehältern für flüssige Stoffe sind einfacher oder herkömmlicher Art, wenn

1. hinsichtlich ihres technischen Aufbaues

    a) die Lagerbehälter doppelwandig sind oder als einwandige Behälter in einem flüssigkeitsdichten Auffangraum stehen,

    b) Undichtheiten der Behälterwände durch ein Leckanzeigegerät selbsttätig angezeigt werden, ausgenommen bei oberirdischen Behältern im Auffangraum,

    c) Auffangräume nach Buchstabe a so bemessen sind, daß die dem Rauminhalt aller Behälter entsprechende Lagermenge zurückgehalten werden kann. Dient ein Auffangraum für mehrere oberirdische Lagerbehälter, so ist für seine Bemessung nur der Rauminhalt des größten Behälters maßgebend. Abläufe des Auffangraumes sind nur bei oberirdischen Lagerbehältern zulässig; sie müssen absperrbar und gegen unbefugtes Öffnen gesichert sein, und

2. hinsichtlich ihrer Einzelteile

    a) diese den insbesondere zu deren Werkstoff und deren Bauart eingeführten technischen Vorschriften oder Baubestimmungen (§ 3 Abs. 2) entsprechen oder

    b) für Schutzvorkehrungen eine wasserrechtliche oder gewerberechtliche Bauartzulassung oder ein baurechtliches Prüfzeichen erteilt ist (§ 19 h Abs. 1 Satz 2 und 5 WHG).

(2) Rohrleitungen sind einfacher oder herkömmlicher Art, wenn sie

1. doppelwandig sind und Undichtheiten der Rohrwände durch ein Leckanzeigegerät selbsttätig angezeigt werden, für das eine wasserrechtliche oder gewerberechtliche Bauartzulassung oder ein baurechtliches Prüfzeichen erteilt wurde,

2. als Saugleitungen ausgebildet sind, in denen die Flüssigkeitssäule bei Undichtheiten abreißt,

3. aus Metall bestehen, das gegen die darin zu befördernde wassergefährdende Flüssigkeit und gegen Korrosion so beständig ist, daß Undichtheiten nicht zu

besorgen sind; unterirdische Stahlrohrleitungen müssen durch eine geeignete Isolierung und kathodisch gegen Außenkorrosion geschützt sein, oder

4. mit einem flüssigkeitsdichten Schutzrohr versehen oder in einem flüssigkeitsdichten Kanal verlegt sind und die auslaufende Flüssigkeit in einer Kontrolleinrichtung sichtbar wird; in diesem Fall dürfen die Rohrleitungen keine brennbaren Flüssigkeiten im Sinne der VbF mit einem Flammpunkt von 55° C und weniger führen.

(3) Anlagen für flüssige Stoffe, die nur in erwärmtem Zustand pumpfähig sind, sind einfacher oder herkömmlicher Art.

(4) Anlagen mit kleineren als den in Absatz 1 genannten oberirdischen Lagerbehältern sind einfacher oder herkömmlicher Art, sofern für diese technische Vorschriften oder Baubestimmungen eingeführt sind (§ 3 Abs. 2) und sie diesen entsprechen.

§ 14 Besondere Anforderungen an Abfüllplätze
(zu § 19 g WHG)

Werden wassergefährdende flüssige Stoffe in Betriebsstätten regelmäßig abgefüllt, so muß der Abfüllplatz so beschaffen sein, daß auslaufende Stoffe nicht in ein oberirdisches Gewässer, in eine Abwasseranlage oder in den Boden gelangen können.

§ 15 Anlagen in Schutzgebieten

(1) im Fassungsbereich und in der engeren Zone von Schutzgebieten ist das Einbauen, Aufstellen und Betreiben von Anlagen zum Lagern und Abfüllen wassergefährdender flüssiger Stoffe unzulässig. Die zuständige Behörde kann für standortgebundene Anlagen mit oberirdischen Behältern und oberirdischen Rohrleitungen Ausnahmen zulassen, wenn überwiegende Gründe des Wohls der Allgemeinheit dies erfordern.

(2) In der weiteren Zone von Schutzgebieten dürfen Anlagen zum Lagern und Abfüllen nur eingebaut, aufgestellt und betrieben werden, wenn sie in ihrem technischen Aufbau den Anlagen nach § 13 Abs. 1 entsprechen; Rohrleitungen dürfen nur eingebaut und betrieben werden, wenn sie § 13 Abs. 2 entsprechen. Der Rauminhalt einer Anlage mit unterirdischen Lagerbehältern darf 40 000 Liter, eine Anlage mit oberirdischen Lagerbehältern 100 000 Liter nicht übersteigen. Die zuständige Behörde kann abweichend von Satz 2 für die wesentliche Änderung vorhandener Anlagen Ausnahmen zulassen, wenn überwiegende Gründe des Wohls der Allgemeinheit dies erforderlich und der Stand der Technik beachtet wird. Die Ausnahme ist zu befristen. Auf die Bemessung des Auffangraumes findet § 13 Abs. 1 Nr. 1 Buchst. c Satz 2 keine Anwendung. Abläufe des Auffangraumes sind auch bei oberirdischen Behältern nicht zulässig.

(3) Anforderungen durch Anordnungen oder Verordnungen nach § 19 WHG und § 15 LWG[1]), die über die Bestimmungen der Absätze 1 hinausgehen, bleiben unberührt.

(4) Schutzgebiete im Sinne dieser Vorschrift sind

---
1) Jetzt § 4 LWG.

3 · VAwS

1. Wasserschutzgebiete nch § 15 Abs. 1 LWG[1]) in Verbindung mit § 19 Abs. 1 Nr. 1 und 2 WHG,
2. Quellenschutzgebiete nach § 15 Abs. 1 Nr. 2 LWG[1]),
3. Gebiete, für die ein Verfahren auf Festsetzung eines Wasserschutzgebietes oder Quellenschutzgebietes eingeleitet worden ist, wenn die Einleitung des Verfahrens noch nicht länger als 4 Jahre zurückliegt (Planungsgebiete). Das Verfahren gilt als eingeleitet, wenn eine Verordnung nach § 15 Abs. 3 LWG[1]) zur vorläufigen Festsetzung eines Wasserschutzgebietes erlassen oder die geplante Festsetzung eines Schutzgebietes (§ 95 LWG[2])) nach § 90 LWG[3]) amtlich bekanntgemacht worden ist oder
4. Gebiete, für die eine Veränderungssperre zur Sicherung von Planungen für Vorhaben der Wassergewinnung nach § 36a Abs. 1 WHG oder § 100e LWG[4]) erlassen worden ist.

Ist die weitere Zone eines Schutzgebietes unterteilt, so gilt als Schutzgebiet nur deren innerer Bereich.

§ 16 Kennzeichnungspflicht, Merkblatt

(1) Anlagen zum Lagern und Abfüllen wassergefährdender und flüssiger Stoffe sind vom Hersteller mit einer deutlich lesbaren Kennzeichnung zu versehen, aus der sich ergibt, welche flüssigen Stoffe in der Anlage gelagert oder abgefüllt werden dürfen.

(2) Der Betreiber von Anlagen zum Lagern und Abfüllen wassergefährdender flüssiger Stoffe hat das Merkblatt „Betriebs- und Verhaltensvorschriften für das Lagern wassergefährdender flüssiger Stoffe" nach dem Muster der Anlage[5]), die Bestandteil dieser Verordnung ist, an gut sichtbarer Stelle in der Nähe der Anlage dauerhaft anzubringen und das Bedienungspersonal über dessen Inhalt zu unterrichten.

§ 17 Befüllen und Entleeren
(zu § 19k WHG)

(1) Zum Befüllen und Entleeren von Anlagen müssen die Rohre und Schläuche dicht und tropfsicher verbunden sein; bewegliche Rohre und Schläuche müssen in ihrer gesamten Länge dauernd einsehbar und bei Dunkelheit ausreichend beleuchtet sein.

(2) Behälter in Anlagen zum Lagern und Abfüllen von wassergefährdenden flüssigen Stoffen dürfen nur mit festen Leitungsanschlüssen und nur unter Verwendung einer Überfüllsicherung, die rechtzeitig vor Erreichen des zulässigen Flüssigkeitsstandes den Füllvorgang selbsttätig unterbricht oder akustischen Alarm auslöst, befüllt werden. Abweichend von Satz 1 dürfen Behälter in Anlagen zum Lagern von Heizöl EL, Dieselkraftstoffen oder Ottokraftstoffen aus Straßentankwagen und Aufsetztanks nur unter Verwendung einer selbsttätig schließenden Abfüll- oder Überfüllsicherung befüllt werden. Satz 1 und 2 gilt nicht für einzeln benutzte oberirdische Behälter mit einem Rauminhalt von nicht mehr als

---
1) Jetzt § 4 LWG.
2) Jetzt § 124 LWG.
3) Jetzt § 124 Abs. 2, 3 LWG.
4) Jetzt § 134 LWG.
5) Das Muster ist nicht mit abgedruckt.

1000 Liter, die in Anlagen zum Lagern von Heizöl EL, Dieselkraftstoff oder Altöl verwendet werden.

(3) Auf Lagerbehältern, die mit festen Leitungsanschlüssen befüllt oder entleert werden können, muß der zulässige Prüfüberdruck angegeben sein.

§ 18 Überprüfung von Anlagen
(zu § 19 i Satz 3 WHG)

(1) Der Betreiber hat nach Maßgabe des § 19 i Satz 3 Nr. 1, 2 und 3 WHG durch Sachverständige (§ 11) überprüfen zu lassen
1. Anlagen mit unterirdischen Lagerbehältern,
2. Anlagen mit oberirdischen Lagerbehältern mit einem Gesamtrauminhalt von mehr als 40 000 Litern,
3. unterirdische Rohrleitungen, auch wenn sie nicht Teile einer prüfpflichtigen Anlage sind,
4. Anlagen, für welche Prüfungen in einer Eignungsfeststellung oder Bauartzulassung nach § 19 h Abs. 1 Satz 1 oder 2 WHG, in einer gewerberechtlichen Bauartzulassung oder in einem Bescheid über ein baurechtliches Prüfzeichen vorgeschrieben sind; sind darin kürzere Prüffristen als in § 19 i Satz 3 Nr. 2 WHG festgelegt, gelten diese.

Satz 1 gilt nicht für Anlagen zum Lagern flüssiger Stoffe, die nur in erwärmtem Zustand pumpfähig sind.

(2) In Schutzgebieten (§ 15) hat der Betreiber Anlagen mit oberirdischen Lagerbehältern mit einem Gesamtrauminhalt von mehr als 1000 Liter nach Maßgabe des § 19 i Satz 3 Nr. 1, 2 und 3 WHG überprüfen zu lassen. Bei Lagerung von Heizöl EL und Dieselkraftstoff mit einem Gesamtrauminhalt von mehr als 1000 bis zu 5000 Liter sind sie nur nach § 19 i Satz 3 Nr. 1 und 3 WHG überprüfen zu lassen.

(3) Die zuständige Behörde kann wegen der Besorgnis einer Wassergefährdung (§ 19 i Satz 3 Nr. 4 WHG) kürzere Prüffristen bestimmen oder die Prüfung auch für andere als in Absatz 1 genannte Anlagen vorschreiben.

(4) Die Prüfungen nach den Absätzen 1, 2 und 3 entfallen, wenn die Anlage zu denselben Zeitpunkten oder innerhalb gleicher oder kürzerer Zeiträume nach anderen Rechtsvorschriften zu prüfen ist und der zuständigen Behörde ein Prüfbericht vorgelegt wird, aus dem sich der ordnungsgemäße Zustand der Anlage im Sinne dieser Verordnung und der §§ 19 g und 19 h WHG ergibt.

(5) Der Betreiber hat dem Sachverständigen vor der Prüfung die für die Anlage erteilten behördlichen Bescheide sowie die vom Hersteller ausgehändigten Bescheinigungen vorzulegen. Der Sachverständige hat über jede durchgeführte Prüfung der zuständigen Behörde und dem Betreiber einen Prüfbericht vorzulegen.

(6) Die wiederkehrenden Prüfungen nach den Absätzen 1 und 2 entfallen, wenn der Betreiber der zuständigen Behörde die Stillegung der Anlage schriftlich anzeigt und, soweit er nicht selbst sachkundig ist, eine Bescheinigung eines Fachbetriebes über die ordnungsgemäße Entleerung und Reinigung der Anlage vorlegt. Maßgeblich ist der Zeitpunkt des Eingangs der Anzeige bei der zuständigen Behörde.

3 · VAwS

§ 19 Erweiterte Anwendung der Verordnung über brennbare Flüssigkeiten (VbF)

Die Vorschriften der VbF über allgemeine und weitergehende Anforderungen sowie Ausnahmen (§§ 4 bis 6 VbF) und über die Bauartzulassung (§ 12 VbF) sind in ihrer jeweils geltenden Fassung auch auf solche Anlagen zum Lagern und Abfüllen brennbarer Flüssigkeiten im Sinne der VbF anzuwenden, die weder gewerblichen noch wirtschaftlichen Zwecken dienen und in deren Gefahrenbereich keine Arbeitnehmer beschäftigt werden. Dies gilt nicht für die in § 1 Abs. 3 und 4 und § 2 VbF bezeichneten Anlagen.

ABSCHNITT III: Anlagen zum Lagern und Abfüllen fester Stoffe sowie zum Umschlagen fester und flüssiger Stoffe

§ 20 Anlagen einfacher oder herkömmlicher Art zum Lagern und Abfüllen fester Stoffe
(zu § 19h Abs. 1 WHG)

Anlagen zum Lagern und Abfüllen fester Stoffe sind einfacher oder herkömmlicher Art, wenn die Anlagen eine gegen die gelagerten oder abzufüllenden Stoffe unter allen Betriebs- und Witterungsbedingungen beständige und undurchlässige Bodenfläche haben und die Stoffe

1. in dauernd dicht verschlossenen, gegen nicht beabsichtigte Beschädigung geschützten und gegen Witterungseinflüsse und das Lagergut beständigen Behältern oder Verpackungen oder

2. in geschlossenen Räumen gelagert oder abgefüllt werden. Geschlossenen Räumen stehen überdachte Lagerplätze gleich, die gegen Witterungseinflüsse durch Überdachung und seitlichen Abschluß so geschützt sind, daß das Lagergut nicht austreten kann.

§ 21 Anlagen einfacher oder herkömmlicher Art zum Umschlagen fester und flüssiger Stoffe
(zu § 19h Abs. 1 Satz 1 WHG)

Anlagen zum Umschlagen fester und flüssiger Stoffe sind einfacher oder herkömmlicher Art, wenn

1. der Platz, auf dem umgeschlagen wird, eine gegen die Stoffe unter allen Betriebs- und Witterungsbedingungen beständige und undurchlässige Bodenfläche hat,

2. die Bodenfläche durch ein Gefälle, Bordschwellen oder andere technische Schutzvorkehrungen zu einem Auffangraum ausgebildet ist, der über ein dichtes Ableitungssystem an eine Sammel-, Abscheide- oder Aufbereitungsanlage angeschlossen ist, und

3. beim Umschlagen von flüssigen Stoffen und Schüttgut die Anlage zusätzlich mit Einrichtungen ausgestattet ist oder Vorkehrungen getroffen sind, durch die ein Austreten der festen oder flüssigen Stoffe vermieden wird, und für die Einrichtungen oder Vorkehrungen eine wasserrechtliche oder gewerberechtli-

VAwS · 3

che Bauartzulassung oder ein baurechtliches Prüfzeichen erteilt ist (§ 19 h Abs. 1 Satz 2 und 5 WHG).

ABSCHNITT IV: Bußgeldvorschrift

§ 22 Ordnungswidrigkeiten

Ordnungswidrig nach § 103 Abs. 2 Nr. 1 LWG handelt, wer vorsätzlich

1. entgegen § 3 Abs. 1 bei der Herstellung einer Anlage hinsichtlich des technischen Aufbaues, Werkstoffes oder Korrosionsschutzes die allgemein anerkannten Regeln der Technik nicht einhält,
2. eine Auflage nicht erfüllt, die in einer Bauartzulassung nach § 5 festgesetzt ist,
3. entgegen § 9 bei Schadensfällen und Betriebsstörungen eine Anlage nicht unverzüglich außer Betrieb nimmt oder entleert,
4. entgegen § 10 eine Anlage, Teile einer Anlage oder technische Schutzvorkehrungen einbaut oder aufstellt, deren Eignung nicht festgestellt ist,
5. entgegen § 15 Abs. 1 und 2 in Schutzgebieten eine Anlage, Anlagenteile oder Schutzvorkehrungen einbaut, aufstellt oder betreibt,
6. entgegen § 16 Abs. 1 Anlagen nicht oder nicht richtig mit einer Kennzeichnung versieht,
7. entgegen § 17 Abs. 1 Rohre und Schläuche verwendet, die nicht dicht und tropfsicher verbunden sind, oder
8. entgegen § 17 Abs. 2 Lagerbehälter ohne selbsttätig schließende Abfüll- oder Überfüllsicherung befüllt oder befüllen läßt.

ABSCHNITT V: Zuständigkeiten, Übergangs- und Schlußvorschriften

§ 23 Zuständige Behörden

Soweit nichts anderes bestimmt ist, sind für die Durchführung dieser Verordnung zuständig

1. die Landräte und Bürgermeister der kreisfreien Städte als Wasserbehörden,
2. die Bergämter für das Land Schleswig-Holstein bei Anlagen, die im Rahmen eines bergrechtlichen Betriebsplanes eingebaut, aufgestellt und betrieben werden.

§ 24 Bestehende Anlagen, frühere Eignungsfeststellungen, Sachverständige

(1) Die Vorschriften dieser Verordnung gelten auch für die Anlagen, die bei Inkrafttreten dieser Vorschriften bereits eingebaut oder aufgestellt waren (bestehende Anlagen).

(2) Für bestehende Anlagen gilt die Eignungsfeststellung als erteilt, wenn die Verwendung am 1. Oktober 1976 nach dem bis dahin geltenden Recht zulässig

3 · VAwS

war. Die zuständige Behörde kann an die Beschaffenheit der Anlagen zusätzliche Anforderungen stellen, wenn dies zur Erfüllung des § 19 g Abs. 1 oder 2 WHG erforderlich ist.

(3) Der Betreiber hat bestehende Anlagen, die nach § 18 prüfpflichtig sind und bisher nicht geprüft wurden, spätestens bis zum 31. Dezember 1986 durch einen Sachverständigen überprüfen zu lassen. Dies gilt nicht, wenn in einer Eignungsfeststellung oder Bauartzulassung eine Ausnahme von der Prüfpflicht erteilt oder eine andere Frist für die erstmalige Prüfung bestimmt worden ist.

(4) Die bei Inkrafttreten dieser Verordnung beim Technischen Überwachungs-Verein Norddeutschland e.V. nach § 8 Abs. 1 der Lagerbehälterverordnung vom 15. September 1970 (GVOBl SchlH. S. 269), zuletzt geändert durch Landesverordnung vom 12. Februar 1975 (GVOBl SchlH. S. 27), eingesetzten Sachverständigen gelten für die Dauer ihres Beschäftigungsverhältnisses als Sachverständige im Sinne von § 11 für die Prüfung von Heizölverbraucheranlagen.

§ 25 Inkrafttreten

Diese Verordnung tritt am Tage nach ihrer Verkündung in Kraft. Gleichzeitig tritt die Lagerbehälterverordnung vom 15. September 1970 (GVOBl SchlH. S. 269), zuletzt geändert durch Landesverordnung vom 12. Februar 1975 (GVOBl SchlH. S. 27), außer Kraft.

LPflegG · 4

Gesetz über Naturschutz und Landschaftspflege (Landschaftspflegegesetz — LPflegG)

In der Fassung des Art. 1 LPflegAnpG vom 19. November 1982 (GVOBl SchlH. S. 256, ber. 1983 S. 9), geändert durch § 12 Gesetz vom 22. 7. 1985 (GVOBl SchlH. S. 202) und Art. 1 Landesverordnung vom 6. 12. 1989 (GVOBl SchlH. S. 171) — Auszug

ABSCHNITT IV: Erholung

Titel 1: Betreten und Benutzen der Flur

...

§ 38 Benutzung des Meeresstrandes, der Küstendünen und Strandwälle

(1) Jeder darf den Meeresstrand auf eigene Gefahr betreten und sich dort aufhalten.

(2) Nicht gestattet ist es:

1. auf dem Meeresstrand mit Motorfahrzeugen zu fahren, zu zelten, Wohnwagen oder andere Fahrzeuge hinzustellen, ausgenommen kleine Wasserfahrzeuge, Fahrräder und Krankenfahrstühle für die Zeit des Strandbesuches,

2. Strandburgen aus Strandgut oder anderen Stoffen zu bauen, die nicht Bestandteil des Strandes sind,

3. Strandkörbe oder ähnliche Einrichtungen aufzustellen; der Strandanlieger darf dies jedoch während der Badesaison für den eigenen Bedarf tun, wenn der Gemeingebrauch am Meeresstrand nicht berührt wird, oder

4. in Küstendünen oder auf Strandwällen außerhalb der Wege zu fahren, dort zu zelten, Wohnwagen oder andere Fahrzeuge hinzustellen.

(3) Die untere Landschaftspflegebehörde kann Teile des Strandes aus den in § 37 Abs. 1 Nr. 2 genannten Gründen ganz oder teilweise sperren sowie auf Strandabschnitten mit regem Badebetrieb das Reiten und Bauen von Strandburgen einschränken oder untersagen.

Titel 2: Erholungsflächen und -einrichtungen

§ 39 Sondernutzung am Meeresstrand

(1) Der Minister für Natur, Umwelt und Landesentwicklung kann einer Gemeinde auf Antrag das Recht einräumen, einen bestimmten Teil des Meeresstrandes für den Badebetrieb zu nutzen (Sondernutzung). Die Gemeinde ist ermächtigt, im Rahmen der eingeräumten Sondernutzung durch Satzung den Gemeingebrauch einzuschränken, soweit dies zur Verwirklichung der Sondernutzung erforderlich ist. Die Sondernutzung kann nur der Gemeinde eingeräumt werden, zu deren Gemeindegebiet der Meeresstrand gehört, es sei denn, daß eine benachbarte

4 · LPflegG

Gemeinde, zu deren Gemeindegebiet der Meeresstrand gehört, der Einräumung der Sondernutzung zustimmt oder es sich um gemeindefreies Gebiet handelt. Bei der Einräumung der Sondernutzung ist ein angemessenes Verhältnis zwischen abgabepflichtigem Strand einerseits und abgabefreiem Strand oder Freistrand andererseits zu gewährleisten. Für die Sondernutzung soll ein Entgelt festgelegt werden, wenn die Gemeinde hieraus Einkünfte erzielt.

(2) Der Minister für Natur, Umwelt und Landesentwicklung hat die beabsichtigte Einräumung einer Sondernutzung in sinngemäßer Anwendung des § 60 Abs. 1 bis 4 bekanntzumachen und Gelegenheit zur Stellungnahme zu geben.

(3) Die Gemeinde darf bei der Verwirklichung der Sondernutzung das Wandern am Meeresstrand über einen abgabepflichtigen Strand entlang der Wasserlinie nicht hindern, es sei denn, daß eine unmittelbare Umwanderung des Strandes auf selbständigen Fußgängerwegen möglich ist. Bestehende Einschränkungen des Gemeingebrauchs, die das Wandern nach Satz 1 hindern, werden aufgehoben.

(4) Der Minister für Natur, Umwelt und Landesentwicklung kann Sondernutzungen am Meeresstrand auch für andere Zwecke als den Badebetrieb einräumen und hierfür ein Entgelt verlangen, wenn die Sondernutzung mit wirtschaftlichen Vorteilen verbunden ist. Sondernutzungen für das Abstellen von kleinen Wasserfahrzeugen oder sonstige wassersportliche Zwecke dürfen jedoch einer Gemeinde nur eingeräumt werden, wenn andere Stellflächen nicht vorhanden sind, der Zugang zum Meeresstrand und die Ausübung des Gemeingebrauchs nicht unangemessen beeinträchtigt werden und die erforderlichen Sicherheitsvorkehrungen gewährleistet sind.

(5) Strandflächen, für die eine Sondernutzung eingeräumt worden ist, sollen gekennzeichnet werden.[1])

§ 40 Erholungsschutzstreifen

(1) An Küstengewässern, Gewässern erster Ordnung sowie Seen und Teichen mit einer Größe von einem Hektar und mehr dürfen bauliche Anlagen in einem Abstand von 50 m von der Uferlinie nicht errichtet oder wesentlich geändert werden (Erholungsschutzstreifen). Die oberste Landschaftspflegebehörde wird ermächtigt, diese Regelung durch Verordnung auch auf bestimmte Teiche unter einem Hektar und sonstige Gewässer zweiter Ordnung auszudehnen, soweit es das Interesse der Allgemeinheit an der Erholung fordert.

(2) Absatz 1 gilt nicht für bauliche Anlagen, die in Ausübung wasserrechtlicher Erlaubnisse oder Bewilligungen, zum Zwecke des Küstenschutzes, der Unterhaltung oder des Ausbaues eines oberirdischen Gewässers errichtet oder geändert werden.

(3) Ausnahmen von Absatz 1 können zugelassen werden

1. für bauliche Anlagen, die

   a) dem Rettungswesen, der Landesverteidigung, dem öffentlichen Verkehr, der Schiffahrt, dem Schiffbau oder lebenswichtigen Wirtschaftsbetrieben dienen oder

---

1) Vgl. hierzu Art. 2 LPflegAnpG vom 19. 11. 1982 (GVOBl SchlH. S. 256/280): Aufrechterhaltung der öffentlichen Sicherheit und Ordnung im Badewesen.

b) allein oder im Zusammenhang mit anderen baulichen Anlagen das Ortsbild, die Stadtgestalt oder das Landschaftsbild prägen oder von städtebaulicher oder künstlerischer Bedeutung sind;

2. für notwendige bauliche Anlagen, die ausschließlich dem Badebetrieb, dem Wassersport oder der berufsmäßigen Fischerei dienen, sowie für räumlich damit verbundene Dienstwohnungen, wenn ständige Aufsicht oder Wartung erforderlich ist;

3. für kleine bauliche Anlagen, die dem Naturschutz oder der Versorgung von Badegästen dienen, sowie für einzelne Bootsschuppen und Stege, insbesondere als Gemeinschaftsanlagen;

4. für betriebswirtschaftlich notwendige bauliche Erweiterungen von vorhandenen Gewerbebetrieben und geringfügige bauliche Erweiterungen gewerblicher Erholungseinrichtungen oder

5. für

a) die Aufstellung, Änderung oder Ergänzung von Bebauungsplänen, wenn die Ausnahme Voraussetzung für die Genehmigungsfähigkeit des Bebauungsplanes ist, sowie für bauliche Anlagen innerhalb des zukünftigen Plangeltungsbereiches, wenn der Plan den Stand nach § 33 des *Bundesbaugesetzes* erreicht hat,

b) bauliche Anlagen innerhalb im Zusammenhang bebauter Ortsteile oder

c) einzelne Vorhaben, die nach § 35 Abs. 1, 4 oder 5 des *Bundesbaugesetzes* im Außenbereich zulässig sind,

wenn insbesondere keine Beeinträchtigung bestehender oder künftiger Möglichkeiten für die Erholung der Allgemeinheit zu erwarten ist.

(4) Über Ausnahmen nach Absatz 3 entscheidet

1. die für die Genehmigung des Bebauungsplanes zuständige Behörde, soweit die Ausnahme Voraussetzung für die Genehmigungsfähigkeit des Bebauungsplanes ist,

2. die für die Zustimmung nach § 36 Abs. 1 des *Bundesbaugesetzes* zuständige höhere Verwaltungsbehörde, wenn ihre Zustimmung für ein Vorhaben erforderlich ist,

3. die untere Bauaufsichtsbehörde in den übrigen Fällen oder, wenn eine Baugenehmigung nicht erforderlich ist, die untere Landschaftspflegebehörde.

Bei Ausnahmen nach Absatz 3 Nr. 1 bis 4 sind die für Absatz 3 Nr. 5 geltenden Einschränkungen so weit wie möglich zu berücksichtigen.

§ 41 Zelten und Aufstellen von Wohnwagen

...

4 · LPflegG

§ 42 Bootsliegeplätze und Sportboothäfen

(1) Wer eine Wasserfläche mit Hilfe einer Boje, eines Steges oder einer anderen Anlage als Liegeplatz für ein Sportboot außerhalb des Hafens benutzen will, benötigt die Genehmigung der unteren Landschaftspflegebehörde. Die Genehmigung soll nur für gemeinschaftliche Anlagen erteilt werden, wenn im übrigen die in § 41 Abs. 3 genannten Voraussetzungen vorliegen und der Antragsteller nicht auf einen Hafen in zumutbarer Entfernung verwiesen werden kann. Andere Rechtsvorschriften bleiben unberührt.

(2) Wer einen Sportboothafen errichten oder wesentlich ändern will, benötigt die Genehmigung der unteren Landschaftspflegebehörde. Die Genehmigung darf nur erteilt werden, wenn

1. der Sportboothafen in einem Bebauungsplan oder, wenn öffentliche Belange nicht entgegenstehen, in einem Flächennutzungsplan ausgewiesen ist,

2. der Sportboothafen ohne Gefährdung für die Benutzer und das Wohl der Allgemeinheit betrieben und benutzt werden kann und

3. die durch Verordnung nach Absatz 3 bestimmten Mindestanforderungen erfüllt oder nach dem Antrag vorgesehen sind.

(3) Die oberste Landschaftspflegebehörde wird ermächtigt, durch Verordnung die Mindestanforderungen an die Ausstattung und den Betrieb von Sportboothäfen zu bestimmen[1]), insbesondere

1. Art und Umfang der Anlagen und Einrichtungen, die erforderlich sind, um die Anforderungen der Hygiene, die ordnungsgemäße Abwasser-, Altöl- und Abfallbeseitigung, die Wasserversorgung, die Erste Hilfe und den Brandschutz sicherzustellen,

2. die Errichtung von Stellplätzen für Fahrzeuge und

3. die Pflichten des Betreibers und der Benutzer des Sportboothafens.

In der Verordnung können das Genehmigungsverfahren, der Inhalt des Abnahmescheines (Absatz 4) und die für die Durchführung der Verordnung zuständigen Behörden bestimmt werden.

(4) Der Sportboothafen darf erst in Betrieb genommen werden, wenn die zuständige Behörde einen Abnahmeschein ausgestellt hat. Kommt der Betreiber des Sportboothafens seinen Verpflichtungen aus der Genehmigung oder der Verordnung nach Absatz 3 nicht nach, kann die zuständige Behörde von ihm und den Benutzern verlangen, daß der Sportboothafen ganz oder teilweise nicht benutzt wird.

(5) Mit dem Antrag auf Genehmigung nach den Absätzen 1 und 2 gelten alle nach anderen öffentlich-rechtlichen Vorschriften für die Errichtung oder Änderung eines Sportboothafens erforderlichen Anträge auf behördliche Zulassung als gestellt. § 14 Abs. 2 Satz 2 bis 4 und Abs. 3 gilt entsprechend.

(6) Sportboote sind Segel- und Motorboote, die für Sport- und Erholungszwecke genutzt werden. Sportboothäfen sind Wasser- und Grundflächen, die als ständige

---

[1]) Landesverordnung über Sportboothäfen (Sportboothafenverordnung) vom 15. 2. 1983 (GVOBl SchlH. S. 121).

Anlege- oder zusammenhängende Liegeplätze für mindestens 20 Sportboote bestimmt sind oder benutzt werden.

§ 51 Besondere Zuständigkeiten

(1) In den Küstengewässern, für die Binnenwasserstraßen des Bundes und auf sonstigen Flächen, die nicht zum Gebiet einer Gemeinde gehören, ist die oberste Landschaftspflegebehörde anstelle der unteren Landschaftspflegebehörde zuständig; § 8 Abs. 2 des Nationalparkgesetzes bleibt unberührt.

5 · AbwAG

Gesetz über Abgaben für das Einleiten von Abwasser in Gewässer (Abwasserabgabengesetz — AbwAG)

in der Fassung der Bekanntmachung vom 6. November 1990 (BGBl. I S. 2432)

ERSTER ABSCHNITT: Allgemeine Vorschriften

§ 1 Grundsatz

Für das Einleiten von Abwasser in ein Gewässer im Sinne des § 1 Abs. 1 des Wasserhaushaltsgesetzes ist eine Abgabe zu entrichten (Abwasserabgabe). Sie wird durch die Länder erhoben.

§ 2 Begriffsbestimmungen

(1) Abwasser im Sinne dieses Gesetzes sind das durch häuslichen, gewerblichen, landwirtschaftlichen oder sonstigen Gebrauch in seinen Eigenschaften veränderte und das bei Trockenwetter damit zusammen abfließende Wasser (Schmutzwasser) sowie das von Niederschlägen aus dem Bereich von bebauten oder befestigten Flächen abfließende und gesammelte Wasser (Niederschlagswasser). Als Schmutzwasser gelten auch die aus Anlagen zum Behandeln, Lagern und Ablagern von Abfällen austretenden und gesammelten Flüssigkeiten.

(2) Einleiten im Sinne dieses Gesetzes ist das unmittelbare Verbringen des Abwassers in ein Gewässer; das Verbringen in den Untergrund gilt als Einleiten in ein Gewässer, ausgenommen hiervon ist das Verbringen im Rahmen landbaulicher Bodenbehandlung.

(3) Abwasserbehandlungsanlage im Sinne dieses Gesetzes ist eine Einrichtung, die dazu dient, die Schädlichkeit des Abwassers zu vermindern oder zu beseitigen; ihr steht eine Einrichtung gleich, die dazu dient, die Entstehung von Abwasser ganz oder teilweise zu verhindern.

§ 3 Bewertungsgrundlage

(1) Die Abwasserabgabe richtet sich nach der Schädlichkeit des Abwassers, die unter Zugrundelegung der oxidierbaren Stoffe, des Phosphors, des Stickstoffs, der organischen Halogenverbindungen, der Metalle Quecksilber, Cadmium, Chrom, Nickel, Blei, Kupfer und ihrer Verbindungen sowie der Giftigkeit des Abwassers gegenüber Fischen nach der Anlage zu diesem Gesetz in Schadeinheiten bestimmt wird. Eine Bewertung der Schädlichkeit entfällt außer bei Niederschlagswasser (§ 7) und Kleineinleitungen (§ 8), wenn die der Ermittlung der Zahl der Schadeinheiten zugrunde zu legende Schadstoffkonzentration oder Jahresmenge die in der Anlage angegebenen Schwellenwerte nicht überschreitet oder der Verdünnungsfaktor G_F nicht mehr als 2 beträgt.

(2) In den Fällen des § 9 Abs. 3 (Flußkläranlagen) richtet sich die Abgabe nach der Zahl der Schadeinheiten im Gewässer unterhalb der Flußkläranlage.

(3) Die Länder können bestimmen, daß die Schädlichkeit des Abwassers insoweit außer Ansatz bleibt, als sie in Nachklärteichen, die einer Abwasserbehandlungsanlage klärtechnisch unmittelbar zugeordnet sind, beseitigt wird.

AbwAG · 5

(4) Die Bundesregierung wird ermächtigt, durch Rechtsverordnung mit Zustimmung des Bundesrates die in der Anlage Teil B festgelegten Vorschriften über die Verfahren zur Bestimmung der Schädlichkeit dem jeweiligen Stand der Wissenschaft und Technik anzupassen, um die Verfahren zu verfeinern oder um den für die Bestimmung der Schädlichkeit erforderlichen persönlichen oder sachlichen Aufwand zu vermindern, wenn dadurch die Bewertung der Schädlichkeit nicht wesentlich verändert wird.

ZWEITER ABSCHNITT: Ermittlung der Schädlichkeit

§ 4 Ermittlung auf Grund des Bescheides

(1) Die der Ermittlung der Zahl der Schadeinheiten zugrunde zu legende Schadstofffracht errechnet sich außer bei Niederschlagswasser (§ 7) und bei Kleineinleitungen (§ 8) nach den Festlegungen des die Abwassereinleitung zulassenden Bescheides. Der Bescheid hat hierzu mindestens für die in der Anlage zu § 3 unter den Nummern 1 bis 5 genannten Schadstoffe und Schadstoffgruppen die in einem bestimmten Zeitraum im Abwasser einzuhaltende Konzentration und bei der Giftigkeit gegenüber Fischen den in einem bestimmten Zeitraum einzuhaltenden Verdünnungsfaktor zu begrenzen (Überwachungswerte) sowie die Jahresschmutzwassermenge festzulegen. Enthält der Bescheid für einen Schadstoff oder eine Schadstoffgruppe Überwachungswerte für verschiedene Zeiträume, ist der Abgabenberechnung der Überwachungswert für den längsten Zeitraum zugrunde zu legen. Ist im Abwasser einer der in der Anlage zu § 3 genannten Schadstoffe oder Schadstoffgruppen nicht über den dort angegebenen Schwellenwerten zu erwarten, so kann insoweit von der Festlegung von Überwachungswerten abgesehen werden.

(2) In den Fällen des § 9 Abs. 3 (Flußkläranlagen) gilt Absatz 1 entsprechend.

(3) Weist das aus einem Gewässer unmittelbar entnommene Wasser vor seinem Gebrauch bereits eine Schädlichkeit nach § 3 Abs. 1 (Vorbelastung) auf, so ist auf Antrag des Abgabepflichtigen die Vorbelastung für die in § 3 Abs. 1 genannten Schadstoffe und Schadstoffgruppen zu schätzen und ihm die geschätzte Vorbelastung nicht zuzurechnen. Bei der Schätzung ist von der Schadstoffkonzentration im Mittel mehrerer Jahre auszugehen. Die Länder können für Gewässer oder Teile von ihnen die mittlere Schadstoffkonzentration einheitlich festlegen.

(4) Die Einhaltung des Bescheides ist im Rahmen der Gewässerüberwachung nach den wasserrechtlichen Vorschriften durch staatliche oder staatlich anerkannte Stellen zu überwachen. Ergibt die Überwachung, daß ein der Abgabenberechnung zugrunde zu legender Überwachungswert im Veranlagungszeitraum nicht eingehalten ist und auch nicht als eingehalten gilt, wird die Zahl der Schadeinheiten erhöht. Die Erhöhung richtet sich nach dem Vomhundertsatz, um den der höchste gemessene Einzelwert den Überwachungswert überschreitet. Wird der Überwachungswert einmal nicht eingehalten, so bestimmt sich die Erhöhung nach der Hälfte des Vomhundertsatzes, wird der Überwachungswert mehrfach nicht eingehalten, nach dem vollen Vomhundertsatz. Legt der die Abwassereinleitung zulassende Bescheid nach Absatz 1 Satz 4 einen Überwachungswert nicht fest und ergibt die Überwachung, daß die in der Anlage zu § 3 als

5 · AbwAG

Schwellenwert angegebene Konzentration überschritten ist, wird die sich rechnerisch bei Zugrundelegung des Schwellenwertes ergebende Zahl der Schadeinheiten um den Vomhundertsatz erhöht, der sich aus den Sätzen 3 und 4 ergibt. Enthält der Bescheid über die nach Absatz 1 zugrunde zu legenden Überwachungswerte hinaus auch Überwachungswerte für kürzere Zeiträume oder Festlegungen für die in einem bestimmten Zeitraum einzuhaltende Abwassermenge oder Schadstofffracht, so wird die Zahl der Schadeinheiten auch bei Überschreitung dieser Werte erhöht. Wird die festgelegte Abwassermenge nicht eingehalten, so wird die Zahl der Schadeinheiten für alle im Bescheid nach Absatz 1 begrenzten Überwachungswerte erhöht. Werden sowohl ein Überwachungswert nach Absatz 1 als auch ein Überwachungswert oder eine Festlegung nach Satz 6 nicht eingehalten, so bestimmt sich die Erhöhung der Zahl der Schadeinheiten nach dem höchsten anzuwendenden Vomhundertsatz.

(5) Erklärt der Einleiter gegenüber der zuständigen Behörde, daß er im Veranlagungszeitraum während eines bestimmten Zeitraumes, der nicht kürzer als drei Monate sein darf, einen niedrigeren Wert als den im Bescheid nach Absatz 1 festgelegten Überwachungswert oder eine geringere als die im Bescheid festgelegte Abwassermenge einhalten wird, so ist die Zahl der Schadeinheiten für diesen Zeitraum nach dem erklärten Wert zu ermitteln. Die Abweichung muß mindestens 20 vom Hundert betragen. Die Erklärung, in der die Umstände darzulegen sind, auf denen sie beruht, ist mindestens zwei Wochen vor dem beantragten Zeitraum abzugeben. Die Absätze 2 und 3 gelten entsprechend. Ergibt die behördliche Überwachung, daß ein Meßergebnis den erklärten Wert oder einen weiteren im gleichen Verhältnis zu verringernden Überwachungswert oder die Festlegungen nach Absatz 4 Satz 6 übersteigt, sind die Schadeinheiten nach den Absätzen 1 bis 4 zu ermitteln; die Regelung des § 9 Abs. 5 bleibt bei Einhaltung des Überwachungswertes unberührt.

§ 5 *(weggefallen)*

§ 6 Ermittlung in sonstigen Fällen

(1) Soweit die zur Ermittlung der Schadeinheiten erforderlichen Festlegungen nicht in einem Bescheid nach § 4 Abs. 1 enthalten sind, hat der Einleiter spätestens einen Monat vor Beginn des Veranlagungszeitraums gegenüber der zuständigen Behörde zu erklären, welche für die Ermittlung der Schadeinheiten maßgebenden Überwachungswerte er im Veranlagungszeitraum einhalten wird. Kommt der Einleiter der Verpflichtung nach Satz 1 nicht nach, ist der Ermittlung der Schadeinheiten jeweils das höchste Meßergebnis aus der behördlichen Überwachung zugrunde zu legen. Liegt kein Ergebnis aus der behördlichen Überwachung vor, hat die zuständige Behörde die Überwachungswerte zu schätzen. Die Jahresschmutzwassermenge wird bei der Ermittlung der Schadeinheiten geschätzt.

(2) § 4 Abs. 2 bis 5 gilt entsprechend.

§ 7 Pauschalierung bei Einleitung von verschmutztem Niederschlagswasser

(1) Die Zahl der Schadeinheiten von Niederschlagswasser, das über eine öffentliche Kanalisation eingeleitet wird, beträgt zwölf vom Hundert der Zahl der angeschlossenen Einwohner. Wird das Niederschlagswasser von befestigten gewerblichen Flächen über eine nichtöffentliche Kanalisation eingeleitet, sind der Abgabenberechnung 18 Schadeinheiten je volles Hektar zugrunde zu legen, wenn die befestigten gewerblichen Flächen größer als drei Hektar sind. Die Zahl der angeschlossenen Einwohner oder die Größe der befestigten Fläche kann geschätzt werden.

(2) Die Länder können bestimmen, unter welchen Voraussetzungen die Einleitung von Niederschlagswasser ganz oder zum Teil abgabefrei bleibt.

§ 8 Pauschalierung von Kleineinleitungen von Schmutzwaser aus Haushaltungen und ähnlichem Schmutzwasser

(1) Die Zahl der Schadeinheiten von Schmutzwasser aus Haushaltungen und ähnlichem Schmutzwasser, für das eine Körperschaft des öffentlichen Rechts nach § 9 Abs. 2 Satz 2 abgabepflichtig ist, beträgt die Hälfte der Zahl der nicht an die Kanalisation angeschlossenen Einwohner, soweit die Länder nichts anderes bestimmen. Ist die Zahl der Einwohner nicht oder nur mit unverhältnismäßigem Aufwand zu ermitteln, kann sie geschätzt werden.

(2) Die Länder können bestimmen, unter welchen Voraussetzungen die Einleitung abgabefrei bleibt. Die Einleitung ist abgabefrei, wenn der Bau der Abwasserbehandlungsanlage mindestens den allgemein anerkannten Regeln der Technik entspricht und die ordnungsgemäße Schlammbeseitigung sichergestellt ist.

DRITTER ABSCHNITT: Abgabepflicht

§ 9 Abgabepflicht, Abgabesatz

(1) Abgabepflichtig ist, wer Abwasser einleitet (Einleiter).

(2) Die Länder können bestimmen, daß an Stelle der Einleiter Körperschaften des öffentlichen Rechts abgabepflichtig sind. An Stelle von Einleitern, die weniger als acht Kubikmeter je Tag Schmutzwasser aus Haushaltungen und ähnliches Schmutzwasser einleiten, sind von den Ländern zu bestimmende Körperschaften des öffentlichen Rechts abgabepflichtig. Die Länder regeln die Abwälzbarkeit der Abgabe.

(3) Wird das Wasser eines Gewässers in einer Flußkläranlage gereinigt, können die Länder bestimmen, daß an Stelle der Einleiter eines festzulegenden Einzugsbereichs der Betreiber der Flußkläranlage abgabepflichtig ist. Absatz 2 Satz 3 gilt entsprechend.

(4) Die Abgabepflicht entsteht bis zum 31. Dezember 1980 nicht. Der Abgabesatz beträgt für jede Schadeinheit

ab 1. Januar 1981 12 DM
ab 1. Januar 1982 18 DM

5 · AbwAG

ab 1. Januar 1983 24 DM
ab 1. Januar 1984 30 DM
ab 1. Januar 1985 36 DM
ab 1. Januar 1986 40 DM
ab 1. Januar 1991 50 DM
ab 1. Januar 1993 60 DM
ab 1. Januar 1995 70 DM
ab 1. Januar 1997 80 DM
ab 1. Januar 1999 90 DM

im Jahr.

(5) Der Abgabesatz nach Absatz 4 ermäßigt sich außer bei Niederschlagswasser (§ 7) und bei Kleineinleitungen (§ 8) um 75 vom Hundert für die Schadeinheiten, die nicht vermieden werden, obwohl

1. der Inhalt des Bescheides nach § 4 Abs. 1 oder die Erklärung nach § 6 Abs. 1 Satz 1 mindestens den Anforderungen der allgemeinen Verwaltungsvorschriften nach § 7a Abs. 1 des Wasserhaushaltsgesetzes entspricht und

2. die Anforderungen der allgemeinen Verwaltungsvorschriften nach § 7a Abs. 1 des Wasserhaushaltsgesetzes im Veranlagungszeitraum eingehalten werden, sofern sie nicht entgegen den allgemein anerkannten Regeln der Technik durch Verdünnung oder Vermischung erreicht werden.

Die Ermäßigung beträgt 40 vom Hundert, wenn für die nach § 4 Abs. 1 oder § 6 Abs. 1 Satz 1 der Ermittlung der Schadeinheiten zugrunde zu legenden Überwachungswerte insgesamt vier Jahre die Voraussetzungen des Satzes 1 vorgelegen haben, nach weiteren vier Jahren 20 vom Hundert. Erhöhen sich die Anforderungen der allgemeinen Verwaltungsvorschriften nach § 7a Abs. 1 des Wasserhaushaltsgesetzes, ermäßigt sich der Abgabesatz erneut nach Maßgabe der Sätze 1 und 2. Sätze 1 und 2 gelten entsprechend, wenn für die im Bescheid nach § 4 Abs. 1 festgesetzten oder nach § 6 Abs. 1 Satz 1 erklärten Überwachungswerte keine Anforderungen in den allgemeinen Verwaltungsvorschriften nach § 7a Abs. 1 des Wasserhaushaltsgesetzes gestellt werden.

(6) Im Falle einer Erklärung nach § 4 Abs. 5 berechnet sich die Ermäßigung nach dem erklärten Wert, wenn der Bescheid im Anschluß an die Erklärung an den erklärten Wert angepaßt wird und dieser die Voraussetzungen des Absatzes 5 erfüllt.

§ 10 Ausnahmen von der Abgabepflicht

(1) Nicht abgabepflichtig ist das Einleiten von

1. Schmutzwasser, das vor Gebrauch einem Gewässer entnommen worden ist und über die bei der Entnahme vorhandene Schädlichkeit im Sinne dieses Gesetzes hinaus keine weitere Schädlichkeit im Sinne dieses Gesetzes aufweist,

2. Schmutzwasser in ein beim Abbau von mineralischen Rohstoffen entstandenes oberirdisches Gewässer, sofern das Wasser nur zum Waschen der dort gewonnenen Erzeugnisse gebraucht wird und keine anderen schädlichen Stoffe als die abgebauten enthält und soweit gewährleistet ist, daß keine schädlichen Stoffe in andere Gewässer gelangen,

AbwAG · 5

3. Schmutzwasser von Wasserfahrzeugen, das auf ihnen anfällt,

4. Niederschlagswasser von bis zu drei Hektar großen befestigten gewerblichen Flächen und von Schienenwegen der Eisenbahnen, wenn es nicht über eine öffentliche Kanalisation vorgenommen wird.

(2) Die Länder können bestimmen, daß das Einleiten von Abwasser in Untergrundschichten, in denen das Grundwasser wegen seiner natürlichen Beschaffenheit für eine Trinkwassergewinnung mit den herkömmlichen Aufbereitungsverfahren nicht geeignet ist, nicht abgabepflichtig ist.

(3) Werden Abwasserbehandlungsanlagen errichtet oder erweitert, deren Betrieb eine Minderung eines der der Ermittlung der Schadeneinheiten zugrunde zu legenden Werte beim Einleiten in das Gewässer um mindestens 20 vom Hundert und eine entsprechende Verringerung der Schadstofffracht erwarten läßt, so können die für die Errichtung oder Erweiterung der Anlage entstandenen Aufwendungen mit der für die in den drei Jahren vor der vorgesehenen Inbetriebnahme der Anlage insgesamt für diese Einleitung geschuldeten Abgabe verrechnet werden. Dies gilt nicht für den nach § 4 Abs. 4 erhöhten Teil der Abgabe. Ist die Abgabe bereits gezahlt, besteht ein entsprechender Rückzahlungsanspruch; dieser Anspruch ist nicht zu verzinsen. Die Abgabe ist nachzuerheben, wenn die Anlage nicht in Betrieb genommen wird oder eine Minderung um mindestens 20 vom Hundert nicht erreicht wird. Die nacherhobene Abgabe ist rückwirkend vom Zeitpunkt der Fälligkeit an entsprechend § 238 der Abgabenordnung zu verzinsen.

VIERTER ABSCHNITT: Festsetzung, Erhebung und Verwendung der Abgabe

§ 11 Veranlagungszeitraum, Erklärungspflicht

(1) Veranlagungszeitraum ist das Kalenderjahr.

(2) Der Abgabepflichtige hat in den Fällen der §§ 7 und 8 die Zahl der Schadeinheiten des Abwassers zu berechnen und die dazugehörigen Unterlagen der zuständigen Behörde vorzulegen. Ist der Abgabepflichtige nicht Einleiter (§ 9 Abs. 2 und 3), so hat der Einleiter dem Abgabepflichtigen die notwendigen Daten und Unterlagen zu überlassen.

(3) Die Länder können bestimmen, daß der Abgabepflichtige auch in anderen Fällen die Zahl der Schadeinheiten des Abwassers zu berechnen, die für eine Schätzung erforderlichen Angaben zu machen und die dazugehörigen Unterlagen der zuständigen Behörde vorzulegen hat. Absatz 2 Satz 2 gilt entsprechend.

§ 12 Verletzung der Erklärungspflicht

(1) Kommt der Abgabepflichtige seinen Verpflichtungen nach § 11 Abs. 2 Satz 1 und den ergänzenden Vorschriften der Länder nicht nach, so kann die Zahl der Schadeinheiten von der zuständigen Behörde geschätzt werden.

(2) Der Einleiter, der nach § 9 Abs. 2 oder 3 nicht abgabepflichtig ist, kann im Wege der Schätzung zur Abgabe herangezogen werden, wenn er seinen Verpflichtungen nach § 11 Abs. 2 Satz 2 und den ergänzenden Vorschriften der Länder

5 · AbwAG

nicht nachkommt. In diesem Fall haften der Abgabepflichtige und der Einleiter als Gesamtschuldner.

§ 12a Rechtsbehelfe gegen die Heranziehung

Widerspruch und Anfechtungsklage gegen die Anforderung der Abgabe haben keine aufschiebende Wirkung. Satz 1 ist auch auf Bescheide anzuwenden, die vor dem 19. Dezember 1984 erlassen worden sind.

§ 13 Verwendung

(1) Das Aufkommen der Abwasserabgabe ist für Maßnahmen, die der Erhaltung oder Verbesserung der Gewässergüte dienen, zweckgebunden. Die Länder können bestimmen, daß der durch den Vollzug dieses Gesetzes und der ergänzenden landesrechtlichen Vorschriften entstehende Verwaltungsaufwand aus dem Aufkommen der Abwasserabgabe gedeckt wird.

(2) Maßnahmen nach Absatz 1 sind insbesondere:

1. der Bau von Abwasserbehandlungsanlagen,

2. der Bau von Regenrückhaltebecken und Anlagen zur Reinigung des Niederschlagswassers,

3. der Bau von Ring- und Auffangkanälen an Talsperren, See- und Meeresufern sowie von Hauptverbindungssammlern, die die Errichtung von Gemeinschaftsanlagen ermöglichen,

4. der Bau von Anlagen zur Beseitigung des Klärschlamms,

5. Maßnahmen im und am Gewässer zur Beobachtung und Verbesserung der Gewässergüte wie Niedrigwasseraufhöhung oder Sauerstoffanreicherung sowie zur Gewässerunterhaltung,

6. Forschung und Entwicklung von Anlagen oder Verfahren zur Verbesserung der Gewässergüte,

7. Ausbildung und Fortbildung des Betriebspersonals für Abwasserbehandlungsanlagen und andere Anlagen zur Erhaltung und Verbesserung der Gewässergüte.

FÜNFTER ABSCHNITT: Gemeinsame Vorschriften; Schlußvorschriften

§ 14 Anwendung von Straf- und Bußgeldvorschriften der Abgabenordnung

Für die Hinterziehung von Abwasserabgaben gelten die Strafvorschriften des § 370 Abs. 1, 2 und 4 und des § 371 der Abgabenordnung (AO 1977) entsprechend, für die Verkürzung von Abwasserabgaben gilt die Bußgeldvorschrift des § 378 der Abgabenordnung (AO 1977) entsprechend.

AbwAG · 5

§ 15 Ordnungswidrigkeiten

(1) Ordnungswidrig handelt, wer vorsätzlich oder fahrlässig

1. entgegen § 11 Abs. 2 Satz 1 die Berechnungen oder Unterlagen nicht, nicht richtig oder nicht vollständig vorlegt,
2. entgegen § 11 Abs. 2 Satz 2 dem Abgabepflichtigen die notwendigen Daten oder Unterlagen nicht, nicht richtig oder nicht vollständig überläßt.

(2) Die Ordnungswidrigkeit kann mit einer Geldbuße bis zu fünftausend Deutsche Mark geahndet werden.

§ 16 Stadtstaaten-Klausel

§ 1 findet auch Anwendung, wenn die Länder Berlin und Hamburg selbst abgabepflichtig sind. § 9 Abs. 2 Satz 1 und 2 gilt für die Länder Berlin und Hamburg mit der Maßgabe, daß sie sich auch selbst als abgabepflichtig bestimmen können.

§ 17 Berlin-Klausel *(gegenstandslos)*

§ 18 *(Inkrafttreten)*

Anlage
(zu § 3)

A.

(1) Die Bewertungen der Schadstoffe und Schadstoffgruppen sowie die Schwellenwerte ergeben sich aus folgender Tabelle:

Nr.	Bewertete Schadstoffe und Schadstoffgruppen	Einer Schadeinheit entsprechen jeweils folgende volle Meßeinheiten	Schwellenwerte nach Konzentration und Jahresmenge	
1	Oxidierbare Stoffe in chemischem Sauerstoffbedarf (CSB)	50 Kilogramm Sauerstoff	20 Milligramm je Liter und 250 Kilogramm Jahresmenge	
2	Phosphor	3 Kilogramm	0,1 Milligramm je Liter und 15 Kilogramm Jahresmenge	
3	Stickstoff	25 Kilogramm	5 Milligramm je Liter und 125 Kilogramm Jahresmenge	
4	Organische Halogenverbindungen als adsorbierbare organisch gebundene Halogene (AOX)	2 Kilogramm Halogen, berechnet als organisch gebundenes Chlor	100 Mikrogramm je Liter und 10 Kilogramm Jahresmenge	
5	Metalle und ihre Verbindungen:			und
5.1	Quecksilber	20 Gramm	1 Mikrogramm	100 Gramm
5.2	Cadmium	100 Gramm	5 Mikrogramm	500 Gramm
5.3	Chrom	500 Gramm	50 Mikrogramm	2,5 Kilogramm

5 · AbwAG

Nr.	Bewertete Schadstoffe und Schadstoffgruppen	Einer Schadeinheit entsprechen jeweils folgende volle Meßeinheiten	Schwellenwerte nach Konzentration und Jahresmenge	
5.4	Nickel	500 Gramm	50 Mikrogramm	2,5 Kilogramm
5.5	Blei	500 Gramm	50 Mikrogramm	2,5 Kilogramm
5.6	Kupfer	1000 Gramm Metall	100 Mikrogramm je Liter	5 Kilogramm Jahresmenge
6	Giftigkeit gegenüber Fischen	3000 Kubikmeter Abwasser geteilt durch G_F	$G_F = 2$	

G_F ist der Verdünnungsfaktor, bei dem Abwasser im Fischtest nicht mehr giftig ist.

(2) Wird Abwasser in Küstengewässer eingeleitet, bleibt die Giftigkeit gegenüber Fischen insoweit unberücksichtigt, als sie auf dem Gehalt an solchen Salzen beruht, die den Hauptbestandteilen des Meerwassers gleichen. Das gleiche gilt für die Einleitung von Abwasser in Mündungsstrecken oberirdischer Gewässer in das Meer, die einen ähnlichen natürlichen Salzgehalt wie die Küstengewässer aufweisen.

B.

Die Schadstoffgehalte sowie die Giftigkeit gegenüber Fischen werden aus der nicht abgesetzten, homogenisierten Probe nach folgenden Verfahren bestimmt:

1. Oxidierbare Stoffe (CSB)

   Der chemische Sauerstoffbedarf wird nach dem Dichromatverfahren unter Anwendung von Silbersulfat als Katalysator bestimmt, im übrigen nach Nummer 303 der Anlage zur Rahmen-AbwasserVwV vom 8. September 1989 (GMBl S. 518).

2. Phosphor

   Nach Aufschluß der Wasserprobe mit Kaliumperoxodisulfat wird der Gesamtphosphatgehalt, berechnet als Phosphor, photometrisch bestimmt, im übrigen nach Nummer 108 der Anlage zur Rahmen-AbwasserVwV.

3. Stickstoff

   Der Stickstoff wird als Summe der Einzelbestimmungen des Ammonium-Stickstoffs, des Nitrat-Stickstoffs und des Nitrit-Stickstoffs bestimmt. Dabei wird nach Destillation der Ammonium-Stickstoff maßanalytisch bestimmt, im übrigen nach Nummer 202 der Anlage zur Rahmen-AbwasserVwV; der Nitrat-Stickstoff wird ionenchromatographisch bestimmt, im übrigen nach Nummer 106 der Anlage zur Rahmen-AbwasserVwV; der Nitrit-Stickstoff wird durch Messungen der Extinktion bestimmt, im übrigen nach Nummer 107 der Anlage zur Rahmen-AbwasserVwV.

4. Organische Halogenverbindungen (AOX)

   Die an Aktivkohle adsorbierbaren organisch gebundenen Halogene werden im Sauerstoffstrom verbrannt, die Menge der dabei gebildeten Halogenwasser-

AbwAG · 5

stoffe bestimmt und als Chlor angegeben, im übrigen nach Nummer 302 der Anlage zur Rahmen-AbwasserVwV.

5. Quecksilber

   Nach Aufschluß der Wasserprobe mit Kaliumpermanganat und Kaliumperoxidsulfat wird das Quecksilber atomabsorptions- oder atomemissionsspektrometrisch bestimmt, im übrigen nach Nummer 215 der Anlage zur Rahmen-AbwasserVwV.

6. Cadmium, Chrom, Nickel, Blei, Kupfer

   Nach Aufschluß der Wasserprobe mit Salpetersäure und Wasserstoffperoxid werden die Metalle atomabsorptions- oder atomemissionsspektrometrisch bestimmt, im übrigen nach Nummer 207 (Cadmium), 209 (Chrom), 214 (Nickel), 206 (Blei) und 213 (Kupfer) der Anlage zur Rahmen-AbwasserVwV.

7. Fischgiftigkeit

   Die Giftwirkung wird im Fischtest unter Verwendung der Goldorfe (Leuciscus idus melanotus) als Testfisch durch Ansetzen verschiedener Abwasserverdünnungen bestimmt, im übrigen nach Nummer 401 der Anlage zur Rahmen-AbwasserVwV.

6 · AG-AbwAG

Gesetz zur Ausführung des Abwasserabgabengesetzes (AG-AbwAG)

in der Fassung der Bekanntmachung vom 13. November 1990 (GVOBl SchlH. S. 545, ber. 1991 S. 257)

ABSCHNITT I: Abgabepflicht

§ 1 Abgabepflicht
(zu § 9 AbwAG)

(1) Die Gemeinden sind für eigene Einleitungen und anstelle der Einleiter abgabepflichtig, die weniger als acht Kubikmeter je Tag Schmutzwasser aus Haushaltungen und ähnliches Schmutzwasser einleiten.

(2) Ist die Pflicht zur Abwasserbeseitigung für eine Gemeinde nach dem Gesetz über kommunale Zusammenarbeit in der Fassung der Bekanntmachung vom 11. November 1977 (GVOBl SchlH. S. 454) einer anderen Gemeinde, einem Kreis, einem Amt oder einem Zweckverband übertragen, so sind diese Körperschaften abgabepflichtig.

(3) Wird das Wasser eines Gewässers in einer Flußkläranlage gereinigt, kann der Minister für Natur, Umwelt und Landesentwicklung durch Verordnung bestimmen, daß in einem festzulegenden Einzugsbereich der Kläranlage der Betreiber der Flußkläranlage anstelle der Einleiter abgabepflichtig ist. § 2 gilt entsprechend.

§ 2 Abwälzung
(zu § 9 AbwAG)

Die Gemeinden oder die Körperschaften nach § 1 Abs. 2 können die von ihnen für eigene Einleitungen oder anstelle von Einleitern (§ 1 Abs. 1) zu entrichtenden Abgaben auf die nach § 6 Abs. 5 Satz 1 des Kommunalabgabengesetzes des Landes Schleswig-Holstein in der Fassung der Bekanntmachung vom 17. März 1978 (GVOBl SchlH. S. 71) Gebührenpflichtigen abwälzen. Im übrigen gelten die Vorschriften des Kommunalabgabengesetzes.

Hinweis zu § 2

Abwälzung der Abwasserabgabe nach dem Abwasserabgabengesetz, Runderlaß des Innenministers vom 10. 10. 1980 (Amtsbl SchlH. S. 648) mit Satzungsmuster über die Abwälzung der Abwasserabgabe auf Kleineinleiter, geändert durch Runderlaß vom 24. 7. 1985 Amtsbl S. 231.

§ 2a Aufrechnung
(zu § 10 Abs. 4 AbwAG)

(1) Ein Abgabepflichtiger kann die Aufrechnung erklären, sobald ihm zusätzliche Aufwendungen im Sinne von § 10 Abs. 4 des Abwasserabgabengesetzes entstanden sind. Die Aufrechnung ist auch mit zusätzlichen Aufwendungen zulässig, die für andere als in der Anlage zu § 3 des Abwasserabgabengesetzes bezeichnete Schadstoffe und Schadstoffgruppen eine über § 7a Abs. 1 Satz 1 des Wasserhaushaltsgesetzes hinausgehende Minderung der Schadstofffracht erwarten lassen.

AG-AbwAG · 6

(2) Der Abgabepflichtige kann unter den Voraussetzungen des § 10 Abs. 4 des Abwasserabgabengesetzes auch mit Aufwendungen aufrechnen, die er an einen anderen Abgabepflichtigen zur Errichtung einer Abwasserbehandlungsanlage geleistet hat. Eine solche Aufrechnung ist nur zulässig, wenn der andere Abgabepflichtige unwiderruflich bestätigt, daß er die diesen Leistungen entsprechenden Aufwendungen nicht selbst aufrechnet und hierfür keine weiteren Bestätigungen ausstellt.

(3) Die Aufrechnung ist gegen die Abwasserabgabe für solche Einleitungen zulässig, deren Schadstofffracht durch die zu errichtende Abwasserbehandlungsanlage vermindert wird.

(4) Die Aufrechnung ist schriftlich unter Nachweis der Voraussetzungen gegenüber der zuständigen Behörde zu erklären. Diese kann für die Prüfung die Vorlage von Sachverständigengutachten und die Bestätigung durch einen Wirtschaftsprüfer verlangen. Ist die Höhe der aufrechenbaren Aufwendungen nicht oder nur unverhältnismäßigem Aufwand ermittelbar, kann sie von Amts wegen geschätzt werden.

(5) Ist die Abwasserabgabe bereits vor der Aufrechnung entrichtet worden, so ist eine Aufrechnung bis zum Ende des auf die Entstehung der Aufwendungen folgenden Jahres nachträglich zulässig.

(6) Ergibt die Nachprüfung, daß die Voraussetzungen für die Aufrechnung ganz oder teilweise nicht vorlagen oder daß keine über die anerkannten Regeln der Technik hinausgehende Verminderung der Schadstofffracht eingetreten ist, ist die Abgabe insoweit nachzuerheben. Der Betrag ist nach § 11 Abs. 2 Nr. 5 dieses Gesetzes in Verbindung mit § 238 der Abgabenordnung zu verzinsen.

ABSCHNITT II: Bewertungsgrundlagen

§ 3 Nachklärteiche
(zu § 3 Abs. 3 AbwAG)

Ist einer Abwasserbehandlungsanlage ein Gewässer oder ein Gewässerteil als Nachklärteich klärtechnisch unmittelbar zugeordnet, so bleibt auf Antrag des Abgabenpflichtigen die Zahl der Schadeinheiten insoweit außer Ansatz, als sie in den zur Nachklärung errichteten und betriebenen Einrichtungen vermindert wird. Der Umfang der Verminderung wird geschätzt. Sie ist frühestens für das der Antragstellung folgende Veranlagungsjahr zu berücksichtigen.

§ 4 *(gestrichen)*

ABSCHNITT III: Ermittlung der Schädlichkeit

§ 5 Ermittlung auf Grund des Bescheides oder in sonstigen Fällen
(zu §§ 4, 6 AbwAG)

(1) Die Überwachungswerte sind für die Konzentration in den Meßeinheiten der

6 · AG-AbwAG

Schwellenwerte nach der Anlage zu § 3 des Abwasserabgabengesetzes, für die Fischgiftigkeit in ganzen Zahlen anzugeben.

(2) Die Jahresschmutzwassermenge ist aufgrund einer amtlichen Schätzung festzusetzen. Sie ist mindestens alle fünf Jahre zu überprüfen und erforderlichenfalls neu festzusetzen. Der Einleiter hat auf Anforderung die dazu notwendigen Daten auf der Grundlage von Meßergebnissen mitzuteilen.

§ 6 *(gestrichen)*

§ 7 Abzug der Vorbelastung
(zu § 4 AbwAG)

(1) Der Minister für Natur, Umwelt und Landesentwicklung kann für Gewässer und Teile von Gewässern durch Verordnung einheitliche mittlere Schadstoffkonzentrationen von Schadstoffen oder Schadstoffgruppen und einen mittleren Verdünnungsfaktor festlegen, die nach § 4 Abs. 3 des Abwasserabgabengesetzes bei der Berechnung der Vorbelastung zugrunde zu legen sind. Die einheitlichen mittleren Schadstoffkonzentrationen und der mittlere Verdünnungsfaktor sind auf der Grundlage von Gewässeruntersuchungen und unter Berücksichtigung zu erwartender Veränderungen der Gewässer für einen Zeitraum festzulegen, der fünf Jahre nicht überschreiten soll.

(2) Die Vorbelastung ist nur für die Zeit nach der Antragstellung zu berücksichtigen.

§ 8 Abgabe für Niederschlagswasser
(zu § 7 Abs. 2 AbwAG)

(1) Die Abgabepflicht für die Einleitung von Niederschlagswasser aus einer Trennkanalisation entfällt für den Zeitraum bis zum 31. Dezember 1994, wenn der Einleiter bis zu diesem Zeitpunkt nachweist, daß das Niederschlagswasser nicht durch Schmutzwasser aus Fehlanschlüssen verunreinigt ist und die Anforderungen des die Einleitung zulassenden Bescheides eingehalten werden. Nach dem 31. Dezember 1994 tritt Abgabefreiheit für den Zeitraum ein, für den der Einleiter nachweist, daß die Kanalisation und die Behandlung des Niederschlagswassers den in Betracht kommenden Regeln der Technik (§ 18 b des Wasserhaushaltsgesetzes und § 36 b des Landeswassergesetzes[1])) entsprechen und die Anforderungen des die Einleitung zulassenden Bescheides eingehalten werden. Der Einleiter hat die Nachweise bei begründetem Anlaß erneut zu führen.

(2) Die Einleitung von Niederschlagswasser aus einer Mischkanalisation ohne Regenentlastungen ist abgabefrei, wenn die Anforderungen des die Einleitung zulassenden Bescheides eingehalten werden und die Abwasseranlage den in Betracht kommenden Regeln der Technik entspricht. Bei Mischkanalisationen mit Regenentlastungen ermäßigt sich die Zahl der Schadeinheiten von Niederschlagswasser um 90 v. H., wenn die in der wasserrechtlichen Zulassung gestellten Anforderungen eingehalten werden, die Abwasseranlage nach den in Betracht kommenden Regeln der Technik gebaut und betrieben wird und der Abfluß aus einer Regenspende von mindestens 15 l je Sekunde und Hektar befestigter Fläche einer Abwasserbehandlungsanlage zugeführt wird.

---

[1]) Jetzt § 34 LWG.

(3) Wird die Abwasseranlage so errichtet oder geändert, daß sie den in Betracht kommenden Regeln der Technik entspricht, bleibt die Einleitung des Niederschlagswassers auf Antrag für einen Zeitraum von drei Jahren vor Inbetriebnahme der geänderten oder errichteten Anlage abgabefrei. § 10 Abs. 3 Satz 2 bis 4 des Abwasserabgabengesetzes gilt entsprechend.

(4) Bei der Berechnung oder Schätzung der Zahl der an die Kanalisation angeschlossenen Einwohner oder der Größe der angeschlossenen Fläche ist von den Verhältnissen am 30. Juni des Veranlagungsjahres auszugehen.

§ 8 a Abgabe für Kleineinleitungen
(zu § 8 AbwAG)

(1) Bei der Berechnung oder Schätzung der Zahl der nicht an die Kanalisation angeschlossenen Einwohner bleiben die Einwohner unberücksichtigt, deren Schmutzwasser rechtmäßig einer öffentlichen Abwasserbehandlungsanlage zugeführt oder auf landwirtschaftlich, forstwirtschaftlich oder gärtnerisch genutzte Böden rechtmäßig aufgebracht wird.

(2) Bei der Berechnung oder Schätzung der Zahl der nicht an die Kanalisation angeschlossenen Einwohner ist von den Verhältnissen am 31. März des Veranlagungsjahres auszugehen.

(3) Kleineinleitungen sind abgabefrei, wenn der Abgabepflichtige gegenüber der Wasserbehörde nachweist, daß das Schmutzwasser in einer Abwasserbehandlungsanlage entsprechend den allgemein anerkannten Regeln der Technik in einer mindestens zweistufigen mechanisch-biologischen Behandlung gereinigt wird und die Schlammbeseitigung im Sinne von § 35 Abs. 1 Satz 3 Landeswassergesetz sichergestellt ist.

ABSCHNITT IV: Festsetzung, Erhebung und Verwendung der Abgabe

§ 9 Erfassung der Abgabepflichtigen, Abgabeerklärung
(zu § 11 AbwAG)

(1) Ist nach dem Abwasserabgabengesetz oder diesem Gesetz eine Schätzung vorgesehen, hat der Abgabepflichtige auf Aufforderung der zuständigen Behörde die hierfür erforderlichen Angaben innerhalb der von der Behörde gesetzten Frist zu machen (Abgabeerklärung).

(2) Die Behörden, die insbesondere als Planfeststellungs- oder Bergbehörde nach § 14 des Wasserhaushaltsgesetzes über die Einleitung von Abwasser entscheiden, haben der für die Festsetzung zuständigen Behörde eine Ausfertigung des Bescheides zu übersenden.

§ 10 Festsetzen der Abgabe

(1) Die Abwasserabgabe wird durch schriftlichen Bescheid (Abgabebescheid) festgesetzt.

(2) Ist die Abgabe auf Grund des Einleitungsbescheides zu ermitteln, so können

6 · AG-AbwAG

die auf die einzelnen Veranlagungsjahre entfallenden Abgaben insoweit im voraus für die Geltungsdauer des Einleitungsbescheides festgesetzt werden. Die Festsetzung erfolgt vorbehaltlich einer späteren Änderung der gesetzlichen Grundlagen, der Erhöhung nach § 4 Abs. 4 des Abwasserabgabengesetzes, der abweichenden Festsetzung nach § 4 Abs. 5 des Abwasserabgabengesetzes und einer Erhöhung bei Nichteinhaltung der nach § 9 Abs. 5 und 6 des Abwasserabgabengesetzes geltenden Anforderungen.

(3) Ist die Abgabe nach den §§ 6 bis 8 des Abwasserabgabengesetzes zu ermitteln, so wird die Abgabe für jedes Veranlagungsjahr festgesetzt.

(4) Die Abgabe ist jeweils am 1. Februar für das vorausgegangene Kalenderjahr, frühestens jedoch einen Monat nach Bekanntgabe des Abgabebescheides fällig. Kann bis zum 10. Dezember für das laufende Kalenderjahr kein Abgabebescheid erlassen werden, soll eine Vorauszahlung bis zur Höhe des zuletzt festgesetzten Jahresbetrages oder des zu erwartenden Jahresbetrages festgesetzt werden; Satz 1 gilt entsprechend.

§ 11 Anwendbare Vorschriften

(1) Für die Durchführung des Abwasserabgabengesetzes und dieses Gesetzes gelten die Vorschriften des Landesverwaltungsgesetzes, soweit in diesen Gesetzen nichts anderes bestimmt wird.

(2) Für die Festsetzung und Erhebung der Abgabe sind die folgenden Bestimmungen der Abgabenordnung entsprechend anzuwenden:

1. Aus dem Ersten Teil
   - Einleitende Vorschriften – § 3 Abs. 3, §§ 7 und 32,
2. aus dem Zweiten Teil
   - Steuerschuldrecht – §§ 33 bis 37, 42, 44 bis 49, 69 bis 71, 73 bis 75 und 77,
3. aus dem Dritten Teil
   - Allgemeine Verfahrensvorschriften – §§ 93, 95 bis 99 und 101 bis 106,
4. aus dem Vierten Teil
   - Durchführung der Besteuerung – §§ 152, 153 Abs. 1 und 2, § 155 Abs. 2 und 3, § 156 Abs. 2, § 157 Abs. 2, §§ 164 bis 166, 169 (Absatz 2 Ziff. 1 findet keine Anwendung), 170, 171, 191 und 192,
5. aus dem Fünften Teil
   - Erhebungsverfahren – §§ 226, 228 bis 232, 234 Abs. 1 und 2, §§ 235, 236, 237 Abs. 1, 2 und 4, §§ 238 und 240 bis 248.

§ 12 Abzug des Verwaltungsaufwandes
(zu § 13 AbwAG)

Der Verwaltungsaufwand, der dem Land sowie den Kreisen und kreisfreien Städten aus der Durchführung der abwasserabgabenrechtlichen Vorschriften entsteht, ist aus dem Aufkommen der Abgabe zu decken. Der Minister für Natur, Umwelt und Landesentwicklung wird ermächtigt, durch Verordnung

1. die Erstattung des Verwaltungsaufwandes auf bestimmte Kostenarten zu beschränken,

AG-AbwAG · 6

2. zu regeln, wie dieser Verwaltungsaufwand ermittelt und nachgewiesen wird und wie sich der hierfür benötigte Deckungsbedarf auf das Land sowie auf die Kreise und kreisfreien Städte verteilt; dabei kann bis zur endgültigen Ermittlung des für ein Jahr benötigten Deckungsbedarfs zunächst ein Pauschalbetrag von der Zweckbindung ausgenommen werden.

Hinweise zu § 12

1. Landesverordnung zur Deckung des Verwaltungsaufwandes bei der Durchführung abwasserabgabenrechtlicher Vorschriften vom 6. 10. 1981 (GVOBl SchlH. S. 217), geändert durch Art. 16 LVO vom 6. 12. 1989 (GVOBl SchlH. S. 171/173)

2. Richtlinien für die Verwendung des Aufkommens der Abwasserabgabe für Maßnahmen zur Verbesserung oder Erhaltung der Gewässergüte nach § 13 des Abwasserabgabengesetzes vom 14. 2. 1990 (Amtsbl SchlH. S. 160)

ABSCHNITT V: Gemeinsame Vorschriften, Schlußvorschriften

§ 13 Zuständigkeiten

(1) Für die Durchführung des Abwasserabgabengesetzes und dieses Gesetzes sind zuständig .

1. die Ämter für Land- und Wasserwirtschaft bei Einleitungen von Abwasser in Gewässer erster Ordnung mit Ausnahme der Kleineinleitungen,

2. im übrigen die Landräte und Bürgermeister der kreisfreien Städte als Wasserbehörden.

(2) Die in Absatz 1 genannten Behörden können Stellen im Sinne von § 36 e Nr. 3 des Landeswassergesetzes[1]) mit der Entnahme und Analyse der Abwasserproben beauftragen. Es dürfen keine Untersuchungsstellen beauftragt werden, die für den Einleiter, insbesondere im Rahmen der Selbstüberwachung nach § 36 d des Landeswassergesetzes[2]) tätig geworden ist.

§ 14 Ordnungswidrigkeiten

Ordnungswidrig handelt, wer vorsätzlich oder fahrlässig die in § 9 Abs. 1 angeführten, für eine Schätzung notwendigen Daten und Unterlagen nicht, nicht richtig, nicht vollständig oder nicht rechtzeitig vorlegt. Die Ordnungswidrigkeit kann mit einer Geldbuße bis zu fünftausend Deutsche Mark geandet werden.

§ 15 Einschränkung von Grundrechten

Die Grundrechte auf körperliche Unversehrtheit der Person (Art. 2 Abs. 2 Satz 1 des Grundgesetzes), der Freiheit der Person (Art. 2 Abs. 2 Satz 2 des Grundgesetzes), der Unverletzlichkeit der Wohnung (Art. 13 des Grundgesetzes) und des Eigentums (Art. 14 des Grundgesetzes) werden nach Maßgabe dieses Gesetzes eingeschränkt.

---

1) Jetzt § 36 Abs. 4 LWG.
2) Jetzt § 36 Abs. 1, 2, 4 Nr. 5 LWG.

7 · WVG

Gesetz über Wasser- und Bodenverbände (Wasserverbandsgesetz — WVG)
Vom 12. Februar 1991 (BGBl. I S. 405)

Inhaltsübersicht

ERSTER TEIL: Allgemeine Vorschriften für den Verband

§ 1 Zweck und Rechtsform
§ 2 Zulässige Aufgaben
§ 3 Name
§ 4 Mögliche Verbandsmitglieder
§ 5 Unternehmen, Plan, Lagerbuch
§ 6 Satzung

ZWEITER TEIL: Errichtung des Verbands

Erster Abschnitt: Errichtungsarten

§ 7 Arten der Errichtung, Entstehung des Verbands
§ 8 Beteiligte
§ 9 Heranziehung zur Mitgliedschaft
§ 10 Zulässigkeit der Errichtung von Amts wegen

Zweiter Abschnitt: Errichtungsverfahren

§ 11 Einleitung des Errichtungsverfahrens
§ 12 Vorarbeiten
§ 13 Feststellung der Beteiligten, Stimmenzahl
§ 14 Bekanntmachung des Vorhabens, Verhandlungstermin
§ 15 Beschlußfassung
§ 16 Errichtung von Amts wegen
§ 17 Überleitung eines Errichtungsverfahrens
§ 18 Entscheidung über Anträge und Einwendungen eines Beteiligten
§ 19 Änderung der Errichtungsunterlagen
§ 20 Erste Berufung der Organe
§ 21 Verfahrenskosten

DRITTER TEIL: Rechtsverhältnisse des Verbands zu seinen Mitgliedern und Dritten

Erster Abschnitt: Mitgliedschaft

§ 22 Mitgliedschaft
§ 23 Begründung und Erweiterung der Mitgliedschaft bei bestehenden Verbänden
§ 24 Aufhebung der Mitgliedschaft
§ 25 Verfahren
§ 26 Auskunftspflicht
§ 27 Verschwiegenheitspflicht

Zweiter Abschnitt: Verbandsbeiträge

§ 28 Verbandsbeiträge
§ 29 Öffentliche Last
§ 30 Maßstab für Verbandsbeiträge
§ 31 Erhebung der Verbandsbeiträge
§ 32 Vorausleistungen auf Verbandsbeiträge

Dritter Abschnitt: Benutzung von Grundstücken

§ 33 Benutzung der Grundstücke dinglicher Verbandsmitglieder
§ 34 Deichvorland
§ 35 Grundstücke mit öffentlichen Zwecken
§ 36 Ausgleich für Nachteile
§ 37 Ausgleichsverfahren
§ 38 Anspruch auf Grundstückserwerb
§ 39 Rechtsverhältnisse bei abgeleiteten Grundstücksnutzungen

Vierter Abschnitt: Enteignung für das Unternehmen

§ 40 Zweck und Gegenstand der Enteignung
§ 41 Zulässigkeit und Umfang der Enteignung
§ 42 Entschädigung
§ 43 Anwendung von Landesrecht

Fünfter Abschnitt: Verbandsschau

§ 44 Verbandsschau, Schaubeauftragte
§ 45 Durchführung der Verbandsschau

VIERTER TEIL: Verbandsverfassung

§ 46 Organe
§ 47 Verbandsversammlung
§ 48 Sitzungen der Verbandsversammlung
§ 49 Verbandsausschuß
§ 50 Sitzungen des Verbandsausschusses
§ 51 Unterrichtung der Verbandsmitglieder
§ 52 Vorstand, Verbandsvorsteher
§ 53 Wahl und Abberufung der Vorstandsmitglieder
§ 54 Geschäfte des Vorstands
§ 55 Gesetzliche Vertretung des Verbands
§ 56 Sitzungen des Vorstands
§ 57 Geschäftsführer

FÜNFTER TEIL: Satzungsänderung sowie Umgestaltung und Auflösung des Verbands

Erster Abschnitt: Satzungsänderung

§ 58 Änderung der Satzung
§ 59 Satzungsänderung durch die Aufsichtsbehörde

Zweiter Abschnitt: Umgestaltung

§ 60 Zusammenschluß
§ 61 Übertragungen von Aufgaben

Dritter Abschnitt: Auflösung

§ 62 Auflösung des Verbands
§ 63 Abwicklung
§ 64 Aufbewahrung der Bücher, Einsicht

Sechster Teil: Rechnungswesen

§ 65 Haushalt, Rechnungslegung, Prüfung
§ 66 Schuldübernahme

Siebter Teil: Verfahrensvorschriften

§ 67 Öffentliche Bekanntmachungen
§ 68 Anordnungsbefugnis
§ 69 Freiheit von Kosten
§ 70 Geltung von Landesrecht
§ 71 Schiedsgericht

ACHTER TEIL: Aufsicht, Oberverband, Unterverband

§ 72 Aufsicht, Oberverband, Unterverband
§ 73 Örtliche Zuständigkeit
§ 74 Informationsrecht der Aufsichtsbehörde
§ 75 Zustimmung zu Geschäften
§ 76 Ersatzvornahme
§ 77 Bestellung eines Beauftragten

NEUNTER TEIL: Übergangs- und Schlußbestimmungen

§ 78 Außerkrafttreten
§ 79 Bestehende Verbände
§ 80 Verbände auf besonderer gesetzlicher Grundlage
§ 81 Änderung des Flurbereinigungsgesetzes
§ 82 Inkrafttreten

ERSTER TEIL: Allgemeine Vorschriften für den Verband

§ 1 Zweck und Rechtsform

(1) Zur Erfüllung der in § 2 genannten Aufgaben kann ein Wasser- und Bodenverband (Verband) als Körperschaft des öffentlichen Rechts errichtet werden; er ist keine Gebietskörperschaft.

(2) Der Verband dient dem öffentlichen Interesse und dem Nutzen seiner Mitglieder; er verwaltet sich im Rahmen der Gesetze selbst. Er kann nach Maßgabe landesrechtlicher Vorschriften Beamte im Sinne des Beamtenrechtsrahmengesetzes haben.

7 · WVG

Hinweis zu § 1

Die Wasser- und Bodenverbände in Schleswig-Holstein sind im „Landesverband der Landeskulturverbände Schleswig-Holstein" zusammengeschlossen. Der Landesverband ist ein Wasser- und Bodenverband. Zu seinen Aufgaben gehört es, das Haushalts-, Kassen- und Rechnungswesen sowie die Wirtschaftsführung seiner Mitglieder zu prüfen. Die Satzung des Landesverbandes ist durch Bekanntmachung des Ministers für Natur, Umwelt und Landesentwicklung vom 11. 8. 1989 (Amtsbl SchlH./AAz. S. 284) erlassen worden.

§ 2 Zulässige Aufgaben

Vorbehaltlich abweichender Regelung durch Landesrecht können Aufgaben des Verbands sein:

1. Ausbau einschließlich naturnahem Rückbau und Unterhaltung von Gewässern,
2. Bau und Unterhaltung von Anlagen in und an Gewässern,
3. Herstellung und Unterhaltung von ländlichen Wegen und Straßen,
4. Herstellung, Beschaffung, Betrieb und Unterhaltung sowie Beseitigung von gemeinschaftlichen Anlagen zur Bewirtschaftung von landwirtschaftlichen Flächen,
5. Schutz von Grundstücken vor Sturmflut und Hochwasser einschließlich notwendiger Maßnahmen im Deichvorland,
6. Verbesserung landwirtschaftlicher sowie sonstiger Flächen einschließlich der Regelung des Bodenwasser- und Bodenlufthaushalts,
7. Herstellung, Beschaffung, Betrieb, Unterhaltung und Beseitigung von Beregnungsanlagen sowie von Anlagen zur Be- und Entwässerung,
8. technische Maßnahmen zur Bewirtschaftung des Grundwassers und der oberirdischen Gewässer,
9. Abwasserbeseitigung,
10. Abfallentsorgung im Zusammenhang mit der Durchführung von Verbandsaufgaben,
11. Beschaffung und Bereitstellung von Wasser,
12. Herrichtung, Erhaltung und Pflege von Flächen, Anlagen und Gewässern zum Schutz des Naturhaushalts, des Bodens und für die Landschaftspflege,
13. Förderung der Zusammenarbeit zwischen Landwirtschaft und Wasserwirtschaft und Fortentwicklung von Gewässer-, Boden- und Naturschutz,
14. Förderung und Überwachung der vorstehenden Aufgaben.

§ 3 Name

(1) Der Name des Verbands soll seine Eigenschaft als Wasser- und Bodenverband, seine Hauptaufgabe und seinen räumlichen Wirkungsbereich erkennen lassen.

(2) Die bei Inkrafttreten dieses Gesetzes geltenden Bezeichnungen der Verbände können beibehalten werden.

§ 4 Mögliche Verbandsmitglieder

(1) Verbandsmitglieder können sein:

1. jeweilige Eigentümer von Grundstücken und Anlagen, jeweilige Erbbauberechtigte sowie Inhaber von Bergwerkseigentum (dingliche Verbandsmitglieder),
2. Personen, denen der Verband im Rahmen seiner Aufgaben Pflichten abnimmt oder erleichtert,
3. Körperschaften des öffentlichen Rechts,
4. andere Personen, wenn die nach Landesrecht zuständige Behörde (Aufsichtsbehörde) sie zuläßt,
5. der Träger der Baulast einer Verkehrsanlage, der nicht unter Nummer 1 fällt.

(2) Dem Bergwerkseigentum im Sinne des Absatzes 1 Nr. 1 stehen die Bewilligung im Sinne des Bundesberggesetzes sowie auch Bergwerkseigentum und Bewilligungen, die aufgehoben, widerrufen oder erloschen sind, gleich.

§ 5 Unternehmen, Plan, Lagerbuch

(1) Unternehmen des Verbands im Sinne dieses Gesetzes sind die der Erfüllung seiner Aufgabe dienenden baulichen und sonstigen Anlagen, Arbeiten an Grundstücken, Ermittlungen und sonstigen Maßnahmen.

(2) Der Umfang des Unternehmens ist, soweit er sich nicht hinreichend aus der Satzung ergibt, in einem Plan (Zeichnungen, Nachweisungen, Beschreibungen) darzustellen.

(3) Die Aufsichtsbehörde kann anordnen, daß der Verband ein Verzeichnis der Anlagen und Gewässer führt (Lagerbuch), aus dem ihre Art und ihre Maße sowie ferner Unterhaltung, Betrieb und Nutzung ersichtlich sind.

§ 6 Satzung

(1) Die Rechtsverhältnisse des Verbands und die Rechtsbeziehungen zu den Verbandsmitgliedern werden durch eine Satzung geregelt, soweit nicht dieses Gesetz oder Rechtsvorschriften der Länder etwas anderes bestimmen.

(2) Die Satzung muß mindestens Bestimmungen enthalten über:

1. Name und Sitz des Verbands,
2. Aufgabe und Unternehmen unter Hinweis auf die Pläne, soweit solche nach § 5 Abs. 2 erstellt werden,
3. Verbandsgebiet,
4. Mitgliedschaft und Mitgliederverzeichnis,
5. Beschränkungen des Grundeigentums, die von den Verbandsmitgliedern zu dulden sind, und diesen sonst obliegende Verpflichtungen,
6. Grundsätze für die Beitragsbemessung,
7. Bildung und Aufgaben der Verbandsorgane,
8. Verbandsschau,

9. Satzungsänderungen,
10. Bekanntmachungen des Verbands.

(3) Wenn der Verband Beamte haben soll, muß die Satzung zusätzlich auch Bestimmungen über die Rechtsverhältnisse der Beamten des Verbands, insbesondere hinsichtlich des als oberste Dienstbehörde zuständigen Organs sowie der als Dienstvorgesetzte vorzusehenden Stelle, enthalten.

ZWEITER TEIL: Errichtung des Verbands

Erster Abschnitt: Errichtungsarten

§ 7 Arten der Errichtung, Entstehung des Verbands

(1) Ein Verband wird errichtet

1. durch einen einstimmigen Beschluß der Beteiligten sowie die aufsichtsbehördliche Genehmigung der Errichtung und der Satzung,
2. durch einen Mehrheitsbeschluß der Beteiligten, die aufsichtsbehördliche Genehmigung der Errichtung und der Satzung sowie die Heranziehung nicht einverstandener oder anderer Beteiligter als Verbandsmitglieder in dem Genehmigungsakt oder
3. von Amts wegen.

Der Verband entsteht mit der öffentlichen Bekanntmachung der Satzung, sofern diese nicht einen späteren Zeitpunkt vorsieht.

(2) Die Genehmigung der Errichtung kann aus Gründen des öffentlichen Interesses versagt werden, insbesondere wenn in Aussicht genommene Verbandsaufgaben anderweitig besser gelöst werden können oder von einer bereits bestehenden Einrichtung wahrgenommen werden oder wahrgenommen werden können.

(3) Der Genehmigungsakt nach Absatz 1 Nr. 1 oder 2 sowie die Satzung sind von der Aufsichtsbehörde öffentlich bekanntzumachen.

§ 8 Beteiligte

(1) Beteiligte im Sinne dieses Gesetzes sind die nach § 4 als Verbandsmitglieder in Betracht kommenden Personen,

1. die aus der Durchführung der Verbandsaufgabe einen Vorteil haben oder zu erwarten haben,
2. von deren Anlagen oder Grundstücken nachteilige Einwirkungen auf das Verbandsunternehmen ausgehen oder zu erwarten sind oder
3. die voraussichtlich Maßnahmen des Verbands zu dulden haben,

wenn sie von der Aufsichtsbehörde nach § 13 Abs. 1 Satz 1 als Beteiligte festgestellt worden sind. Gemeinsame Eigentümer oder Erbbauberechtigte gelten als ein Beteiligter.

(2) Vorteile im Sinne dieses Gesetzes sind auch die Abnahme und die Erleichterung einer Pflicht und die Möglichkeit, Maßnahmen des Verbands zweckmäßig oder wirtschaftlich auszunutzen.

§ 9 Heranziehung zur Mitgliedschaft

Beteiligte, die der Errichtung des Verbands nicht zugestimmt haben, sind – auch gegen ihren Willen – als Verbandsmitglieder heranzuziehen. Die Aufsichtsbehörde kann in besonders gelagerten Einzelfällen von der Heranziehung absehen, wenn zu erwarten ist, daß dadurch die Erfüllung der Verbandsaufgaben nicht beeinträchtigt wird.

§ 10 Zulässigkeit der Errichtung von Amts wegen

(1) Ein Verband kann von Amts wegen errichtet werden, wenn es im öffentlichen Interesse geboten ist.

(2) Die Errichtung nach Absatz 1 ist insbesondere zulässig

1. zur Regelung des Wasserabflusses, zum Schutz vor Hochwasser, Sturmfluten und Überschwemmungen oder zur Unterhaltung nicht schiffbarer Gewässer, sofern die Maßnahmen zweckmäßig durch einen Verband durchgeführt werden können,

2. zur Beseitigung von Abwasser, sofern dieses zu erheblichen Schäden auf dem Gebiet der Wasserwirtschaft führt, die auf andere Weise zweckmäßig nicht verhindert werden können,

3. zur Durchführung von Unternehmen, die zum Schutz der Umwelt oder der Natur oder zur Landschaftspflege geboten sind, sofern die hierzu erforderlichen Maßnahmen zweckmäßig nur durch einen Verband durchgeführt werden können.

(3) § 43 des Flurbereinigungsgesetzes bleibt unberührt.

Zweiter Abschnitt: Errichtungsverfahren

§ 11 Einleitung des Errichtungsverfahrens

(1) Das Verfahren zur Errichtung des Verbands wird durch einen Antrag eines oder mehrerer der festzustellenden Beteiligten bei der zuständigen Aufsichtsbehörde oder durch diese von Amts wegen eingeleitet.

(2) Dem Antrag sind Unterlagen beizufügen, welche die Aufgaben, das Gebiet, den Umfang und das Unternehmen des Verbands umschreiben (Errichtungsunterlagen). Zu den Errichtungsunterlagen gehören der Plan für das Unternehmen einschließlich eines Kostenanschlages, eine Darstellung der Zweckmäßigkeit und der Finanzierung des Unternehmens, ein Satzungsentwurf, ein Verzeichnis derjenigen, die Beteiligte werden sollen (Name und Anschrift), sowie Tatsachenangaben, aus denen sich ermitteln läßt, wie viele Stimmen jeder der festzustellenden Beteiligten haben wird.

(3) Die Aufsichtsbehörde kann von dem Antragsteller die Beibringung weiterer Unterlagen verlangen.

(4) Werden die Unterlagen nach den Absätzen 2 und 3 innerhalb der von der zuständigen Aufsichtsbehörde gesetzten Frist nicht oder nur unvollständig vorgelegt oder sind die Unterlagen ganz oder teilweise ungeeignet, kann die Aufsichts-

behörde den Antrag zurückweisen oder die Unterlagen, soweit erforderlich, selbst beschaffen und die Satzung selbst entwerfen.

§ 12 Vorarbeiten

(1) Eigentümer und Besitzer von Grundstücken haben zu dulden, daß Beauftragte der Aufsichtsbehörde zur Vorbereitung der von ihr nach diesem Gesetz im Errichtungsverfahren zu treffenden Maßnahmen die Grundstücke betreten und Vermessungen, Boden- und Grundwasseruntersuchungen oder vergleichbare Arbeiten ausführen. Die Absicht, solche Arbeiten auszuführen, ist den Eigentümern oder Besitzern mindestens zwei Wochen vorher bekanntzugeben. Wohnungen dürfen nur mit Zustimmung der Wohnungsinhaber betreten werden.

(2) Entstehen durch eine nach Absatz 1 zulässige Maßnahme dem Eigentümer oder Besitzer unmittelbare Vermögensnachteile, so hat die Aufsichtsbehörde eine angemessene Entschädigung in Geld zu leisten.

§ 13 Feststellung der Beteiligten, Stimmenzahl

(1) Für das Errichtungsverfahren hat die Aufsichtsbehörde die Beteiligten festzustellen. Sie hat ferner die auf jeden Beteiligten entfallende Stimmenzahl zu ermitteln. In einem Verfahren mit mehr als zwei Beteiligten hat kein Beteiligter mehr als zwei Fünftel aller Stimmen.

(2) Maßstab für die Festlegung der Stimmenzahl ist grundsätzlich der Vorteil, den der Beteiligte von der Durchführung der Verbandsaufgaben zu erwarten hat. Hat ein Beteiligter von der Durchführung der Verbandsaufgaben nur einen Nachteil zu erwarten oder überwiegt der Nachteil gegenüber dem zu erwartenden Vorteil, ist Maßstab für die Festlegung der Stimmenzahl der Nachteil. Eine annähernde Ermittlung des Vorteils oder Nachteils reicht aus.

(3) Stellt die Aufsichtsbehörde zu Unrecht Personen als Beteiligte fest oder unterläßt sie zu Unrecht eine solche Feststellung, hat dies auf die Wirksamkeit von Beschlüssen der Beteiligten im Errichtungsverfahren sowie auf die Errichtung des Verbands keinen Einfluß.

§ 14 Bekanntmachung des Vorhabens, Verhandlungstermin

(1) Die Aufsichtsbehörde hat das Errichtungsvorhaben sowie Zeit und Ort der Auslegung der Errichtungsunterlagen öffentlich bekanntzumachen. Die Errichtungsunterlagen nach § 11 Abs. 2 bis 4 sind für die Dauer von mindestens einem Monat vor dem ersten Verhandlungstermin auszulegen. Die Einsicht in das Verzeichnis derjenigen, die Beteiligte werden sollen, ist nur dem gestattet, der ein berechtigtes Interesse darlegt.

(2) Die Aufsichtsbehörde hat einen Beschluß der Beteiligten über die Errichtung des Verbands sowie über den Plan und die Satzung herbeizuführen und hierzu einen oder mehrere Verhandlungstermine anzuberaumen. In dem Beschluß ist festzustellen, welche Anträge und Einwendungen von Beteiligten von der Mehrheit der Beteiligten abgelehnt werden.

(3) Die Verhandlungen werden von der Aufsichtsbehörde geleitet; sie sind nicht

öffentlich. Die Aufsichtsbehörde hat Personen oder Stellen, die nicht Beteiligte sind, die Teilnahme an den Verhandlungen zu gestatten, wenn diese auf Grund von Rechtsvorschriften an dem Errichtungsverfahren zu beteiligen sind. Im übrigen kann sie Nichtbeteiligten die Teilnahme gestatten, wenn es für das Errichtungsverfahren zweckmäßig erscheint.

(4) Anträge sowie Einwendungen müssen die Beteiligten zur Vermeidung des Ausschlusses spätestens im Verhandlungstermin vorbringen; hierauf ist in der Ladung und im Termin hinzuweisen.

(5) Zu den Verhandlungsterminen sind die Beteiligten von der Aufsichtsbehörde unter Einhaltung einer Frist von mindestens zwei Wochen sowie unter Hinweis auf den Gegenstand der Verhandlung zu laden. Wenn es wegen der Zahl der Beteiligten zweckmäßig erscheint, können für Teilgebiete des Verbands getrennte Verhandlungstermine anberaumt werden. Bei mehr als 50 Beteiligten wird die Ladung durch öffentliche Bekanntmachung vorgenommen.

(6) Um das Eigentum streitende Personen sind berechtigt, an den Verhandlungen teilzunehmen und mitzuwirken; sie sowie gemeinsame Eigentümer oder Erbbauberechtigte können nur einheitliche Erklärungen abgeben.

§ 15 Beschlußfassung

(1) Beschlußfähigkeit besteht, wenn die anwesenden Beteiligten mindestens die Hälfte der nach § 13 Abs. 1 Satz 2 festgelegten Stimmenzahl auf sich vereinen. Fehlt die Beschlußfähigkeit, kann ein neuer Verhandlungstermin mit derselben Tagesordnung sowie der Maßgabe anberaumt werden, daß Beschlüsse ohne Rücksicht auf die vertretenen Stimmenzahlen gefaßt werden können; hierauf ist in der Ladung hinzuweisen.

(2) Für die Beschlußfassung genügt einfache Mehrheit der Beteiligten. Stimmen von Beteiligten im Sinne des § 14 Abs. 6 sind nur zu berücksichtigen, wenn sie übereinstimmend abgegeben sind. Für die Vertretung sind die Verfahrensvorschriften des Verwaltungsverfahrensrechts der Länder sinngemäß anzuwenden.

(3) Die Mehrheit wird nach den einheitlich abzugebenden Stimmenzahlen oder einem anderen von vier Fünfteln der erschienen Beteiligten nach Kopfzahl beschlossenen Maßstab errechnet. Ordnungsgemäß geladene Beteiligte, die an der Abstimmung nicht teilnehmen, werden so behandelt, als hätten sie der Errichtung zugestimmt, sofern sie dem nicht vor dem Termin schriftlich widersprochen haben. Hierauf ist in der Ladung hinzuweisen.

(4) Über jede Verhandlung hat die Aufsichtsbehörde eine Niederschrift zu fertigen, in die auch Anträge und Einwendungen im Sinne des § 14 Abs. 4 aufzunehmen sind. Die Niederschrift ist den an der Verhandlung Beteiligten vorzulesen oder vorzulegen. In der Niederschrift ist zu vermerken, daß dies geschehen und ob sie genehmigt ist oder welche Einwendungen gegen sie erhoben sind. Verweigert ein Beteiligter die Genehmigung der Verhandlungsniederschrift, ohne ihre Vervollständigung oder Berichtigung zu beantragen, so gilt diese Niederschrift als genehmigt; hierauf ist der Beteiligte hinzuweisen.

7 · WVG

§ 16 Errichtung von Amts wegen

(1) Soll ein Verband von Amts wegen errichtet werden, hat die Aufsichtsbehörde mindestens die in § 11 Abs. 2 genannten Unterlagen zu erstellen oder zu beschaffen. Die §§ 9, 12 und 13 Abs. 1 Satz 1 gelten auch für die Errichtung von Amts wegen; § 7 Abs. 3 und § 13 Abs. 3 sind entsprechend anzuwenden.

(2) Den Beteiligten ist in einem oder mehreren Anhörungsterminen Gelegenheit zur Stellungnahme zu geben. § 14 Abs. 1 und 4 bis 6 und § 15 Abs. 4 gelten entsprechend.

§ 17 Überleitung eines Errichtungsverfahrens

Lehnt in einem Errichtungsverfahren nach § 7 Abs. 1 Nr. 1 und 2 die Mehrheit der Beteiligten die Errichtung eines Verbands ab, kann die Aufsichtsbehörde das Verfahren in ein solches nach § 7 Abs. 1 Nr. 3 überleiten, sofern die Gründung des Verbands im öffentlichen Interesse geboten ist. Nach § 16 Abs. 1 vorgeschriebene Verfahrenshandlungen, die bereits im bisherigen Verfahren vorgenommen worden sind, brauchen nicht wiederholt zu werden.

§ 18 Entscheidung über Anträge und Einwendungen eines Beteiligten

(1) Über Anträge und Einwendungen eines Beteiligten im Sinne des § 14 Abs. 4, die von der Mehrheit im Verhandlungstermin abgelehnt worden sind, entscheidet die Aufsichtsbehörde auf schriftlichen Antrag des Beteiligten durch besonderen Bescheid; dieser Antrag kann nur innerhalb eines Monats nach der öffentlichen Bekanntmachung der Satzung des Verbands gestellt werden.

(2) Über abgelehnte Anträge und Einwendungen eines Beteiligten in einem Errichtungsverfahren nach § 7 Abs. 1 Nr. 3 entscheidet die Aufsichtsbehörde nach der öffentlichen Bekanntmachung der Satzung durch besonderen Bescheid.

§ 19 Änderung der Errichtungsunterlagen

(1) Wird einem Antrag nach § 18 Abs. 1 durch eine nicht mehr anfechtbare Entscheidung stattgegeben und ist infolgedessen eine Änderung der Errichtungsunterlagen erforderlich, haben die Verbandsmitglieder einen entsprechenden Beschluß zu fassen. Kommt ein Beschluß nicht innerhalb von sechs Monaten nach Unanfechtbarkeit der in Satz 1 genannten Entscheidung zustande, ändert die Aufsichtsbehörde die Errichtungsunterlagen; die Änderung ist – soweit erforderlich – zu begründen.

(2) Wird einem Antrag oder Einwendungen nach § 18 Abs. 2 durch eine nicht mehr anfechtbare Entscheidung stattgegeben, hat die Aufsichtsbehörde die Errichtungsunterlagen im erforderlichen Umfang zu ändern.

(3) Nachträgliche Änderungen der Errichtungsunterlagen sind von der Aufsichtsbehörde öffentlich bekanntzumachen.

§ 20 Erste Berufung der Organe

Nach der Entstehung des Verbands sorgt die Aufsichtsbehörde für die erste Berufung der Organe des Verbands.

§ 21 Verfahrenskosten

(1) Bare Auslagen, die einem antragstellenden Beteiligten (§ 11 Abs. 1) für die Beschaffung oder Erstellung von Errichtungsunterlagen erwachsen, sind von dem Verband zu erstatten; das gleiche gilt für bare Auslagen, die der Aufsichtsbehörde nach § 11 Abs. 4 und § 12 Abs. 2 erwachsen.

(2) Die Aufsichtsbehörde kann die baren Auslagen, die im Errichtungsverfahren durch zurückgewiesene oder zurückgenommene Anträge oder Einwendungen entstehen, dem jeweiligen Antragsteller oder Einwendenden auferlegen.

(3) Alle übrigen im Errichtungsverfahren entstehenden zweckdienlichen Kosten trägt der Verband; dies gilt nicht für Kosten, die einem Beteiligten anläßlich der Teilnahme an Verfahrensverhandlungen oder aus der Wahrnehmung seiner Interessen erwachsen.

DRITTER TEIL: Rechtsverhältnisse des Verbands zu seinen Mitgliedern und Dritten

Erster Abschnitt: Mitgliedschaft

§ 22 Mitgliedschaft

Verbandsmitglieder sind – vorbehaltlich der Regelungen in den §§ 23 und 24 – die Beteiligten, die der Errichtung des Verbands zugestimmt haben oder die zur Mitgliedschaft herangezogen worden sind, sowie deren jeweilige Rechtsnachfolger. Gemeinsame Eigentümer oder Erbbauberechtigte gelten als ein Mitglied.

§ 23 Begründung und Erweiterung der Mitgliedschaft bei bestehenden Verbänden

(1) Wer einen Vorteil aus der Durchführung der Verbandsaufgabe zu erwarten oder wer Maßnahmen des Verbands zu dulden hat, hat Anspruch auf Aufnahme als Verbandsmitglied in einen bestehenden Verband. Über den Aufnahmeantrag entscheidet der Vorstand.

(2) Die Aufsichtsbehörde kann, soweit dies zur ordnungsgemäßen Erfüllung der Verbandsaufgaben erforderlich ist, Personen, die die in § 8 Abs. 1 Nr. 1 bis 3 genannten Voraussetzungen erfüllen, gegen ihren Willen zur Mitgliedschaft in einem bestehenden Verband heranziehen oder eine bestehende Mitgliedschaft erweitern.

7 · WVG

§ 24 Aufhebung der Mitgliedschaft

(1) Verbandsmitglieder, deren Vorteil aus der Durchführung der Verbandsaufgabe oder deren Last entfallen ist, sind berechtigt, die Aufhebung ihrer Mitliedschaft zu verlangen. Dies gilt nicht, wenn das Verbandsmitglied den Vorteil durch eigene Maßnahmen beseitigt hat oder wenn durch die Aufhebung der Mitgliedschaft erhebliche Nachteile für das öffentliche Interesse, den Verband oder dessen Gläubiger zu besorgen sind; Nachteile für den Verband sind insbesondere in den Fällen des § 8 Abs. 1 Nr. 2 und 3 anzunehmen.

(2) Über den Antrag auf Aufhebung der Mitgliedschaft entscheidet der Vorstand. Will er dem Antrag stattgeben, hat er dies der Aufsichtsbehörde anzuzeigen. Diese kann der Absicht innerhalb von zwei Monaten aus den in Absatz 1 Satz 2 aufgeführten Gründen widersprechen; widerspricht sie, so ist die Aufhebung der Mitgliedschaft nicht zulässig.

(3) Die Aufsichtsbehörde kann Verpflichtungen des Verbands und des betreffenden Verbandsmitglieds festsetzen, um unbillige Folgen der Aufhebung der Mitgliedschaft zu verhüten.

§ 25 Verfahren

(1) Vor einer Entscheidung nach den §§ 23 und 24 sind im Fall des

a) § 23 Abs. 1 die Verbandsversammlung oder der Verbandsausschuß,

b) § 23 Abs. 2 der Vorstand sowie die künftigen Verbandsmitglieder,

c) § 24 Abs. 1 die Verbandsversammlung oder der Verbandsausschuß

zu hören.

(2) Sind mehr als 50 Verbandsmitglieder oder künftige Verbandsmitglieder zu hören, kann die Anhörung durch die Möglichkeit der Einsicht in die Unterlagen über die Angelegenheit ersetzt werden; dies ist öffentlich bekanntzumachen.

§ 26 Auskunftspflicht

(1) Die Verbandsmitglieder sind verpflichtet, dem Verband auf Verlangen Auskunft über solche Tatsachen und Rechtsverhältnisse zu geben, die für die Beurteilung der mit der Mitgliedschaft verbundenen Rechte und Pflichten erheblich sind. Sie haben, soweit erforderlich, die Einsicht in die notwendigen Unterlagen und die Besichtigung der Grundstücke, Gewässer und Anlagen zu dulden. In der Satzung können weitergehende Verpflichtungen festgelegt werden.

(2) Die in Absatz 1 genannte Verpflichtung besteht nur gegenüber Personen, die vom Verband durch eine schriftliche Vollmacht als zur Einholung der Auskünfte oder zur Einsicht und Besichtigung berechtigt ausgewiesen sind.

(3) Die Absätze 1 und 2 gelten auch für Personen, die, ohne Verbandsmitglied zu sein, zur Beitragsleistung herangezogen werden oder herangezogen werden können mit der Maßgabe, daß sie nur insoweit zur Offenlegung von Tatsachen und Rechtsverhältnissen verpflichtet sind, als dies für die Festlegung ihrer Beiträge erforderlich ist.

§ 27 Verschwiegenheitspflicht

Vorstandsmitglieder, Mitglieder des Verbandsausschusses, Geschäftsführer sowie Personen im Sinne des § 26 Abs. 2 sind verpflichtet, über alle ihnen bei der Durchführung ihrer Aufgaben bekanntwerdenden Tatsachen und Rechtsverhältnisse Verschwiegenheit zu bewahren. Im übrigen bleiben die Vorschriften der Verwaltungsverfahrensgesetze der Länder über die Verschwiegenheitspflicht unberührt.

Zweiter Abschnitt: Verbandsbeiträge

§ 28 Verbandsbeiträge

(1) Die Verbandsmitglieder sind verpflichtet, dem Verband Beiträge (Verbandsbeiträge) zu leisten, soweit dies zur Erfüllung seiner Aufgaben erforderlich ist.

(2) Der Verband kann die Verbandsbeiträge in Form von Geld (Geldbeiträge) oder von Sachen, Werken, Diensten oder anderen Leistungen (Sachbeiträge) erheben.

(3) Wer, ohne Verbandsmitglied zu sein, als Eigentümer eines Grundstücks oder einer Anlage, als Inhaber von Bergwerkseigentum oder als Unterhaltungspflichtiger von Gewässern von dem Unternehmen des Verbands einen Vorteil hat (Nutznießer), kann mit Zustimmung der Aufsichtsbehörde wie ein Mitglied zu Geldbeiträgen herangezogen werden. Der Nutznießer ist vorher anzuhören.

(4) Die Beitragspflicht nach den Absätzen 1 und 3 besteht nur insoweit, als die Verbandsmitglieder oder Nutznießer einen Vorteil haben oder der Verband für sie ihnen obliegende Leistungen erbringt oder von ihnen ausgehenden nachteiligen Einwirkungen begegnet.

(5) Soweit Eigentümer, die nur für die Benutzung ihres Grundstücks zur Durchleitung von Wasser, für eine Deichanlage oder für ein Schöpfwerk zum Verband zugezogen worden sind, keinen Vorteil haben und keine nachteiligen Einwirkungen verursachen, sind sie von allen Verbandsbeitragskosten frei.

(6) Die Satzung kann für besondere Härtefälle eine vollständige oder teilweise Befreiung von der Verbandsbeitragszahlung vorsehen.

§ 29 Öffentliche Last

Verbandsbeiträge sind öffentliche Abgaben. Die Beitragspflicht der dinglichen Verbandsmitglieder ruht als öffentliche Last auf den Grundstücken, Bergwerken und Anlagen, mit denen die dinglichen Verbandsmitglieder an dem Verband teilnehmen.

§ 30 Maßstab für Verbandsbeiträge

(1) Der Beitrag der Verbandsmitglieder und der Nutznießer bemißt sich nach dem Vorteil, den sie von der Aufgabe des Verbands haben, sowie den Kosten, die der Verband auf sich nimmt, um ihnen obliegende Leistungen zu erbringen oder den von ihnen ausgehenden nachteiligen Einwirkungen zu begegnen. Für die Festle-

gung des Beitragsmaßstabs reicht eine annähernde Ermittlung der Vorteile und Kosten aus.

(2) Die Satzung kann für bestimmte Maßnahmen die Verbandsbeiträge entsprechend den für die einzelnen Grundstücke tatsächlich entstehenden Kosten festsetzen oder allgemein einen von Absatz 1 abweichenden Beitragsmaßstab festlegen.

§ 31 Erhebung der Verbandsbeiträge

(1) Der Verband erhebt die Verbandsbeiträge auf der Grundlage des für ihn geltenden Beitragsmaßstabs durch Beitragsbescheid.

(2) Die Satzung kann zulassen, daß die Erhebung der Verbandsbeiträge Stellen außerhalb des Verbands übertragen wird.

(3) Durch die Satzung können Zuschläge zu rückständigen Verbandsbeiträgen vorgeschrieben werden.

(4) Für die Verjährung sind die Vorschriften der Abgabenordnung entsprechend anzuwenden.

(5) Jedem Verbandsmitglied ist auf Verlangen Einsicht in die ihn betreffenden Beitragsunterlagen zu gewähren.

§ 32 Vorausleistungen auf Verbandsbeiträge

Soweit es für die Durchführung des Unternehmens und die Verwaltung des Verbands erforderlich ist, kann der Vorstand nach einem sich aus der Satzung ergebenden Maßstab Vorausleistungen auf die Verbandsbeiträge festsetzen.

Dritter Abschnitt: Benutzung von Grundstücken

§ 33 Benutzung der Grundstücke dinglicher Verbandsmitglieder

(1) Der Verband ist berechtigt, Grundstücke, welche die dingliche Mitgliedschaft bei ihm oder einem seiner Unterverbände begründen, zu betreten und zu benutzen, soweit dies für die Durchführung des Unternehmens erforderlich ist.

(2) Die Satzung kann zur leichteren Durchführung der Verbandsaufgaben weitere Beschränkungen des Grundeigentums vorsehen.

(3) Die für das Unternehmen benötigten Stoffe können – vorbehaltlich nach anderen Rechtsvorschriften erforderlicher Genehmigungen – aus den im Verbandsgebiet belegenen Grundstücken entnommen werden.

§ 34 Deichvorland

Hat der Verband Grundstücke vor Hochwasser oder Sturmflut zu schützen, hat er die Befugnisse nach § 33 auch an dem nicht zu ihm gehörenden Deichvorland, wenn nicht ordnunsbehördliche Vorschriften entgegenstehen; für das Unternehmen benötigte Stoffe kann er – vorbehaltlich nach anderen Rechtsvorschriften erforderlicher Genehmigungen – auch aus diesem Deichvorland entnehmen.

§ 35 Grundstücke mit öffentlichen Zwecken

Die Benutzung von Grundstücken, die öffentlichen Zwecken dienen, bedarf der Zustimmung der zuständigen Verwaltungsbehörde, soweit sie nicht durch Rechtsvorschrift zugelassen ist. Die Zustimmung darf nur versagt werden, soweit eine Beeinträchtigung der öffentlichen Zwecke nicht durch entsprechende Maßnahmen ausgeglichen werden kann.

§ 36 Ausgleich für Nachteile

(1) Entstehen durch die Benutzung von Grundstücken nach den §§ 33 bis 35 dem Betroffenen unmittelbare Vermögensnachteile, kann er einen Ausgleich verlangen.

(2) Kann der Ausgleich nicht durch Maßnahmen im Rahmen des Unternehmens durchgeführt werden, ist eine angemessene Entschädigung in Geld zu leisten. Bei der Festsetzung der Entschädigung bleiben eine Beeinträchtigung der Nutzung und eine Wertminderung des Grundstücks außer Ansatz, soweit sie bei Durchführung des Unternehmens durch einen Vorteil ausgeglichen werden, der bei der Festsetzung eines Verbandsbeitrags unberücksichtigt bleibt.

§ 37 Ausgleichsverfahren

Kommt eine Einigung über den Ausgleich nicht zustande, entscheidet der Vorstand darüber durch schriftlichen Bescheid.

§ 38 Anspruch auf Grundstückserwerb

Sind Vermögensnachteile im Sinne des § 36 so wesentlich, daß das benutzte Grundstück für den Betroffenen nur noch einen verhältnismäßig geringen oder keinen wirtschaftlichen Wert mehr hat, kann er verlangen, daß der Verband das Grundstück zu Eigentum erwirbt. Für die Ermittlung des Gegenwertes ist der Zeitpunkt der Benutzung des Grundstücks durch den Verband maßgeblich.

§ 39 Rechtsverhältnisse bei abgeleiteten Grundstücksnutzungen

(1) Wird ein zum Verband gehörendes Grundstück zu der Zeit, zu der es von dem Unternehmen betroffen wird, auf Grund eines vom Eigentümer abgeleiteten Rechts genutzt, hat der Nutzungsberechtigte vorbehaltlich einer abweichenden vertraglichen Regelung gegen den Eigentümer Anspruch auf die durch das Verbandsunternehmen entstehenden Vorteile. Der Nutzungsberechtigte ist in diesem Falle dem Eigentümer verpflichtet, die Beiträge an den Verband zu leisten.

(2) Im Falle des Absatzes 1 kann der Nutzungsberechtigte unbeschadet der ihm nach Gesetz, Satzung oder Vertrag zustehenden Rechte innerhalb eines Jahres

1. ein Pacht- oder Mietverhältnis unter Einhaltung einer Frist von drei Monaten zum Ende des Vertragsjahres kündigen,

2. die Aufhebung eines anderen Nutzungsrechts ohne Einhaltung einer Frist verlangen.

7 · WVG

Vierter Abschnitt: Enteignung für das Unternehmen

§ 40 Zweck und Gegenstand der Enteignung

(1) Zur Erfüllung der Verbandsaufgaben kann enteignet werden.

(2) Die Enteignung darf sich nur auf die zum Verbandsgebiet oder Unterverbandsgebiet gehörenden Grundstücke und das nicht dazu gehörende Deichvorland erstrecken; grundstücksgleiche Rechte stehen den Grundstücken und dem Eigentum an Grundstücken gleich, Grundstücksteile gelten als Grundstücke.

(3) Durch Enteignung können

1. das Eigentum an Grundstücken entzogen oder belastet werden,

2. andere Rechte an Grundstücken entzogen oder belastet werden,

3. Rechte entzogen werden, die zum Erwerb, zum Besitz oder zur Nutzung von Grundstücken berechtigen oder die den Verpflichteten in der Benutzung von Grundstücken beschränken oder

4. Rechtsverhältnisse begründet werden, die Rechte der in Nummer 3 bezeichneten Art gewähren.

§ 41 Zulässigkeit und Umfang der Enteignung

(1) Die Enteignung ist im einzelnen Fall nur zulässig, wenn das Wohl der Allgemeinheit sie erfordert und der Enteignungszweck auf andere zumutbare Weise nicht erreicht werden kann. Die Enteignung setzt voraus, daß der Verband sich ohne Erfolg ernsthaft um den freihändigen Erwerb des Gegenstands der Enteignung (§ 40) zu angemessenen Bedingungen bemüht hat. Der Verband hat glaubhaft zu machen, daß der Gegenstand der Enteignung innerhalb angemessener Frist zu dem vorgesehenen Zweck verwendet werden wird.

(2) Ein Grundstück darf nur in dem Umfang enteignet werden, in dem dies zur Verwirklichung des Enteignungszwecks erforderlich ist. Reicht eine Belastung des Grundstücks mit einem Recht zur Verwirklichung des Enteignungszwecks aus, so ist die Enteignung hierauf zu beschränken. Soll ein Grundstück oder ein räumlich oder wirtschaftlich zusammenhängender Grundbesitz nur zum Teil enteignet werden, so ist auf Antrag des Eigentümers die Enteignung auf das Restgrundstück oder den Restbesitz insoweit auszudehnen, als das Restgrundstück oder der Restbesitz nicht mehr in angemessenem Umfang baulich oder wirtschaftlich genutzt werden kann.

§ 42 Entschädigung

Für die Enteignung ist Entschädigung zu leisten. Hierfür gelten die §§ 93 bis 103 des Baugesetzbuchs entsprechend.

§ 43 Anwendung von Landesrecht

Soweit dieses Gesetz keine Regelung trifft, gilt das Enteignungsrecht des Landes, in dem die von der Enteignung betroffenen Gegenstände belegen sind.

Fünfter Abschnitt: Verbandsschau

§ 44 Verbandsschau, Schaubeauftragte

(1) Zur Feststellung des Zustands der von dem Verband zu betreuuenden Anlagen, Gewässer und Grundstücke im Rahmen der Aufgaben des Verbands führen Beauftragte des Verbands (Schaubeauftragte) eine Verbandsschau durch.

(2) Die Satzung kann bestimmen, daß die Verbandsschau ganz oder teilweise unterbleibt. Die Schaubeauftragten werden durch die Verbandsversammlung oder den Ausschuß für die in der Satzung festgelegte Zeit gewählt. Der Vorstand oder ein von ihm bestimmter Schaubeauftragter leitet die Verbandsschau; die Satzung kann Abweichungen hiervon vorsehen.

§ 45 Durchführung der Verbandsschau

(1) Der Vorstand bestimmt Ort und Zeit der Verbandsschau. Er hat die Schaubeauftragten, die Aufsichtsbehörde und sonstige Beteiligte, insbesondere technische und landwirtschaftliche Fachbehörden, rechtzeitig zur Verbandsschau einzuladen.

(2) Über den Verlauf und das Ergebnis der Verbandsschau ist eine Niederschrift zu fertigen. Diese ist vom Schaubeauftragten zu unterzeichnen.

(3) Der Vorstand veranlaßt die Beseitigung festgestellter Mängel.

VIERTER TEIL: Verbandsverfassung

§ 46 Organe

(1) Organe des Verbands sind die Versammlung der Verbandsmitglieder (Verbandsversammlung) und der Vorstand. Die Satzung kann bestimmen, daß der Verband anstelle der Verbandsversammlung einen Verbandsausschuß als Vertreterversammlung der Verbandsmitglieder hat.

(2) Die Organe können eine andere Bezeichnung führen.

§ 47 Verbandsversammlung

(1) Die Verbandsversammlung hat folgende Aufgaben:

1. Wahl und Abberufung der Vorstandsmitglieder sowie ihrer Stellvertreter,

2. Beschlußfassung über Änderungen der Satzung, des Unternehmens, des Plans oder der Aufgaben sowie über die Grundsätze der Geschäftspolitik,

3. Beschlußfassung über die Umgestaltung und die Auflösung des Verbands,

4. Wahl der Schaubeauftragten,

5. Festsetzung des Haushaltsplans sowie von Nachtragshaushaltsplänen,

6. Einspruch gegen eine Zwangsfestsetzung des Haushaltsplans,

7. Entlastung des Vorstands,

8. Festsetzung von Grundsätzen für Dienst- und Anstellungsverhältnisse und von Vergütungen für Vorstandsmitglieder und Mitglieder des Verbandsausschusses,

9. Beschlußfassung über Rechtsgeschäfte zwischen Vorstandsmitgliedern und dem Verband,

10. Beratung des Vorstands in allen wichtigen Angelegenheiten.

(2) Die Satzung kann weitere Aufgaben vorsehen.

§ 48 Sitzungen der Verbandsversammlung

(1) Der Verbandsvorsteher beruft die Verbandsversammlung nach Bedarf, mindestens einmal im Jahr, ein; die Sitzungen der Verbandsversammlung sind nicht öffentlich. Die Satzung kann eine abweichende Regelung vorsehen.

(2) Für die Beschlußfähigkeit und die Beschlußfassung der Verbandsversammlung gelten, soweit dieses Gesetz oder die Satzung nichts anderes bestimmt, die Vorschriften der Verwaltungsverfahrensgesetze der Länder über die Ausschüsse; für die Beschlußfähigkeit genügt jedoch die Anwesenheit von einem Zehntel der Mitglieder.

(3) Für das Stimmrecht der Mitglieder gelten § 13 Abs. 1 Satz 3 sowie Abs. 2, § 14 Abs. 6 zweiter Halbsatz und § 15 Abs. 2 Sätze 2 und 3 sowie Abs. 3 Satz 1 entsprechend, soweit die Satzung keine andere Regelung enthält.

(4) Der Verbandsvorsteher oder bei seiner Verhinderung sein Vertreter leitet die Verbandsversammlung. Wenn er selbst Verbandsmitglied ist, hat er Stimmrecht.

§ 49 Verbandsausschuß

(1) Hat der Verband keine Verbandsversammlung, obliegen deren Aufgaben einem Verbandsausschuß. Die Vorschriften dieses Gesetzes über die Verbandsversammlung gelten für den Verbandsausschuß entsprechend, sofern dieses Gesetz keine abweichende Regelung trifft.

(2) Die Verbandsmitglieder wählen die Mitglieder des Verbandsausschusses in durch die Satzung bestimmten Zeitabständen aus ihrer Mitte in einer Mitgliederversammlung; die Satzung kann ein anderes Wahlverfahren zulassen. Wiederwahl ist möglich. Die Satzung kann für jedes Mitglied des Verbandsausschusses einen ständigen Vertreter zulassen.

§ 50 Sitzungen des Verbandsausschusses

(1) Im Verbandsausschuß hat jedes Mitglied eine Stimme. Eine andere Regelung durch die Satzung ist zulässig.

(2) Der Verbandsvorsteher ist Vorsitzender des Verbandsausschusses ohne Stimmrecht.

§ 51 Unterrichtung der Verbandsmitglieder

In Verbänden, die einen Verbandsausschuß haben, unterrichtet der Verbandsvorsteher die Verbandsmitglieder in angemessenen Zeitabständen übe die Angelegenheiten des Verbands.

§ 52 Vorstand, Verbandsvorsteher

(1) Der Vorstand kann aus einer Person oder aus mehreren Personen bestehen. Besteht der Vorstand aus einer Person, so ist diese Verbandsvorsteher, besteht er aus mehreren Personen, so ist der Vorstandsvorsitzende Verbandsvorsteher. Die Stellvertretung im Vorstand ist in der Satzung zu regeln.

(2) In der Satzung kann der Personenkreis bestimmt werden, aus dem der Vorstand zu wählen ist. Mitglieder des Verbandsausschusses können nicht zugleich Vorstandsmitglieder sein.

(3) Die Vorstandsmitglieder sind ehrenamtlich tätig; sie können für die Wahrnehmung ihres Amtes eine Entschädigung erhalten.

§ 53 Wahl und Abberufung der Vorstandsmitglieder

(1) Die Verbandsversammlung wählt den Vorstand für die in der Satzung vorgeschriebene Zeit. Werden mehrere Personen zu Vorstandsmitgliedern bestellt, wählt die Verbandsversammlung auch den Vorstandsvorsitzenden. Das Ergebnis der Wahl ist der Aufsichtsbehörde anzuzeigen. Nach Ablauf seiner Wahlperiode führt der Vorstand seine Geschäfte weiter, bis ein neuer Vorstand gewählt ist.

(2) Die Verbandsversammlung kann ein Vorstandsmitglied aus wichtigem Grund mit Zweidrittelmehrheit abberufen. Die Abberufung und ihr Grund sind der Aufsichtsbehörde anzuzeigen. Diese kann der Abberufung innerhalb eines Monats nach Eingang der Anzeige unter Angabe der Gründe widersprechen, wenn der vorgetragene wichtige Grund nicht gegeben ist. Widerspricht die Aufsichtsbehörde, so ist die Abberufung unwirksam.

(3) Soweit die zur Vertretung des Verbands erforderlichen Vorstandsmitglieder fehlen oder an der Ausübung ihrer Tätigkeit gehindert sind, kann die Aufsichtsbehörde andere Personen bis zur Behebung des Mangels bestellen.

§ 54 Geschäfte des Vorstands

(1) Der Vorstand leitet den Verband nach Maßgabe dieses Gesetzes und der Satzung in Übereinstimmung mit den von der Verbandsversammlung beschlossenen Grundsätzen. Ihm obliegen alle Geschäfte, zu denen nicht durch Gesetz oder Satzung die Verbandsversammlung berufen ist.

(2) Die Vorstandsmitglieder haben bei der Erfüllung ihrer Aufgaben die erforderliche Sorgfalt anzuwenden. Sie sind dem Verband insbesondere dafür verantwortlich, daß die Bestimmungen der Satzung eingehalten und die Beschlüsse der Verbandsversammlung ausgeführt werden. Ein Vorstandsmitglied, das seine Obliegenheiten vorsätzlich oder grob fahrlässig verletzt, ist dem Verband zum Ersatz des daraus entstehenden Schadens verpflichtet. Der Schadenersatzanspruch verjährt in drei Jahren von dem Zeitpunkt an, in welchem der Verband von dem Schaden und der Person des Ersatzpflichtigen Kenntnis erlangt.

§ 55 Gesetzliche Vertretung des Verbands

(1) Der Vorstand vertritt den Verband gerichtlich und außergerichtlich. Die Satzung kann bestimmen, daß der Verbandsvorsteher allein oder nur gemeinschaftlich mit einem anderen Vorstandsmitglied zur Vertretung befugt ist. Die Satzung kann ferner einem Geschäftsführer des Verbands bestimmte Vertretungbefugnisse zuweisen. Die Aufsichtsbehörde erteilt den vertretungsbefugten Personen eine Bestätigung über die jeweilige Vertretungsbefugnis.

(2) Erklärungen, durch die der Verband verpflichtet werden soll, bedürfen der Schriftform; sie sind nach Maßgabe der für den jeweiligen Fall geltenden Regelungen von dem oder den Vertretungsberechtigten zu unterzeichnen. Wird für ein Geschäft oder für einen Kreis von Geschäften ein Bevollmächtigter bestellt, so bedarf die Vollmacht der Form des Satzes 1. Ist eine Erklärung gegenüber dem Vorstand abzugeben, genügt es, wenn sie einem Vorstandsmitglied oder einem vertretungsbefugten Geschäftsführer gegenüber abgegeben wird.

§ 56 Sitzungen des Vorstands

(1) Der Verbandsvorsteher beruft den Vorstand nach Bedarf, mindestens jedoch einmal jährlich, zu Sitzungen ein.

(2) Für die Beschlußfähigkeit und die Beschlußfassung im Vorstand gelten die Vorschriften der Verwaltungsverfahrensgesetze der Länder über die Ausschüsse, sofern die Satzung nichts anderes bestimmt.

§ 57 Geschäftsführer

Der Verband kann einen oder mehrere Geschäftsführer bestellen. Das Nähere regelt die Satzung.

FÜNFTER TEIL: Satzungsänderung sowie Umgestaltung und Auflösung des Verbands

Erster Abschnitt: Satzungsänderung

§ 58 Änderung der Satzung

(1) Für Beschlüsse zur Änderung der Satzung genügt die Mehrheit der anwesenden Stimmen, soweit in der Satzung nichts anderes bestimmt ist. Der Beschluß

über eine Änderung der Aufgabe des Verbands bedarf einer Mehrheit von zwei Dritteln der anwesenden Stimmen.

(2) Die Änderung der Satzung bedarf der Genehmigung durch die Aufsichtsbehörde. Sie ist von der Aufsichtsbehörde öffentlich bekanntzumachen und tritt mit der Bekanntmachung in Kraft, wenn nicht ein späterer Zeitpunkt festgelegt ist.

§ 59 Satzungsänderung durch die Aufsichtsbehörde

(1) Die Aufsichtsbehörde kann eine Änderung der Satzung aus Gründen des öffentlichen Interesses fordern.

(2) Kommt der Verband der Forderung innerhalb einer bestimmten Frist nicht nach, kann die Aufsichtsbehörde die Satzung ändern. § 58 Abs. 2 Satz 2 gilt auch für diesen Fall.

Zweiter Abschnitt: Umgestaltung

§ 60 Zusammenschluß

(1) Verbände können sich zu einem neuen Verband zusammenschließen, wenn der Umfang der Verbandsaufgaben den Bestand mehrerer Verbände nicht mehr rechtfertigt oder Verbandsaufgaben durch einen Verband nicht mehr zweckmäßig erfüllt werden können oder die Erfüllung der Aufgaben aus anderen Gründen nicht mehr gesichert ist. Der Zusammenschluß erfolgt

1. durch Übertragung der Aufgaben, des Vermögens sowie der Verpflichtungen eines Verbands oder mehrerer Verbände als Ganzes auf einen der sich zusammenschließenden Verbände oder

2. durch Gründung eines neuen Verbands und Übertragung der Aufgaben, des Vermögens sowie der Verpflichtungen anderer Verbände als Ganzes auf den neuen Verband.

(2) § 58 Abs. 1 Satz 2 und Abs. 2 Satz 1 sowie § 59 Abs. 1 und Abs. 2 Satz 1 gelten entsprechend.

(3) Der Zusammenschluß wird mit der durch die Aufsichtsbehörde vorzunehmenden öffentlichen Bekanntmachung wirksam, wenn nicht ein späterer Zeitpunkt festgelegt ist; gleichzeitig gelten die Verbände, die nicht mehr weiterbestehen sollen, als aufgelöst.

(4) Ein Zusammenschluß kann auch durch Landesrecht vorgenommen werden.

§ 61 Übertragung von Aufgaben

(1) Ein Verband kann einzelne Aufgaben und Unternehmen sowie das diesen dienende Vermögen und die auf sie bezogenen Mitgliedschaften auf einen anderen Verband übertragen sowie sich in mehrere Verbände aufspalten. In diesen Fällen gelten § 58 Abs. 1 Satz 2 und Abs. 2 sowie die §§ 59 und 60 Abs. 1 Satz 2 entsprechend.

(2) Eine Aufgabenübertragung oder eine Aufspaltung kann auch durch Landesrecht vorgenommen werden.

7 · WVG

Dritter Abschnitt: Auflösung

§ 62 Auflösung des Verbands

(1) Die Verbandsversammlung kann mit einer Mehrheit von zwei Dritteln der vertretenen Stimmen die Auflösung des Verbands beschließen, wenn die Verbandsaufgaben entfallen sind oder durch den Verband nicht mehr zweckmäßig erfüllt werden können oder der Fortbestand des Verbands aus anderen Gründen nicht mehr erforderlich ist. Der Beschluß bedarf der Genehmigung der Aufsichtsbehörde.

(2) Die Aufsichtsbehörde kann unter den Voraussetzungen des Absatzes 1, wenn die Anzahl der Verbandsmitglieder auf eine Person sinkt, oder aus Gründen des öffentlichen Interesses die Auflösung fordern. Kommt die Verbandsversammlung der Forderung innerhalb einer bestimmten Frist nicht nach, so kann die Aufsichtsbehörde den Verband auflösen.

(3) Die Auflösung ist von der Aufsichtsbehörde unter Aufforderung der Gläubiger zur Anmeldung ihrer Ansprüche öffentlich bekanntzumachen.

§ 63 Abwicklung

(1) Nach der Auflösung des Verbands wickeln der Vorstand oder die durch Beschluß der Verbandsversammlung dazu berufenen Liquidatoren die Geschäfte ab. Die Aufsichtsbehörde kann unter Abberufung des Vorstands einen oder mehrere Liquidatoren mit der rechtlichen Stellung des Vorstands bestellen, wenn es aus Gründen des öffentlichen Interesses erforderlich ist.

(2) Bis zur Beendigung der Abwicklung gelten für die Aufsicht und die Rechtsverhältnisse der bisherigen Verbandsmitglieder untereinander sowie zu dritten Personen die Vorschriften dieses Gesetzes und die Bestimmungen der Satzung, soweit sich nicht aus dem Wesen der Abwicklung etwas anderes ergibt.

(3) Auf das Abwicklungsverfahren sind § 48 Abs. 2 und 3, § 49 sowie die §§ 51 bis 53 des Bürgerlichen Gesetzbuchs entsprechend anzuwenden. Über die Verwendung des nach vollständiger Abwicklung verbleibenden Verbandsvermögens beschließt die Verbandsversammlung mit einfacher Mehrheit. Der Beschluß bedarf der Genehmigung der Aufsichtsbehörde.

§ 64 Aufbewahrung der Bücher, Einsicht

(1) Nach Beendigung der Abwicklung werden die Bücher und Schriften des aufgelösten Verbands bei der Aufsichtsbehörde aufbewahrt.

(2) Die Verbandsmitglieder und ihre Rechtsnachfolger haben das Recht, bis zu zehn Jahre nach der Auflösung des Verbands die Bücher und Schriften einzusehen und zu benutzen.

SECHSTER TEIL: Rechnungswesen

§ 65 Haushalt, Rechnungslegung, Prüfung

Für den Haushalt, die Rechnungslegung sowie deren Prüfung gelten die landesrechtlichen Vorschriften.

§ 66 Schuldübernahme

(1) Die Aufsichtsbehörde kann anordnen, daß der Verband eine Schuld übernimmt, die eine öffentlich-rechtliche Körperschaft in der vorher ausgesprochenen Absicht aufgenommen hat, das Unternehmen des Verbands vor dessen Gründung zu beginnen.

(2) Die Anordnung der Behörde tritt an die Stelle der sonst erforderlichen Erklärung des Verbands.

SIEBTER TEIL: Verfahrensvorschriften

§ 67 Öffentliche Bekanntmachungen

Die in diesem Gesetz vorgeschriebenen öffentlichen Bekanntmachungen erfolgen in den Gemeinden, auf die sich der Verband erstreckt, nach den landesrechtlichen Vorschriften des Verwaltungsverfahrensrechts über öffentliche Bekanntmachungen in förmlichen Verwaltungsverfahren. Durch Landesrecht kann eine andere Regelung getroffen werden.

§ 68 Anordnungsbefugnis

(1) Die Verbandsmitglieder, die Eigentümer des Deichvorlands und die auf Grund eines vom Eigentümer abgeleiteten Rechts Nutzungsberechtigten haben die auf Gesetz oder Satzung beruhenden Anordnungen des Vorstands zu befolgen.

(2) In der Satzung kann bestimmt werden, daß Anordnungsbefugnisse auch von einzelnen Vorstandsmitgliedern, Vorstandsmitgliedern eines Unterverbands und Dienstkräften des Verbands oder eines Unterverbands wahrgenommen werden können.

§ 69 Freiheit von Kosten

(1) Geschäfte und Verhandlungen, die der Durchführung dieses Gesetzes dienen, sind frei von Kosten der Gerichte und der Verwaltungsbehörden; hiervon unberührt bleiben Regelungen hinsichtlich der Kosten und Abgaben, die auf landesrechtlichen Vorschriften beruhen.

(2) Die Befreiung ist ohne Nachprüfung anzuerkennen, wenn die Aufsichtsbehörde bestätigt, daß ein Geschäft oder eine Verhandlung der Durchführung dieses Gesetzes dient.

7 · WVG

§ 70 Geltung von Landesrecht

Erstreckt sich das Verbandsgebiet auf mehr als ein Land, gilt für die Rechtsverhältnisse des Verbands das Recht des Landes, in dem der Verband seinen Sitz hat.

§ 71 Schiedsgericht

Die Satzung kann die Schaffung eines Schiedsgerichts vorsehen, das bei Streitigkeiten über Verbandsangelegenheiten, insbesondere über Beitragsangelegenheiten, auf schriftlichen Antrag der Parteien entscheidet. Auf das Verfahren vor dem Schiedsgericht finden die Verfahrensvorschriften des Zehnten Buches der Zivilprozeßordnung entsprechend Anwendung.

ACHTER TEIL: Aufsicht, Oberverband, Unterverband

§ 72 Aufsicht Oberverband, Unterverband

(1) Der Verband unterliegt der Rechtsaufsicht durch die Aufsichtsbehörde. § 43 des Flubereinigungsgesetzes bleibt unberührt.

(2) Wenn ein Verband einen anderen Verband zum Mitglied hat oder wenn mehrere Verbände Aufgaben für dieselben Grundstücke haben, kann die gemeinsame Aufsichtsbehörde den einen der Verbände zum Oberverband bestimmen. Die für die Aufsicht über den Oberverband zuständige Behörde führt auch die Aufsicht über den Unterverband.

Hinweise zu § 72

1. Landesverordnung zur Bestimmung der Aufsichtsbehörden nach dem Wasserverbandsgesetz – WVGAufsVO – vom 7. 5. 1991 (GVOBl SchlH. S. 265)

§ 1 Oberste Aufsichtsbehörde

Oberste Aufsichtsbehörde für die Wasser- und Bodenverbände ist der Minister für Natur, Umwelt und Landesentwicklung des Landes Schleswig-Holstein.

§ 2 Untere Aufsichtsbehörde

Untere Aufsichtsbehörden für die Wasser- und Bodenverbände sind die Landrätinnen oder Landräte der Kreise und die Bürgermeisterinnen oder die Bürgermeister der kreisfreien Städte, innerhalb derer Grenzen die Wasser- und Bodenverbände ihren Sitz haben. Erstreckt sich das Gebiet eines bestehenden oder eines zu gründenden Verbandes auf mehr als einen Kreis oder eine kreisfreie Stadt und entstehen dadurch Zweifel, welche untere Aufsichtsbehörde zuständig ist, entscheidet die oberste Aufsichtsbehörde nach Anhörung der unteren Aufsichtsbehörden.

§ 3 Aufsicht über bestimmte Verbände

Der Minister für Natur, Umwelt und Landesentwicklung ist Aufsichtsbehörde für den Landesverband der Landeskulturverbände Schleswig-Holstein, den Eiderverband und dessen Unterverbände.

2. Flurbereinigungsgesetz in der Fassung der Bekanntmachung vom 16. 3. 1976 (BGBl. I S. 546), zuletzt geändert durch § 81 WVG

FlurbG § 43

Sollen Anlagen im Sinne des Gesetzes über Wasser- und Bodenverbände (Wasserverbandgesetz) vom 10. Februar 1937 (Reichsgesetzbl. I S. 188) im Flurbereinigungsverfahren ausgeführt werden, so kann die Flurbereinigungsbehörde zur Ausführung und Unterhaltung dieser Anlagen einen Wasser- und Bodenverband nach den Vorschriften über Wasser- und Bodenverbände gründen. Während des Flurbereinigungsverfahrens sind die Flurbereinigungsbehörde die Aufsichtsbehörde und die obere Flurbereinigungsbehörde die obere Aufsichtsbehörde des Verbandes.

§ 73 Örtliche Zuständigkeit

Bei einem Verband, dessen Verbandsgebiet sich auf mehr als ein Land erstreckt oder erstrecken soll, bestimmen die beteiligten Länder die Aufsichtsbehörde in gegenseitigem Einvernehmen.

§ 74 Informationsrecht der Aufsichtsbehörde

(1) Die Aufsichtsbehörde kann sich, auch durch Beauftragte, über die Angelegenheiten des Verbands unterrichten. Sie kann mündliche und schriftliche Berichte verlangen, Akten und andere Unterlagen anfordern sowie an Ort und Stelle Prüfungen und Besichtigungen vornehmen.

(2) Die Aufsichtsbehörde ist unter Angabe der Tagesordnung zu den Sitzungen der Verbandsorgane einzuladen; ihrem Vertreter ist auf Verlangen das Wort zu erteilen.

§ 75 Zustimmung zu Geschäften

(1) Der Verband bedarf der Zustimmung der Aufsichtsbehörde

1. zur unentgeltlichen Veräußerung von Vermögensgegenständen,

2. zur Aufnahme von Darlehen, die über eine in der Satzung festzulegende Höhe hinausgehen,

3. zur Übernahme von Bürgschaften, zu Verpflichtungen aus Gewährverträgen und zur Bestellung von Sicherheiten,

4. zu Rechtsgeschäften mit einem Vorstandsmitglied einschließlich der Vereinbarung von Vergütungen, soweit sie über den Ersatz von Aufwendungen hinausgehen.

(2) Die Zustimmung ist auch zu Rechtsgeschäften erforderlich, die einem in Absatz 1 genannten Geschäft wirtschaftlich gleichkommen.

(3) Zur Aufnahme von Kassenkredit genügt eine allgemeine Zustimmung mit Begrenzung auf einen Höchstbetrag.

(4) Die Aufsichtsbehörde kann für bestimmte Geschäfte Ausnahmen von den Absätzen 1 bis 3 allgemein zulassen.

(5) Die Zustimmung gilt als erteilt, wenn sie nicht innerhalb eines Monats nach Eingang der Anzeige bei der Aufsichtsbehörde versagt wird. In begründeten Einzelfällen kann die Aufsichtsbehörde die Frist durch Zwischenbescheid um einen Monat verlängern.

7 · WVG

§ 76 Ersatzvornahme

Kommt der Verband einer Anweisung der Aufsichtsbehörde, die diese auf Grund ihrer Aufsichtsbefugnis erläßt, nicht innerhalb der gesetzten Frist nach, kann die Aufsichtsbehörde anstelle des Verbands das Erforderliche anordnen und auf dessen Kosten selbst oder durch einen anderen durchführen; die Verwaltungs-Vollstreckungsgesetze der Länder finden entsprechende Anwendung.

§ 77 Bestellung eines Beauftragten

Wenn und solange die ordnungsgemäße Verwaltung des Verbands es erfordert, kann die Aufsichtsbehörde einen Beauftragten bestellen, der alle oder einzelne Geschäfte des Verbands oder eines Verbandsorgans auf Kosten des Verbands führt. Für den Beauftragten gilt § 27 entsprechend.

NEUNTER TEIL: Übergangs- und Schlußbestimmungen

§ 78 Außerkrafttreten

(1) Soweit nachfolgend nichts anderes bestimmt ist, treten mit dem Inkrafttreten dieses Gesetzes

1. das Gesetz über Wasser- und Bodenverbände in der im Bundesgesetzblatt Teil III, Gliederungsnummer 753-2, veröffentlichten bereinigten Fassung,
2. die Erste Verordnung über Wasser- und Bodenverbände in der im Bundesgesetzblatt Teil III, Gliederungsnummer 753-2-1, veröffentlichten bereinigten Fassung

mit den dazu erlassenen Ausführungsvorschriften außer Kraft.

(2) Rechtsbehelfsverfahren sowie Verfahren zur Gründung, Satzungsänderung, Umgestaltung oder Auflösung von Verbänden, die bei Inkrafttreten dieses Gesetzes anhängig sind, werden nach dem bisher geltenden Recht fortgeführt.

(3) Bis zum Inkrafttreten neuer landesrechtlicher Vorschriften gilt für den Haushalt, die Rechnungslegung und die Rechnungsprüfung das bisher geltende Recht weiter.

§ 79 Bestehende Verbände

(1) Die Rechtsstellung der bei Inkrafttreten dieses Gesetzes bestehenden Verbände (Altverbände) wird durch § 78 Abs. 1 nicht berührt.

(2) Entsprechen Satzung und innere Organisation von Altverbänden den Vorschriften dieses Gesetzes nicht, sind sie innerhalb von fünf Jahren nach Inkrafttreten dieses Gesetzes dessen Vorschriften anzupassen. Dies gilt nicht für die Aufgaben des Verbands, die Bestimmungen darüber, wer Verbandsmitglied ist, den Beitragsmaßstab sowie das Stimmenverhältnis in der Verbandsversammlung.

(3) Für Altverbände kann innerhalb von fünf Jahren nach Inkrafttreten dieses Gesetzes durch Landesrecht eine vereinfachte Möglichkeit der Auflösung, der Übertragung von Aufgaben und des Zusammenschlusses von Amts wegen zugelassen werden.

§ 80 Verbände auf besonderer gesetzlicher Grundlage

Auf Verbände, die durch besonderes Gesetz errichtet worden sind oder errichtet werden, findet dieses Gesetz nur Anwendung, wenn dies durch Rechtsvorschriften ausdrücklich angeordnet oder zugelassen worden ist.

§ 81 Änderung des Flurbereinigungsgesetzes

In § 43 des Flurbereinigungsgesetzes in der Fassung der Bekanntmachung vom 16. März 1976 (BGBl. I S. 546), das zuletzt durch Artikel 2 Nr. 23 des Gesetzes vom 8. Dezember 1986 (BGBl. I S. 2191) geändert worden ist, werden die Worte „Gesetzes über Wasser- und Bodenverbände (Wasserverbandsgesetz) vom 10. Februar 1937 (Reichsgesetzbl. I S. 188)" durch die Worte „Gesetzes über Wasser- und Bodenverbände (Wasserverbandsgesetz) vom 12. Februar 1991 (BGBl. I S. 405)" ersetzt.

§ 82 Inkrafttreten

Dieses Gesetz tritt am ersten Tage des dritten auf die Verkündung folgenden Kalendermonats in Kraft.

Hinweis zu § 82

Das Gesetz ist am 20. 2. 1991 im Bundesgesetzblatt Teil I Nr. 11 verkündet worden und damit am 1. Mai 1991 in Kraft getreten.

7 · WVG

STICHWORTVERZEICHNIS

Ein vorangestelltes E verweist auf die Einführung, die dahinterstehende Zahl auf die Seite.
Fettgedruckte arabische Zahlen bezeichnen die Gesetze oder die Verordnung mit derselben Zahlenangabe, wie sie im Inhaltsverzeichnis und in den Kopfleisten der Seiten aufgeführt sind. Die dahinter gestellten mageren Zahlen geben die Paragraphen des jeweils vorbezeichneten Gesetzes, in Klammern gesetzte Zahlen den Absatz des oder die Ziffer im Paragraphen an. Ein H hinter der mageren Zahl verweist auf die Hinweise zu dem betreffenden Paragraphen.

A

Abbaubarkeit grenzflächenaktiver Stubstanzen   E 27, 35
Abfallbeseitigung   **4**, 42 (3)
Abfallentsorgung   E 28
Abfallgesetz   E 27
Abfallwirtschaft   E 28
Abfahren von Abwasser und Schlamm   **2**, 31
Abfließen von Niederschlagswasser   **1**, 19 (1)
Abfluß von
   Hochwasser   **1**, 31, 32; **2**, 58
   Wasser   **2**, 97
Abfüllen wassergefährdender Stoffe   **1**, 19 g; **3**, 1
Abfüllplätze   **3**, 14
Abfüllsicherung   **3**, 17 (3)
Abgabenordnung   **1**, 21 (3)
Abgrabungen   **2**, 78 (6)
Ablagern von Stoffen   **1**, 34, 41 (8)
   an Gewässern   **1**, 26
   an Küstengewässern   **1**, 32 b
Ablagerung von Abfällen   E 28
Ablassen aufgestauter Wassermassen   **2**, 27
Ableiten von
   Fischereigewässern   **2**, 27 H
   Grundwasser   **1**, 32
   Wasser   **1**, 3
   wild abfließendem Wasser   **2**, 61 (2)
Abnahmeschein   **2**, 82 (1); **4**, 42 (4)
Abschläge vom Grundbeitrag   **2**, 43
Abschwemmen von Bodenbestandteilen   **1**, 19
Absenken von
   Grundwasser   **1**, 3
   oberirdischen Gewässern   **1**, 3
Abwasser
   Begriff   **2**, 30; **5**, 2

Stichwortverzeichnis

Durchleiten von **2**, 99
Einleiten von **1**, 7 a, 21 a, (2); **5**, 2
häusliches − **2**, 35 (2)
Messung von − **1**, 21 b (1)
Schädlichkeit d. − **5**, 2
Abwasserabgabe E 15; **5**, 1 ff.
 − für Kleineinleitungen **5**, 8; **6**, 8 a
 − für Niederschlagswasser **5**, 7; **6**, 8
 Abgabeerklärung **6**, 9
 Abgabepflicht **5**, 9, 10; **6**, 1
 Abgabesatz **5**, 9
 Abwälzung **6**, 2
 Abzug der Vorbelastung **6**, 7
 Bewertungsgrundlage d − **5**, 3
 Erklärungspflicht **5**, 11, 12; **6**, 9
 Ermittlung d. − **5**, 4, 6; **6**, 5
 Festsetzung d. − **6**, 10
 Veranlagungszeitraum **5**, 11
 Verwendung d. − **5**, 13
Abwasserabgabengesetz E 15; **5**
Abwasseranlagen E 13, 27; **1**, 18 b, 21 a; **2**, 34, 36
 bauordnungsrechtl. Vorschriften **2**, 32 H
 Bau- und Betrieb von − **1**, 18 b; **2**, 34
 Förderung von − E 38
 Genehmigung von − **2**, 35 (2)
 Planfeststellung **2**, 35
 Selbstüberwachung **2**, 36
 Umweltverträglichkeitsprüfung **1**, 18 c
 Untersuchung **2**, 36
Abwasserbegriff **2**, 30; **5**, 2
Abwasserbehandlung **1**, 18 (4); 21 b (1); **2**, 31 (1)
Abwasserbehandlungsanlagen **1**, 18 c; **2**, 35 (2)
Abwasserbehandlungsverfahren **1**, 21 b (1)
Abwasserbeseitigung E 14; **1**, 18 a, 36 a; **2**, 31, 100; **6**, 1 (2)
 öffentliche − **2**, 127
 Regelung durch Satzung **2**, 31 (4)
 wirtschaftliche Gestaltung **2**, 31 (6)
Abwasserbeseitigungskonzept **2**, 31 (4)
Abwasserbeseitigungspflicht **1**, 18 a; **2**, 31
Abwasserbeseitigungspläne E 23; **1**, 18 a, 36 a; **2**, 31, 32, 100 (1), 133
Abwassereinleitung **1**, 21 g, 23 (2); **2**, 32
 Anforderung an − **1**, 7 a; **2**, 32
 Indirekteinleitung **2**, 33
Abwasserherkunfts-VO **1**, 7 a H
Abwassertechnik Regeln d. − **1**, 18 b, 19 g (3); **2**, 34 (3); **3**, 3
Abwassertechnische Vereinigung **2**, 34 H
Abwasseruntersuchungsstellen **2**, 36 (4)
Abwasserverbände **2**, 31 (6)
Abwehr

Stichwortverzeichnis

von Gefahren **2**, 110, 137 (1)
einer Wassergefahr **2**, 86
Abzweigungsstelle **2**, 3 (2)
Allgemein anerkannte Regeln der
 Abwassertechnik **1**, 18 b
 Technik **1**, 7 a, 19 g (3), 41 (1); **2**, 5, 29, 34; **3**, 3
Alte Rechte und Befugnisse **1**, 5 (2), 15, 18; **2**, 145
 Anmeldung **1**, 16; **2**, 146
 aufrechterhaltende sonstige − **2**, 148
 Bewirtschaftungspläne **1**, 36 b (5)
 Eintragung ins Wasserbuch **1**, 37
 Erlöschen **2**, 147
 Reinhalteordnungen **1**, 27 (2)
 Verbände **1**, 13
Altölbeseitigung E 35
Ämter f. Land- und Wasserwirtschaft **2**, 39 H, 105 (3), 108 (1)
Androhung d Ersatzvornahme **2**, 46 (2)
Aneignungsrechte **2**, 92
Anforderungen an das Einleiten von Abwasser **1**, 7 a H
Anhörung d.
 Anlieger **2**, 95 (2)
 Anliegergemeinden **2**, 40 (2)
 Behörde **1**, 14 (3)
 Beteiligten **2**, 63 (4), 95 (2)
 Betroffenen **2**, 132
 Landschaftspflegebehörde **2**, 15 (2)
 Unterhaltungspflichtigen **2**, 15 (2)
 Wasser- und Bodenverbände **2**, 40 (2)
Anhörungsbehörde **2**, 119 H, 124 (2)
Anhörungsverfahren **2**, 119 H
Ankündigung von
 Ausbauarbeiten **2**, 53
 Deichbauarbeiten **2**, 81
 Unterhaltungsarbeiten **2**, 48 (4)
Anlagen **1**, 22 (2), **2**, 83 (1), 139 (1)
 an Bundeswasserstraßen **2**, 50 H
 − Deichen **2**, 80, 144 (23)
 − der Küste **2**, 77, 78, 144 (19, 20)
 im Erholungsschutzstreifen **2**, 56 H; **4**, 40
 in Schutzgebieten **3**, 15
 in Überschwemmungsgebieten **2**, 57, 144 (13)
 in und an Gewässern **2**, 50, 56, 144 (11)
 zum Lagern ... wassergefährdender Stoffe **1**, 19 g, 19 h; **2**, 5; **3**, 1, 13, 20, 21
 alte − **1**, 17; **2**, 145
 bauliche − **2**, 80 (1)
 bestehende − **1**, 19 e
Anlagen
 Eigentümer von −, Gewässerunterhaltungspflicht **2**, 40 (1)
 Genehmigung von **2**, 56

231

Stichwortverzeichnis

Mitbenutzung von **2**, 100
Überprüfung **3**, 18
Überwachung **1**, 19 i, 19 k, 21; **2**, 5 (1)
Unterhaltung **2**, 50
Anlagen-VO E 26; **3**
Anlanden **2**, 94
Anlieger **1**, 24, 30; **2**, 40 (1), 48, 53, 98, 138
Anliegergebrauch **1**, 24; **2**, 19 (1), 20
Anliegergemeinden **2**, 40, 42 (2), 46 (1)
Anmeldung alter Rechte und Befugnisse **1**, 16; **2**, 146
Anpassungsmaßnahmen **1**, 7 a (2); **2**, 34 (2)
Anschluß von Stauanlagen **2**, 98
Ansprüche
  auf Grundstückserwerb **1**, 38
  auf Schadenersatz **1**, 22, 30 H; **2**, 53, 81
  Ausschluß von − **1**, 11
Antrag
  alte Rechte **1**, 16; **2**, 146
  Anlagen in und an Gewässern **2**, 56 (2)
  Ausgleichsverfahren **1**, 18; **2**, 119
  Auskunft **2**, 116, 117
  Ausnahme von deichrechtl. Verboten **2**, 70 (3)
  Befreiung von Betriebspflicht **2**, 140 (4)
  Besitzeinweisung **2**, 103 (3), 127 (2)
  Bewilligung **1**, 10 (2), 21 (1); **2**, 111, 119, 122
  Erlaubnis **1**, 21 (1); **2**, 111, 119, 122
  Genehmigung **2**, 56 (2), 111
  nachträgliche Auflage **1**, 10
  Schadenersatz **1**, 22 (3)
  Sondernutzung **4**, 39 (1)
  Zulassung als Fachbetrieb **1**, 19 l
  Zuschuß **2**, 73
  Zwangsrecht **2**, 103
  Einwendungen gegen − **2**, 112
  mehrere − **2**, 122
Anzeige vom/von
  Ableiten eines Fischgewässers **2**, 27 H
  Änderung von Anlagen **1**, 19 d
  Austreten wassergefährdender Stoffe **2**, 5 (3)
  Beschädigung der Staumarke **2**, 24 (1)
  Erdaufschlüssen **2**, 7
  Rechtsübergang einer Rohrleitungsanlage **1**, 19 a (3)
  Übungen und Erprobungen **1**, 17 a
Arbeitsblätter d. Abwassertechnischen Vereinigung **2**, 34 H
Arbeitsgeräte, Stellung von **2**, 86 (2)
Arbeitshilfe **2**, 24
Arbeitskräfte, Stellung von **1**, 21 (1)
Atomrechtliche Genehmigung E 30
Auffangraum **3**, 13 (1)

Stichwortverzeichnis

Aufforderung, öffentliche **1**, 16 (2) H
Aufgaben d.
  Gefahrenabwehr **2**, 110
  Gewässeraufsicht **2**, 83
  Gewässerschutzbeauftragten **1**, 21 b
  Verkehrsbehörden **2**, 143
  Wasserbehörden **2**, 83, 107 (2), 110
  Wasser- und Bodenverbände **7**, 2
Aufhebung alter Rechte und Befugnisse **1**, 15 (4)
Auflagen **1**, 4, 6, 8 (3), 9 (2), 10; **2**, 9, 12, (2), 114, 126 (2)
  Abwasseranlagen **1**, 18 b
  Bauartenzulassung **1**, 19 h
  Gewässerbenutzung **1**, 21 (1)
  nachträgliche − **1**, 5, 10, 19 f (1)
  Nichterfüllung von − **1**, 11 (1), 12 (2), 19 c (2)
  Rohrleitungsanlagen **1**, 19 b, 19 f
  Überschwemmungsgebiete **2**, 57 (2)
  Überwachung der Einhaltung von − **1**, 21 b (1)
  Zulassung von Fachbetrieben **1**, 19 b (1)
Auflandung **2**, 58
aufrechterhaltene Unterhaltspflichten **2**, 44
Aufschüttungen **2**, 78 (6)
Aufstauen von
  Grundwasser **1**, 3 (2)
  oberirdischen Gewässern **1**, 3 (1); **2**, 28 (3)
Aufstellen von Verkehrs- und Einteilungszeichen **2**, 138
Aufwendungen, Zuschuß zu **2**, 51 (1), 73
Aufzeichnungen **2**, 36
Ausbau **1**, 1 a (3), 3 (3), 31, 36 a, 41 (11); **2**, 55, 56 (1), 83 (1), 125, 127 (1), 140 (6)
Ausbauunternehmen **2**, 53
ausgebaute Gewässer **1**, 28 (2)
Ausgleich, ausgleichen **1**, 4 (2 a), 6, 8, (3), 10 (2), 18, 20 (1), 31 (2); **2**, 9, 54, 104; **7**, 36
Ausgleichsverfahren **1**, 18, 36 b (5); **2**, 119, 123; **7**, 37
Ausgleichszahlungen **1**, 18; **2**, 123 (1)
Aushub **2**, 48 (3)
Auskunft **1**, 21 (1), 41 (7); **2**, 116, 117, 137 (2); **7**, 26
Auslagen, Erstattung von **2**, 5 (1 Nr. 6)
Ausschluß von Ansprüchen **1**, 11
Aussetzen der Ladung **2**, 138
Aussetzung des Verfahrens **2**, 112
Ausstattung von Untersuchungsstellen **2**, 36 (4 Nr. 5)
Außentief **2**, 3 (1), 41, 90, 136

B

Badeanlagen **2**, 3 H
Badebetrieb **2**, 14 H; **4**, 39 (4)
Baden **2**, 14 (1), 17

Stichwortverzeichnis

Badestrand **2**, 3 H
Badeverbot **2**, 19 H
Baggerungen **2**, 139 (2 Nr. 4)
Bau von
  Abwasseranlagen **1**, 18 b; **2**, 34, 125
  Aufbereitungsanlagen **2**, 29 (2)
  Deichen **2**, 62, 63, 125
Bauabnahme **2**, 84
Bauartenzulassung **1**, 19 h; **2**, 5 (1 Nr. 3), 111 (2); **3**, 5−7
Baugenehmigung **2**, 80 (3)
Bauhäfen **2**, 3 H
bauliche Anlagen **2**, 56 H, 80 (1), 101; **4**, 40
Baumpflanzungen **2**, 57, 70 (6), 144 (13)
bauordnungsrechtliche Vorschriften **2**, 29 H
Baustoffe, Stellungen von **2**, 86 (2)
Bauüberwachung **2**, 84 (3)
Beauftragte **1**, 30; **2**, 53, 81; **7**, 77
Bebauungsplan **2**, 80 (2 Nr. 4)
Bedeutung von
  beabsichtigter Benutzung **2**, 122
  Deichen **2**, 64 (2), 67 (2)
  Gewässern **2**, 2 (2), 40 (2)
  Grundflächen für Wasserhaushalt **2**, 43^1) (1), 43^2) (2, 4.2)
Bedingungen **1**, 4, 18 b, 19 b; **2**, 9, 57 (2), 103 (3), 121 (2 c), 126 (5)
Beeinträchtigung
  anderer **1**, 17 a, 24
  d. Benutzung eines anderen Grundstücks **2**, 22 H
  − Beschaffenheit des Wassers **1**, 4 (2)
  Betriebs bundeseigener Schiffahrtsanlagen **2**, 50 H
  Fischereirechts **2**, 49
  Gewässers **2**, 15 (2), 36 (3)
  Landschaft **2**, 15 (2)
  Natur **2**, 15 (2)
  öffentlichen Sicherheit **2**, 15 (2), 56 (3)
  öffentlichen Wasserversorgung **1**, 12; **2**, 15 (2), 19 (1)
  Schiffahrt **2**, 50 H
  Staurechts **2**, 28 (2)
  Ufer(bereichs) **2**, 15 (2), 19 (1)
  Wasserhaushalts **1**, 17 a, 24; **2**, 19 (1)
  Wohls d. Allgemeinheit **1**, 4 (2), 6, 12, 15 (4); **2**, 10 (2), 31 (4), 56 (3), 140 (2)
  durch Gewässerbenutzung **1**, 4 (2)
Befahren von Gewässern **2**, 14, 15, 136 H
befestigte Flächen **2**, 43^1) (2)
Befördern, Beförderung von
  Flüssigkeiten, Gasen **1**, 26 (2), 32 b, 34
  gefährlichen Gütern E 31
  wassergefährdenden Stoffen **1**, 19 a
Beförderungsentgelte **2**, 141 (2), 144 (25)
Beförderungsmittel, Stellung von **2**, 86 (2)

Stichwortverzeichnis

Befüllen **1**, 19 k; **3**, 17
Befugnisse **2**, 32, 48 (2)
    alte − **1**, 5 (2), 13, 15, 16, 37; **2**, 145−147
    Ausgleich von − **1**, 18
Beginn der Benutzung **1**, 12 (2)
    vorzeitiger − **1**, 9 a
Behandeln von Abwasser **1**, 18 a (1); **2**, 31 (1)
Behinderung d.
    Ausübung schiffahrtspolizeilicher Genehmigung **1**, 30 H
    Wasserabflusses **2**, 54 (2)
Beitrag, Beiträge **1**, 4 (2); **2**, 43, 63 (4)
Beitragseinheit **2**, 43^2)
Beitragszu- und Abschläge **2**, 43
Bekanntmachung **2**, 5 (1), 34 (1), 67 (4), 119 H, 124 (3)
Belastungsgrenze **1**, 19 k
Belange des Küstenschutzes **2**, 76
Benutzung
    d. Meeresstrandes **2**, 79
    durch Verbände **1**, 13
    v. Anlagen **2**, 76
        Deichen **2**, 70, 83 (1)
        Gewässern **1**, 2, 3, 7, 8, 13, 14, 21, 23; **2**, 8, 14, 17, 136
        Grundstücken **2**, 53, 81; **7**, 33
        Häfen **2**, 137 (1)
        Überschwemmungsgebieten **2**, 83 (1)
    vor Erteilung der Erlaubnis **1**, 9 a
    zur Fischerei **2**, 22
    alte − **1**, 17
    erlaubnisfreie **1**, 13, 17 a, 23, 32 a, 33; **2**, 14, 16, 20, 22
    Nichtausübung d. − **1**, 12 (2), 15 (4)
    Unterlassung d. − **1**, 11
    vorübergehende Behinderung d − **2**, 48 (2)
    vorzeitige − **1**, 19 a; **2**, 84 (1)
Benutzungsbedingungen **1**, 4, 9 a, (2), 18 b (1), 21 (1); **2**, 9, 121 (2)
Nichterfüllung von − **1**, 12 (2)
Benutzungszweck, Änderung d. **1**, 12 (2)
Beobachtung d.
    Gewässers und Bodens **1**, 19 (2)
    Gewässerzustandes **1**, 4, 19 i (3)
    Wasserbenutzung **1**, 5
Bepflanzung der Ufer **1**, 30 (2); **2**, 52
Bergbehörde **1**, 14 H, 19 f; **2**, 7 (4)
bergrechtlicher Betriebsplan **1**, 14, 19 f
Beschaffenheit
    d. einzubringenden Stoffe **1**, 5
    − Gewässers **1**, 36 b (6)
    Grundwassers **2**, 22 H
    Rohrleitungsanlage **1**, 19 b
    Wassers **1**, 2 (2), 22, 27 (1), 36 b (7)

Stichwortverzeichnis

von Anlagen **1**, 19 g
biologische, chemische, physikalische − **1**, 4 (2), 22 (1); **2**, 22 H
Bescheid
− über Entschädigung **2**, 128 (2)
Inhalt d. − **2**, 121
Beschränkung
alter Rechte und Befugnisse **1**, 15 (4), **19**, (3), 36 b (5); **2**, 32
d. Bewilligung **1**, 12, 14 (4), 19 (3); **2**. 32
− Erlaubnis **1**, 14 (5)
Genehmigung **1**, 19 c
Mitbenutzungsrechts **2**, 103 (2)
Beseitigung von
Abwasser **2**, 97
Anlagen **2**, 13
Dämmen, Deichen **2**, 68
Gewässern **2**, 31
Grundwassererschließung **1**, 35
Hindernissen **2**, 47, 58
Reststoffen **1**, 21 b (1)
Stauanlagen **2**, 26
Störungen **1**, 11
Besitzeinweisung **2**, 103 (3), 127 (2)
Besorgnis d.
Gewässerschädigung **1**, 19 b (1), 19 g, 26, 32 b, 34 (2)
Wassergefährdung **1**, 19 i (4)
Bestick **2**, 65 (2)
Beteiligung
an Deichschau **2**, 71 (2)
− Kosten **2**, 45 (2), 55 (2), 63 (4)
der örtlichen Ordnungsbehörde **2**, 83 (2)
Betreiben, Betrieb von
Abwasseranlagen **1**, 18 b; **2**, 34
Anlagen für wassergefährdende Stoffe **1**, 19 g; **2**, 5; **3**, 9
Häfen, Fähren **2**, 139 (2), 140 (5)
Rohrleitungsanlagen **2**, 19 a
Wasserversorgungsanlagen **2**, 29
Betreiber von
Anlagen **1**, 19 i; **2**, 5 (2); **3**, 9, 16 (2), 18, 24 (3)
Stauanlagen **2**, 24, 28
Betreten von
Anlagen **1**, 21; **2**, 137 (2)
Grundstücken **1**, 21, 30; **2**, 53, 81, 137 (2)
Wasserfahrzeugen **2**, 137 (2)
Wohnräumen **1**, 21 (1); **2**, 137 (3)
Betriebe **1**, 19 l
Betriebsangehörige **1**, 21 b (1)
Betriebsbeauftragter **1**, 4 (2), 21 a
Aufgaben d. − **1**, 21 b
Betriebskosten f. Sperrwerke **2**, 82

Stichwortverzeichnis

Betriebspflicht **2**, 140 (4)
Betroffene **1**, 9, 10; **2**, 12, 81, 126 (2), 131
Bewässerung **1**, 36 a (1); **2**, 99 (1)
Beweissicherung **2**, 113
Bewilligung **1**, 1 a (3), 2, 4, 5, 8, 10, 13, 15 (1), 17 (1), 17 a, 24, 27 (2), 36 b (4); **2**, 11, 96, 98
  Befristung d. − **1**, 8 (5)
  Beschränkung d. − **1**, 12, 14, (4), 36 b (5); **2**, 32
  Einwendungen gegen − **1**, 10; **2**, 12
  Erlöschen d. − **2**, 13
  Rücknahme d. − **1**, 12
Bewilligungsverfahren **1**, 9; **2**, 12, 119
Bewirtschaftung d.
  Gewässer E 16, 17; **1**, 1 a
  Grundstücke im Überschwemmungsgebiet **2**, 58
  Ufergrundstücke **1**, 30 (2)
  Wassers E 1, 16
Bewirtschaftungsordnung, öffentl.-rechtl. f. Gewässer E 18
Bewirtschaftungspläne **1**, 36 b; **2**, 32, 132
Binnendeich **2**, 64 (2), 65 (3)
Binnenfischer, Entschädigung **2**, 14 H 4
Binnenwasserstraßen **1**, 1 (3); **2**, 1 (3) H
Binnenschiffahrtsstraßen-Ordnung **2**, 137 H c
Bodenentwässerung **1**, 33 (1)
Bodenfruchtbarkeit **2**, 9
Bohrungen **2**, 78 (1 Nr. 6)
Bootsvermietung **2**, 137 H a 3
Böschungen d Halligwarften **2**, 75
Böschungskante **2**, 78 (2), 80 (1)
brennbare Flüssigkeiten **1**, 19 g H 4; **3**, 19
Brücken **2**, 56 H 1
Buhnen **2**, 77
Bundesleistungsgesetz **1**, 19 H 2
Bundeswasserstraßen E 17; **1**, 3 H, 23 H, 24 (3); **2**, 3 H, 50 H, 56 (1), 88 H, 118 H, 137 (4)
  Befahren d. − **1**, 23 H; **2**, 136 H
  Gemeingebrauch **1**, 23 H
  Unterhaltung d. − **1**, 3 H, 28 H, 29 H, 30 H

D

Dämme **2**, 62, 63, 68, 73, 81, 83
Datenverarbeitung **2**, 115
Deichaufsicht **2**, 83 (1)
Deichbau E 3; **2**, 127
  Förderung d. − **2**, 73
Deiche **2**, 62 ff.
  Abmessung **2**, 65, 69
  Bau **2**, 68

Stichwortverzeichnis

Begriff **2**, 64 (1)
Benutzung **2**, 70, 83
Bestandteile **2**, 65
Eigentum **2**, 72
Einteilung **2**, 64 (2)
Entwidmung **2**, 67
Errichten **2**, 68
Nutzungsverbote **2**, 70
Überwachung **2**, 83
Umwidmung **2**, 67
Unterhaltung **2**, 69, 74
Wehrhaftigkeit **2**, 70
Widmung **2**, 67
Deichfuß **2**, 66 (3)
Deichgemeinden E 3
Deichkörper **2**, 65, 69 (3)
Deichlinie **2**, 64 (2)
Deichreglement E 5, 6
Deichschau **2**, 71
Deichverbände E 6
Deichvorland **2**, 76; **7**, 34
Deichzubehör **2**, 65 (1), 69 (3)
Dienstleistung in Wasserwehr **2**, 87 (2)
DIN **1**, 34 H 3; **2**, 34 H 2, 9
Duldung
    d. Betretens von Einrichtungen
                      Grundstücken
                      Wasserfahrzeugen **2**, 137 (2)
    d. Durchleitens von Abwasser
                      Wasser **2**, 99
    v. Maßnahmen **1**, 19 (2), 30 H; **2**, 48 (2), 53, 81, 101
    d. Mitbenutzung von Anlagen **2**, 100
    v. Stauanlagen **2**, 98
    v. wasserbauliche Arbeiten **2**, 48 (2), 53, 97
Duldungspflicht
   – bei Zwangsrechten **2**, 97 ff.
    d. Anlieger **1**, 30; **2**, 14 (5), 48 (3), 138
       Gewässereigentümers **2**, 96, 97
       Grundstückseigentümers **2**, 81, 97, 101
       Hinterlieger **1**, 30; **2**, 48 (3)
       Inhaber von Rechten und Befugnissen **2**, 48 (2)
       Nutzungsberechtigten **1**, 19 (2); **2**, 101
       Schiffsführers **2**, 137 (2)
Düngemittel **1**, 19
Düngemittelgesetz E 22
Düngung, Richtwerte E 22; **1**, 34 H 3
Dünen **2**, 66 (4), 79
Durchleiten von Wasser oder Abwasser **2**, 99
Durchstiche **2**, 97 (1)

Stichwortverzeichnis

E

EG-Richtlinien E 24; **1**, 7 a H 3, 32 b H c, 34 H 1; **2**, 29 H 2
Eigenschaften, Veränderung d
  Gewässer **1**, 19 b (2), 19 g
  Grundwassers **1**, 34 (1)
  Wassers **1**, 26 (2), 32 b (1)
Eigentum an
  Außentiefs **2**, 90
  Bundeswasserstraßen **2**, 88 H
  Deichen **2**, 72
  Gewässern E 17; **2**, 88, 89
    Beschränkung des − E 18;
  Inseln **2**, 93
  kommunalen Häfen **2**, 91
Eigentümergebrauch **1**, 24; **2**, 19 (1), 20
Eignungsfeststellung f. Anlagen **1**, 19 h; **2**, 5 (1); **3**, 7
Einbringung
  v. Abfällen in d Hohe See **1**, 32 b H I 1 b
  v. Soffen in
    Gewässer **1**, 8 (2), 22 (1), 26 (1)
    Küstengewässer **1**, 3 (1), 32 a, 32 b
    oberirdische Gewässer **1**, 3 (1)
  zu Zwecken der Fischerei **1**, 25, 32 a; **2**, 16, 21
Einleiten
  v. Abwasser **1**, 7 a, 18 a (1), 23 (2); **2**, 32
  in Abwasseranlagen **2**, 33
  − Gewässer **1**, 3, 8 (2), 22 (1), 26; **2**, 14
  ins Grundwasser **1**, 3 (1)
  von Grundwasser **1**, 32 a; **2**, 14 (2)
  In Küstengewässer **1**, 3, 32 a; **2**, 16
Einteilungszeichen **2**, 138
Einwendungen **1**, 8 (3), 10 (1), 31 (1); **2**, 12, 112, 118, 119 H, 126 (2)
Einwirkungen
  auf e. Gewässer **1**, 1 a (2), 22; **2**, 50 (1)
    öffentl.-rechtl. Kontrolle d. − E 18
  auf d Rechte anderer **1**, 8 (3)
  nachteilige − **1**, 8 (3), 27 (1); **2**, 126 (2)
Einzugsgebiet **1**, 29 (1); **2**, 40 (1), 133 (1)
Eissport **2**, 14 (1)
Enteignung **1**, 19 (3); **2**, 58, 59, 127; **7**, 40 ff.
Enteignungsverfahren **2**, 126 (6), 127
Entleeren von Anlagen **1**, 19 k
Entnehmen von
  Grundwasser **1**, 3
  Stoffen aus oberirdischen Gewässern **1**, 3
  Wasser **1**, 3; **2**, 14 (2)
Entschädigung **1**, 8 (3), 10, 19, (3), 19 c, 19 e (2), 20, 22; **2**, 13, 28, (2), 49 (1), 58, 61 (3), 102, 126 (3), 127 (4), 128; **7**, 42

Stichwortverzeichnis

Entschädigungsverfahren 2, 128−130
Entscheidung, nachträgliche über Auflagen und Entschädigung 1, 10
Erdaufschlüsse 1, 35; 2, 7
Erhalten, Erhaltung d.
  Bodenfruchtbarkeit 2, 9 (1)
  Deiche 2, 69 (1)
  Insel-, Hallig-, Wattsockel 2, 62
  naturnahen Gewässerzustande 2, 38 (3)
  seewärtigen Dünen 2, 62
  Stauanlage 2, 28 (1)
  Staumarke 2, 24
  Strandwälle 2, 62
  Vorlandes 2, 62
Erholung d. Bevölkerung 2, 14 (4)
Erholungsschutzstreifen 2, 14 H 3; 4, 40
Erlaubnis 1, 2, 4, 5, 6, 7, 7a, 13, 24 37; 2, 10, 13
  Erlöschen d − 2, 13
  Widerruf d − 2, 10
Erlaubnisverfahren 1, 9a; 2, 119
Errichtung v.
  Anlagen 1, 19d, 19e
  Rohrleitungen 1, 19a
Ersatz d. Kosten 2, 50 (2)
Ersatzvornahme 2, 46; 7, 76
Erschwerung d Gewässerunterhaltung 1, 29 (1); 2, 12 (1), 40 (1), 48 (1)

F

Fachbetriebe 1, 19 I
Fähren 2, 139
Festpunkte für Stauhöhe 2, 24
Festsetzen v
  Ausgleichszahlungen 2, 123 (1)
  Entschädigungen 2, 128
  Überschwemmungsgebieten 2, 59, 124
  Wasserschutzgebieten 1, 19; 2, 4, 124
  Zwangsrechten 2, 100 (3), 103
Finanzierung wasserrechtlicher Maßnahmen E 27
Fischerei 1, 25, 32a; 2, 9 (1), 16 (1), 21, 49
Fischereigewässer 2, 27 H
Fischzucht 2, 1 (2), 14 (6)
Flüssigkeiten 1, 26 (2), 32b, 34 (2)
  brennbare − 1, 19 g H 4; 3, 19
  wassergefährdende − 3, 13 (2), 17
Flutmulden 2, 3 (2)
Förderung
  Deichunterhaltung 2, 73
  gewässerbezogener Maßnahmen E 27
  Gewässerunterhaltung 2, 53

Stichwortverzeichnis

Fortleiten v. Abwasser **1**, 18 a (1)
Fußpunkt d. Deiches **2**, 80 (1)

G

Gase, Beförderung **1**, 26 (2), 32 b, 34 (2)
Gebietskörperschaften **1**, 21 g, 29
Gebühren **2**, 31 (4), 118 H, 141 H 2; **3**, 12
Gefahrenabwehr **2**, 110
gefährliche Güter E 23
Gemeinden
  Anhörung d. – **2**, 40 (2)
  Erfüllung d Gewässer-Unterhaltungspflicht **2**, 42
  Pflicht zur Abwasserbeseitigung **2**, 31
  – Unterhaltung v. Deichen **2**, 63 (3)
  Recht zur Sondernutzung d Meerestrandes **4**, 39
  Regelung d. Benutzung privater Seen zur Erholung **2**, 14 (4)
  Zuschüsse an – **2**, 51, 73
Gemeingebrauch E 18; **1**, 21, 23; **2**, 14, 123
  Einschränkung d. – **2**, 19
  Erweiterung d. – **2**, 18
Gemeinwohl E 1
Genehmigung
  Abwasseranlagen **2**, 35 (2)
  Anlagen in und an Gewässern **2**, 56, 139 (2)
  Anlagen an der Küste **2**, 77
  Anlagen zum Lagern usw. wassergefährdender Stoffe **1**, 19 g
  Befahren von Gewässern **2**, 15
  Einleitung in Abwasseranlagen **2**, 33
  Fähren **2**, 139 (2)
  Häfen **2**, 139 (2)
  Maßnahmen, bestimmte
    im Bereich von Deichen **2**, 70 (3)
    in Häfen **2**, 139 (2)
    in Überschwemmungsgebieten **2**, 57
  Rohrleitungen **1**, 19 a
  Auflagen bei – **1**, 19 b
  Beschränkung,
  Rücknahme d. – **1**, 19 c
  Versagen d. – **1**, 19 c; **2**, 56 (3), 57 (2)
  Widerruf d. – **2**, 140 (3)
Genehmigungsverfahren **2**, 140
Generalpläne, wasserwirtschaftliche **2**, 131 H 2
Gesamtbeitrag **2**, 43 (2)
Gewässer
  – als Bestandteile des Naturhaushalts E16; **2**, 2
  – erster Ordnung **2**, 3 (1), 15, 39, 88, 136, 137, Anh LWG
  – zweiter Ordnung **2**, 3 (1), 38, 83 (2), 89
  Ausbau d. – **1**, 3 (3), 31; **2**, 52

Stichwortverzeichnis

ausgebaute − **1**, 28 (2)
Befahren d. **2**, 15
Benutzung **1**, 1 a, **2**, 13, 14; **2**, 8
Beseitigung **1**, 31
Bewirtschaftung E 16; **1**, 1 a
der Schiffahrt dienende − **1**, 24 (3)
Einteilung d − **2**, 3
fließende − **2**, 14 (3), 40 (1)
Herstellung **1**, 31
kleine − **1**, 1
künstliche − **1**, 24 (3)
nicht schiffbare − **2**, 15 Anh B LWG
oberirdische − **1**, 1, 3, 23, 27; **2**, 3, 8, 14, 97
Reinhaltung E 19; **1**, 27
schiffbare − **1**, 28; **2**, 136, 137 Anh LWG
Schutz d. − E 19; **1**, 19 b, 19 d
seewärtige Begrenzung **2**, 1 (3)
Umgestaltung **1**, 31
Unterhaltung **1**, 28, 29; **2**, 37 ff.
Verunreinigung **1**, 19 b (2)
Gewässeraufsicht **2**, 83
Kosten d. − **2**, 85
Gewässerbenutzung **1**, 1 a
Überwachung d − **1**, 21
Gewässerbett **1**, 28 H 1; **2**, 38 (2)
Gewässerbewirtschaftung E 10, 16, 17
Gewässereigentum E 17; **2**, 88 ff.
Gewässereigentümer **2**, 40, 42 (2), 96
Gewässergüte E 13
Gewässerlandschaft **1**, 28 (1), 31 (1)
Gewässerpflegepläne **2**, 38 (3), 51 (3)
Gewässerschutz E 9, 12, 19, 23, 24; **1**, 21 a, 21 d (1)
Gewässerschutzbeauftragter **1**, 4 (2), 19 i (3), 21 (1) 21 a−21 g
Gewässerunterhaltung **1**, 28 ff.; **2**, 37 ff.
Gräben **2**, 1 (2)
Grasnarbe **2**, 69 (2)
Grube, abflußlose **2**, 31 (1)
Grundbeitrag **2**, 43
Grundeigentum **1**, 1 a
Grundstücke
  in Deichnähe **2**, 81
  im Einzugsgebiet **1**, 29; **2**, 40
Grundstücksentwässerung **2**, 100
Grundwasser **1**, 1, 3, 19, 19 h, 32 a, 33, 34, 35; **2**, 7 (3), 14 (2), 16 (2), 22
  Anreicherung d. − **1**, 19 (1)
  Erschließung von − **1**, 35; **2**, 7
  Schutz d. − **1**, 19 b
Grundwasserneubildung **2**, 2 (2)
Grundwasservorrat E 19

Stichwortverzeichnis

Gülle **1**, 19 g (6); **2**, 30 (2)
Gülleverordnung E 22

H

Hafen, Häfen **2**, 80 (2), 137, 139
  Genehmigung **2**, 140
  kommunale − **2**, 91
  landeseigene − **2**, 3, 141
  Verhalten in − **2**, 137 (1)
Hafenabgaben **2**, 141
Hafenanlagen **2**, 3 H
Hafenaufsicht **2**, 137 (4)
Hafeneinfahrt(en) **2**, 3 H, 91
Haftung **1**, 22
Halligen **2**, 63 (1)
Halligsockel **2**, 62, 63 (2)
Halligwarften **2**, 66 (1), 75
Hauskläranlagen **2**, 31
Helgoland **1**, 23 H 3, 28 H 1
Heilquellen **1**, 1
Heizöle **1**, 19 a; **2**, 5 H 2 a
Hilfeleistung bei Wassergefahr **2**, 86 (2)
Hindernisse **2**, 14 (5), 47, 58
Hinterlieger **1**, 24 (2), 48 (3), 53, 81
Hochwasserabfluß **1**, 31 (1), 32; **2**, 58, 64
Hochwassergefahren E 26
Hochwasserschutz **1**, 36 a; **2**, 64, 80 (3)

I

Innenböschung **2**, 80 (1)
Inseln **2**, 93
Interesse am vorzeitigen Benutzungsbeginn **1**, 9 a
Interessenausgleich E 1, 17
Investitionsentscheidung **1**, 21 d

J

Jauche **1**, 19 g (6); **2**, 30 (2)
Jütisch Low E 2

K

Kabelleitungen **2**, 77
Klärschlamm
  Beseitigung E 22; **2**, 131 H 2
  Entwässern **1**, 18 a
Klärschlammverordnung E 22; **1**, 34 H 3
Kosten d.
  Deichbaus **2**, 63 (4)

243

Stichwortverzeichnis

Deichunterhaltung **2**, 63 (4)
Ersatzvornahme **2**, 46
Gewässeraufsicht **2**, 88
Gewässerunterhaltung **2**, 43, 45 (2)
Hindernisbeseitigung **2**, 47 (2)
Staumarke **2**, 25
Verfahrens **2**, 118
Kostenbeitrag **1**, 4 (2); **2**, 54
Kostenbeteiligung **2**, 43
Küstengewässer E 9; **1**, 1 (1), 3, 16 H_2; **2**, 3, 8, 16, 68, 91, 110 (2); **4**, 40 (1)
Küstenlinie **1**, 1; **2**, 1 (3), 3 H
Küstenmeer **2**, 3 H
Küstenschutz E 12, 26; **2**, 3 H 1, 62 ff., 76, 80 (3)
Küstenschutzanlagen **2**, 3 H, 77, 78

L

Lagerbehälter
  Befüllen und entleeren **3**, 17
  Begriff **3**, 1
  bestehende Anlagen **3**, 24
  Betrieb **3**, 9, 15
  Überprüfung **3**, 18
  unterirdische − **3**, 2 (2)
Lagern
  v. Booten,
    Geräten,
    Material **2**, 70
  v. Stoffen **1**, 26, 32 b, 34 (2)
  wassergefährdender Stoffe **1**, 19 g, H 4; **3**, 1
Lagerung von Heizöl **2**, 5 H 2
Lahnungen **2**, 77
Landesamt f. Wasserhaushalt und Küsten **2**, 105, 107
Landesentwicklungsgrundsätze **2**, 131 H 1
Landesraumordnungsplan **2**, 131 H 1
Landesschutzdeiche **2**, 63, 64 (2), 65 (2), 71, 72, 80
Landesverband der Landeskulturverbände **7**, 1 H
Landeswassergesetz E 7; **2**
  Änderungen E 10
Landgewinnungsbauwerke **2**, 3 H 1
Linienverkehr **2**, 141 (2)

M

Meeresboden **2**, 78 (3)
Meeresstrand **2**, 66 (3, 4), 78 (3), 79; **4**, 38, 39
Meßanlagen, gewässerkundliche **2**, 101
Mitteldeiche **2**, 63 (1), 64 (2), 65 (3), 67 (1)
Mittelwasserstand **2**, 89 (2), 95 (1)
Molen **2**, 3 H 1

Stichwortverzeichnis

Motorfahrzeuge **2**, 15
Mündungsarme **2**, 3 (2)
Muschelfischerei **2**, 3 H
Muschelgewässer E 25; **1**, 32 b H c

N

nachteilige Einwirkungen auf d. Wasserversorgung **1**, 19
nachteilige Veränderungen d. Eigenschaften d. Wassers **2**, 19 (1), 56 (1)
nachteilige Wirkungen **1**, 8 (3), 10 (1); **2**, 9
nachträgliche Entscheidung **1**, 10
Naturhaushalt E 16; **1**, 1 a; **2**, 2
Natur- und Landschaftsschutz E 14, 16; **2**, 9
Nebenarme **2**, 3 (2)
Nebenbestimmungen **2**, 15 (2), 32, 56 (2), 140 (2)
Netztrockenplätze **2**, 78 (1)
Niederschlagswasser **1**, 19, 32 a; **2**, 14 (2), 30, 43
Nutzungsbeschränkungen **1**, 19

O

oberirdische Gewässer **1**, 1, 2, 3, 23; **2**, 14, 97
  Einteilung d. – **2**, 3
öffentliche Aufforderung zur Anmeldung alter Rechte **1**, 16 H; **2**, 146
öffentliche (amtliche, örtliche) Bekanntmachung **2**, 34 (1), 67 (4), 119, 131, 132, 140 (5, 6); **3**, 15 (4)
öffentliche Sicherheit und Ordnung **2**, 15 (2), 56 (3), 77, 84, 110 (2), 137
öffentliche Verkehrsinteressen **2**, 140 (2), 141 (2)
öffentliches Interesse **1**, 9 a; **2**, 80 (3), 127
Ölbinder **1**, 19 g H 6
Ordnungsbehörde **2**, 83 (2), 86 (3), 109 (2), 110
Ordnungswidrigkeiten **1**, 41; **2**, 144; **3**, 22

P

Personenbeförderung **2**, 137 H 3, 4
Pfahlwerke **2**, 77
Pflanzenbehandlungsmittel **1**, 19
Pflanzenschutz **1**, 19 H 1
Pflanzenschutzgesetz E 22
Phosphate in Wasch- und Reinigungsmitteln E 21
Planfeststellung E 10; **1**, 14; **2**, 35, 106, 107, 126
Planfeststellungsbehörde **1**, 14; **2**, 106, 107
Planfeststellungsverfahren **1**, 14, 15 (2), 27 (2), 31; **2**, 125
Planung, wasserrechtliche, wasserwirtschaftliche E 17; **1**, 36 a; **2**, 131
Planungsgebiete **1**, 36 a; **3**, 15 (4)
Probenentnahmen **2**, 36 (4)
Prüfung d.
  Deichabmessungen **2**, 65 (4)
  Verwendung v. Zuschüssen **2**, 51 (3), 73

Stichwortverzeichnis

Q

Quellen **1**, 1; **2**, 1
Quellenschutzgebiete **1**, 19 g (4); **2**, 4, 124; **3**, 15 (4)
Quellwasser **1**, 32 a; **2**, 14, 16

R

Rahmenpläne, wasserwirtschaftliche E 17; **1**, 36; **2**, 131
Rampen **2**, 65
Raumordnung **1**, 36
Raumordnungspläne, -programme E 19; **2**, 131
Rechte
 – anderer **1**, 23
 – Dritter **2**, 3 H
 alte – **1**, 13, 15, 16
 Ausgleich von – **1**, 18; **2**, 145–147
 sonstige alte – **2**, 148
Regeln
 d. Abwassertechnik **1**, 18 b; **2**, 34
 d. Technik E 20; **1**, 19 g (3); **2**, 34
 allgemein anerkannte **1**, 7 a; **2**, 5, 29
Reinhalteordnung **1**, 27, 36 b, (5); **2**, 6, 32
Reinhaltung d.
 Gewässer E 19 ff.; **1**, 36 (2)
 Grundwassers **1**, 34
 Küstengewässer **1**, 32 b
Rettungswesen **2**, 15
Rohrleitungen **1**, 26 (2), 32 b, 34; **3**, 2, 4
Rohrleitungsanlagen E 9; **1**, 19 a, 19 d
 bestehende – **1**, 19 e, 19 f
Rücknahme d.
 Bewilligung **1**, 12, 14 (4), 36 b (5); **2**, 32
 Erlaubnis **1**, 14 (4)
 Genehmigung **1**, 19 c

S

Sachsenspiegel E 2
Sammeln v. Abwasser **1**, 18 a; **2**, 31
Satzung über
 Abwasserbeseitigung **2**, 31 (4)
 Hafenbenutzungsgebühren **2**, 141 H 2
Schadenersatz **1**, 11, 22; **2**, 53, 81
Schädlichkeit d. Abwassers **1**, 7 a
Schiffahrt **1**, 24 (3); **2**, 38 (2), 47 (1), 50 H, 138
Schiffahrtsanlagen, bundeseigene **1**, 3 H, 29 H; **2**, 3 H, 50 H
Schiffahrtszeichen **2**, 50 H, 80 (2), 139 (2)
Schiffbarkeit **1**, 28 (1); **2**, 51 (1)
Schiffshebewerke **2**, 3 H

Stichwortverzeichnis

Schirrhöfe **2**, 3 H
Schlamm **2**, 31
schlammige Stoffe **1**, 26 (1)
Schleusen **2**, 1 (3), 3 H, 65 (1)
Schöpfwerke **2**, 1 (3), 51 (2)
Schutz
  d. Gewässer **1**, 19 b, 19 d, 19 g (2); **3**, 8
  gegen Sturmfluten **2**, 68
Schutzbestimmungen **2**, 4 (1)
Schutzeinrichtungen **1**, 11
Schutzfunktion d. Deiche **2**, 63 (2), 67 (3)
Schutzgebiete **3**, 15
Schutzhäfen **2**, 3 H
Schutzstreifen **2**, 65 (1), 75
Schutzvorkehrungen **1**, 19 h (1)
Schutzzweck **2**, 69 (1)
Schwemmen **2**, 14
Seeflächen **2**, 43^2)
Seen **2**, 14 (3), 40 (1), 43; **4**, 40
Seeschiffahrtstraßen-Ordnung **2**, 137 H c 1
Seewasserstraßen **1**, 28 H; **2**, 3 H
Selbstreinigungskraft d. Gewässer E 16
Selbstreinigungsvermögen **1**, 28 (1), 31 (1); **2**, 2 (2), 38 (1)
Selbstüberwachung d. Abwassereinleiter **1**, 21 b, 21 g; **2**, 36
Sicherheit d. Deiche **2**, 76
Sicherheitseinrichtungen **1**, 19 k
Sicherheitshäfen **2**, 3 H
Sicherheitsleistung **2**, 102 (2), 113 (1), 114
Sicherheitsmaß **2**, 65 (2)
Sicherung u. Erhaltung d. Küste **2**, 77 ff.
Siele **2**, 65 (1)
Sollabmessungen **2**, 65 (2–4)
Sondernutzung am Meeresstrand **4**, 39
Sozialbindung d. Gewässereigentums E 17
sparsame Verwendung d. Wassers E 10; **1**, 1 a, 5; **2**, 2, 29 (3)
Speicherbecken **2**, 3 H
Sperrwerke **2**, 68
Sportboothäfen **2**, 137 H e
Stand der Technik **2**, 33 (2)
Stauanlagen **2**, 14 (5), 23, 98
Staumarke **2**, 24
Stege **2**, 77
Steilufer **2**, 66 (5), 78 (2), 79, 80
Stöpen **2**, 65 (1)
Störer **2**, 47 (2)
Strahlenschutz **1**, 19 g (6)
Strandburgen, Strandkörbe **4**, 38
Strandwälle **2**, 66 (6), 79; **4**, 38
Straßentankwagen **3**, 17 (2)

Stichwortverzeichnis

Sturmfluten **2**, 64 (2), 68
Sturmflutwasserstand **2**, 65 (2)

T

Tankanlagen **1**, 19 g H 6
Technik
  allgemein anerkannte Regeln d. – **1**, 7 a (1); **2**, 5, 29
  Regeln d. – E 20; **1**, 19 g (3); **2**, 34 (1)
Teiche **2**, 40 (1), 94 (2); **4**, 40 (1)
Teichwirtschaft **2**, 14 (6)
Tidegebiet **2**, 89 (2), 94 (1)
Tierkörperbeseitigung E 23
Tonnenhöfe **2**, 3 H
Träger öffentl. Verkehrsanlagen **2**, 31 (3)
Tränken **2**, 14
Treibsel **2**, 70 (1 Nr. 7)
Treppen **2**, 70 (2), 77
Triebwerksanlage **2**, 97
Trinkwasser **2**, 29 H 1, 2

U

Überdüngung E 23
Überlaufdeiche **2**, 64 (2), 65 (1)
Überprüfung, Prüfung v.
  Anlagen,
  Einrichtungen **1**, 19 i, 21; **2**, 5
  Fachbetrieben **1**, 19 l
Überschwemmungen **2**, 64 (2), 87
Überschwemmungsgebiete **1**, 19 g (4), 32, 37; **2**, 57, 83 (1)
Übersetzverkehr **2**, 139 (2)
Überwachung **2**, 83 (1)
  im Interesse d. Gewässerschutzes **1**, 21 b (1)
  von Abwasseranlagen **2**, 36
  von Anlagen und Einrichtungen **1**, 21; **2**, 5 (1)
Ufer **1**, 28 (1); **2**, 50 H, 139 (2)
  Bepflanzung **1**, 30 H, 31 H
Uferabbrüche, Verhinderung **2**, 38 (2)
Ufergrundstück(e) **1**, 28 H, 30 H; **2**, 38 (2), 48 (1), 54, 83, (1), 89, 94
Uferlinie **2**, 54 (2), 66 (2), 95; **4**, 40
Umschlagen (wassergefährdender Stoffe) **1**, 19 g H 5; **3**, 1, 21
Umschlagstelle **2**, 139 (2)
Umweltschutz E 1, 24
Umweltverträglichkeitsprüfung E 10; **1**, 7 H, 9, 18 c; **2**, 119 H 3, 125 H 3
Umwidmung v. Deichen **2**, 67
Unfälle mit wassergefährdenden Stoffen **1**, 19 g H 6
Unland **2**, 43^1) (1)
Unterhaltung v.
  Abwasseranlangen **1**, 18 b; **2**, 34 (3)

Stichwortverzeichnis

Anlagen in und an Gewässern **2**, 50
Außentiefs **2**, 41
Bundeswasserstraßen **1**, 3 H, 28 H, 29 H
Deichen **2**, 62, 63, 69
Gewässern E 26; **1**, 3 (3), 28–30; **2**, 12 (1), 37 ff.
Landesschutzdeichen **2**, 63
Schöpfwerken **2**, 51 (2)
Überlaufdeichen **2**, 63
besondere Pflichten bei − **2**, 48
Ersatzvornahme bei unterlassener − **2**, 46
Förderung d. − **2**, 51, 73
Übernahme, Übertragung d. − **2**, 45, 74
Umfang d. − **1**, 28; **2**, 38
vorläufige − bei Deichen **2**, 63 (3)
Unterhaltungsaufwand **2**, 43
Unterhaltungslast **1**, 29; **2**, 39
Unterhaltungspflicht **2**, 37, 40, 41
aufrechterhaltene − **2**, 44
Erfüllung d. − **2**, 42, 45
Unterhaltungsverbände **2**, 43, 83 H
Unternehmen
   d. öffentl. Wasserversorgung **2**, 127
   zur Grundstücksentwässerung/-bewässerung **2**, 97, 99
Unternehmer
   d. Anlage für
      Abwasserbeseitigung,
      Grundstücksentwässerung,
      Wasserversorgung **2**, 100
   d. Gewässerausbaus **2**, 54
   d. öffentlichen Wasserversorgung **2**, 127
   Entschädigungspflicht d. − **2**, 102
Untersuchungsmethoden **2**, 36 (4)
Urkunde über
   Entschädigung **2**, 128, 129
   Setzen d. Staumarke **2**, 23 (3)

V

Veränderung d.
   Beschaffenheit d. Wassers **1**, 4 (2), 22
   Eigenschaften d. Gewässer **1**, 19 b (1), 19 g (2); **2**, 14 (2)
      d. Grundwassers **1**, 34
      d. Wassers **1**, 1 a, 17 a, 26 (2), 32 b; **2**, 12 (1)
   oberirdischen Gewässer **2**, 97
   Wasserabflusses **2**, 12 (1)
   Wasserstandes **2**, 12 (1)
Veränderungssperre **1**, 36 a; **2**, 134
Verbandsbeiträge **7**, 28 ff.
Verbandsschau **7**, 44 f

Stichwortverzeichnis

Verbreiterung, Vertiefung d. Gewässers **2**, 97
Vereinbarung, Vertrag über Unterhlatungspflicht **2**, 45, 74
Verfahren
  z. Ausgleich von Rechten und Befugnissen **2**, 123
  z. Festsetzung von Entschädigungen **2**, 128
  z. Festsetzung von Wasserschutz, Quellenschutz, Überschwemmungsgebieten **2**, 124
  f. Zuschußgewährung **2**, 51 (3)
  f. Zwangsrechtsfestsetzung **2**, 105
  Erlaubnis- und Bewilligungsverfahren **2**, 119
  Planfeststellungsverfahren **2**, 125
Verfahrenskosten **2**, 118; **7**, 21
Verkehrsanlagen, Träger öffentl. − **2**, 31 (2)
Verkehrsbehörden **2**, 142
Verlandungen **2**, 94
Verregnen, Verrieseln, Versickern v. Abwasser **1**, 18 a
Verschwendung von Wasser, Verbot **2**, 28 (1)
Vertiefung d. Gewässers **2**, 97 (1)
Verunreinigung d.
  Gewässers **1**, 19 b (2), 19 g (2); **2**, 14 (2)
  Grundwassers **1**, 34, (2)
  Wassers **1**, 1 a, 3, 19 g (1), 26, 32 b; **2**, 12 (1), 56 (1)
Verwendung d. Wassers, sparsame **1**, 5 (1); **2**, 2 (2 Nr. 5)
Verzinsung rückzahlbarer Zuschüsse **2**, 51 (3 Nr. 3)
Vorbehalt, gesetzl. f. Erlaubnis und Bewilligung **1**, 5
Vorflut **2**, 1 (2)
vorläufige Anordnung **2**, 113
Vorland **2**, 62, 66 (2), 76
Vorteilsausgleich **2**, 54

W

Wandern am Meeresstrand **4**, 39 (3)
Wasch- und Reinigungsmittel E 21
Wasser
  Beschaffenheit d. **1**, 4 (2), 22
  Durchleiten v. − **2**, 99
  Schutz d. − E 1
  sparsame Verwendung E 10; **1**, 1 a, 5; **2**, 2, 29 (3)
  Veränderung d. Eigenschaften **1**, 1 a, 17 a, 26 (2), 32 b; **2**, 12 (1), 56 (1)
  Verunreinigung **1**, 1 a, 3, 19 g (1), 26, 32 b; **2**, 12 (1), 56 (1)
Wasserabfluß **1**, 26 (2), 28 (1), 32; **2**, 12 (1), 38 (2), 47 (1), 54, 56 (1)
Wasseransammlungen, kleine **2**, 1 (2)
Wasserbehörde **2**, 7, 14 (2), 24, 26, 28, 29 (2), 38 (3), 40 (2), 42, 45, 47, 55, 56, 57, 58, 63 (4), 65 (4, 5), 70 (3), 77, 78 (4), 79, 80 (3), 83, 84, 85, 86, 95, 101, 103, 105, 107−117, 120, 128, 129, 135, 145
  oberste − **2**, 4, 5, 6, 18, 19, 32, 33, 34, 36 (3), 51 (3), 59, 65 (2), 67, 73, 105, 106, 124, 131−134, 146
Wasserbenutzungsanlage **1**, 7

Stichwortverzeichnis

Wasserbuch   **1**, 37; **2**, 135
Wasserfahrzeuge   **1**, 23 H
Wassergefahr   **2**, 86
Wassergefährdende Stoffe   **1**, 19 a, 19 g (5), 19 k; **2**, 5
  Anlagen z. Umgang mit −   **1**, 19 g; **3**, 1
  Katalog −   **1**, 19 H
Wassergesetz, preußisches   E 5
Wassergewinnung   **1**, 36 a
Wassergewinnungsanlagen   **2**, 4 H, 12
Wasserhaushalt   **1**, 1 a
  − als Teil des Naturhaushalts   E 12, 16; **2**, 2
  Ordnung d. −   **1**, 35, 36 b; **2**, 9 (1), 101
Wasserhaushaltsgesetz
  − als Rahmengesetz   E 7
  Änderungen d. −   E 9
  Geltungsbereich   **1**, 1
  Zuständigkeit des Bundes   E 7
Wasserlösung   E 5
Wasserrecht
  altes −   E 2
  Aufgabenbereich d. −   E 1
  Gesetzgebungshoheit   E 7
Wasserschatz   E 12; **1**, 36 (2)
Wasserschau   **2**, 83 (2)
Wasser(schutz)bilanz   E 1, 16
Wasserschutzgebiete   **1**, 19, 19 g (4), 19 i (2), 37; **2**, 4, 83 (1), 124; **3**, 15
Wasserschutzpolizei   **2**, 15 (1), 137 (2)
Wassersicherstellungsgesetz   E 14
Wasserstand, Veränderung   **2**, 12
Wasser- und Bodenverbände   E 6, 14, 27; **1**, 13, 29; **2**, 31 (6) 40, 42, 51, 71, 73; **7**
  Aufgaben   E 14, 16 f; **7**, 2
  Auflösung   **7**, 62 ff.
  Aufsicht   **7**, 72
  Aufsichtsbehörde   **7**, 72, 74−77
  Beauftragter   **7**, 77
  bestehende Verbände   **7**, 79
  Errichtung   **7**, 10
  Errichtungsverfahren   **7**, 11 ff.
  Förderung   E 27; **2**, 51, 73
  Geschäftsführer   **7**, 27, 57
  Haushalt   **7**, 65
  Lagerbuch   **7**, 5
  Mitglieder   **7**, 4, 9, 51
    Auskunftspflicht d. −   **7**, 26
  Mitgliedschaft   **7**, 22
    Aufhebung d. −   **7**, 24
  Name d. −   **7**, 3
  Organe   **7**, 46
  Plan   **7**, 5

Stichwortverzeichnis

Satzung **7**, 6, 58, 59
Umgestaltung **7**, 60
Unternehmen **7**, 5
Verbandsausschuß **7**, 27, 49, 50
Verbandsbeiträge **7**, 28, 31
— als öffentliche Last **7**, 29
Maßstab d. — **7**, 30
Vorausleistung d. — **7**, 32
Verbandsverfassung **7**, 46 ff.
Verbandsversammlung **7**, 47
Verbandsvorsteher **7**, 50, 52
Vorstand **7**, 52, 54—56
Vorstandsmitglieder **7**, 27, 53
  Verschwiegenheitspflicht d. — **7**, 27
Wasserverbände **1**, 21 g
Wasserverbandsgesetz E 14; **7**
Wasserverbandsordnung E 5; 14
Wasserverkehrsrecht E 27
Wasserversorgung **2**, 100 (1)
  Gefährdung d. — **1**, 6
  öffentliche — **1**, 19, 19 d, 36 b (2); **2**, 15 (2), 29
  Schutz d. — **1**, 19, 19 d; **2**, 19 (1)
  Sicherung d. — E 14, 19
Wasserversorgungsanlage **2**, 29
Wasserwegerecht E 13, 27
Wasserwehr **2**, 87
Wasserwirtschaft E 1, 13, 16
wasserwirtschaftliche Rahmenpläne **1**, 36; **2**, 131
Wehre **2**, 3 H
Widerruf d.
  Bewilligung **1**, 12
  Erlaubnis **1**, 36 b (5); **2**, 10, 32
  Genehmigung **2**, 140 (3)
Widmung (Deich) **2**, 67
wild abfließendes Wasser **1**, 1, 60, 61
Wohl d. Allgemeinheit **1**, 1 a, 4, 6, 8 (3), 12, 19, 27 36 a (1), **2**, 8, 10 (2), 12, 15, 31 (3), 55, 56 (3), 100 (1), 113, 122

Z

Zäune **2**, 77
Zonen d. Wasserschutzgebiete **2**, 4; **3**, 15
Zufluß v. Wasser **1**, 2 (2)
Zulassung v.
  Abwasseruntersuchungsstellen **2**, 36 H
  Häfen **2**, 139
Zuschläge zum Grundbeitrag **2**, 43 (2)
Zuschuß zu Unterhaltungskosten **2**, 51, 73
Zustand d. Gewässers **2**, 83

Stichwortverzeichnis

Zuständigkeit d.
 Ordnungsbehörden **2**, 110 (2)
 Verkehrsbehörden **2**, 142
 Wasserbehörden **2**, 106 ff.
Zutagefördern von Grundwasser **1**, 3, 33 (1)
Zwangsrecht(e) **2**, 97 ff.
Zweckverbände **1**, 13, 29; **2**, 31 (6)